国家级高技能人才培训基地建设项目成果

应用统计学

(基于 SPSS)

向守超　张欢　杨娟　编著

西安电子科技大学出版社

内 容 简 介

本书从实用角度出发，以项目的形式详细介绍了应用统计学相关知识和基本原理，并且以 SPSS 25.0 中文版软件为基本工具，详细讲解了数据统计分析的常用技术。本书的主要内容包括认识应用统计学、绘制统计图表、数据特征的统计描述、统计量与抽样分布、参数估计、假设检验、方差分析、卡方检验与非参数检验、相关与回归分析、多元统计分析、时间序列分析与预测等。

本书体系完整，实例丰富，强调动手操作能力的培养，设置了大量的例题和习题，并配备了详细的教学课件、教案、课程标准和数据文件。

本书既可作为统计学、大数据财务管理、大数据工程等专业和大数据相关培训机构"应用统计学"课程的配套教材，也可作为相关专业本科生、研究生、专业统计分析人士的参考书。

图书在版编目(CIP)数据

应用统计学: 基于 SPSS / 向守超, 张欢, 杨娟编著. --西安: 西安电子科技大学出版社, 2023.6
ISBN 978-7-5606-6833-8

Ⅰ.①应⋯　Ⅱ.①向⋯ ②张⋯ ③杨⋯　Ⅲ.①应用统计学—高等学校—教材　Ⅳ.①C8

中国国家版本馆 CIP 数据核字(2023)第 066327 号

策　　划　刘玉芳
责任编辑　刘玉芳
出版发行　西安电子科技大学出版社(西安市太白南路 2 号)
电　　话　(029) 88202421　88201467　　　　邮　　编　710071
网　　址　www.xduph.com　　　　　　电子邮箱　xdupfxb001@163.com
经　　销　新华书店
印刷单位　陕西天意印务有限责任公司
版　　次　2023 年 6 月第 1 版　　2023 年 6 月第 1 次印刷
开　　本　787 毫米×1092 毫米　1/16　印张 23.5
字　　数　557 千字
印　　数　1～3000 册
定　　价　62.00 元
ISBN　978-7-5606-6833-8 / C

XDUP 7135001-1
如有印装问题可调换

教材编写委员会

前　言

在经济全球化和智能化的环境下，管理决策者面临着高度不确定的外部环境变化和巨大的风险。应用统计学是定量分析非确定性问题的规律，帮助管理决策者进行科学决策、规避风险、获取最优经济和社会效益的科学方法，已成为现代科学管理中必不可少的强有力的工具。SPSS 是目前世界上应用最广泛的统计分析软件，具有功能强大、操作简单、界面友好等特点，普遍应用于经济学、管理学、社会学、心理学、教育学等社会科学领域。

本书在确保知识的系统性和正确性的基础上，尽量使用通俗易懂的语言，阐述应用统计学的基本概念、基本原理以及使用 SPSS 软件解决实际问题的基本方法和应用条件，略去了烦琐的推导证明过程，使读者更容易理解和掌握。

本书具有以下几个特点：

(1) 内容全面，结构完整。

本书全面系统地介绍了应用统计学相关知识体系的基本内容，并且将统计分析方法与 SPSS 软件实例操作有机结合。全书由 11 个项目共 35 个任务组成。

项目 1 主要是认识应用统计学，包括统计学的基本概念、术语，数据的收集和 SPSS 软件应用的基本方法；项目 2 通过绘制定性数据图表和绘制定量数据图表两个任务，详细解读了应用统计学中数据图表的绘制；项目 3 主要是数据特征的统计描述，从数据的中心趋势、离散程度和分布形态三个方面进行了详细的讲解；项目 4 主要讲解样本与统计量的基本概念和关系，以及常用的正态分布、χ^2 分布、t 分布、F 分布的基本原理和判断方式；项目 5 主要讲解参数估计，包括点估计、区间估计和样本量的确定几个方面；项目 6 主要研究假设检验，包括单个正态总体的假设检验和双总体的假设检验两个方面；项目 7 详细讲解了方差分析，包括方差分析的基本原理、单因素方差分析的实现、双因素方差分析的实现、协方差分析的实现和重复测量方差分析的实现 5 个任务；项目 8 主要讲解了卡方检验与非参数检验；项目 9 主要讲解相关与回归分析，其中回归分析又包含一元线性回归分析、多元线性回归分析、二元 Logistic 回归分析、曲线回归分析和非线性回归分析等；项目 10 主要讲解常用的多元统计分析，包括因子分析、聚类分析和判别分析三种分析方式；项目 11 主要讲解时间序列分析与预测，包括预处理、指数平滑法、ARIMA 模型和季节性分解模型的介绍。

(2) 讲解方式通俗易懂。

统计学原理深奥，要做到通俗易懂地讲解清楚是一件非常难的事情，但这是一件非常有价值的事情。本书尽量将应用统计学与数据分析充分结合起来，针对每一个知识点都尽量用一个实例分步骤来解读，以帮助读者学习。

(3) 操作步骤详细。

本书对每一个统计学知识点都先介绍其基本原理和公式，然后给出详细的 SPSS 操作步骤，最后对 SPSS 的输出结果进行详细解释。其中，SPSS 操作步骤和结果解释非常详细，读者参照本书的步骤很容易就能掌握基础命令的操作，这是本书最大的特点。

(4) 配套材料完善。

本书每一个项目都配有相应的思考与练习，供读者巩固知识点。此外，为了方便读者学习，本书配有电子教案、PPT、数据文件源代码、课程标准等教学资料，有需要者可与出版社联系。

本书是重庆机电职业技术大学完成的国家级高技能人才培训基地建设项目成果之一。向守超老师（重庆机电职业技术大学）负责项目 6 到项目 11 的编写，张欢老师（重庆机电职业技术大学）负责项目 2 到项目 5 的编写，杨娟老师（重庆机电职业技术大学）负责项目 1 和附录及课件教案的编写、课程标准的制订以及全书的统稿工作。张旭东教授主审了本书，编委会的其他老师也在本书的编写过程中付出了辛苦的劳动，在此一并表示衷心感谢。

尽管在编写过程中我们做了很大的努力，但书中难免存在不足，敬请读者提出宝贵意见和建议，我们将不胜感激。

编　者

2023 年 2 月于重庆

目　　录

项目 1　认识应用统计学

应用统计学是一门研究客观现象总体数量特征的方法论课程，具有综合性、应用性和实践性等特征，涵盖了现代统计的基本概念、基本理论与基本方法，为收集统计信息、应用统计方法、进行统计决策等奠定了必要的专业基础。本项目详细介绍了应用统计学涉及的基本概念、收集统计数据的各种常用方法和 SPSS 统计分析工具的使用。

学习目标

(1) 掌握统计学涉及的基本术语；
(2) 掌握统计变量的分类；
(3) 了解统计数据的收集方法和手段；
(4) 掌握 SPSS 统计工具的使用。

任务 1.1　走进统计学

任务描述

统计学是通过搜索、录入、整理、分析、描述数据等手段，推断所测对象的本质，甚至预测对象未来的一门综合性科学。通过本任务可学习统计学的基本概念，对统计学的发展过程进行初步了解，并理解应用统计学中涉及的几个重要术语和统计学中统计变量的类型。

1.1.1　统计学的概念

统计(Statistics)一词经常出现在各种社会实践活动和科学研究领域，它包括三个方面的含义：统计工作(或统计活动)、统计资料和统计学。

1. 统计工作

统计作为一种社会实践活动有着悠久的历史，它是随着国家宏观管理和社会经济发展的需要而产生和发展起来的。统计工作是指国家行政机关(主要是统计机构)、企事业单位为满足社会、经济、政治、科技等方面管理需要或从事科学研究的需要，而对社会经济现象的数据进行收集、整理和分析，并探索数据内在数量规律的一系列活动过程。统计工作的一般过程包括统计设计、统计调查、统计整理、统计分析等。

2. 统计资料

统计资料是指在统计工作过程中所产生的原始的或加工过的统计数据、统计报表、统计图表、统计分析报告，以及与之相联系的其他资料。对统计资料通常有如下要求：

(1) 客观性，即统计资料必须客观反映现实而不受任何偏见的影响和任何势力的干扰。

(2) 准确性，即由客观性所要求，统计数据的偏差不能超出统计目的事先确定的允许误差范围。

(3) 及时性，即统计资料为满足统计目的的需要，应及时收集，及时加工，及时发表。

(4) 连续性，即统计资料应能在时间上提供动态对比的数据。

(5) 系统性，即统计资料在时间上应能以客观现象之间的内在联系为基础，各项数据相互之间也应保持这种内在联系，并能相互结合或对比运用。

3. 统计学

统计学是系统地阐述统计工作基本原理和研究方法的科学，是对统计工作实践的理论概括和经验总结。它以客观现象总体的数量为研究对象，阐明统计设计、统计调查、统计整理和统计分析的理论与方法，是一门方法论学科。

统计活动、统计资料和统计学之间相互依存、相互联系，共同构成了一个完整的整体——统计。统计工作与统计资料之间是过程与成果的关系，统计资料是统计工作的直接成果。就统计工作和统计学的关系来说，统计工作属于实践的范畴，统计学属于理论的范畴。统计学是统计工作实践的理论概括和科学总结，它来源于统计实践，又高于统计实践，反过来又指导统计实践。统计工作的现代化与统计科学研究的支持是密不可分的。

基于上述对"统计"概念的理解，我们认为统计学是一门研究数据的方法论学科，通过搜索、收集、处理、分析等手段，从数据中得出结论，从而达到推断所考察对象的本质，甚至预测对象未来的目的。统计学的研究对象是客观现象的总体数量特征和数量关系，从数据的获取到数据的运用都是统计学的研究范畴。统计学侧重揭示客观事物数量上的客观规律，因此，必然会用到大量的数学及其他学科的专业知识。

统计学的基本特点主要有总体性、数量性、客观性、随机性、广泛性。

(1) 总体性。统计学的研究对象是客观现象的总体数量方面的特征。例如，人口统计反映和研究的是一个国家或一个地区全部人口的综合数量特征，而不是某个人的特征，但它是从调查每个人开始的。人口统计是这样，其他统计活动也是这样。

(2) 数量性。统计学的研究对象是客观现象的数量方面的特征，包括数量的多少、数量之间的关系、质量互变的数量界限。

(3) 客观性。统计学研究的是自然或社会的客观事物在数量方面的自然表象，这是对客观事物由表及里的客观认识。

(4) 随机性。统计学研究的是同类现象总体的数量特征，它的前提是总体各单位的特征表现存在差异，而且这种差异并不是由于某种固定的原因事先给定的。

(5) 广泛性。统计学研究的概念、思想、方法已经广泛地被各行各业的人员所认识和接受，统计方法的使用范围几乎覆盖了社会科学和自然科学的各个领域。

在历史上，从方法的功能来看，统计学可以分为描述统计学(Descriptive Statistics)和推断统计学(Inferential Statistics)；从方法研究的角度来看，统计学可分为理论统计学(Theoretical

Statistics)(即数理统计学，Mathematical Statistics)和应用统计学(Applied Statistics)。应用统计学探讨如何运用统计方法解决实际问题，将理论统计学的原理应用于各个学科领域，就形成了应用统计学。应用统计学着重阐明这些方法的统计思想和具体应用，而不是统计方法数学原理的推导和证明。如果更加具体深入一些，还可以形成形形色色的应用统计学分支。例如，统计方法在生物学中的应用形成了生物统计学，在医学中的应用形成了医疗卫生统计学，在农业试验、育种等方面的应用形成了农业统计学，在经济领域的应用形成了经济统计学及其若干分支，在管理领域的应用形成了管理统计学，在社会学研究和社会管理中的应用形成了社会统计学，在人口学中的应用形成了人口统计学等。应用统计学除了包括各领域通用的方法，如参数估计、假设检验、方差分析等，还包括某领域特有的方法，如经济统计学中的指数法、现代管理决策法等。

1.1.2　统计学的产生和发展

一切科学都来源于实践，统计这门科学的产生和发展也是如此，它是适应社会经济和科学技术发展的需要而产生和发展起来的。

统计的产生有着悠久的历史。最早的统计活动可以追溯到原始社会末期，当时人们的打猎捕鱼、结绳记事等活动，就孕育了统计的最初含义。在奴隶社会和封建社会，统治阶层要巩固其对内统治和对外战争，加强对国家的宏观管理，就需要进行征兵征税，了解和掌握军队、农产品、领地和国民财富等国情国力的资料，于是就产生了与人口、土地和国民财富等有关的统计调查。由于生产力发展缓慢，因此当时的统计只是简单意义上的登记数字和比较，还没有被当作一门学问去研究，尚处于萌芽阶段。

随着资本主义的兴起和社会生产的不断发展，社会分工越来越科学，社会生活也日趋复杂。为了解国内外社会经济状况、市场状况和企业的生产情况，资产阶级必须对有关的经济活动进行广泛的统计，于是工业、农业、商业、对外贸易等各方面的统计活动都发展起来了。当资本主义发展到垄断资本主义阶段时，随着科学技术的进步，统计在现代经济管理和科学技术分析中的作用更为重要，从而得到了更广泛的应用和发展。随着统计实践的发展和经验的积累，各种统计理论和学说也应运而生。但是，直到 17 世纪以后统计才逐渐发展成一门学科，逐步形成了不同的学派。从统计学产生和发展的过程来看，大致可以分为古典统计学、近代统计学和现代统计学三个阶段。

1. 古典统计学阶段

17 世纪中叶到 18 世纪中叶是古典统计学阶段，主要有政治算术学派和国势学派。政治算术学派产生于 17 世纪中叶的英国，主要代表人物是威廉·配第(William Petty，1623—1687)。他在研究各国政治经济情况时不只用文字表述，还通过大量的数字资料进行对比分析来反映国情国力，其代表作《政治算术》一书是经济学和统计学史上的重要著作。书中用数字、重量、尺度等定量的分析工具对英国和当时主要发达国家的经济实力进行了比较、分析。该书的出版标志着统计学的产生，因此威廉·配第被公认为统计学的创始人。

国势学派产生于 18 世纪的德国，又称为记述学派，创始人是海尔曼·康令(Hermann Corning，1606—1681)。国势学派收集了大量实际资料，分门别类、系统地记述了有关国情国力的重要事项，如人口、领土、政治、军事、经济、宗教、地理、风俗、货币等。当时，国势学派就使用了"统计学"这个名称。但由于其几乎不用数字而只用文字对国情国力进行系统的描述，所以人们也把这一学派叫作记述学派，并认为国势学派只有统计学之名而无统计学之实。

2. 近代统计学阶段

近代统计学阶段是 18 世纪末到 19 世纪末。该阶段的主要贡献是建立和完善了统计学的理论体系，并逐步形成了以随机现象的推断统计为主要内容的数理统计学和以传统的政治经济现象描述为主要内容的社会统计学。

数理统计学派产生于 19 世纪中叶，创始人是比利时的物理学家和统计学家阿道夫·凯特勒(A. Quetelet，1796—1874)，他在统计学发展中的最大贡献是把概率论引入统计学，从而使统计学产生了质的飞跃。凯特勒的研究成果在自然科学、经济学、生物学等学科中得到了不断的应用，逐渐形成一门独立的学科。因此，阿道夫·凯特勒被称为数理统计学的奠基人、近代统计学之父。

社会统计学派产生于 19 世纪后半叶，创始人是德国的大学教授克尼斯(K. G. A. Knies，1821—1898)。克尼斯在《独立科学的统计学》中提出把"国势论"作为"国势学"的科学命名，把"统计学"作为"政治算术"的科学命名，从而结束了国势学派与政治算术学派长达 200 年之久的争论。

3. 现代统计学阶段

从 19 世纪末开始，统计学进入现代统计学阶段。在这个阶段，数理统计学与社会统计学逐步融合成为统一的现代统计学。数理统计是统计学在第三个发展阶段所形成的所有收集和分析数据的新方法的一个综合性名词。概率论是数理统计方法的理论基础，它不属于统计学的范畴，而属于数学的范畴。

20 世纪 30 年代，R. 费希尔的推断统计理论标志着现代数理统计学的确立。所谓推断统计，就是通过随机样本来推断总体数量特征的方法。这种方法源于英国数学家格赛特(N. S. Gosset, 1876—1936)的小样本 t 分布理论，其后，经过美国学者费希尔(R. A. Fisher)、波兰统计学家内曼(J. Neyman，1894—1981)以及 E. S. 比尔森等人的进一步发展，建立了统计假设理论。后来，美国统计学家瓦尔德(A. Wald，1902—1952)又将统计学中的估计和假设理论加以归纳，创立了决策理论；美国的威尔克斯(S. S. Wilks，1906—1964)、英国的威史特(J. Wishart，1898—1956)等学者对样本分布理论又加以充实和发展；美国的科克伦(W. G. Cochron，1909—1980)等在 1957 年提出了实验设计的理论和方法，大大拓宽了统计学的范围。

20 世纪 60 年代以后，数理统计学的发展有三个明显的趋势：

(1) 统计学对数学的依赖和吸收更多，大量采用数学方法；

(2) 数理统计学的新分支和以数理统计为基础的边缘学科不断形成；

(3) 与电子计算机技术相结合，应用范围更广，作用更大，已成为现代统计学的主流。

在我国，统计学起初是从国外传入的。在 1949 年以前，数理统计学派和社会统计学派并存。中华人民共和国成立初期。在人们认为只有社会统计学才是唯一的统计学，从而在根本上否定了数理统计学是统计学的组成部分，这一认识严重妨碍了整个统计学的发展。改革开放以后，人们被禁锢的思想终于获得解放，经过长期、广泛的认识和探讨，我国统计学科的建设取得了重大突破和质的飞跃。1996 年 10 月，中国统计学会、中国数理统计学会、中国现场统计学会联合举办全国统计科学研讨会，这次会议形成了中国各统计学科和各统计学派之间相互借鉴、相互融合、共同发展的思想，确立了统计学科体系的基本框架，肯定了统计学是包括社会统计学和数理统计学在内的一般方法论性质的科学，为今后我国统计学的发展奠定了坚实的基础。

1.1.3　统计学的基本术语

可以想象，作为一门学科的统计学其内容非常多。这里先介绍几个最常用的概念，以供读者在以后学习中使用。

1. 总体与个体

总体(Population)是包含研究对象全体的集合，组成总体的每个元素称为个体(Individual)。例如，要研究某专业高等教学的考试情况，则该专业全体学生考试成绩构成总体，每一位学生的考试成绩则是一个个体。总体是事物在给定意义下客观存在的，有其理论上的客观规律，统计学所关注的就是刻画总体客观事实的参数。总体的特性和规律用这些参数来描述，而这些参数必然有赖于个体的表现，足够多的个体才能表现出总体的特性和规律。

总体根据其所包含的单位数目是否可数可以分为有限总体和无限总体。有限总体是指总体的范围能够明确确定，而且元素的数目是有限可数的。例如，由若干企业构成的总体就是有限总体，一批待检验的电子元件也是有限总体。无限总体是指总体所包括的元素是无限的、不可数的。例如，在科学实验中，每个实验数据可以看作总体的一个元素，而实验可以无限地进行下去，因此由实验数据构成的总体就是一个无限总体。

实际上，在统计问题中，我们关心的总体是事物的某一个特征，并非事物本身。如上所述，对于一批待检验的锂电池，我们更关注每个锂电池的寿命，而不是锂电池本身，所以也可以把这批锂电池寿命集合作为总体，这个总体是由一些实数构成的集合。通常情况下，统计上的总体是关于事物的一组观测数据，而非一些事物的集合。

2. 样本与样本量

样本(Sample)是从总体中抽取的一部分元素的集合，构成样本的元素的数目称为样本量(Sample Size)。抽取样本的目的是根据样本提供的信息推断总体的特征。例如，从一批锂电池中随机抽取 100 块，这 100 块就构成了一个样本，可根据这 100 块锂电池的平均使用寿命来推断该批锂电池的平均使用寿命。

3. 参数

参数(Parameter)是用来描述总体特征的概括性数字度量，它是人们想要了解的总体的某种特征值。人们所关心的参数通常有总体平均数、总体标准差、总体比例等，这些参数通常用希腊字母表示。例如，总体平均数用 μ 表示，总体标准差用 σ 表示，总体比例用 π 表示。

由于总体数据通常是不知道的，所以参数往往是一个未知的常数。例如，我们不知道某大公司所有员工的平均薪水，不知道一个城市老年人口的比例，不知道一批产品的合格率等。因此，往往需要进行抽样，并根据样本来估计总体参数。

4. 统计量

统计量(Statistic)是用来描述样本特征的概括性度量，它是根据样本数据计算加工出来的一个量。由于抽样是随机的，因此统计量是样本的一个函数，它不依赖于任何的未知参数。人们所关心的统计量主要有样本平均数、样本标准差、样本比例等，样本统计量通常用英文字母表示。例如，样本平均数用 $\bar{x}$(读作 x-bar)表示，样本标准差用 s 表示，样本比例用 P 表示等。除样本均值、样本比例、样本方差这类统计量外，还有一些是为满足统计分析的需要而构造出来的统计量，比如用于统计检验的 z 统计量、t 统计量、x^2 统计量、F 统计量等，它们的含义将在后面相关的章节中进行介绍。另外，有关总体、样本、参数、统计量的概念可以用图 1.1 来直观描述。

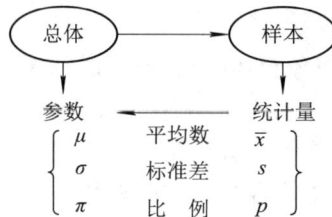

图 1.1　总体、样本、参数和统计量概念图

5. 标志与指标

统计标志(Statistical Characteristics)简称标志或标识，是总体单位所具有的属性或特征。标志是统计研究的起点，总体单位是标志的载体，统计研究往往从登记标志开始，进而反映总体单位的数量特征。标志有数量标志与品质标志之分，例如，既定时间既定区域的人口总体中的每个人用姓名、年龄、性别、民族、身高、体重、受教育程度等特征来区分，其中的年龄、身高、体重是数量标志，性别、民族、受教育程度是品质标志。

这里的总体单位是指构成总体的每一个事物，根据研究目的的不同，总体单位可以是组织，也可以是人，还可以是事物或者事件等。例如，对工业企业进行调查，全国工业企业是总体，每一个工业企业就是单位。总体和总体单位是相对而言的，在一次特定范围、目的的统计研究中，统计总体与总体单位是不容混淆的，二者的含义是确切的，是包含与被包含的关系。但是随着统计研究目的及范围的变化，统计总体和总体单位可以相互转化。同一事物在不同情况下，可以作为总体，也可以作为总体单位。(注意：构成总体的单位必须是同质的；总体与总体单位具有相对性，且随着研究任务的改变而改变。)

统计指标(Statistical Indicator)简称指标，是总体某种特征的数量概念或具体数值标志，其基本要素有指标名称、计量单位、计算方法、指标数值、指标时空和指标口径等。例如，人口数、商品销售额、劳动生产率等都是指标名称，统计指标"2022 年全国硕士研究生报考人数为 457 万"的指标名称为"研究生报考总人数"，计量单位是"万人"，时间是"2022 年"，空间是"中国"。统计指标具有数量性、综合性、具体性的特点。在做一般性统计设计时，只能设计统计指标名称、内容、口径、计量单位和方法，这是不包括数值的统计指标。然后经过收集资料、汇总整理、加工计算可以得到统计指标的具体数值，用来说明总体现象的实际数量状况及其发展变化的情况。从不包括数值的统计指标到包括数值的统计指标，它们在一定意义上反映了统计工作的过程。在社会经济统计中，统计指标按照不同属性有不同的分类，针对既定目的的统计活动，一般用整套的统计指标形成指标体系来刻画和揭示总体。

标志和指标通常与总体参数有一定的联系，标志和指标可以是总体的有关参数，总体参数也可以构成某些标志或指标。标志和指标是两个既有区别又有联系的概念。

主要区别如下：

(1) 标志是说明总体单位特征的，而指标是说明总体特征的。

(2) 标志有不能用数值表示的品质标志与能用数值表示的数量标志，而指标都是用数值表示的。

主要联系如下：

(1) 统计指标的数值基本都是通过总体单位的数量指标值汇总得到的。例如，一个县的粮食实际入库总产量是所属各乡村粮食实际入库量的汇总数，一个工业主管局的总产量是所属各企业总产量的总和等。

(2) 在一定的研究范围内，指标和数量标志之间存在着变换关系。随着研究目的的改变，原来的总体会变为总体单位，相应的统计指标就变为数量标志；反过来，如果原来的总体单位变成总体，则相应的数量标志也就变成了统计指标。

1.1.4　统计变量的类型

变量(Variable)是刻画研究对象的某种特征和属性的指标，其特点是从一次观察到相邻下一次观察，结果所呈现出的差别或变化。如商品销售额、顾客满意程度、产品的质量等级等都是变量。变量的具体取值称为变量值。例如，某地区农民年平均收入可能是8万元、9万元或10万元等，这些数字就是变量值。统计数据就是统计变量对应的某些取值。

1. 变量类型

统计变量根据其所描述事物特征的不同，可以分为分类变量、顺序变量和数值型变量三种类型。

1) 分类变量

分类变量(Categorical Variable)也称为定性变量，是说明事物类别的一个名称，其取值是分类数据。例如，"性别"就是一个分类变量，其变量值为"男"或"女"；"行业"也是一个分类变量，其变量值可以为"金融业""旅游业"或"制造业"等。为便于统计处理，对于分类数据，可以用数字代码来表示各个类别。例如，用1表示"男性"，0表示"女性"；用1表示"金融业"，2表示"旅游业"，3表示"制造业"等。

2) 顺序变量

顺序变量(Rank Variable)是说明事物有序类别的一个名称，其取值是顺序数据，也是定性变量的一种。例如，"产品等级"就是一个顺序变量，其变量值可以为"一等品""二等品""三等品"或"次品"等；"受教育程度"也是一个顺序变量，其变量值可以为"小学""初中""高中"或"大学"等；一个人对某种事物的看法也是一个顺序变量，其变量值可以为"同意""保持中立""反对"等。同样，顺序数据也可以用数字代码来表示，例如，用 1 表示"一等品"，2 表示"二等品"，3 表示"三等品"，4 表示"次品"等。

3) 数值型变量

数值型变量(Metric Variable)也称为定量变量，是说明事物数字特征的一个名称，其取值是数值型数据。例如，产品产量、商品销售额、零件尺寸、年龄、身高、时间等都是数值型变量，这些变量可以取不同的数值。数值型变量根据其取值的不同，又可以分为离散型变量(Discrete Variable)和连续型变量(Continuous Variable)。离散型变量是只能取可数值的变量，而且其取值都以整位数断开，可以一一列举，如"企业数""产品数量"等。连续型变量是可以在一个或多个区间中取任何值的变量，它的取值是连续不断的，不能一一列举，如"温度""零件尺寸的误差"等。在对社会和经济问题的研究中，当离散型变量的取值很多时，也可以将离散型变量当作连续型变量来处理。

表 1.1 列举了变量之间的关系，并说明了每种变量的类型。

表 1.1　变量类型列举表

数据类型		问题举例	参考答案
分类数据		性别	□男　□女
顺序数据		学历	□小学　□初中　□高中　□大学
数值型数据	离散型变量	家庭人口数量	_____人
	连续型变量	身高	_____cm

2. 应用度量水平分类

应用度量水平分类是将数据分类的另一种方法。其有 4 个普遍认可的度量水平：定类尺度、定序尺度、定距尺度和定比尺度。

(1) 定类尺度(Nominal Measurement)，又称为名义尺度。分类变量数据的度量是在定类尺度上进行的。定类尺度是将数据分为不同的类别，这些类别中没有排序。例如，银行卡中的"a.长城卡 b.牡丹卡 c.龙卡 d.太平洋卡 e.金穗卡"就是定类尺度变量的例子。你最喜欢的饮料和你的性别等也属于定类尺度变量。定类尺度是最弱形式的度量，因为无法对不同的类别进行排序。

(2) 定序尺度(Ordinal Measurement)是将数据分为不同的类别，但可以进行排序的。例如，教师的职称分类为"a.助教 b.讲师 c.副教授 d.教授"就表示一个定序尺度变量，因为这些变量按职称等级进行排序。另外，常见的用户反应"非常好、很好、一般和差"是按照满意度排序的。

定序尺度比定类尺度的度量级别高，因为其数值被赋予的性质多于仅仅被归为某一个类别的定类尺度。但定序尺度仍然是相对较弱的度量，因为该尺度没有度量出类别之间的数量差距。

(3) 定距尺度(Interval Measurement)和定比尺度(Ratio Measurement)是将数值变量数据在区间或比例的尺度上进行度量的。定距尺度比定序尺度的度量级别高，度量值之间的差异有一定的含义，但是缺乏真正意义上的参考值("0"值)。例如，中午温度读数 28℃比 26℃高 2℃。这 2℃的差值与 32℃和 30℃的差值意义是相同的，因为在这个尺度上所有的差值意义都相同。

定比尺度比定距尺度的度量级别高，定比尺度有绝对零点，"0"表示"没有"或"该事物不存在"，如高度、重量、年龄或薪水。例如，一个体重为 80 kg 的人的重量是一个体重为 40 kg 的人的两倍。因此，定比尺度不但可以做加减运算，也可以做乘除运算。

我们可以用温度的例子来说明定距尺度和定比尺度的差异。华氏温度和摄氏温度都是定距尺度而非定比尺度，不能说 10℃ 是 5℃ 的两倍。因为无论是华氏温度还是摄氏温度，0℃ 都是人为规定的。但是在开始温度读数中，0℃ 意味着没有分子运动，是定比尺度。

定距尺度和定比尺度是度量等级最高的度量，不仅可以确定数据的顺序，还可以确定数据的具体差异是多少。

上述四种度量水平具有各自的特点，如表 1.2 所示。从表 1.2 可知不同层次的度量本身形成了一个累积尺度，即高一层次的尺度除自己的特性外，必包含下一层次尺度的所有特性。高层次度量具有向下的兼容性，而低层次度量不具有向上的兼容性。

表 1.2　四种度量尺度的数学特性

分类	定类尺度	定序尺度	定距尺度	定比尺度
类别区分	有	有	有	有
次序区分		有	有	有
距离区分			有	有
比例区分				有

1.1.5　统计的广泛应用

人类活动的各个方面都离不开统计工作和统计数据。

在个人生活中，无论是报考学校、选择工作单位、购买房屋、进行股票交易、外出旅游，还是购买日常用品、生活开支预算等，都离不开与之有关的统计信息。尽管个人生活中的许多统计信息是以非常简单粗糙的形式出现的，但正是在对过去发生的事情或经验所获得的信息进行综合处理的基础上，人们才能作出正确的判断和决策。

在政府层面上，统计更是渗透于每一个部门的管理工作中。政府部门通过不断收集经济、社会、人口等各个领域的统计数据，在综合分析的基础上，对国民经济的发展进行预测、规划、指导和调控，并为全社会提供各种统计信息。

在科学研究的各个领域，如自然科学、经济学、社会学、体育、医疗卫生、环境保护等方面，都广泛使用统计学方法进行分析和推断。

在下面列举的 6 种商务活动中，统计学有更广泛的应用，经营管理人员在作决策时通常需要应用统计方法来归纳分析各种统计资料。

1. 财务分析

企业的财务报告和各种财务分析指标都是对企业的财务状况和经营成果的统计分析结果；管理会计需要以成本和收益为基础对经营业绩进行统计分析；企业的投资和融资决策更离不开各种内外部统计信息的支持。

2. 产品开发

企业产品开发计划的制订，需要对经济发展趋势、商业竞争、顾客需求、财务收支估算等方面的数据进行统计分析，并在此基础上进行产品开发的经济可行性分析。

3. 计划制订

企业各种计划的制订，都需要对销售、资金、人力、成本和利润等因素进行预测，而预测就是以过去和当前的统计数据为依据，运用推断统计方法对未来情况进行估计。

4. 市场研究

在市场研究中，需要对消费者的需求偏好及其变化趋势、竞争对手的情况、本企业产品和服务的顾客满意度等数据进行统计分析。

5. 工序管理和质量控制

运用统计分析方法，可以帮助企业确定影响产品质量的主要因素，制订有效的质量控制标准和工艺规范，达到降低成本、提高生产效率的目标。质量控制和质量管理是企业经营管理中运用统计分析方法最多的领域。

6. 人力资源管理

在企业的人力资源管理中，需要经常使用统计方法来分析人事变动、出勤状况和工作业绩等，并在此基础上进行业绩评定、奖励和惩罚、制订有效的激励约束机制等。

在上述商务活动中，由数据向信息和决策的转换过程如图 1.2 所示。

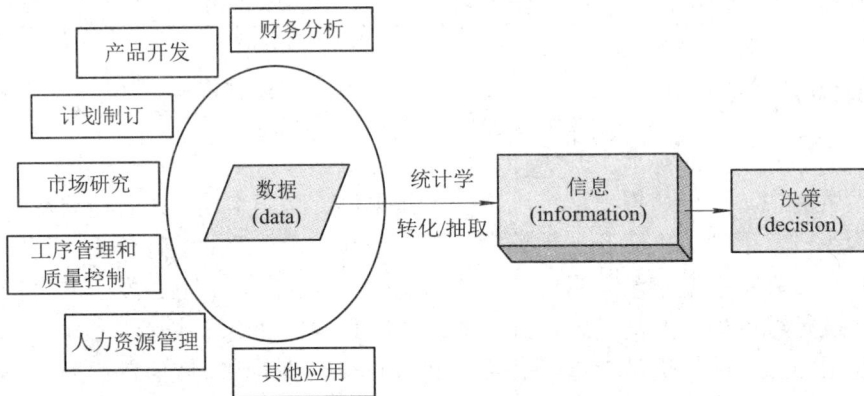

图 1.2　基于统计学的数据转换应用

任 务 1.2　收 集 数 据

任务描述

收集数据是进行统计分析的前提和基础。收集数据的途径众多，可通过实验、观察、测量、调查等方法获得直接资料，也可通过文献检索、阅读等方法获得间接资料。收集数据的过程中除了要注意资料的真实性和可靠性外，还要注意区分两类不同性质的资料。本任务主要讨论了数据的种类以及获取数据的多种调查方式,重点解读了抽样调查的知识点、调查问卷的制订和设计等内容。

1.2.1　数据来源

从使用者的角度来看,统计数据资料的来源主要有两种:一种是通过直接调查获得的原始数据,这是统计数据的直接来源,一般称为第一手或直接的统计数据;另一种是别人调查的数据,并对这些数据进行加工和汇总得到的数据,通常称为次级的、二手的或间接的统计数据。一切间接的统计数据都是从直接的、第一手数据转化而来的。

获取数据的最基本形式就是进行统计调查或实验,统计调查和实验的结果就是统计数据的直接来源。

1. 统计调查

统计调查是指根据统计研究预定的目的、要求和任务,运用科学的方法,有计划、有组织地收集统计资料的过程。通过统计调查得到的数据,一般称为观测数据。

统计调查中的各项统计资料必须真实可靠,符合客观实际情况,应及时地获取各种资料,并且资料是完整的、毫无遗漏的。

按调查对象的范围不同,统计调查一般分为全面调查和非全面调查。全面调查主要是指普查。普查是对构成调查对象的所有单位逐一进行登记或观察的调查方式。世界各国都定期(一般是 10 年)进行人口普查、农业普查等。普查虽然可以获得详细而丰富的统计数据,但它涉及千家万户,所花费的时间、人力、财力和物力都太大,不宜经常进行。非全面调查是对调查对象总体中的一部分单位进行登记或观察的调查方式。重点调查、典型调查、抽样调查都是非全面调查,但重点调查和典型调查中被调查的这部分单位(重点单位或典型单位)是人为规定的,对调查总体的代表性不高,虽不能直接用来反映总体,却可以用概率统计方法对总体进行推断。实践中运用更为广泛的是抽样调查。

2. 实验法

实验是获得统计数据的另一种重要来源。通过实验法得到的数据就是实验数据。

实验既是一种收集数据的方式,又是一种重要的研究方式。它通过有意识地改变或控制某些输入变量,观察其输出变量的变化,从而达到对事物本质或相互联系的认识。为了观察对输入变量的控制是否导致了输出变量的改变,在实验中,往往需要将研究对象分为两个组,一个是实验组,另一个是对照组,对实验组的输入变量加以控制或改变,而对对照组则不加控制,根据两组的输出结果,可以看到输入变量对输出变量的影响。

运用实验法时应注意:首先,实验组和对照组的产生应当是随机的,研究对象的不同单位应当被随机地分配到实验组或对照组中,而不应经过有意挑选;其次,实验组和对照组还应当相匹配,即研究对象的背景资料应当是大体相同的,不能差异太大。

不论是统计调查还是实验法,所收集的数据都是原始数据最基本的来源。这些数据通常是一手数据,即直接的统计数据。

虽然统计数据的收集主要是对原始数据的收集,本书介绍的统计调查方法也是围绕收集原始资料展开的,但数据的收集实际上不仅包括对原始数据的收集,还包括对次级数据的收集,在很多情况下,统计研究都是在掌握次级数据的基础上进行的。

数据的间接来源有两个：公开出版的统计数据，主要来自官方的统计部门和政府、组织、学校、科研机构；尚未公开发表的统计数据，如各企业的经营报表数据、专业调查咨询机构未公开发布的调查结果数据。需注意：如果公开引用未公开发表的数据需要征得数据所有者的同意，同时要为自己发布的数据负责。

在实际中恰当地运用间接数据往往能够节约时间和费用，并能取得较好的成果和效益，因此间接数据成为许多统计研究人员进行实证分析的首选数据来源。但在应用间接数据时应注意：① 要评估第二手数据的可用价值；② 应了解并正确理解间接数据中变量的含义、计算口径、计算方法，以防误用、错用他人的数据；③ 注意弥补缺失数据和进行质量检查；④ 要注明数据来源，以尊重他人的劳动成果和知识产权。

1.2.2　普遍调查

普遍调查简称普查，是专门组织的一次性的全面调查，如全国人口普查、能源普查、工业普查等。普查的组织方式一般有两种：一种是建立专门的普查机构，配备大量的普查人员；另一种是利用调查单位的原始记录和核算资料，发放调查表，由登记单位填报，如物资库存普查等。普查时必须注意以下几个原则。

(1) 规定统一的标准时点。标准时点是指对被调查对象登记时所依据的统一时点。

(2) 规定统一的普查期限。在普查范围内各调查单位或调查点同时进行登记。

(3) 规定普查的项目和指标。普查时必须按照统一规定的项目和指标进行登记，不能任意改变或增减，以免影响汇总和综合，降低资料质量。

【例 1.1】 国务院决定于 2020 年开展第七次全国人口普查。关于这次普查的部分重要要求与规定如下所示。

普查目的：第七次全国人口普查是在中国特色社会主义进入新时代开展的重大国情国力调查，将全面查清我国人口数量、结构、分布、城乡住房等方面的情况，为完善人口发展战略和政策体系、促进人口长期均衡发展、科学制定国民经济和社会发展规划、推动经济高质量发展、开启全面建设社会主义现代化国家新征程、向第二个百年奋斗目标进军，提供科学准确的统计信息支持。

普查标准时点：2020 年 11 月 1 日零时。

普查对象：普查标准时点在中华人民共和国境内的自然人以及在中华人民共和国境外但未定居的中国公民，不包括在中华人民共和国境内短期停留的境外人员。

普查项目：主要调查人口和住户的基本情况，内容包括姓名、身份证号码、性别、年龄、民族、受教育程度、行业、职业、迁移流动、婚姻生育、死亡、住房情况等。

1.2.3　重点调查

重点调查是专门组织的一种非全面调查，它可以在总体中选择个别或部分重点单位进行调查，借以了解总体的基本情况。这些单位虽然少，但它们调查的标志值在总体标志总量中占有绝大多数比重，通过对这些单位的调查，就能掌握总体的基本情况。例如，要了解全国钢铁企业的生产情况，只要调查宝钢、鞍钢、马钢、包钢、首钢等大型钢铁公司，就能达到调查的目的。因为这些钢铁企业虽然在全国只占少数，但它们的产量在全国钢铁产量中占有绝大部分的比重。因此,当调查的目的只是掌握调查对象的基本情况,而在总体中却有部分单位能较集中地反映所研究的问题时,采用重点调查是比较合适的。

重点调查的特点如下:

(1) 重点调查适用于调查对象的标志值比较集中于某些单位的场合,这些单位的管理比较健全,统计力量比较充实,能够及时取得准确资料。

(2) 重点调查的目的在于了解总体现象某些方面的基本情况,而不要求全面准确地推算总体数字。

(3) 重点调查比实际调查的单位数量少,在满足调查目的所要求的前提下,比全面调查节省人力、物力和时间。

1.2.4 典型调查

典型调查是根据调查的目的,选择在同类对象中最具典型性的部分和个体进行的调查,典型调查也是一种非全面调查。例如,选择中国某汽车企业作为国有企业改革调查分析的样板。

典型调查的作用如下:

(1) 典型调查可用来研究新生事物。

(2) 典型调查可用来研究事物变化的规律。

(3) 典型调查可用来分析事物的不同类型,研究它们之间的差别和相互关系。

(4) 典型调查的资料可用来补充和验证全面统计的数字,推论和测算有关现象的总体。

1.2.5 网上调查

互联网的发展把我们带入了网络经济时代,传统的调查理论与互联网技术相结合,使得网上调查应运而生。1999 年 10 月 16 日,北京零点专业市场调查公司与爱特信搜狐网络公司正式携手,创立了搜狐-零点网上调查公司,共同拓展网上调查业务,这标志着中国调查业步入了"网络时代"。

1. 网上调查的主要方式

1) E-mail 法

E-mail 法即电子邮件法,是以较为完整的 E-mail 地址清单作为样本框,随机发送问卷进行调查的。这种调查方法主要用于对特定群体(网民)多方面的行为模式、消费规模、消费心理特征等进行研究。在调查实施过程中,还可通过多媒体技术,向被调查者展示包括问卷、图像、样品在内的多种测试工具,以获得更加客观、全面的资料。在样本较为全面的情况下,调查结果可用于推论研究的总体。

2) Web 站点法

Web 站点法又称主动浏览访问法,即将调查问卷放置在访问率较高的 Web 站点,由对该问题感兴趣的访问者完成并提交。

3) Net-meeting 法

Net-meeting 法即网络会议法、视频会议法和焦点团体座谈法。通过直接在上网人群中征集与会者，并在约定时间举行网上座谈会，在主持人的引导下，对某一问题进行深入的或探索性的讨论、研究。

4) Internet Phone 法

Internet Phone 法即网络电话法，是指以 IP 地址为抽样框，采用 IP 自动拨叫技术，邀请用户参与调查。例如，将 IP 地址排序，每隔 100 个 IP 地址进行一次抽样，被抽中的用户会自动弹出一个小窗口，询问其是否愿意接受调查，回答"是"，则弹出调查问卷；回答"否"，则呼叫下一个 IP 地址。这种调查方法类似于传统调查方式中的电话调查。

5) 网上观察法

网上观察法是指对网站的访问情况和网民的网上行为进行观察和监测。使用这种方法最具代表性的是法国的 Net Value 公司，其调查的重点是监测网络用户的网上行为，称为"基于互联网用户的全景测量"。使用网上观察法时：首先通过大量的计算机辅助电话调查(CATI)获得用户的基本人口统计资料；然后从中抽出样本，招募自愿受试者，下载软件到用户的电脑中，由此记录被试者的全部网上行为。

6) 社交媒体法

社交媒体法是以各类社交媒体为平台，向被调查者发放调查问卷等测试工具的方法。一般来说，社交媒体是人们之间用来分享意见、经验和观点的平台，包括微博、微信、论坛和其他社交网站等。在社交媒体中，用户之间往往会形成社交联结，继而构建出庞大且复杂的网络，这为调查问卷等测试工具的快速发放和有效回收提供了基础。但是，用户网络的复杂性也使得抽样框无法得到控制，因此调查者在使用该方法时应注意所得样本的代表性。

2. 网上调查优势分析

1) 及时性和共享性

网上调查是基于 Internet 技术的一种调查，可以迅捷地实施调查方案。例如，E-mail 调查法中，电子邮件的传输只需几秒钟，因此，相对于传统的邮寄调查方式，其时效性大大提高，这对某些时效性较强的调查而言是极其必要的。网上调查的结果是开放的、共享的，被调查者可以和调查者一样使用调查结果，而且投票信息经过统计分析软件初步处理后，可以马上查看到阶段性的调查结果，而传统的调查需经过较长的一段时间才能得出结论。

2) 便捷性和低成本

实施网上调查节省了传统调查中耗费的大量人力和物力。实施网上调查时，只需要一台能上网的计算机即可，通过站点发布电子调查问卷，由网民自愿填写，然后，通过统计分析软件进行初步整理和分析。因此，网上调查在信息采集过程中，不需要派出调查人员，不受天气和距离的限制，不需要印刷调查问卷，调查过程中最繁重、最关键的信息采集和录入工作也在众多网上用户的终端完成，可以无人值守且不间断地接受调查表，信息检验和信息处理也由计算机自动完成。

3) 可靠性和客观性

实施网上调查，被调查者可以自由选择是否接受调查，不会因为面对面的方式而感到难以拒绝，能完全自愿地选择感兴趣的问题。因此，被调查者在填写问卷时会比较认真，资料的可靠性较高，由此所得的结论客观性也大大提高。同时，网上调查还可以避免传统调查中访问调查时因人为错误导致调查结论的偏差，从而保证了调查结果的客观性。

4) 更好的接触性

网上调查可能访问到高收入、高学历或调查员无法接触的群体，大大提高了访问率；而且通过网上邀请，还可以请到国内外的名人、要人或平时难以接触的人士做客聊天室，进行"面对面"交流或深度访谈，这些都是传统调查方法无法做到的。例如，弹幕视频哔哩哔哩网站的月活跃用户量达 1.28 亿人，即每月可接触的访问对象有上亿人。这也是传统面访调查方式无法实现的。

5) 穿越时空性

网上调查是 24 小时全天候的调查，这与受区域制约和时间制约的传统调查方式有很大的不同。

1.2.6　抽样调查

抽样调查属于非全面调查的范畴，是按照科学的原理和计算，从若干单位组成的事物总体中，抽取部分样本单位来进行调查、观察，用得到的调查标志的数据代表总体，并推断总体相应数量指标的一种统计分析方法。抽样调查是社会经济调查中最常用的调查方法。

1. 抽样调查的特点

抽样调查数据之所以能用来代表和推断总体，主要是因为抽样调查本身具有其他非全面调查所不具备的特点，列举如下所示。

(1) 调查样本是按随机的原则抽取的，在总体中的每一个总体单位被抽取的机会是均等的。因此能够保证被抽中的单位在总体中的均匀分布，不会出现倾向性误差，代表性较强。

(2) 以抽取的全部样本单位作为一个"代表团"，用整个"代表团"来代表总体，不是用随意挑选的个别单位代表总体。

(3) 所抽选的调查样本数量，是根据调查误差的要求经过科学的计算确定的，在调查样本的数量上有可靠的保证。

(4) 在调查前就可以根据调查样本数量和总体中各单位之间的差异程度进行抽样调查误差的计算，并将该误差控制在允许范围以内，调查结果的准确程度较高。

基于以上特点，抽样调查被公认为是非全面调查方法中用来推断和代表总体的最完善、最有科学根据的调查方法。

2. 抽样调查的应用领域

抽样调查的应用领域主要在以下几个方面。

(1) 某些总体本身的性质决定了不能对其进行全面调查而又需要对其进行全面了解的情况，如无限总体(连续生产产品的质量等)。

(2) 某些总体理论上虽然可以但实际不可能进行也不必要进行全面调查的情况，如调查城市居民出行情况。

(3) 某些总体理论上虽然可以但实际不可能进行全面调查的情况，如破坏试验(灯泡寿命、炮弹的杀伤力等)。

(4) 某些特殊总体要求具有一定资格的调查员才能进行调查，因此只能采用抽样调查，例如对科学技术方面总体的调查。

(5) 为了提高时效，要求在短时间内取得关于总体的情况。

(6) 利用抽样调查原理对总体的假设进行检验来判断假设的真伪，以决定行动取舍。

3. 抽样调查的误差

与其他调查一样，抽样调查也会遇到调查的误差和偏误问题。在进行抽样调查时，应避免下列四种误差，以使抽样调查结果更好地反映总体特性。

1) 涵盖误差

涵盖误差是指当某一组有代表性的样本被排除在抽样调查之外时，所引起的选择偏差。例如，抽样统计上海全市的超市运营情况时，如果没有包括永辉超市的统计结果，那么该统计在一定程度上就存在涵盖误差。

2) 无回应误差

抽样时，对样本个体数据收集失败会导致无回应偏差。例如，某项调查共发出 1000 份调查表，但是最终进行统计分析时只得到了 240 份有效调查，其余 760 份未能得到回复。由于存在 760 份未知的个体数据，这样的统计结果难以确保其正确性和全面性。

3) 抽样误差

选择抽样调查是因为这种方法简单、成本低且效率高。但同时也意味着有的个体被抽中，有的个体没有被抽中。抽样误差就是反映样本间的这种波动，其大小是基于某些特殊样本被抽中的概率而确定的。

当你读到调查报告、报纸或杂志中的民意调查时，其中往往会给出波动的误差。例如，"本次民意调查与实际情况的误差在 4%之内"这样的误差就是抽样误差。如何正确描述这种抽样误差是推断统计学的重要内容之一。

4) 测量误差

测量误差是指由于样本数据测量程序的设计和应用不当所引起的误差。例如，抽样调查时由于问题设计不明确而导致变量数据模糊引起的误差。

4. 抽样调查方法的分类

抽样方法按照抽取原则不同分为概率抽样方法和非概率抽样方法两类。概率抽样方法是根据已知概率抽取样本，样本抽取是随机的，主要包括简单随机抽样、分层抽样、系统抽样、整群抽样和多阶段抽样等。非概率抽样方法是人为有意识地抽取样本，样本抽取不是随机的。例如，方便抽样、判断抽样、滚雪球抽样和空间抽样等。

1) 简单随机抽样

所谓简单随机抽样，就是从总体中抽取一部分个体进行观察，每抽取一个个体就相当于一次随机试验。显然，如果要求所抽取的个体能较好地反映总体的情况，就要对抽样方法要提出一定要求，即保证每个个体被抽到的机会是均等的，并且在抽取一个个体后总体的组成情况不变。这种方法一方面可使样本较好地反映总体的情况，另一方面还可使各样本分量相互独立。因此，能满足以下条件的抽样为简单随机抽样。

(1) 样本 X_1, X_2, …, X_n 中每一分量 X_i 与总体 X 具有相同分布。

(2) 样本的每个分量 X_i 相互独立。

所抽取样本为总体 X 的一个简单随机样本，简称样本。

简单随机抽样是一种最重要的抽样方法。对于有限总体，必须采用放回抽样方法才能使每个个体被抽到的机会均等，并使各分量相互独立；对无限总体，则可采用不放回随机抽样方法。在实际应用中，当样本容量 n 与总体容量 N 之比较小，如当 $n/N<0.1$ 时，可将不放回抽样得到的样本也视为简单随机样本。以后如无特别说明，本书所讨论的样本都是指简单随机样本。

简单随机抽样方法的优点是操作简单、易行；缺点是总体过大时不易实行。

2) 分层抽样

前面所述的简单随机抽样，只能用在均匀总体的场合，对非均匀总体，就要用分层抽样。分层抽样又称为分类抽样或类型抽样。在分层随机抽样中，总体首先被划分为几层，总体中的某一项仅属于某一层。例如，可按部门、位置、年龄、工业类型等进行划分。

总体分层以后，在每一层进行简单随机抽样。不同群体所抽取的个体个数，一般有三种方法来确定。

(1) 等数分配法，即对每一层都分配同样的个体数。

(2) 等比分配法，即让每一层抽得的个体数与该类总体的个体数之比都相同。

(3) 最优分配法，即各层抽得的样本数 n_i 与所要抽得的总样本数 n 之比，等于该层方差 σ_i^2 与各类方差总和 $\sum \sigma_i^2$ 之比。

分层抽样方法的优点和缺点如下所示。

优点：在一定程度上控制了抽样误差，尤其是最优分配法。

缺点：

(1) 层内差别大而层间差别小时，结果不可靠。

(2) 各层的总体含量不清楚时，或最优分配法不了解标准差时，结果不可靠。

3) 整群抽样

将总体的各单位按一定的标志或要求分成若干群，然后以群为单位，对从中随机抽取的群全部进行调查，这就是整群抽样。例如，对人口普查资料进行复查，就采用了整群抽样的方式。当群中的元素差异较大时，整群抽样得到的结果比较好。在理想状态下，每个群是整个总体小范围内的代表。

整群抽样的基本应用之一是区域抽样，例如群为街区或其他定义好的区域。整群抽样通常比简单随机抽样和分层抽样所需要的样本容量大。事实上，当派一个调查者去一个样本群(如城市路口位置)进行调查时，许多样本观察值都可在相对较短的时间内获得，从而节约了费用。因此，整群样本的容量虽然大，但总成本却可以降低。

整群抽样方法的优点和缺点如下所示。

优点：实施方便，节省经费。

缺点：由于不同群之间的差异较大，由此而引起的抽样误差往往大于简单随机抽样。

4) 系统抽样

系统抽样又称为等距抽样。其方法是将总体的各单位按某一标志顺序排列，然后按照一定的间隔抽取样本单位。在总体容量较大的情况下，抽取简单随机样本很费时间，因为首先要生成众多随机数，才能随机抽取样本。因此，代替简单随机抽样的一种方法就是系统抽样。例如，从 5000 个元素的总体中抽取 50 个元素作为一个样本，可在总体前 100 个元素中抽取 1 个元素。其他样本元素的确定方法是：从第 1 个被抽取的元素开始，在总体目录上每隔 100 个元素抽取 1 个作为样本元素。由于抽取第 1 个元素是随机的，因此系统抽样也具有简单随机抽样的特征。

系统抽样方法的优点和缺点如下所示。

优点：

(1) 抽样方法简便。

(2) 易得到一个按比例分配的样本，抽样误差较小。

缺点：

(1) 需对每个观察单位编号。

(2) 当观察单位按顺序有周期性趋势或单调性趋势时，会产生明显偏性。

以上讨论的抽样方式均指的是概率抽样技术，即从总体中选出的元素以已知概率入选样本。概率抽样的优点在于与样本统计量相适应的抽样分布通常是已知的。

5) 方便抽样

方便抽样是一种非概率抽样技术。顾名思义，其样本抽取方法简便易行。样本中所包括的项在事先并没有确定或选取时并不知道概率。例如，一个教授在一所大学做一项调查，由于学生志愿者已准备好并且参加该项调查无须或几乎不需要成本，故由他们组成样本。

方便抽样具有相对较易于选择样本和收集数据的特点。然而，从其总体代表性来讲，它不能估计样本的"优良性"。一个方便样本可能得到好的结论，也可能得不到好的结论。

6) 判断抽样

判断抽样为另一种非概率抽样技术，即由对总体非常了解的人选择总体中最具代表性的元素，这是一种相对容易选择样本的方法。例如，报告者可抽样选择 2 个或 3 个人作为代表，认为这些代表反映了所有代表的普遍意见。因而，样本结果的质量取决于选择样本的人的判断。

非概率抽样潜在的优点是方便、快速和低成本。但非概率抽样为潜在的缺点是偏差导致结果普遍性不足，这些缺点的影响往往大于前面提到的优点。因此，非概率调查仅仅用于在大规模调研前的小规模调查。

上述所有抽样类型的分类可概括为图 1.3 所示。

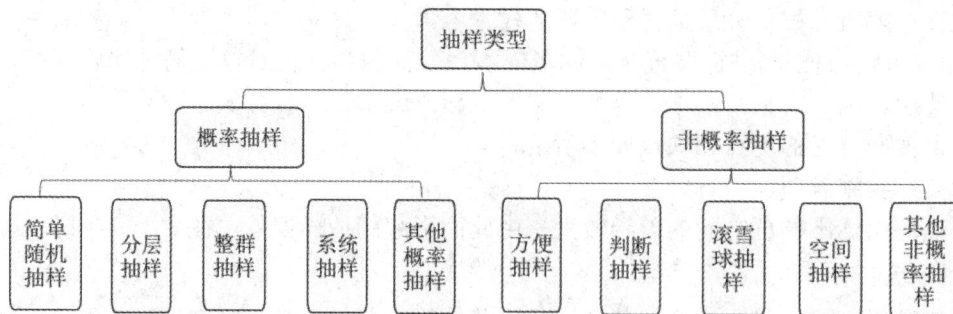

图 1.3　抽样方法分类

1.2.7　制订调查方案

采用问卷进行调查的形式始于 20 世纪 30 年代的美国，现已逐步成为调查研究中收集资料的一种主要方式。我国从改革开放以来就广泛使用这一方法，目前，它已成为统计调查的一个重要组成部分。

问卷调查法也称问卷法，它是调查者以书面提出问题的方式收集资料的一种研究方法。即调查者就调查内容提出问题或编制成表格，通过各种方式分发或邮寄给有关人员，请他们填写答案，然后回收整理并进行统计和研究。

为了使统计调查按照调查目的顺利进行，在组织调查之前，必须首先设计一个周密的调查方案。统计调查方案一般包括以下六个方面的内容。

1. 确定调查目的

制订调查方案，首先要明确调查目的。调查目的就是为什么要进行调查，或者调查要解决什么问题。调查目的是统计调查中的一个根本性问题，目的明确，才能有的放矢，才能根据调查目的收集与之有关的资料，舍弃无关资料，才可以节省人力、物力，缩短调查时间，提高调查资料的时效性。

2. 确定调查对象和调查单位

调查对象和调查单位要根据调查目的来确定。调查对象就是要进行调查研究的总体范围，它由许多性质相同的调查单位组成。确定调查对象，要明确总体的界限，划清调查范围，以防在调查工作中产生重复或遗漏。调查单位，就是要研究的总体单位，即所要登记标志的承担者。调查单位和填报单位有时是一致的，有时也可以不一致。

3. 确定调查项目

调查项目是要调查的具体内容，它完全取决于调查对象的性质、调查的目的和任务，包括调查单位必须登记的标志及其他有关情况。调查项目通常以调查表和调查问卷的形式反映，因此它是统计调查的主要工具，是调查方案的核心。

4. 确定调查的时间和地点

调查时间包括调查资料的所属时间和调查期限两种含义。数据所属时间应明确规定所调查的是哪个时点或时期的数据。调查期限则是进行调查工作的时限，包括收集资料和报送资料所需的时间。为了保证资料的及时性，必须尽可能地缩短调查期限。调查的地点根据调查的对象和调查单位具体确定。

5. 选择调查方法

统计调查方法就是收集调查对象原始资料的方法，即调查者向被调查者收集答案的方法，主要有直接观察法、报告法、采访法和网上调查法。

直接观察法是指调查人员到现场对调查对象进行直接点数和计量，如对产品成品库的盘点等。此法的优点在于能保证所收集资料的准确性，也有利于开展统计分析，但所花费的人力、物力较多，时间较长，而且无法用于对历史资料的收集。

报告法就是报告单位以原始记录和核算资料为基础，向有关单位提供统计资料。

采访法具体可分为询问法和通信法。询问法是指按照调查项目要求向被调查者询问,将询问结果填入表内。通信法是指由统计工作机构将调查表寄给被调查者,然后被调查者填好后将表寄回。

网上调查法是利用现代网络技术来收集统计资料的方法。该方法通过网络向被调查者发出调查信息(如调查提纲、表格或调查问卷),被调查者也通过网络向调查者反馈信息。与传统调查方式相比,网络调查具有独特的优点:

(1) 需要的经费较少;

(2) 能在较大范围内进行调查;

(3) 传播快速且具有多媒体性;

(4) 调查结果客观性较高;

(5) 信息质量易检验和控制。

这种调查方法符合市场经济效益的原则,当前使用较广。

6. 制订调查的组织实施计划

严密细致的组织工作是统计调查顺利进行的保证。调查工作的组织实施计划包括调查机构、调查步骤、调查人员的选择、组织及培训、调查表格或问卷的印刷、调查经费的来源与开支预算等。

1.2.8　设计调查问卷

一份完整的调查问卷应该包括标题、卷首语、正文、结束语四个部分。

1. 标题

问卷的标题要与课题的研究目的相符合,直接点明调查的主题,使被调查者对所要回答的问题有一个大致的了解。问卷的标题要简明扼要,但又必须点明调查对象或调查主题。

2. 卷首语

卷首语一般为给被调查者的短信,为其介绍和说明调查者的身份,调查的目的、意义、内容,篇幅短小,通常在300字以内,一般包括调查者身份、调查目的与内容、对象选取和结果保密措施、致谢等。

书写卷首语时应注意:首先,简要说明调查的内容和意义,突出本次调查的主要问题和现象;其次,语言要亲切自然,能调动被调查者的积极性,并体现被调查者完成本次调查的重要作用;最后,要对被调查者表示感谢,写一些祝福的话语。

3. 正文

正文是调查问卷的主要部分,也就是问题与答案部分。

设计问卷正文时要先宏观后微观,具体分为以下几步。

第一步,确定调查目标,如“我们要调查什么?”

第二步,分解目标,确定子目标,如“我们打算从哪几个方面来进行调查?”

第三步,为各个子目标设计问题,如“可以设计哪些问题来对子目标进行调查?”

设计调查问题时必须考虑以下几点。

(1) 问题的选用。所选的题目必须是围绕调查目的所必要的题目，可要可不要的问题不要列入；充分考虑被调查者的身份背景，不要提出对方不感兴趣的问题。

(2) 问题的表述。在进行问题表述时，需要注意以下几点：

① 注意语言的简洁性、通俗性，不能使用专业术语。

② 问题不能带任何倾向性或暗示性。

③ 语言要准确，不要使用模棱两可、含混不清或容易产生歧义的语言或概念。

④ 做到一题一问，不要一题多问。

⑤ 如果是选择题，选项的设置要合理涵盖所有可能，让所有被调查者都有选项可选。

⑥ 不能直接询问敏感性问题。

⑦ 问题的数目不能过多、问卷不宜过长，一般控制在 20 分钟以内回答完毕。

⑧ 问题的排列要有一定的逻辑次序，层次分明，一般遵循以下几点原则。

a. 熟悉的问题在前，生疏的问题在后。

b. 简单、易答的问题在前，复杂、难答的问题在后。

c. 泛指问题在前，特定问题在后。

d. 感兴趣的问题在前，紧张、有顾虑的问题在后。

e. 关于行为的问题在前，关于态度、观念的问题在后。

f. 封闭式问题在前，开放式问题在后。

4. 结束语

结束语一般是一小段话，内容是对被调查者的合作再次表示感谢以及不要漏填与复核的请求。结束语要简短明了，有的问卷也可以省略。

【例 1.2】　做一个大学生对音乐爱好方面的调查问卷设计。

大学生喜欢的音乐的调查

尊敬的朋友：

您好！

这是一份关于大学生喜欢的音乐的调查问卷。为了研究相关课题，特设本问卷，恳请你协助填答。本次调查采用匿名制，所有数据只用于统计分析。你只要根据实际情况选择或填写即可。祝您生活幸福！

1. 你喜欢音乐吗？

A. 喜欢　　　　　　B. 不喜欢

2. 你经常听音乐吗？

A. 经常　　　　　　B. 有时　　　　　　C. 偶尔　　　　　　D. 极少　　　　　　E. 从不

3. 你喜欢听欢快的音乐还是忧伤的音乐？

A. 欢快的　　　　　B. 忧伤的

4. 你喜欢的音乐歌手是哪个地区的？

A. 中国内地　　　　B. 中国港台　　　　C. 日韩　　　　D. 欧美

……

非常感谢你的配合！祝你工作顺利，开心快乐！

（标题）

（卷首语）

（正文）

（结束语）

任务 1.3　介绍 SPSS 软件

任务描述

　　SPSS 软件是世界上出现最早的统计分析软件,也是目前世界范围内应用最为广泛的专业统计软件之一,其涉及众多领域,其具有操作简便、编程方便、工具强大、针对性强等诸多优点。本任务主要介绍了 SPSS 软件的发展过程、SPSS 软件运行的多个界面窗口和 SPSS 软件的系统设置方法。

1.3.1　SPSS 软件简介

　　统计学软件的种类较多,常用的有 SPSS、SAS、R、Excel、MINITAB 等。MINITAB 软件是现代质量管理统计的领先者,主要处理与质量管理相关的统计问题,具有一定的专业性;SAS 软件功能较齐全,但价格比较贵,且其帮助系统差,查询不太容易,同时需要学习一定的编程语言,对于初学者来说有一定的难度;R 软件是免费的软件,而且资源公开,功能非常齐全,有许多使用方便的函数包,该软件越来越受到用户青睐;SPSS 软件操作简单,且能满足统计学课程的基本需求,因此,SPSS 软件更受初学者的欢迎,本书中统计方法的计算机实现主要运用 SPSS 软件的中文版本 25.0。

　　SPSS 的英文即 Statistics Package for Social Sciences,译为社会科学统计软件包。随着 SPSS 应用的不断扩大和深入,SPSS 的英文变更为 Statistical Product and Service Solutions,译为统计产品与服务解决方案。该软件是世界上公认的最早的统计分析软件,也是最优秀的统计分析软件包之一。作为统计分析工具,SPSS 不仅功能强大、界面友好、交互性强,且理论严谨、内容丰富,数据管理、制表绘图、统计分析、趋势研究、文字处理等功能几乎无所不包。因此,SPSS 也就成为世界上应用最广泛的专业统计软件,并不局限于社会科学。

　　SPSS 最早由美国斯坦福大学的三位研究生于 1968 年研究开发成功,后来,他们成立了 SPSS 公司,于 1975 年在芝加哥组建了 SPSS 总部。1984 年,SPSS 总部首先推出了世界上第一个统计分析软件微机版本 SPSS/PC+,开创了 SPSS 微机系列产品的开发方向,极大地扩充了它的应用范围,并使其能很快地应用于自然科学、技术科学、社会科学的各个领域,世界上许多有影响的报刊纷纷就 SPSS 的自动统计绘图、数据深入分析、使用方便、功能齐全等方面给予了高度的评价与称赞。鉴于 SPSS 产品服务领域和服务深度不断扩大,SPSS 公司于 2000 年将软件更名为 SPSS(Solutions Statistical Package for the Social Sciences,社会科学统计软件包)。2009 年 4 月 9 日,美国芝加哥 SPSS 公司宣布重新包装旗下的 SPSS 产品,将其定位为预测统计分析软件 PASW(Predictive Analytics SoftWare),称之为 SPSS PASW Statistics 或 PASW/SPSS Statistics。IBM(国际商业机器公司,于 2009 年 7 月 28 日宣布以 12 亿美元收购 SPSS 公司,SPSS 正式成为 IBM Information Management 产品线下品牌,不再冠名 PASW,更名为 IBM SPSS Statistics。SPSS 诞生以来,为适应各种操作系统平台的要求，经历了多次版本更新，各种版本的 SPSS for Windows 在传承的基础上得到了不断的改进，现在已发布版本 IBM SPSSS tatistics 26。

　　SPSS 软件已被广泛应用于通信、医疗、银行、证券、保险、制造、商业、市场科研、教育研究等多个领域和行业，是世界上应用最广泛的专业统计软件。SPSS 是操作界面极为友好的统计软件，其最突出的特点是采用图形菜单驱动界面，除了数据录入及部分命令、程序等需要键盘输入外，大部分操作可通过鼠标拖曳、点击菜单、按钮和对话框来完成。SPSS 具有完整的数据输入、编辑、统计分析、报表制作、图形制作等功能，而且输出结果美观漂亮。SPSS 采用类似 Excel 表格的方式输入与管理数据，并且数据接口也较为通用，能方便从其他数据库中读入数据。SPSS 包括常用的较为成熟的统计过程，提供从简单的统计描述到复杂的多因素统计分析等多种方法，例如，数据的探索性分析、列联表分析、偏相关分析、方差分析、非参数检验、回归分析、判别分析、因子分析、聚类分析、Logistic 回归分析等，完全可以满足初学者的基本需要。

1.3.2　SPSS 软件窗口介绍

　　SPSS 软件运行过程中会出现多个界面窗口，各个界面窗口的用处及功能不同。其中，最主要的界面窗口有四个，即数据编辑窗口、结果输出窗口、脚本窗口和语法窗口。数据编辑窗口、结果输出窗口和语法窗口是最常用的。

1. 数据编辑窗口

　　用户启动 SPSS 后看到的窗口便是数据编辑窗口，如图 1.4 所示。在数据编辑窗口中，用户可以进行数据的录入、编辑以及变量属性的定义和编辑等操作，该窗口是 SPSS 的基本界面，主要由以下几部分构成：标题栏、菜单栏、工具栏、编辑栏、变量栏、观测序号、窗口切换标签和状态栏。

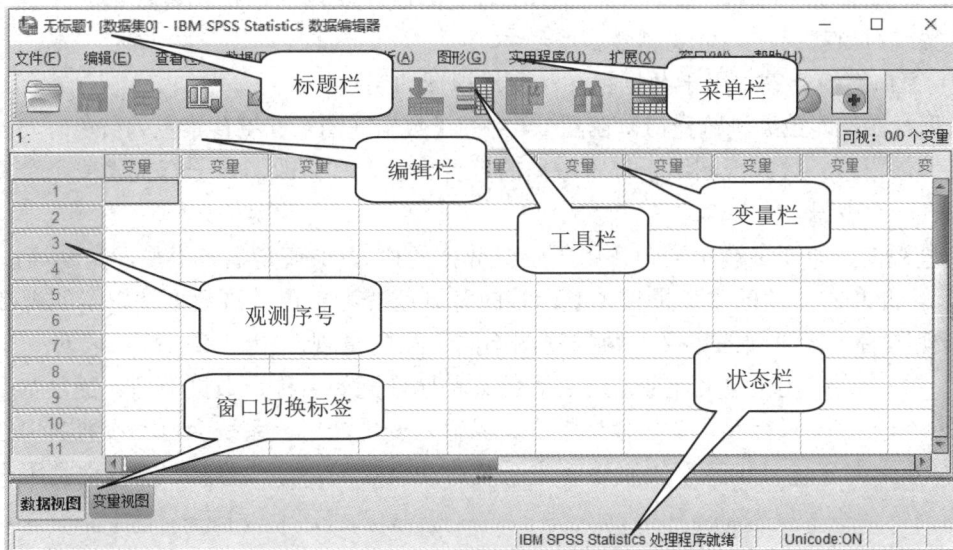

图 1.4　数据编辑窗口

(1) 标题栏：显示所编辑的数据文件名称。

(2) 菜单栏：通过对这些菜单的选择，可以进行所有的 SPSS 操作。(关于菜单的详细操作步骤将在后续内容中分别介绍。)

(3) 工具栏：为了方便用户操作，SPSS 软件把菜单项中常用的命令放到了工具栏里。当鼠标指针停留在工具栏中的某个按钮上时，界面会自动跳出一个文本框，提示当前按钮的功能。另外，如果用户对系统预设的工具栏不满意，也可以选择【查看】→【工具栏】→【定制】菜单命令对工具栏按钮进行自定义，如图 1.5 所示。

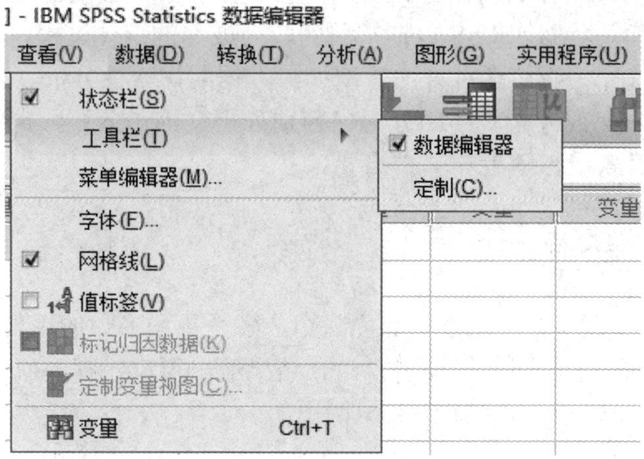

图 1.5　定制工具栏

(4) 编辑栏：可以输入数据，并使它显示在内容区指定的方格里。

(5) 变量栏：列出了数据文件中所包含变量的变量名。无论怎样变动窗口的范围，变量栏上的变量始终都出现在顶行，这个功能较为人性化，方便研究者阅读数据。

(6) 观测序号：列出了数据文件中的所有观测值。观测的个数就是数据的样本容量，一个个案或对象就会占一个观测号。

(7) 窗口切换标签：用于数据视图和变量视图的切换。

数据视图，即数据浏览窗口，在图 1.4 中的【数据视图】标签背景色为黄色时，表示当前状态为该窗口。数据视图用于样本数据的查看、录入和修改，每一行代表一个个案，每一列代表一个变量。

变量视图，即变量浏览窗口，用于定义数据的格式(如变量名、类型、宽度等)。如图 1.5 所示，此时左下角的【变量视图】标签的背景色变为黄色。将数据编辑器的视图切换至变量视图后，行与列的定义与数据视图不同。在变量视图中，每一行代表对一个变量的定义，每一列则代表定义该变量时用到的某种属性，如名称、数据类型、变量宽度、数据小数点位数、变量标签、变量值标签等。当输入变量名后，系统会自动设置其属性。例如，图 1.6 中的变量"年龄"的属性都是系统自动设定的，而"姓名"的属性是用户自定义的。

(8) 状态栏：用于显示 SPSS 当前的运行状态。SPSS 被打开时，界面将会显示"IBM SPSS Statistics 处理程序就绪"的提示信息。

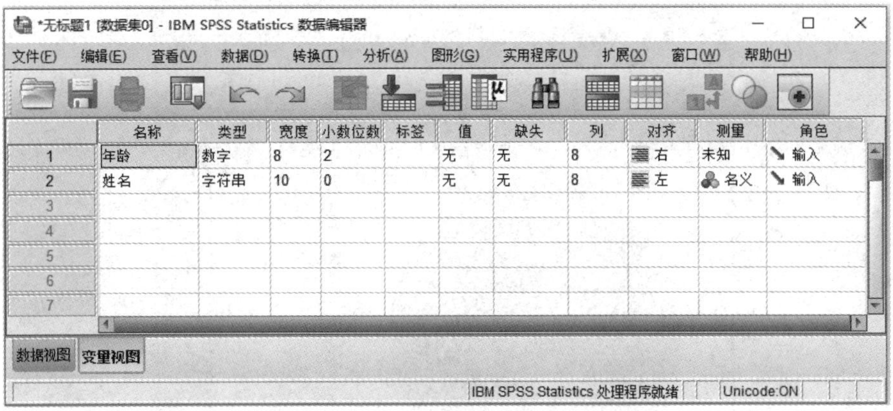

图 1.6　数据编辑器

2. 结果输出窗口

启动 SPSS 软件后，若对数据进行某项统计分析，结果输出窗口将被自动调出。在 SPSS 中，大多数统计分析结果都将以表或图的形式在结果输出窗口中显示，如图 1.7 所示。

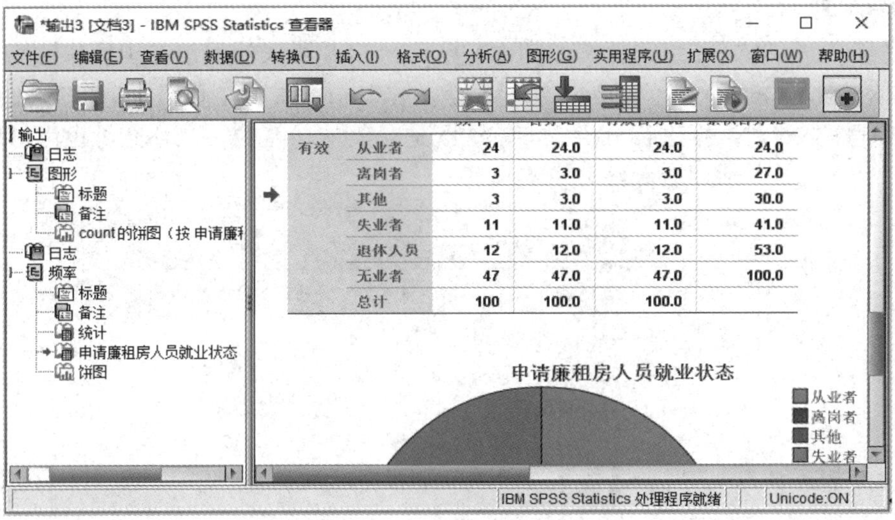

图 1.7　SPSS 结果输出窗口

结果输出窗口右侧显示统计分析结果；左侧是导航窗格，用来显示输出结果的目录，用户可以通过单击目录来展开统计分析结果。统计分析显示的图与表等结果可以被直接复制粘贴至相应的文档中。需要注意的是，SPSS 结果输出窗口的文件与数据文件采取分别保存的形式，数据文件的格式为 ".sav"，结果输出文件的格式为 ".spv"。分成两种文件格式的方式方便了用户直接使用和查看相应的文件。和双击打开后缀名为 ".sav" 的数据文件一样，用户也可以通过双击后缀名为 ".spv" 的 SPSS 输出结果文件来打开该窗口。

系统默认的输出图表有时不符合用户的个性化要求，因此 SPSS 提供了对结果图表进行再编辑的功能。如果用户需要对结果进行编辑，可以通过双击图表对象或右击后选择"编辑内容"命令，选中的图形会出现在图表编辑器中，如图 1.8 所示，此时便可以对选中的对象进行有目的的编辑了。

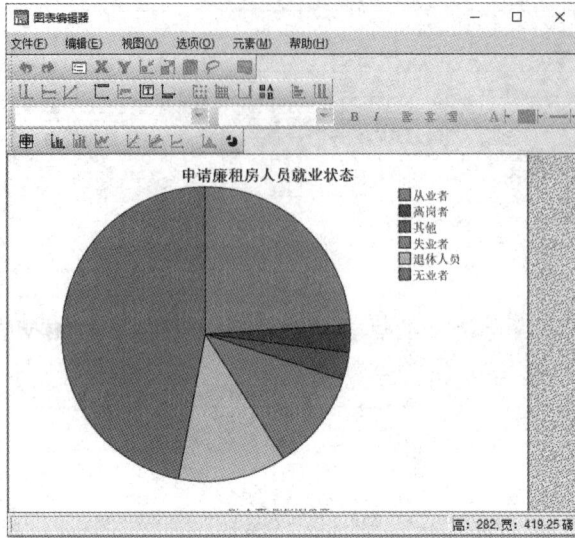

图 1.8 图表编辑器

3. 语法窗口

语法窗口也称作语法编辑器，如图 1.9 所示。SPSS 最大的优势在于操作的简便性，即它是菜单对话框式的操作。但是为了满足高级数据分析人员的工作需求，SPSS 还提供了语法方式或程序方式对数据进行分析。该方法既是对菜单功能的一个补充，也可以使烦琐的工作得到简化，尤其适用于高级分析人员。

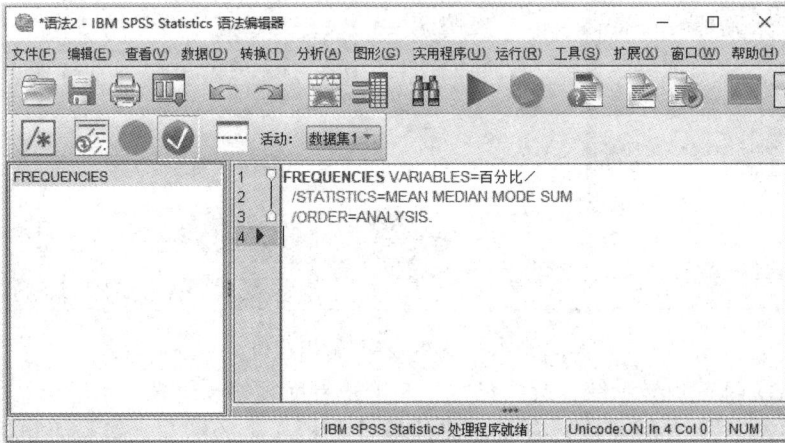

图 1.9 语法编辑器

语法编辑器的启用方式为：打开数据文件，选择【文件】→【新建】→【语法】命令，即会弹出如图 1.9 所示的语法编辑器。在语法编辑器中可以输入命令进行语法编辑。其实，每一次数据分析，SPSS 在结果输出窗口中都会先给出语法命令，再输出统计结果。有兴趣的读者可以直接将这些命令复制到语法编辑器中运行。

1.3.3 SPSS 软件系统设置

在结束 SPSS 25.0 的安装过程之后，首先要通过【选项】对话框设置系统的默认值和初始状态。从【编辑】菜单中选择【选项】菜单，然后打开【选项】对话框。该对话框共有 12 个选项卡，分别为【常规】【语言】【查看器】【数据】【货币】【输出】【图表】【透视表】【文件位置】【脚本】【多重插补】和【语法编辑器】。下面就几个主要的选项设置进行解读。

1. 常规功能设置

【常规】选项卡中列出了一般性选项，在【常规】选项卡中可以设置相关的功能参数，如图 1.10 所示。

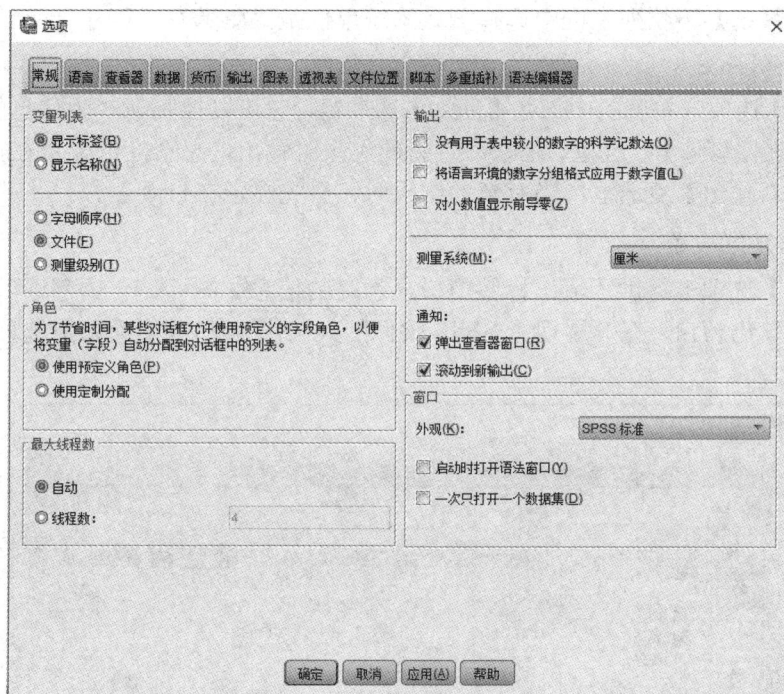

图 1.10　常规选项卡

1) 变量列表

通过【变量列表】选项组可以设置变量在变量列表中的显示方式和显示顺序。

(1) 变量的显示方式。

显示标签：表示显示变量标签选项，如果选中此单选按钮，则变量标签显示在前，这是系统的默认方式。

显示名称：表示显示变量名，选中此单选按钮，则在变量列表中只显示变量名。

(2) 变量的显示顺序。

字母顺序：表示变量的显示顺序，选中此单选按钮，则表示按变量名的字母顺序排列。

文件：表示按变量在数据文件中出现的先后顺序排列，这是系统的默认选项。

测量级别：表示按照变量类型显示顺序，SPSS 中的测量级别与数据变量类型相对应，其有序测量对应有序变量，名义测量对应分类变量，标度测量对应定量变量。

选择显示顺序后，会在下一次打开数据文件时起作用。

2) 角色

用户以不同的角色登录会有不同的对话框列表，相当于拥有自己的文件夹。

3) SPSS 启动时的输出窗口类型

位于【常规】选项卡右边最上边的【输出】选项组中的选项能够控制系统在启动时的输出窗口类型。表格中的较小数值指输出表中很小的数值将显示为 0(或.000)。选中其下方的【将语言环境数字分组格式应用于数字值】复选框，输出的是文本格式的要点图和统计图，是无编辑的。

4) 测量系统

在【测量系统】下拉列表框中选择测量系统单位是"厘米""英寸"或"磅"。

5) 输出声明设置

在【常规】选项卡右侧的中部是【通知】选项组，它可以控制新产生信息的提示方式。选中【弹出查看器窗口】复选框，则在产生新的结果时输出信息会立即显示在窗口屏幕上；选中【滚动到新输出】复选框，当有新的结果时，会先显示在目录上。

2. 查看器功能设置

【查看器】选项卡提供了输出标签窗口显示时的信息、图标、字体等选项，方便用户根据需要定义输出窗口，充分展现了 SPSS 软件的人性化设计。【查看器】选项卡如图 1.11 所示。

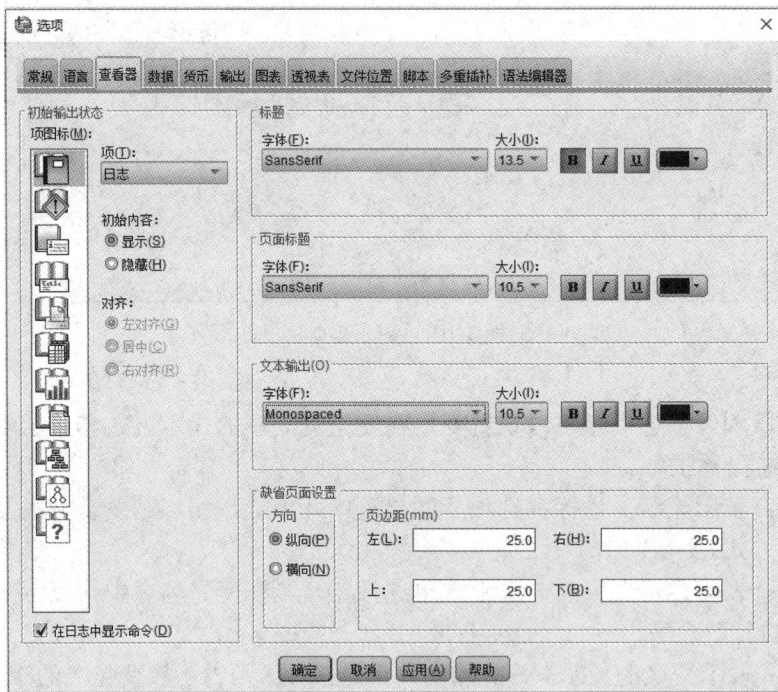

图 1.11　查看器选项卡

1) 初始输出状态设置

在【初始输出状态】区域下面的【项目图标】栏中，可以设置各种输出的状态。

(1) 【项】下拉列表框。

此下拉列表框用来选定要控制的输出项。输出项有日志、警告、备注、标题、页面标题、透视表、图表、文本输出、树模型、模型浏览器和未知对象类型。

(2)【初始内容】选项组。

该选项组是对【项】下拉列表框中选定的输出参数的控制,有【显示】和【隐藏】两个选项。

(3)【对齐】选项组。

该选项组用于控制输出内容的对齐方式,有左对齐、居中和右对齐三种方式。最下面的【在日志中显示命令】选项,可以选择是否把 SPSS 命令显示在日志中。

2) 输出文本的字体和大小设置

在【查看器】选项卡右边的栏目中,可以设置文本标题、页面标题和文本输出的字体、字形、字号和颜色等属性。

3) 缺省页面设置

该选项可以设置默认情况下,页面的方向和页边距。

3. 设置有关数据的参数

打开【数据】选项卡,在此可以设置数据的各种参数,如图 1.12 所示。

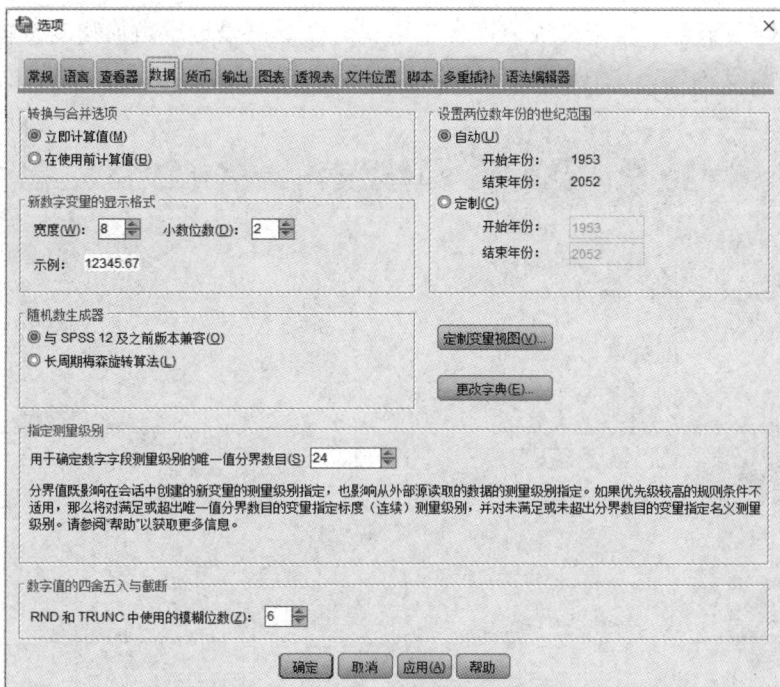

图 1.12　数据选项卡

1)【转换与合并选项】选项组

(1) 立即计算值。

选中此单选按钮,就会立刻执行要求的转换,同时读取数据文件。此项为系统默认选项。如果数据文件较大,而且要进行多项转换,这种转换可能要花费较多时间。

(2) 在使用前计算值。

选中此单选按钮,就会延迟转换,只有在遇到命令时才执行转换和合并。如果数据文件较大,这种方式能明显地节约处理时间。但是,暂时挂起转换将限制在数据编辑器中要做的其他工作。

2) 【新数字变量的显示格式】选项组

(1) 【宽度】微调框，在其中可输入显示的数值总宽度。

(2) 【小数位】微调框，在其中可输入要显示数值的小数位数。

3) 【设置两位数年份的世纪范围】选项组

该选项组用于为使用两位数年份输入和显示的日期格式变量定义年份范围。例如，选择"自动"，系统年限则基于当年，前推 69 年，后推 30 年(加上当年，一共 100 年)；用户也可通过选择"定制"单选按钮，自定义年份的变动范围。

4) 【指定测量级别】选项组

此选项组用于确定数值字段测量级别的唯一值临界数。

5) 【数字值的四舍五入与截断】选项组

此选项组用于选择 RND 与 TRUNC 中使用的模糊位数。

4. 设置自定义数值型变量的格式

【货币】选项卡用于自定义数值型变量格式，在此可以设置数值型变量输出格式的各种参数，如图 1.13 所示。

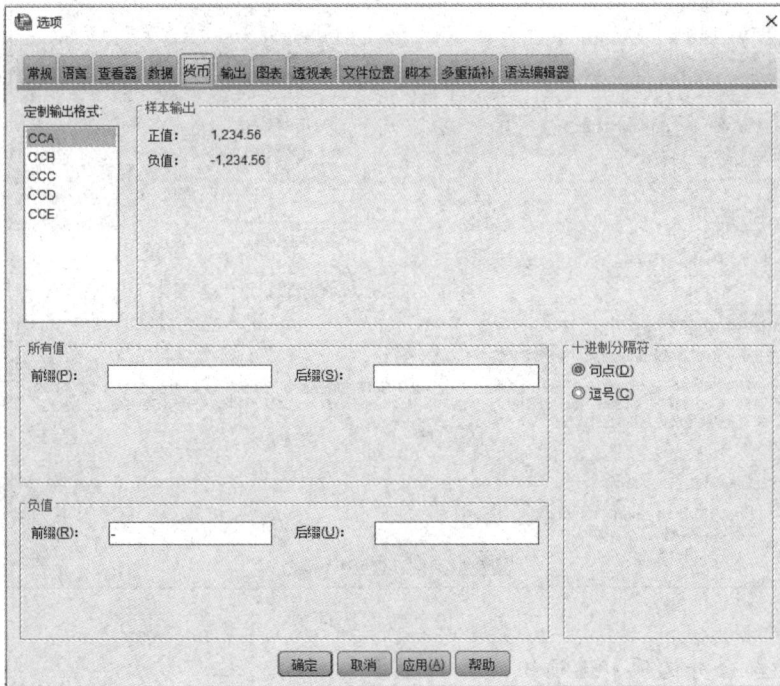

图 1.13　货币选项卡

1) 【定制输出格式】列表框

在此列表框中可以设置五种自定义字符格式，可以先设定再命名。这五种格式分别为 CCA、CCB、CCC、CCD 和 CCE。

在右边的【样本输出】栏内显示变量格式的预览。

2) 【所有值】选项组

在"前缀"文本框内输入数值的首字符，这个字符将成为在所有值前面都显示的前缀，系统默认设置为空格；在"后缀"文本框内输入的值将成为在所有值后面都显示的后缀，系统默认设置为空格。

3) 【负值】选项组

在"前缀"文本框内输入在所有负值前面显示的前缀，系统默认设置为"."；在"后缀"文本框内输入的值将成为在所有负值后面都显示的后缀，系统默认设置为空格。

4) 【十进制分隔符】选项组

选中"句点"单选按钮，在以后显示输出值中的小数点时就会采用圆点为小数点，系统默认设置为句点；选中"逗号"单选按钮，小数点为逗号。

5. 设置输出的参数

通过【输出】选项卡可以设定一些参数，当输出结果与要点表的时候，使变量值与变量标签一起输出，如图 1.14 所示。

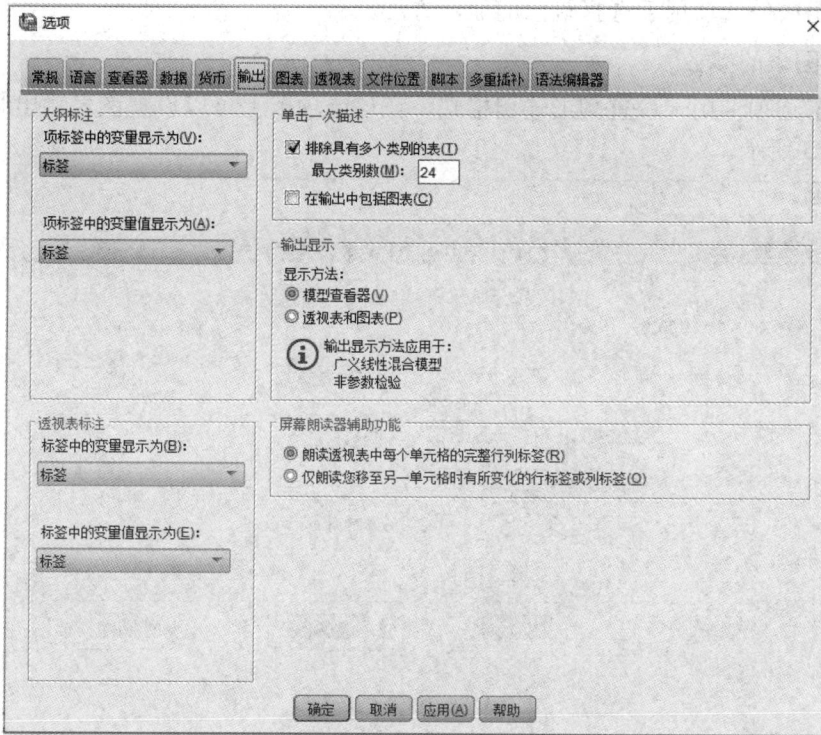

图 1.14　输出选项卡

1) 【大纲标注】选项组

此选项组用来设定在输出大纲中所选用的标签形式。

【项标签中的变量显示为】下拉列表框用来控制在输出大纲摘要中的变量显示形式，已经输出的要点表不受影响。系统默认的显示格式为仅显示标签。

(1) 标签：选择此选项，则使用变量标签来标识每个变量。

(2) 名称：选择此选项，则使用变量名来标识每个变量。

(3) 名称和标签：选择此选项，则将变量名和变量标签都用于标识每个变量。

【项标签中的变量值显示为】下拉列表框用来控制在输出大纲摘要中的变量值和值标签的显示方式，已经输出的要点表不受影响。系统默认的显示方式为显示值标签。

(1) 标签：选择此项，则使用变量标签值来标识每个变量值。

(2) 值：选择此项，则使用变量值来标识每个变量值。

(3) 值和标签：选择此项，则将变量值和变量值标签都用来标识每个变量值。

2) 【透视表标注】选项组

该选项组的两个选项为【标签中的变量显示为】和【标签中的变量值显示为】，用于控制输出的透视表格中的变量和变量值的显示方式，其设置和上述的【大纲标注】选项组一样。

3) 【单击一次描述】选项组

此选项组中有【排除具有多个类别的表】和【在输出中包括图表】两个复选框(另有一个【最大类别数】文本框，仅在选中第一个复选框时可用)。

4) 【输出显示】选项组

此选项组中的选项用于选择输出的显示方法。

6. 设置图表的参数

【图表】选项卡用于设置图形输出格式，在该选项卡上可以设置图表输出时的各种参数，如图 1.15 所示。

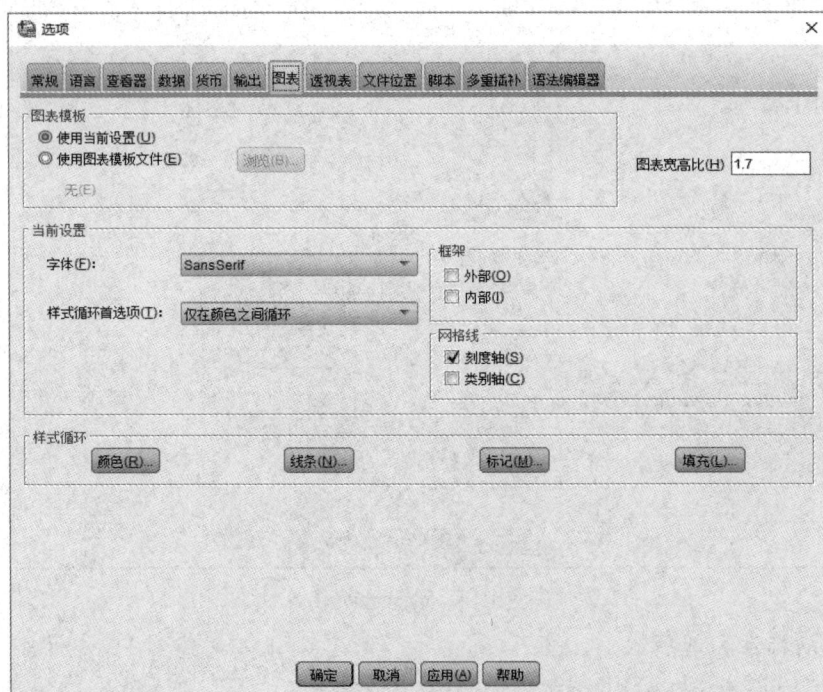

图 1.15　图表选项卡

1) 【图表模板】选项组

选中【使用当前设置】单选按钮，则对新的图形属性采用当前设置；选中【使用图表模板文件】单选按钮，则使用一个图表模板来确定图形的属性。用户可以单击【浏览】按钮来选择一个图表模板文件，图表文件必须是用户事先保存好的。如果用户想生成一个图表模板文件，只需生成一个带有其所希望属性的图形，然后保存即可。图表模板文件的扩展名为*.sct。

2)【当前设置】选项组

【字体】下拉列表框内可以选择输出图形所采用的字体，系统默认设置为"SansSerif"。【样式循环首选项】下拉列表框中可以选择填充图形和线条样式，下拉列表中提供了设置图案填充颜色及线条的选项。SPSS 25.0 提供了"仅在颜色之间循环"和"仅在图案之间循环"两个选项。

3)【图表宽高比】文本框

在此文本框中输入希望的宽高比数值，系统默认的宽高比为"1.7"，即纵：横 = 1：1.7。

4)【框架】选项组

【外部】复选框为整个图形画出一个更大的外边框，将图形全部框于其中，包括标题和图例；【内部】复选框则只将输出的图形部分画出边框。

5)【网格线】选项组

选中【刻度轴】复选框，会输出图形中显示纵轴上的刻度和水平网格线；选中【类别轴】复选框则会在输出图形中显示横轴上的刻度及垂直网格线。

7. 设置输出表格的参数

【透视表】选项卡用于设置输出表格的格式，可以设置新的表格输出外观。SPSS 25.0 提供了多种形式的透视表样板，在此处选定一种透视表样板，以后生成的所有表格都将以此种格式输出，如图 1.16 所示。

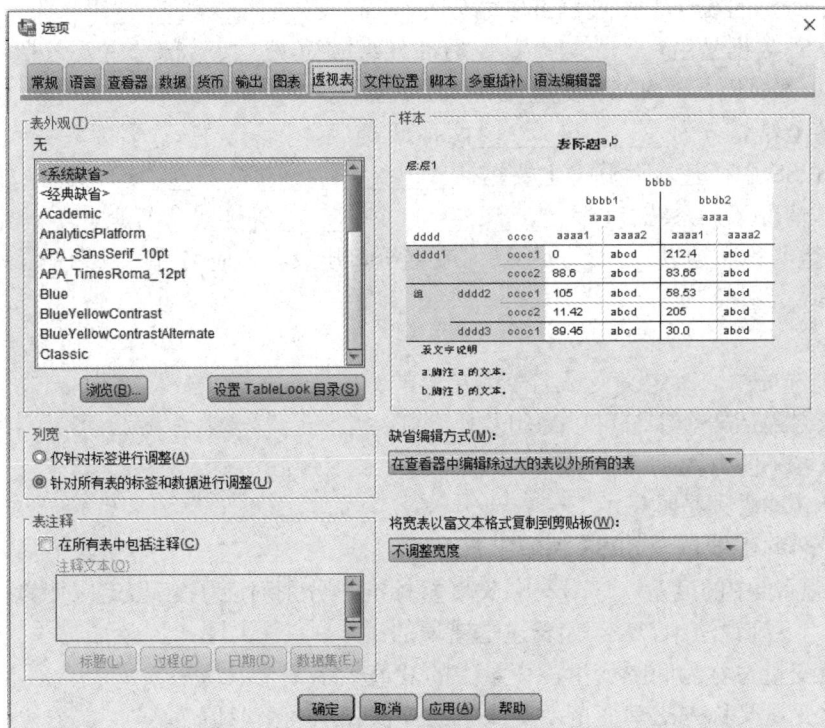

图 1.16　透视表选项卡

1) 【表外观】选项组

在此选项组中的列表框内，可以选择系统提供的表格输出时的外观样式及储存路径。用户可单击【浏览】按钮来选择样式所在的目录，在目录下的外观样式中选定所需要的样式文件。右边的【样本】选项组里显示了所选择表格的样式草图预览。

2) 【列宽】选项组

在此选项组内可以设置透视表的列宽。选中【仅针对标签进行调整】单选按钮，就会按变量标签来调整列宽，这样做会使要点表看起来更紧凑，但比标签宽的数据值则不会显示(注：星号表示数据值不能被显示)；选中【针对所有表的标签和数据进行调整】单选按钮，用户可根据具体需要手动调整内容或表框列宽，使表格美观、大方。

思 考 与 练 习

1. 填空题。

(1) 统计单体具有 3 个基本特征，即_____、_____和_____。

(2) 要了解一个企业的产品质量情况，总体是企业全部产品，个体是_____。

(3) 统计指标按其数值表现形式不同可分为_____、_____和_____。

(4) 指标与标志的主要区别在于：一是指标是说明_____特征的，而标志则是说明_____特征的；二是标志有不能用数量表示的_____与能用数量表示的_____，而指标都是能用数量表示的。

(5) 一个完整的统计工作过程可以划分为_____、_____、_____和_____ 4 个阶段。

(6) SPSS 数据是由_____与_____两部分组成的，_____部分主要包括基础数据部分，而_____部分则是对 SPSS 变量及其属性的描述。

(7) 数值型常量分为_____与_____两种形式。

(8) 在 SPSS 中，基本运算符主要包括_____、_____与_____ 3 种类型。

(9) 默认情况下，系统会以_____、_____或_____等样式命名变量。

(10) 变量名称必须以_____、_____或字符@开头，其他字符可以为任意字母、数字或常用符号。

2. 选择题。

(1) 下列选项中，对定义变量名表述错误的为(　　)。

A. 变量名最后一个字符可以为句号

B. 变量名不区分大小写

C. 变量名称必须是唯一的

D. 变量名称不能包含 SPSS 保留字符

(2) 度量标准中的度量、序号与名义度量标准，分别对应了定距/定比变量、定序变量和定性变量。下列说法中，(　　)表述是错误的。

A. 定距变量又称为间隔变量，变量中的 0 值表示一个取值

B. 定比变量又称为比率变量，变量中的 0 值表示一个取值

C. 定序变量是基于"质"因素的一种变量

D. 定性变量是基于"质"因素的一种变量，其取值只代表所观测对象的类别

(3) 在 SPSS 中可以读取其他格式的数据文件，下列选项中，(　　)文件格式不能被 SPSS 所读取。

A. *.dbf　　　　　　　B. *.txt　　　　　　　C. *.xls　　　　　　　D. *.ppt

(4) 在"变量视图"窗口中，(　　)变量列不能使用查找功能。

A. 名称　　　　　　B. 标签　　　　　　C. 值　　　　　　D. 对齐

(5) SPSS 为用户提供了 9 种变量类型，下列描述错误的一项是(　　)。

A. 数值表示整数 + 小数点 + 小数的位数

B. 逗号表示整数部分，每 3 位数由逗号进行隔开

C. 系统为用户提供了 30 种日期变量类型

D. 美元表示带美元符号的数值型

(6) 统计总体的同质性是指(　　)。

A. 总体各单位具有某一共同的品质标志或数量标志

B. 总体各单位具有某一共同的品质标志属性或数量标志值

C. 总体各单位具有若干互不相同的品质标志或数量标志

D. 总体各单位具有若干互不相同的品质标志属性或数量标志值

(7) 设某地区有 800 家独立核算的工业企业，要研究这些企业的产品生产情况，总体是(　　)。

A. 全部工业企业　　　　　　　　　B. 800 家工业企业

C. 每一件产品　　　　　　　　　　D. 800 家工业企业的全部工业产品

(8) 有 200 家公司每位职工的工资资料，如果要调查这 200 家公司的工资水平情况，则统计总体为(　　)。

A. 200 家公司的全部职工　　　　　B. 200 家公司

C. 200 家公司职工的全部工资　　　D. 200 家公司每个职工的工资

(9) 一个统计总体(　　)。

A. 只能有一个标志　　　　　　　　B. 可以有多个标志

C. 只能有一个指标　　　　　　　　D. 可以有多个指标

(10) 以产品等级来反映某种产品的质量，则该产品等级是(　　)。

A. 数量标志　　　　B. 数量指标　　　　C. 品质标志　　　　D. 质量指标

项目 2　绘制统计图表

统计图是用几何图形或其他具体形象来描述统计资料的一种重要形式，与表相比，图形具有表达更加直观、生动等优势。因此，包括统计软件在内的数据处理软件越来越重视软件的图形输出功能。SPSS 除了提供较多的统计分析功能外，还提供了强大的绘图功能。SPSS 可以生成条形图、线图、面积图、饼形图等 20 种以上的图形，并且可以对输出图形进行多种形式的编辑和修改。本项目的功能是利用 SPSS 提供的各种图表工具，掌握对定性数据和定量数据的整理和展示。

学习目标

(1) 掌握定性数据的整理与展示；
(2) 掌握定量数据的整理与展示。

任务 2.1　绘制定性数据图表

任务描述

统计学上的定性数据(Qualitative Data)包括分类数据和顺序数据，它是一组表示事物性质、规定事物类别的文字描述型数据，不能将其量化，只能对其定性。本任务主要对分类数据图表的绘制进行解读，包括次数分布表、条形图、饼形图和帕累托图的绘制。

2.1.1　次数分布表

次数分布表(Frequency Table)是按照一定的规则把一组数据划分为不同的范围或区间，然后计数出数据落入各区间的个数。这些个数就是次数(或频数)，是以表格形式表示的一个有规律的统计表。次数分布表也称为频数分布表，具有如下特点。

(1) 次数(或频数)是指落在各类(组)中的单位个数。

(2) 把各个类别及相应的次数全部列出来就是次数分布或频数分布(Frequency Distribution)，以表格形式表现就是次数分布表或频数分布表。

(3) 百分比或频率(Percentage)是各组的次数占总次数的比重，又称为比例(Proportion)，它反映总体的结构。不同的类别可进行比较。

(4) 累积次数(Cumulative Frequencies)即将各类别的次数逐级累加起来，通常有以下两种累积方式。

① 向上累积：从数据小的观察值向数据大的观察值的累加次数，表示上限以下的次数或比重。

② 向下累积：从数据大的观察值向数据小的观察值累加次数，表示下限以上的次数或比重。

【例 2.1】　随机抽取某班应用统计学课程 20 名学生的成绩如下所示，现需要利用 SPSS 的图表工具做频率分布表，以了解这 20 名学生的成绩分布情况。

| 87 | 92 | 86 | 75 | 68 | 75 | 86 | 91 | 65 | 77 |
| 85 | 84 | 86 | 77 | 91 | 75 | 62 | 82 | 84 | 85 |

第一步，将学生的成绩录入 SPSS 中，在编辑菜单栏中选择【分析】→【描述统计】→【频率】命令，如图 2.1 所示。

图 2.1　SPSS 频率操作菜单

第二步，操作界面会弹出如图 2.2 所示的【频率】对话框，用于选择要进行频率分析的变量(在本例中选择"成绩"作为变量)。

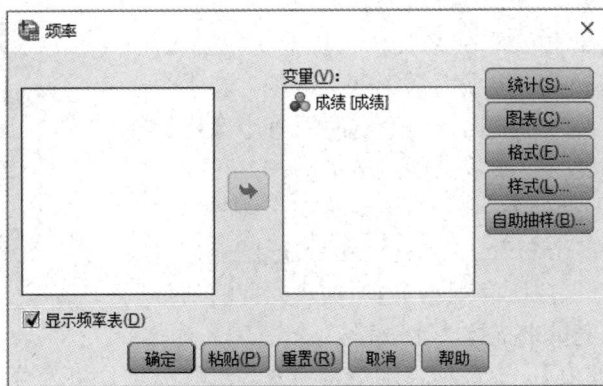

图 2.2　【频率】对话框

第三步，点击"确定"之后，SPSS 将在输出窗口输出结果，如图 2.3 所示。图 2.3 由个案数的统计表和成绩的频数分布表组成。其中，成绩频数分布表由成绩频率、百分比、有效百分比和累积百分比组成，由成绩频数分布表中可以得出：这 20 名同学中，成绩优秀的(85 分以上)占 45%，优秀以下的占 55%。

成绩

		频率	百分比	有效百分比	累积百分比
有效	62	1	5.0	5.0	5.0
	65	1	5.0	5.0	10.0
	68	1	5.0	5.0	15.0
	75	3	15.0	15.0	30.0
	77	2	10.0	10.0	40.0
	82	1	5.0	5.0	45.0
	84	2	10.0	10.0	55.0
	85	2	10.0	10.0	65.0
	86	3	15.0	15.0	80.0
	87	1	5.0	5.0	85.0
	91	2	10.0	10.0	95.0
	92	1	5.0	5.0	100.0
	总计	20	100.0	100.0	

图 2.3　成绩频数分布表

2.1.2　条形图

条形图(Bar Chart)是用条带的长短或高低来表示数据指标大小的图形，用于性质相似的间断资料的比较，具有简洁、明快的特点。条形图可以分为 3 种：简单条形图，用来表达单个指标的大小；簇状条形图，表示两个或多个指标的大小；堆积条形图，表示每个指标条形图中某个因素的构成情况。

【例 2.2】参照例 2.1 中应用统计学课程 20 名学生的成绩情况，应用 SPSS 绘制学生成绩分布情况的条形图。

第一步，打开或新建数据文件后，从编辑窗口中的菜单栏选择【图形】→【旧对话框】→【条形图】命令，即可打开【条形图】对话框，如图 2.4 所示。

从对话框下方的【图表中的数据为】选项组中可以选择条形图中统计量的描述方式，系统提供了以下 3 种模式：

(1)【个案组摘要】：该选项为系统默认选项，表示个案分组模式。选择此项，将根据分组变量对所有个案进行分组，然后根据分组后的个案数据创建条形图。

(2)【单独变量的摘要】：该选项表示变量分组模式。选择此项，则能描述多个变量。简单类型的条形图能描述文件中的每一个变量(包括所有观测量)；复杂类型的条形图能使用另一个分类变量来描述一个变量。

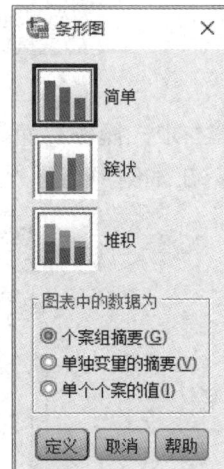

图 2.4　【条形图】对话框

(3)【单个个案的值】：该选项表示个案模式。选择此项，将为分组变量中每个观测值生成一个条形图，条带的长度表示观测值的大小。当数据文件中包含大量个案时，显然不适合用个案模式条形图来描述，但适用于对原始数据进行一定的整理后形成的概括性的数据文件，如利用数据的分类汇总功能等整理后的数据文件。

第二步，在【条形图】对话框中，单击选择【简单】图标，并从【图表中的数据为】栏中选择【个案组摘要】选项，单击【定义】按钮，进入定义设置界面，如图 2.5 所示。

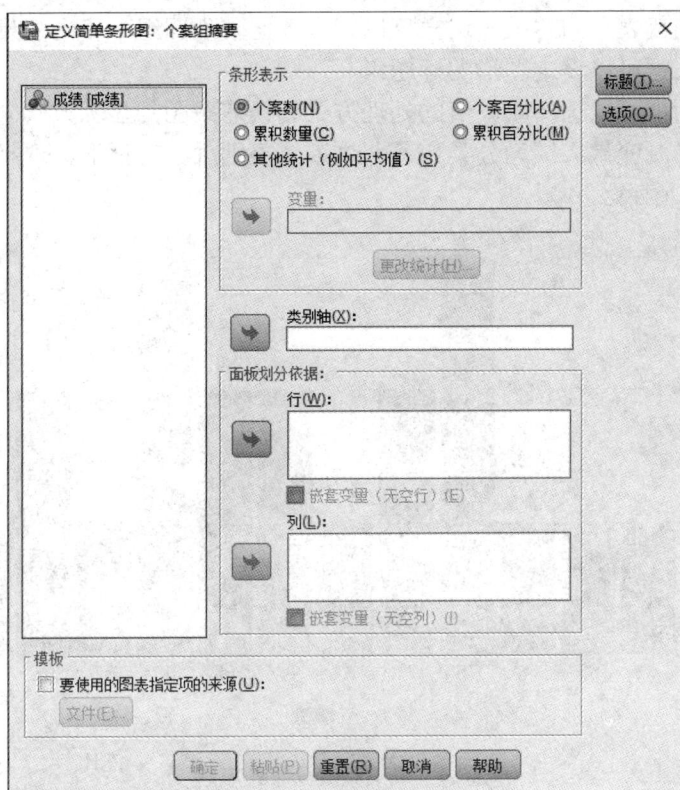

图 2.5　定义设置对话框

在该对话框中可以定义生成条形图的统计量、应用图形模板等。其面板图标功能介绍如下所示。

【类别轴】文本框用于从左边的源变量列表框中选择变量,被选入的变量作为分类变量。分类变量的不同值对应条形图带中条的数目,分类变量可以是字符型变量或数值型变量。

【条形表示】选项组中的选项用于定义条形图中条带的长度的统计量,各选项的含义如下所示。

(1)【个案数】选项,为系统默认选项,表示条形图的长度为分类变量值的观测数。条形图中条带的长度表示频数,可以视为频数分布表的图形表示。

(2)【个案百分比】选项,表示条形图的长度为分类变量的观测数在总观测量中所占的百分比,即以频率作为统计量,条形图中的长度表示频率。

(3)【累计数量】选项,表示条形图的长度为分类变量中到某一个值的累积频数,即分类变量的当前值对应的个案数与以前各值对应的总个案数。

(4)【累计百分比】选项,表示条形图的长度为分类变量中到某一个值的累积百分比,即条带的长度表示累计频率。

(5)【其他统计】选项,选择此项,则【变量】文本框被激活。选择变量后,单击右向箭头按钮将其移入该文本框,系统按照默认设置对该变量的数据取平均值,并作为条形图中条带的长度。

【面板划分依据】选项组,用于建立子图网,在很多图形中都可以选择一个或多个分组变量来建立图形面板,图形面板由相关的子图构成。子图的类型相同,并且共享同一个横轴，只是每个图代表不同的组，这样可以直观地比较不同组中相同变量的数据。

【标题】对话框可以设定图形的标题。

【选项】对话框可以选择缺失值的处理方式和误差条图的显示方式。

第三步，选择源变量成绩为分类变量，进入【类别轴】对话框，选择【确定】按钮，输出结果如图 2.6 所示。

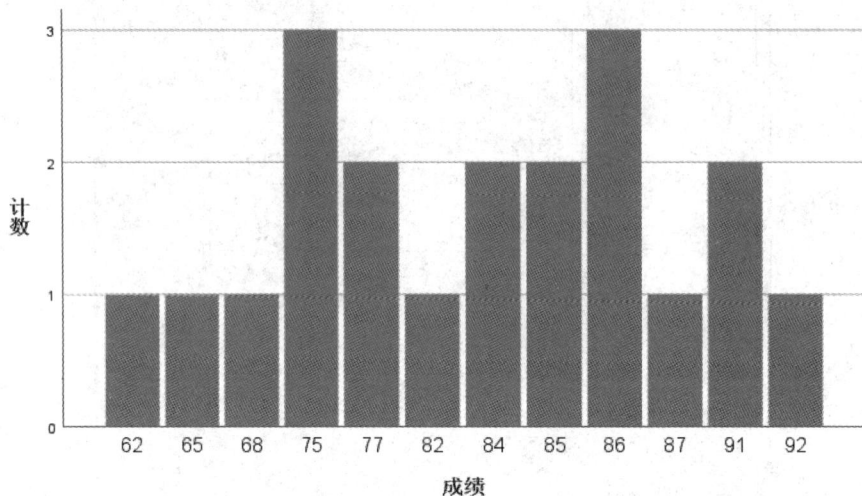

图 2.6　成绩频数分布条形图

注意：在【条形图】对话框中选择不同的类型和模式，都对应不同的定义设置对话框，当然也会生成不同类型的条形图。对于其他不同类型的条形图，这里不一一进行解读，读者可以参考 SPSS 软件的官方资料进行学习。

2.1.3　饼形图

饼形图(Pie Chart)也称为饼图，就是把一个圆饼面积看作 100%，以圆心为顶点将圆饼分割成若干扇形，以这些扇形面积占圆饼面积的百分比来表示一个数据系列中各项的大小与总额(各项总和)的比例，用于直观显示总额各个部分的构成比例情况，通常用不同颜色来区分各个扇形。按照需要，饼形图可以以二维或三维格式显示，也可以把有关扇形分离来突出显示。饼形图具有以下特点：

(1) 以圆形及圆内扇形的面积表示数值大小。

(2) 表示总体中各组成部分所占比例。

(3) 适用于研究结构性问题。

【例 2.3】　参照例 2.1 中应用统计学课程 20 名学生的成绩情况，应用 SPSS 绘制学生成绩分布情况的饼形图。

第一步，建立或打开数据文件后，从数据编辑窗口中的菜单栏选择【图形】→【旧对话框】→【饼图】命令，打开如图 2.7 所示的【饼图】对话框，该对话框提供了绘制饼图的 3 种模式(我们在此选择个案组摘要模式)。

(1) 【个案组摘要】：选择此项，则以一个分类变量所定义的子群将变量用饼图表示出来。

(2) 【单独变量摘要】：选择此项，则能描述多个变量。简单类型的饼图能够描述文件中的每一个变量(包括所有观测值)；复杂类型的饼图能够使用另一个分类变量来描述一个变量。

(3) 【单个个案的值】：选择此项，则对一个或多个变量的观测值生成饼图。

图 2.7　【饼图】对话框

第二步，设置结束后，单击【定义】按钮，进入【定义饼图：个案组摘要】对话框，对相关图形作进一步的设置，如图 2.8 所示。在该对话框的【分区表示】选项组，用于选择计算分片大小的表示方式，包含 3 个选项：【个案数】表示个案观测数，【个案百分比】表示分类变量的观测数量在总观测数量中所占的百分比，【变量总和】表示对变量求和。我们选择成绩变量进入分区定义依据，为了绘制每个成绩分数所占比例，在【分区表示】里面选择【个案百分比】。

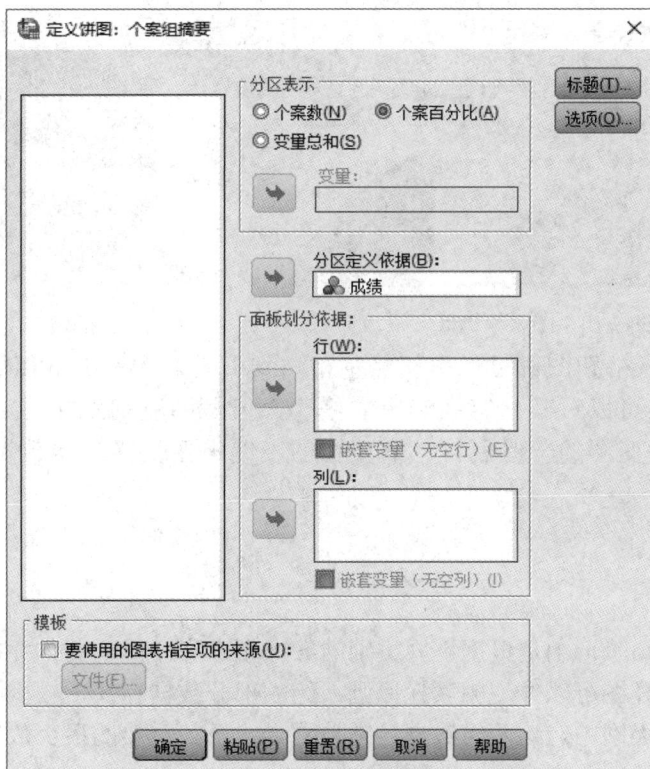

图 2.8　【定义饼图：个案组摘要】对话框

第三步，所有设置结束后，单击【确定】按钮，绘制饼图，并在结果输出窗口中输出所定义的饼图。绘制效果如图 2.9 所示。

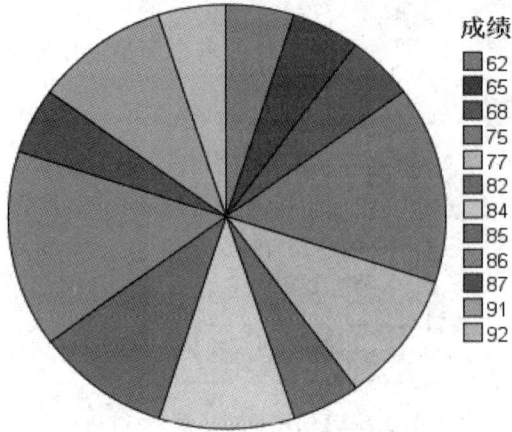

图 2.9 饼图绘制效果图

在输出窗口中，双击所生成的饼图，打开图表编辑器，如图 2.10 所示，即可对该图进行编辑和修饰。例如，可以选择【元素】选项卡，先选择里面的【显示数据标签】和【分解分区】选项，再关闭图表编辑器，即可完成图表的编辑和修饰，如图 2.11 所示。关于图表编辑器的其他选项，读者可以自行调试。

图 2.10 图表编辑器

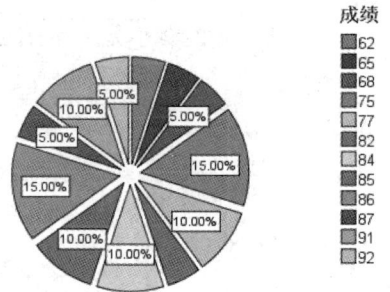

图 2.11 修饰后的饼图

SPSS 输出的表格和图都可以直接复制粘贴到 Excel、Word 和 PPT 等文档中。表格复制到文档后仍然可以对其内容做一定的修改，但是图复制到文档后就不能再做内容上的改变，要想改变图的一些属性，需要在图表编辑器找【显示数据标签】对其进行修改。

2.1.4 帕累托图

帕累托图(Pareto Chart)是根据不同类别的数据频率降序排列的，并在同一张图中画出累积百分比。帕累托图可以体现帕累托原则：绝大部分数据存在于较少的类别中，剩余的数据分散在大部分类别中。这两组数据经常被称为"至关重要的极少数"和"微不足道的大多数"。

　　帕累托图能区分"微不足道的大多数"和"至关重要的极少数"，从而方便人们关注重要的类别。帕累托图是进行优化和改进的有效工具，尤其是在质量检测方面。下面通过一个例子说明帕累托图的用法。

　　【例 2.4】　表 2.1 中的数据是抽取一家制造计算机键盘、洗衣机、汽车和电视机塑料器件的大型注模公司对三季度有缺陷器件的样本汇总表，根据相关数据绘制汇总缺陷原因的帕累托图。

表 2.1　缺陷器件原因汇总表

缺陷原因	频数	占百分比
黑点	413	20.65%
破损	39	1.95%
喷射	230	11.50%
顶白	134	6.70%
划痕	442	22.10%
缺料	19	0.95%
银条	71	3.55%
缩水	89	4.45%
喷雾痕	183	9.15%
扭曲变形	380	19.00%
合计	2000	100.00%

　　第一步，建立或打开数据文件后，从数据编辑窗口中的菜单栏选择【分析】→【质量控制】→【帕累托图】命令，即可打开【帕累托图】对话框，如图 2.12 所示。

图 2.12　【帕累托图】对话框

　　第二步，选择【简单】图例和【个案组的计数或总和】选项，设置结束后，单击【定义】按钮，进入具体定义简单帕累托图对话框，如图 2.13 所示。

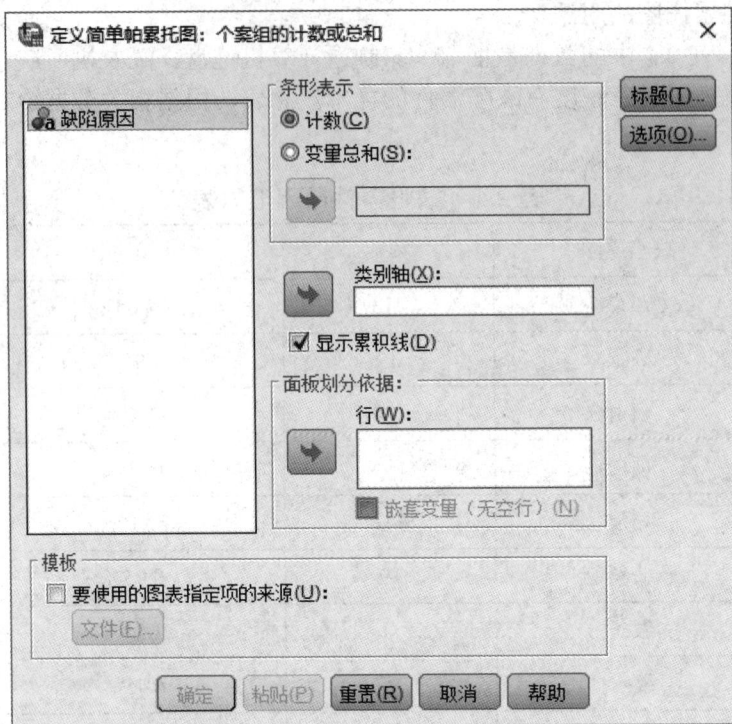

图 2.13　【定义简单帕累托图】对话框

　　第三步，将"缺陷原因"选择为【类别轴】选项内容，也可以添加【标题】内容等。所有设置结束后，单击【确定】按钮，绘制帕累托图，并在结果输出窗口中输出所定义的帕累托图。绘制效果如图 2.14 所示。

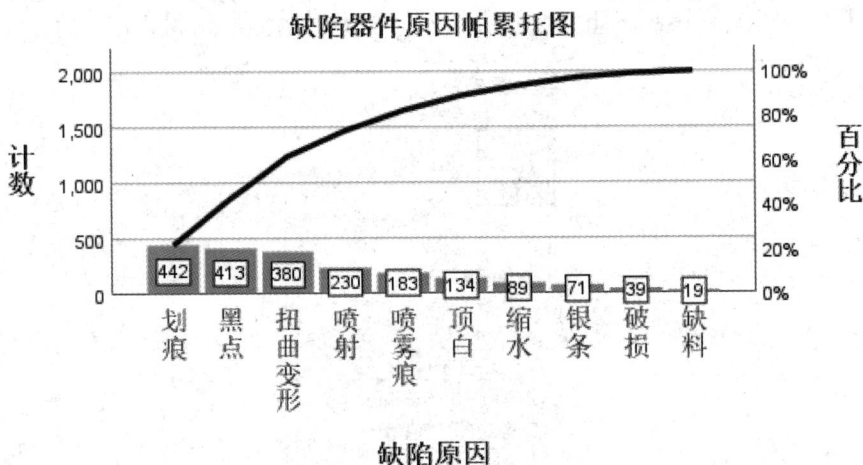

图 2.14　帕累托图

　　在输出窗口中，双击所生成的帕累托图，可以打开图表编辑器，完成图表的编辑和修饰。

任务2.2 绘制定量数据图表

任务描述

定量数据(Quantitative Data)是指以数量形式存在的属性，并可以对其进行测量。以物理量为例，距离、质量、时间等都是定量属性。本任务主要对定量数据图表的绘制进行解读，包括茎叶图、直方图、折线图、面积图、箱图、散点图和盘高盘低图等的绘制。

2.2.1 茎叶图

茎叶图(Stem-And-Leaf Plot)就是将数据分成几组(称为茎)，每组中数据的值(称为叶)放置在每行的右边。结果可以显示出数据是如何分布的，以及数据中心在哪里。为了制作茎叶图，可以将整数作为茎，把小数化整作为叶，如数值5.40，它的茎是5，叶是4，也可以将数据的十位数作为茎，个位数作为叶，如数值34，它的茎是3，叶是4。

【例2.5】某汽车销售公司某月60个销售点的汽车销售数据如下所示，使用SPSS工具绘制其茎叶图。

48	69	41	68	51	34	39	38	54	54
71	58	72	42	53	49	58	46	57	61
52	47	81	73	47	73	43	80	58	58
53	60	37	62	66	29	29	58	63	66
36	53	43	59	59	47	46	51	49	47
41	29	58	44	52	16	52	67	40	50

第一步，建立或打开数据文件后，从数据编辑窗口中的菜单栏选择【分析】→【描述统计】→【探索】命令，即可打开【探索】对话框，如图2.15所示。

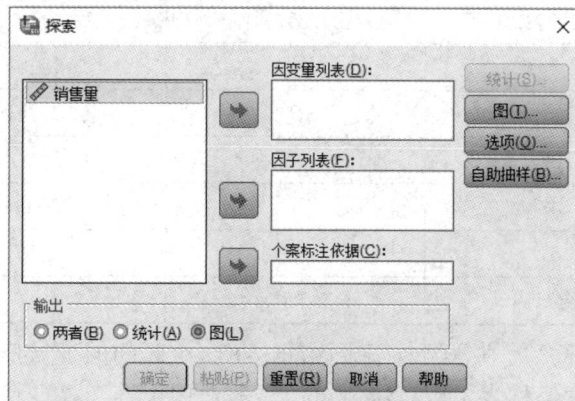

图2.15 【探索】对话框

第二步，将"销售量"选择为【因变量列表】内容，先在【输出】选项组中选择【图】选项，再点击右边的【图】按钮，进入【探索：图】对话框，如图 2.16 所示。

第三步，先在【箱图】选项组中选择【无】选项，并在【描述图】选项组中选择【茎叶图】；再点击【继续】按钮，回到探索对话框中，选择【确定】按钮，即在结果输出窗口中输出销售量茎叶图。绘制效果如图 2.17 所示。

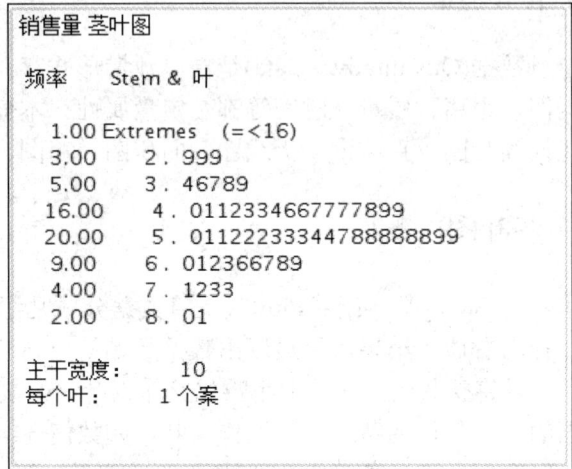

图 2.16　【探索：图】对话框

销售量 茎叶图

频率　　　Stem & 叶

```
 1.00 Extremes   (=<16)
 3.00   2 . 999
 5.00   3 . 46789
16.00   4 . 0112334667777899
20.00   5 . 01122233344788888899
 9.00   6 . 012366789
 4.00   7 . 1233
 2.00   8 . 01

主干宽度：　　　10
每个叶：　　　　1 个案
```

图 2.17　销售量茎叶图

2.2.2　定量数据的分组与制表

在整理定量数据时，通常先进行数据分组(统计分组)，再计算出各组中出现的次数并形成表格。

根据每组中数据的多少可以分为单项式分组和组距分组两种。单项式分组又称为单变量分组，适用于离散变量且变量值比较少的情况，需把每一个变量值作为一组，如表 2.2 所示。

表 2.2　工人生产商品数量的次数分布表

生产商品的数量/个	工人数/个	百分比/%
1	6	17.14
2	9	25.72
3	10	28.57
4	7	20.00
5	3	8.57
合计	35	100.00

组距分组即将全部变量值分为若干个区间，每一个区间的变量值作为一组，每一组的最小值称为下限，最大值称为上限。组距分组一般适用于连续型变量或变量值较多时的情况。例如，60～80 组，60 是本组的下限，80 是本组的上限。

　　组距分组的方法可以分为等距分组和不等距分组两类，具体采用哪种分组方法应根据数据的分布特点而定。通常情况下，当数据在一定范围内基本呈对称分布时，宜采用等距分组；而当数据的分布状态极度偏斜时，宜采用不等距分组。

1. 组距分组的步骤

1) 计算取值范围

取值范围(全距)R 为最大数值与最小数值之差。

$$R = \max\{X\} - \min\{X\}$$

2) 确定组数

为了清晰反映数据的整体分布特征，分组的数量不应过多，但也不能过少。分组过多将无法揭示数据整体分布的主要特征，分组过少则会丢失许多重要的信息。恰当的分组既能反映各组之间的主要差异，又不会丢失重要的信息。通常分组数在 5～15 之间为宜，具体分组数量应根据数据的特点和分析的需要决定，也可以采用斯特杰斯(H.A.Sturges)提出的经验公式：

$$K \approx 1 + 3.322 \lg N$$

式中：K 表示组数，N 表示数据总个数。

　　例如，对班级学生成绩进行分组，确定组数时可遵循以下经验和公式。

(1) 经验 1：按合格或不合格分为 2 组。

(2) 经验 2：按不及格、及格、中等、良好和优秀分为 5 组。

(3) 斯特杰斯经验公式：$N = 46$，$K \approx 1 + 3.322 \times \lg 46 = 1 + 3.322 \times 1.6628$，计算出 $K \approx 6.52$，即可参考分为 5 或者 6 组。

3) 确定各组的组距

同一组上限与下限间的绝对距离称为组距，组距 $d = $ 上限 $-$ 下限。设 K 为组数，组距 $d = R/K$。为便于计算，组距宜取 5 或 10 的倍数。第一组的下限应低于最小变量值，最后一组的上限应高于最大变量值。

4) 确定组限

组限即各组区间的上限、下限。确定各组区间的上限和下限时，应保证各组之间既不重叠，又不遗漏任一数据，使每一个数据都属于某一确定的分组。当分组变量为整数变量时，相邻组的上限、下限不能重合；当分组变量为连续型变量时，两个相邻分组的上限、下限可以相同，但应指明是上限包含在内还是下限包含在内。通常遵循的是"上组限不包含在内"规则。例如，80 应该归在"80～90"，而不归在"70～80"。但 Excel 软件在制作频数分布表时，一般采用的是"上限包含在内"的规则。此外，在某些情况下，数据中有极值或数据非常分散时，为避免有空白组或个别极端值被漏掉，第一组和最后一组采用开口组，处于两端的组区间可以不设下限或上限，即"××以下"和"××以上"。

5) 根据分组整理成次数分布表

将原始数据按照各自数值的大小分配到各组中，汇总成次数分布表，如表 2.3 所示。

表2.3　某公司某月汽车销售量的频数分布表

销售量/辆	销售点数量/个	相对频数/%	累积频数百分比/%
10～19	1	1.7	1.7
20～29	3	5.0	6.7
30～39	5	8.3	15.0
40～49	16	26.7	41.7
50～59	20	33.3	75.0
60～69	9	15.0	90.0
70～79	4	6.7	96.7
80～89	2	3.3	100.0
合计	60	100.0	

2. 组中值的概念

组中值是上下限之间的中点数值，反映各组数值一般水平的数值。组中值的计算分为闭口组组中值的计算和开口组组中值的计算。

(1) 闭口组组中值的计算。

$$闭口组组中值 = (上限 + 下限)/2$$

(2) 开口组组中值的计算。

$$最高组上限 = 最高组下限 + 邻组的组距$$
$$最低组下限 = 最低组上限 - 邻组的组距$$
$$组中值 = (上限 + 下限)/2$$

如表 2.4 所示，计算我国城市按人口分组人口次数分布情况。

表 2.4　人口次数分布表

按人口分组	组中值	城市数
10 万人以下	5	13
10 万～30 万人	20	90
30 万～50 万人	40	90
50 万～100 万人	75	115
100 万～200 万人	150	58
200 万人以上	250	51

2.2.3　直方图

直方图(Histogram)是运用连续排列的条形图面积来放映数据的，它是以各组组距为宽，以次数为高，表示次数分布状态的统计图。直方图是对于定量数据而言的。

在直方图中，各矩形的面积表示各组段的频数，各矩形面积的总和为总频数，适合于表示连续型资料的频数分布。

绘制正态曲线的直方图与条形图十分相似，它们的区别在于：直方图条带的长度和宽度都有具体含义，而条形图则没有。

【**例 2.6**】　根据例 2.5 某汽车销售公司某月 60 个销售点的汽车销售数据，使用 SPSS 工具绘制其直方图。

第一步，建立或打开数据文件后，从数据编辑器窗口中的菜单栏选择【图形】→【旧对话框】→【直方图】命令，即可打开【直方图】对话框，如图 2.18 所示。

图 2.18　【直方图】对话框

第二步，对话框中的【变量】文本框用于从左边的源变量列表中选入分析变量，下方的【显示正态曲线】复选框用于选择是否在输出图形上绘制正态曲线。我们将源变量"销售量"选入【变量】文本框，选中【显示正态曲线】复选框。设置结束后，单击【确定】按钮，即可绘制直方图统计图形，如图 2.19 所示。

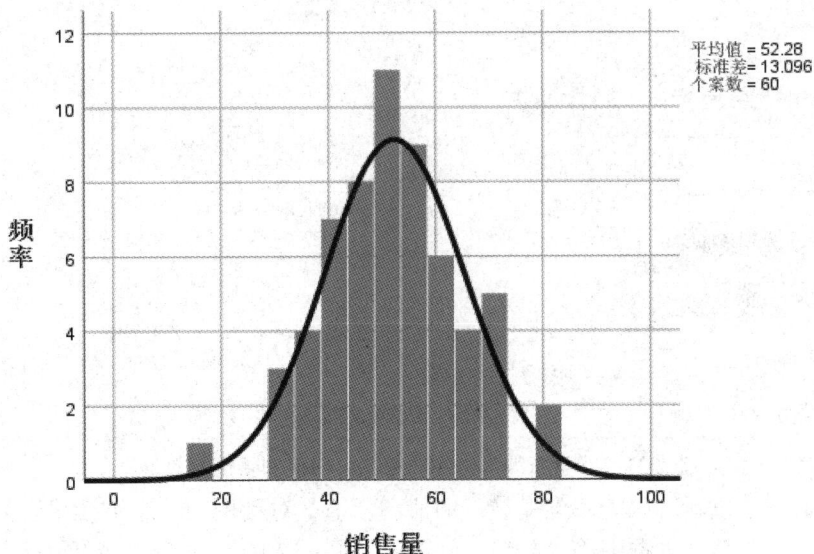

图 2.19　汽车销售量直方图

从图 2.19 中可以看出，各销售点的汽车销售量呈正态分布。

由于直方图是对于定量数据而言的，如果把定量数据进行分组处理以后，则转变为定性数据了，因此，对于分组后的定量数据我们可以用条形图来表示。下面我们将汽车销售点的销售量运用 SPSS 工具进行分组，并绘制相应的条形图。

第一步，建立或打开数据文件后，从数据编辑器窗口中的菜单栏选择【转换】→【重新编码为不同变量】命令，即可打开【重新编码为不同变量】对话框，如图 2.20 所示。

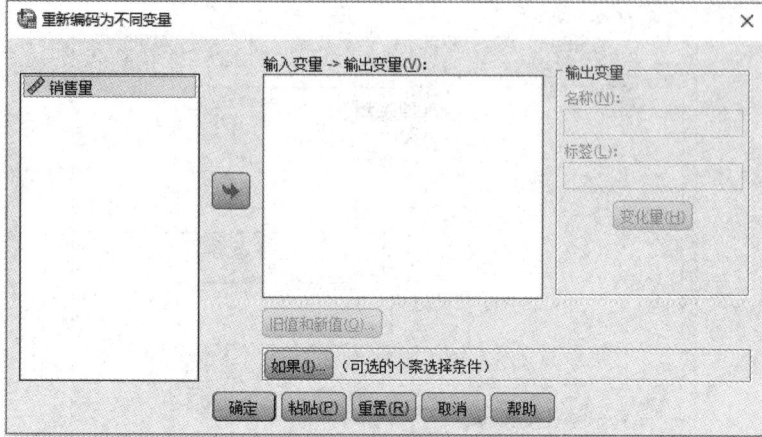

图 2.20　【重新编码为不同变量】对话框

第二步，从左边的源变量列表中把"销售量"选入【输入变量→输出变量】文本框，在【输出变量】选项组中的【名称】文本框里面输入"分组区间"，单击【变化量】按钮，则会发现【输入变量→输出变量】文本框中的值变为"销售量→分组区间"，单击【旧值和新值】按钮，即可打开【重新编码为不同变量：旧值和新值】对话框，如图 2.21 所示。

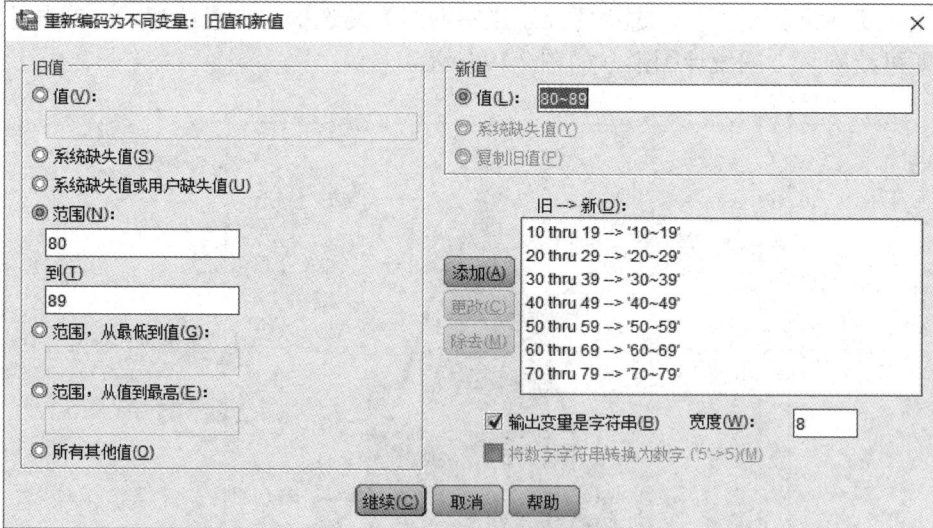

图 2.21　【重新编码为不同变量：旧值和新值】对话框

第三步，在【重新编码为不同变量：旧值和新值】对话框中，选中【旧值】选项组中的【范围】选项，在其文本框中输入分组区间的上下限；选中右边【输出变量是字符串】复选框，并可以根据具体情况修改其宽度文本框中的数据；在右边【新值】文本框中输入分组区间的标志，如"10～19"；单击【添加】按钮，将数据分组转换值添加的【旧→新】文本框，依次完成所有分组数据的转换编写；单击【继续】按钮，返回【重新编码为不同变量】对话框，单击【确定】按钮，完成数据编辑窗口中数据的分组，如图 2.22 所示为部分数据截图。

	✎ 销售量	◉ 分组区间
1	48	40~49
2	71	70~79
3	52	50~59
4	53	50~59
5	36	30~39
6	41	40~49
7	69	60~69
8	58	50~59

图 2.22　数据分组后效果图

第四步，从数据编辑器窗口中的菜单栏选择【分析】→【描述统计】→【频率】选项，即可打开【频率】对话框，如图 2.23 所示。

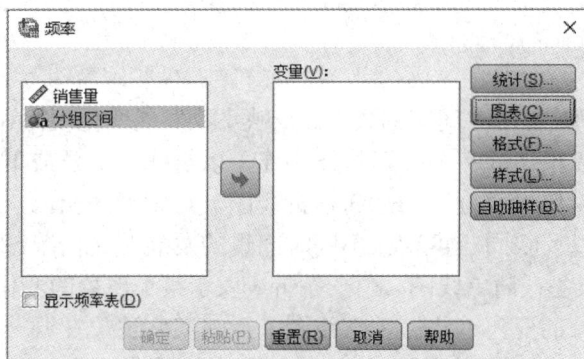

图 2.23　【频率】对话框

第五步，将左边源变量列表框中的"分组区间"选入【变量】文本框中，单击【图表】按钮，打开【频率：图表】对话框，如图 2.24 所示。

图 2.24　【频率：图表】对话框

第六步，在【图表类型】选项组里面选中【条形图】，或者在【图表值】选项组里面任选都可以，我们这里选中【百分比】选项，单击【继续】按钮，返回【频率】对话框。设置结束后，单击【确定】按钮，即可绘制分组后的条形图形，双击该图形，可以进入【图表编辑器】对话框，对图表进行编辑和修饰，效果如图 2.25 所示。

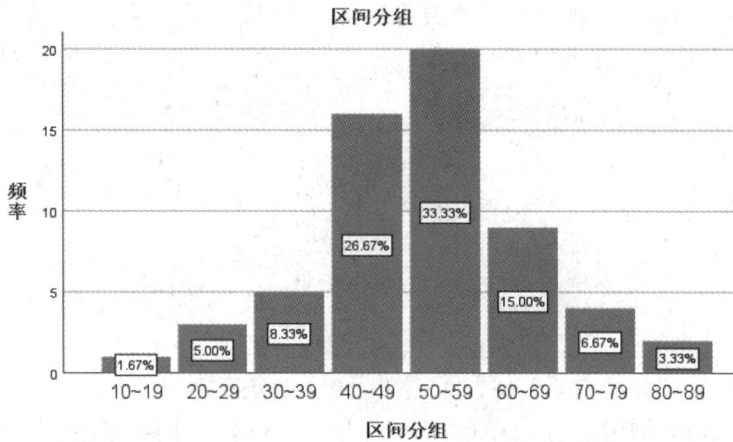

图 2.25　分组数据的条形图

2.2.4　折线图

折线图(Line Chart)是显示时间序列数据、反映事物发展变化规律和趋势的图。通常，以时间为横轴，数据为纵轴作散点图并以折线相连，以折线的上升或下降来表示统计数量的增减变化的统计图，叫作折线统计图，简称折线图。与条形图相比，折线图不仅可以表示数量的多少，而且可以反映同一事物在不同时间里的发展变化情况。

折线图分为 3 种类型：简单线图，由一条折线表示某个现象的变化趋势；多线线图，用多条折线表示各种现象的变化趋势；垂直线图，反映某些现象在同一时期内的差距。折线图和条形图一样，在 SPSS 中可以组合绘制 9 种不同的线图。

【例 2.7】　对北京、上海等五个城市周岁儿童身高统计资料如表 2.5 所示，使用 SPSS工具绘制其折线图。

表 2.5　城市周岁儿童身高统计表

城市名称	周岁儿童身高/cm				
北京	79	75	78	76	72
上海	72	71	74	74	73
成都	76	78	78	77	75
重庆	72	70	71	71	69
广州	70	71	76	74	78

第一步，建立或打开数据文件后，从数据编辑器窗口中的菜单栏选择【图形】→【旧对话框】→【折线图】命令，即可打开【折线图】对话框，如图 2.26 所示。该对话框提供了折线图的有关选项，包括折线图类型和统计量描述方式。

【折线图】对话框提供了 3 种折线图类型。【简单】，选择此项，将绘制曲线来表示类别、观测或变量的变动趋势；【多线】，选择此项，将会绘制一组曲线，每一条曲线都能表示一组观测值、单个变量或单个观测值的变动趋势；【垂线】，选择此项，将用垂线连接每一类以反映它们之间的差距。

　　第二步，在【折线图】对话框中，单击选中【简单】图标，然后从【图表中的数据为】选项组中选中【个案组摘要】单选按钮，单击【定义】按钮，打开【定义简单折线图：个案组摘要】对话框，如图 2.27 所示。

图 2.26　【折线图】对话框　　　　　图 2.27　【定义简单折线图：个案组摘要】对话框

　　第三步，将变量城市标志选入【类别轴】文本框作为分类变量，在【折线表示】选项组中选中【其他统计】单选按钮，并且选择变量周岁儿童身高进入【变量】文本框(这里是以默认身高平均值作为变量值，如果需要使用其他描述统计变量，可以单击【更改统计】按钮，进行其他选择)。然后单击【确定】按钮，绘制简单折线图。在结果输出窗口中输出折线图，如图 2.28 所示。

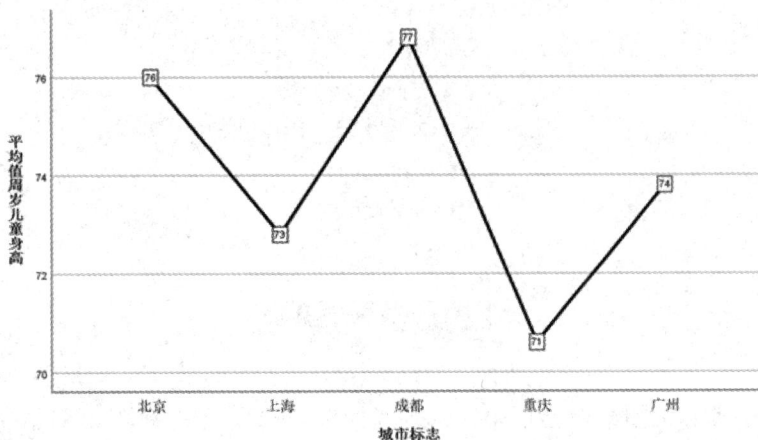

图 2.28　简单折线图

2.2.5 面积图

面积图(Area Chart)又称为区域图，是指用线段下的阴影面积来强调现象变化的一种统计图。SPSS 提供了简单面积图和堆积面积图两种类型。

简单面积图(Simple Area Chart)是用一条线来连接一系列点，每个点对应一个类别、测值或变量，在这条线下的区域为阴影状，该区域(或面积)的变化表示某一现象变动的趋势。堆积面积图(Slacked Area Chart)则使用两条或更多的线来连接一系列点，每条线下的阴影都有所区别，用不同的面积表示多种现象变化的趋势。

同样，SPSS 提供了 3 种模式，【个案组摘要】为系统默认选项，表示个案分组模式，即根据分组变量对所有个案进行分组，然后根据分组后的个案数据创建图形；【各个变量的摘要】选项即变量分组模式，能够描述多个变量，再根据变量类型建立图形；【个案值】选项即个案模式，选中此项，将以分组变量中观测值为单位生成图形。因此，在 SPSS 中可以组合生成 6 种类型的面积图。

下面介绍绘制面积图的基本操作。

【例 2.8】 某地区最近 8 年中各产业增加值的数据如表 2.6 所示，使用 SPSS 工具绘制相应的面积图。

表 2.6 某地区各产业增加值的变化情况

年份	2015	2016	2017	2018	2019	2020	2021	2022
民用产品	380	396	432	420	460	480	520	575
能源	400	400	360	440	520	608	680	721
工业原料	780	726	770	430	400	450	515	538
信息产业	440	680	840	1300	1400	1670	1820	2036

第一步，建立或打开数据文件后，从数据编辑器窗口中的菜单栏选择【图形】→【旧对话框】→【面积图】命令，即可打开【面积图】对话框，如图 2.29 所示。

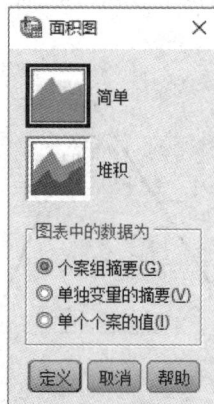

图 2.29 【面积图】对话框

第二步，在【面积图】对话框中，选中【简单】选项绘制简单面积图；然后，从【图表中的数据为】选项组中选中【个案组摘要】单选按钮。单击【定义】按钮，打开【定义简单面积图：个案组摘要】对话框，如图 2.30 所示。

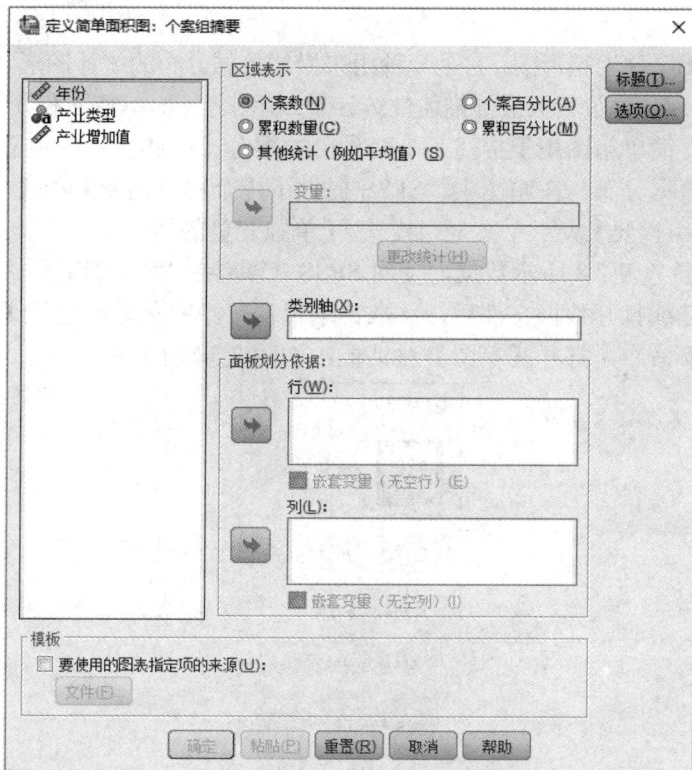

图 2.30　【定义简单面积图：个案组摘要】对话框

第三步，在该对话框中，中部上方为【区域表示】选项组，用于选择计算面积高度的统计量，选中【其他统计】单选按钮，并将"产业增加值"选入变量文本框后，可以单击【更改统计】按钮，修改统计量的计算方式，系统默认为【值的平均值】选项。将"产业类型"或"年份"选入类别轴文本框，我们这里将"年份"选入类别轴文本框，单击【确定】按钮，绘制简单面积图。在结果输出窗口中输出效果如图 2.31 所示。

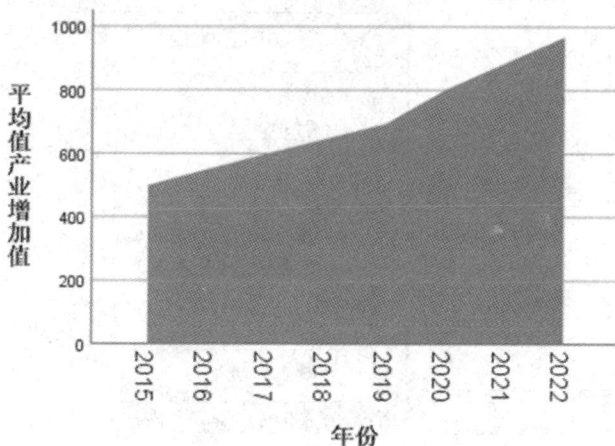

图 2.31　简单面积图

对于其他类型的面积图，读者可以参照学习。

2.2.6　箱图

箱图(Box Plot)又称为箱形图,它是一种用来描述数据分布的统计图形,可以用来表现观测数据的中位数、四分位数和极值等描述性统计量。箱图包括简单箱图和簇状箱图两种类型。

在 SPSS 中,简单箱图用于描述某个变量的数据分布;簇状箱图用于描述某个变量关于另一个变量的数据分布。在箱图中,SPSS 提供了【个案组摘要】和【单独变量的摘要】两种模式。【个案组摘要】表示个案分组模式,【单独变量的摘要】选项表示分量分组模式。

【例 2.9】　参考表 2.8 所示数据,使用 SPSS 工具绘制相应的箱图。

第一步,建立或打开数据文件后,从数据编辑窗口中的菜单栏选择【图形】→【旧对话框】→【箱图】命令,打开【箱图】对话框,如图 2.32 所示。

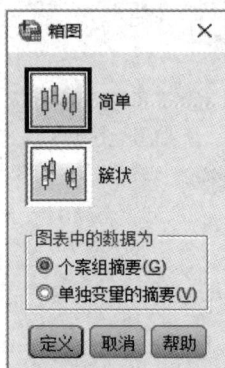

图 2.32　【箱图】对话框

第二步,选择【简单】箱图和【个案组摘要】选项,绘制简单箱图,单击【定义】按钮,打开【定义简单箱图:个案组摘要】对话框,如图 2.33 所示。

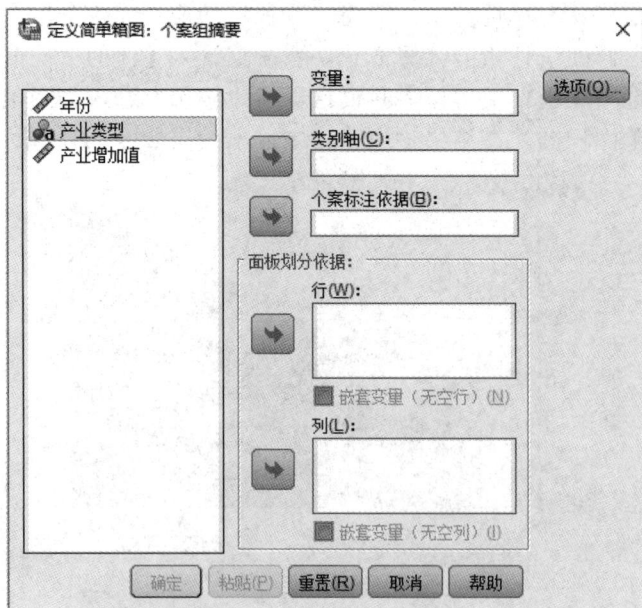

图 2.33　【定义简单箱图:个案组摘要】对话框

　　第三步，将产业增加值选入【变量】文本框，产业类型选入【类别轴】文本框；然后单击【确定】按钮，绘制简单箱图。在结果输出窗口中输出折线图，如图 2.34 所示。

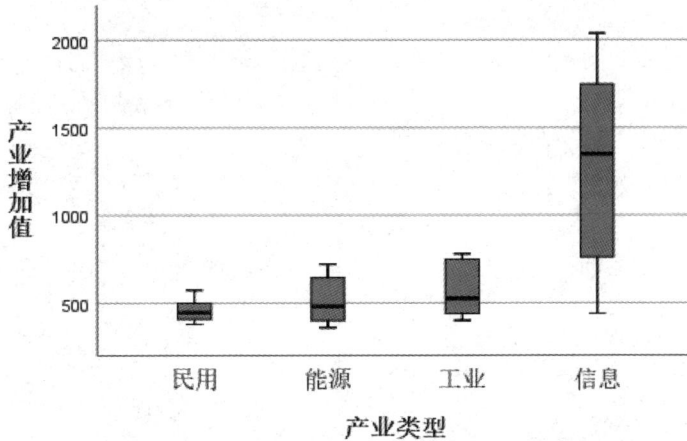

图 2.34　简单箱图

2.2.7　散点图

　　散点图(Scatter Diagram)是以点的分布情况反映变量之间相关关系的一种统计图形，可以通过点的位置、分布走向和密集程度来判断观测值的高低、大小、变动趋势或变化范围。SPSS 提供了 5 种类型的散点图，包括简单散点图、矩阵散点图、简单点图、重叠散点图、和三维散点图。与其他几种图形不同的是，在散点图中没有提供图形模式。

　　【例 2.10】对某公司随机抽取了 20 名员工进行调查，其数据如表 2.7 所示，请用 SPSS 工具绘制其散点图。

表 2.7　某公司员工调查数据表

性别	年龄	基本工资	职称	性别	年龄	基本工资	职称
男	48	3042	高级工程师	男	45	2661	助理工程师
男	49	2952	工程师	男	51	2661	助理工程师
男	54	3132	高级工程师	男	43	2637	工程师
男	41	2598	助理工程师	女	50	2601	助理工程师
男	38	2544	助理工程师	女	35	2637	工程师
女	41	2472	无技术职称	男	37	2637	工程师
女	42	2472	无技术职称	男	56	3042	高级工程师
女	41	2472	无技术职称	男	59	2967	工程师
女	42	2577	工程师	男	59	2814	助理工程师
男	35	2481	助理工程师	男	41	2667	工程师

　　第一步，建立或打开数据文件后，从数据编辑窗口中的菜单栏选择【图形】→【旧对话框】→【散点图/点图】命令，打开【散点图/点图】对话框，如图 2.35 所示。

第二步，选择【简单散点图】类型，单击【定义】按钮，进入相应类型【简单散点图】对话框，如图 2.36 所示。

图 2.35　【散点图/点图】对话框　　　　　图 2.36　【简单散点图】对话框

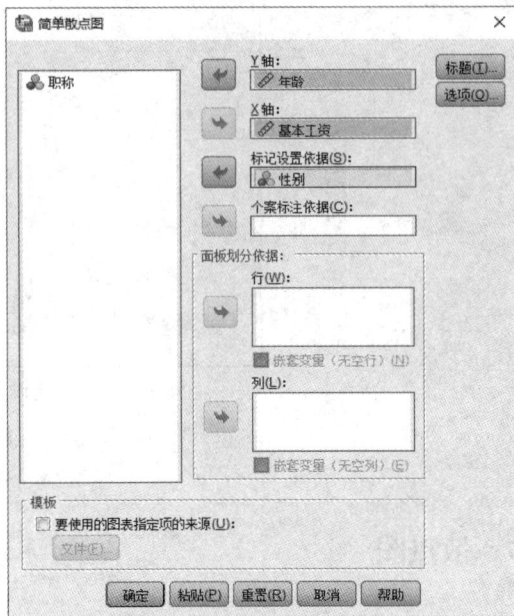

第三步，将年龄选入【Y 轴】文本框，基本工资选入【X 轴】文本框，性别选入【标记设置依据】文本框；然后单击【确定】按钮，绘制简单散点图。在结果输出窗口中输出简单散点图，如图 2.37 所示。

图 2.37　简单散点图

2.2.8　盘高盘低图

盘高盘低图(Hight-Low Chart)又称高低图，是一种利用直线、条带或阴影来描述数据在一段时间内的变化幅度的统计图形。高低图适合于描述每小时、每天、每周等时间段内不断波动的资料,可以说明某些现象在短时间内的变化,也可以说明它们的长期变化趋势,如股票、商品价格、外汇变动等信息。

SPSS 提供了 5 种类型高低图,即简单盘高-盘低-收盘图、简单范围条形图、簇状盘高-盘低-收盘图、簇状范围条形图和差别面积图。

【简单盘高-盘低-收盘图】:选择此项,则会给出简单高低收盘图。该图利用小方框表示某段时间内的最终数值,用小方框上下的触须表示该段时间内取值的最大值和最小值。这种方法常用于股票或期货的最高价、最低价和收盘价的图形绘制。

【簇状盘高-盘低-收盘图】:选择此项,则会分类给出高低收盘图。不同的简单高低收盘图表示分类变量的不同取值时对应的情况。

【差别面积图】:选择此项,则会绘制一个反映两个现象在同一时间内相互变化对比关系的统计图。这种图形是利用不同的曲线来表示同一段时间内的两种不同情况,并且用阴影填充曲线之间的区域。

【简单范围条形图】:选择此项,则会绘制出简单条形图。这种图形是利用简单条形图来表示简单高低极差图中最大值和最小值之间的长度。

【簇状范围条形图】:选择此项,则会输出复合条形图。这种图形是用不同的简单高低极差图来表示分类变量的不同取值时对应的情况。

SPSS 在【图表中的数据为】选项组中提供了 3 种模式,即个案组摘要、单独变量的摘要和单个个案的值。

【个案组摘要】:选择此项,则以一个分类变量所定义的子群将变量用高低图表示出来。

【单独变量的摘要】:为默认选项,该项能描述多个变量。简单类型的高低图能分析文件中的每一个变量(包括所有观测值),复杂类型的高低图能使用另一个分类变量来描述当前变量。

【单个个案的值】:选择此项,则对一个或多个变量的观测值生成高低图。

【例 2.11】　统计某股票 20 期的行情数据如表 2.8 所示,请用 SPSS 工具绘制其盘高-盘低图。

表 2.8　某股票 20 期的行情数据表

期数	开盘价	收盘价	最高价	最低价	期数	开盘价	收盘价	最高价	最低价
1	10.66	10.69	10.75	10.53	11	8.99	8.91	8.99	8.78
2	10.7	10.73	10.74	10.6	12	9.08	9.35	9.7	9.02
3	10.75	10.59	10.78	10.53	13	9.38	9.48	9.55	9.32
4	10.6	10.65	10.67	10.44	14	9.48	9.49	9.53	9.3
5	10.64	10.51	10.65	10.48	15	9.5	9.45	9.52	9.36
6	10.5	10.39	10.51	10.38	16	9.43	9.25	9.43	9.23
7	10.39	10.24	10.52	10.18	17	9.22	8.94	9.25	8.9
8	10.2	10.28	10.3	10.14	18	8.89	9.01	9.13	8.7
9	10.28	9.9	10.35	9.88	19	9.02	8.82	9.02	8.8
10	9.9	9.62	9.9	9.51	20	8.81	8.59	8.85	8.48

第一步，建立或打开数据文件后，从数据编辑窗口中的菜单栏选择【图形】→【旧对话框】→【盘高-盘低图】命令，打开【盘高-盘低图】对话框，如图 2.38 所示。

第二步，选择【简单盘高-盘低-收盘图】类型和【单独变量的摘要】模式，单击【定义】按钮，进入相应类型【定义简单盘高-盘低-收盘图：单独变量的摘要】对话框，如图 2.39 所示。

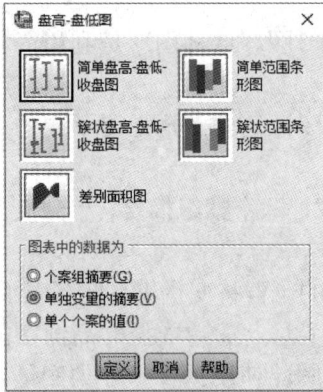

图 2.38　【盘高-盘低图】对话框

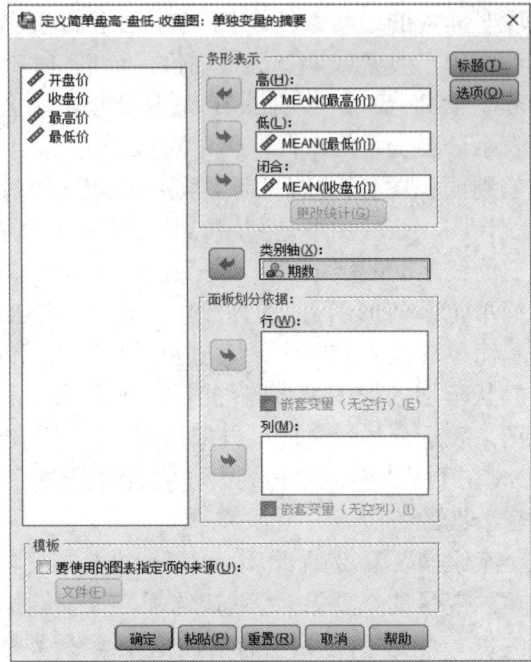

图 2.39　【定义简单盘高-盘低-收盘图：
单独变量的摘要】对话框

第三步，先将最高价选入【高】文本框，最低价选入【低】文本框，开盘价或收盘价选入【闭合】文本框，期数选入【类别轴】文本框；然后单击【确定】按钮，在结果输出窗口中输出简单盘高-盘低-收盘图，如图 2.40 所示。

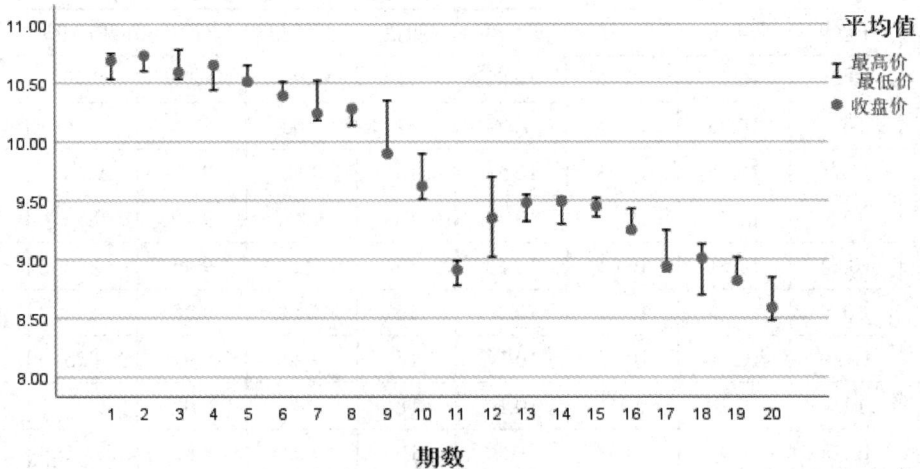

图 2.40　简单盘高-盘低-收盘图

2.2.9　列联表

列联表(Crosstabs)是将数据按两个或两个以上变量交叉分组得到的次数分布表,横轴表示一类变量,纵轴表示另一类变量,值位于横纵轴的交叉处,称为单元,用于分析变量之间的相互影响和关系,定性变量和分组后的定量变量均适用。根据列联表结构类型,每个横纵轴组合单元包含频率、总值的百分比、横行的百分比或列的百分比。

假设在统计学应用情景中,研究风险水平和公共基金目标间是否有关联。例如,表 2.9汇总了所有 838 只基金的信息。

表 2.9　基金目标与风险的列联表

目标	风险			总计
	高	中	低	
增长基金	332	132	16	480
价值基金	14	113	231	358
总计	346	245	247	838

可通过将 838 只基金中每只基金的目标和风险的联合反应填入相应的单元格来制作列联表。假如第一只基金是有中等风险的增长基金,就把该联合反应填入单元格(第一行和第二列的交叉处)。以相似形式记录剩余 837 只基金的联合反应,每个单元包含横纵组合的频数。

为了深入研究风险和目标间的任何可能关系,可以基于百分比制作列联表。先基于以下三项将结果转换为百分比:① 数据总值;② 横行总值;③ 纵行总值。表 2.10、表 2.11和表 2.12 分别汇总了这些百分比。

表 2.10　基于数据总值的基金目标与风险的列联表

目标	风险			总计
	高	中	低	
增长基金	39.62	15.75	1.91	57.28
价值基金	1.67	13.48	27.57	42.72
总计	41.29	29.23	29.48	100.00

表 2.11　横行总值基金目标与风险的列联表

目标	风　险			总计
	高	中	低	
增长基金	69.17	27.50	3.33	100.00
价值基金	3.91	31.56	64.53	100.00
总计	41.29	29.23	29.48	100.00

表 2.12　纵行总值基金目标与风险的列联表

目标	风险			总计
	高	中	低	
增长基金	95.95	53.88	6.48	57.28
价值基金	4.05	46.12	93.52	42.72
总计	100.00	100.00	100.00	100.00

表 2.10 显示 41.29%的共同基金是高风险，其中，39.62%的增长基金是高风险基金；表 2.11 显示 69.17%的增长基金是高风险，3.33%的增长基金是低风险；表 2.12 显示 95.95%的高风险基金是增长基金，仅 6.48%的低风险基金是增长基金。表格揭示增长基金是风险基金的可能性更大，而价值基金则更有可能是低风险基金。

【例 2.12】如何使用 SPSS 工具绘制列联表呢，我们下面用 SPSS 工具绘制表 2.11 作为示例来解决。

第一步，建立或打开数据文件后，从数据编辑窗口中的菜单栏选择【数据】→【个案加权】命令，打开【个案加权】对话框，如图 2.41 所示。

图 2.41　【个案加权】对话框

第二步，先选中【个案加权系数】选项，将数量选入【频率变量】文本框；然后单击【确定】按钮，在 SPSS 编辑窗口右下角权重状态区域将会出现【权重开启】字样。

第三步，从数据编辑窗口中的菜单栏选择【分析】→【描述统计】→【交叉表】命令，打开【交叉表】对话框，将目标选入【行】文本框，将风险选入【列】文本框，如图 2.42 所示。

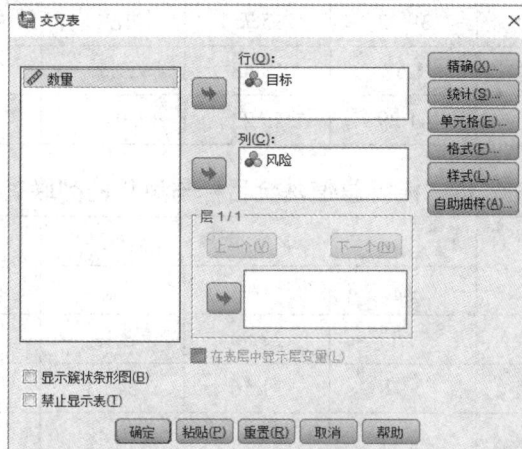

图 2.42　【交叉表】对话框

第四步，单击【单元格】按钮，进入【交叉表：单元格显示】对话框，在【百分比】选项组中选中【行】【列】和【总计】复选框，其他选项使用系统默认设置，如图 2.43 所示，单击【继续】按钮，返回上一层对话框。

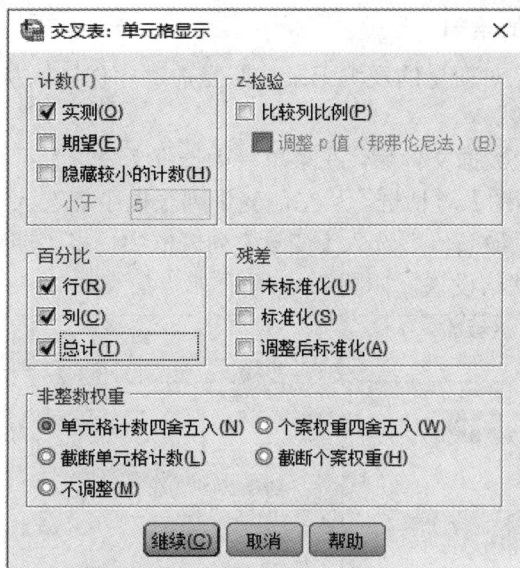

图 2.43　【交叉表：单元格显示】对话框

第五步，单击【确定】按钮，在结果输出窗口中输出目标风险交叉表，即列联表，如图 2.44 所示。

目标 * 风险 交叉表

			风险			
			高	中	低	总计
目标	增长基金	计数	332	132	16	480
		占 目标 的百分比	69.2%	27.5%	3.3%	100.0%
		占 风险 的百分比	96.0%	53.9%	6.5%	57.3%
		占总计的百分比	39.6%	15.8%	1.9%	57.3%
	价值基金	计数	14	113	231	358
		占 目标 的百分比	3.9%	31.6%	64.5%	100.0%
		占 风险 的百分比	4.0%	46.1%	93.5%	42.7%
		占总计的百分比	1.7%	13.5%	27.6%	42.7%
总计		计数	346	245	247	838
		占 目标 的百分比	41.3%	29.2%	29.5%	100.0%
		占 风险 的百分比	100.0%	100.0%	100.0%	100.0%
		占总计的百分比	41.3%	29.2%	29.5%	100.0%

图 2.44　列联表

2.2.10　时间序列图

时间序列图(Time Series Diagram)是用来反映测量指标随时间的变化趋势的统计图形。用户可以利用时间序列图动态地认识事物的本质、研究几个时间序列之间的差别、认识时间序列的周期性并预测序列未来的走势等。

SPSS 统计软件共提供了 4 种形式的时间序列图：普通序列图、自相关序列图、偏相关序列图和互相关序列图。

下面参考例 2.11 的数据文件，使用 SPSS 软件绘制不同形式的时间序列图。

1. 普通时间序列图的绘制

普通时间序列图就是对变量的观测记录按照当前顺序作图，从而反映一个或几个变量观测值随时间的变化趋势。

第一步，打开或新建数据文件后，在菜单栏中选择【分析】→【时间序列预测】→【序列图】命令，进入【序列图】对话框。从左侧变量列表框中任选入一个变量到右侧【变量】列表框中，这里我们将"最高价"选入【变量】列表框中，将"期数"选入【时间轴标签】列表框中，其他均采用默认设置，如图 2.45 所示。

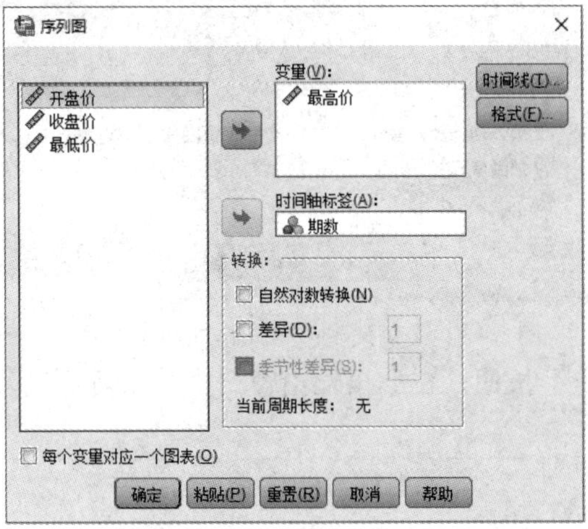

图 2.45　【序列图】对话框

第二步，设置完成后，单击【确定】按钮，提交系统分析，查看普通时间序列图的相关结果。

图 2.46 给出了模型描述的相关信息，包括模型的名称、时间序列变量的名称、是否对作图变量进行了转换及转换方法、是否进行了季节性差分及差分阶数等。

模型描述		
模型名称	MOD_1	
系列或序列　　1	最高价	
转换	无	
非季节性差分		0
季节性差分		0
季节性周期长度	无周期长度	
水平轴标	期数	
干预开始	无	
参考线	无	
曲线下方的区域	未填充	
正在应用来自 **MOD_1** 的模型指定项		

图 2.46　模型描述

图 2.47 所示为股票价格最高值随期数的变化趋势，可见最高价在第 10 期变化最大，而整个趋势呈连续下降趋势。

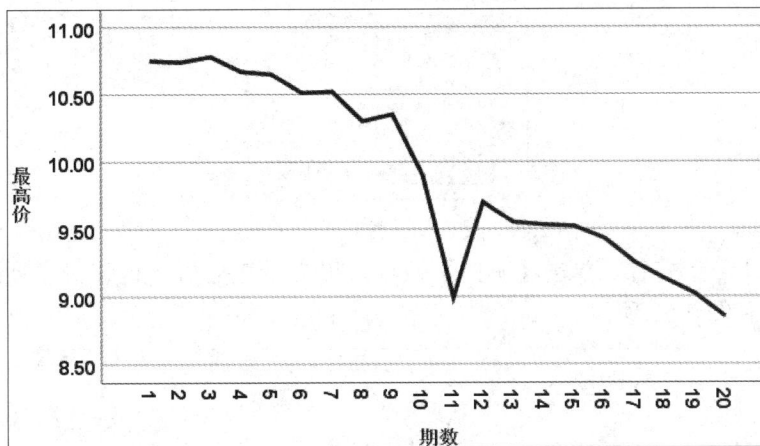

图 2.47 普通时间序列结果

2. 自相关序列和偏相关序列图的绘制

自相关序列和偏相关序列图是分别用于描述时间序列的自相关函数和偏相关函数。

第一步，打开或新建数据文件后，在菜单栏中选择【分析】→【时间序列预测】→【自相关】命令，进入【自相关性】对话框。从左侧变量列表框中任选入一个变量到右侧【变量】列表框中，这里我们将"开盘价"选入【变量】列表框中。在【显示】选项组中选中【自相关性】和【偏自相关性】两个复选框，其他采用默认设置，如图 2.48 所示。

图 2.48 【自相关性】对话框

第二步，单击【选项】按钮，进入【自相关性：选项】对话框，如图 2.49 所示。【最大延迟数】文本框中可以输入新的数字，以定义自相关或偏相关的一个最大延迟数。【标准误差法】选项组用于选择计算标准误差的方法，只适用于自相关序列图。其中【独立模型】单选按钮表示假设数据为白噪声序列；【巴特利特近似】单选按钮适用于 $k-1$ 阶的滑动平均序列。【在周期性延迟处显示自相关性】复选框表示只输出延迟阶数为序列周期长度的自相关或偏相关序列。我们这里采用系统默认设置，单击【继续】按钮，返回主对话框。

图 2.49　【自相关性：选项】对话框

第三步，设置完成后，单击【确定】按钮，提交系统分析，自相关序列图和偏相关序列图如图 2.50 和图 2.51 所示。

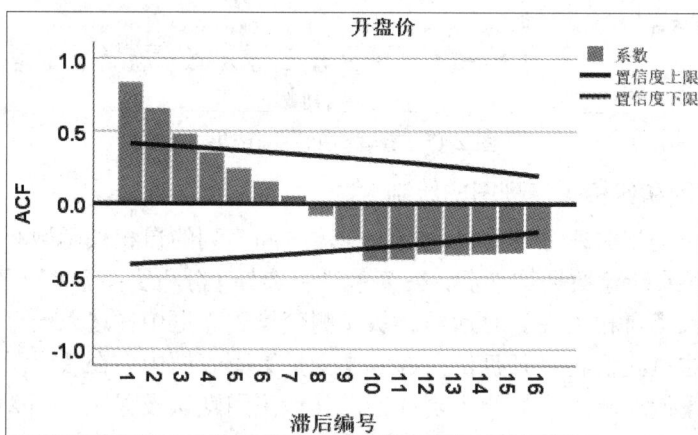

图 2.50　自相关序列图

图 2.51　偏相关序列图

3. 互相关序列图的绘制

互相关函数表示两个时间序列之间的相关系数，用于表现不同序列之间的相关关系，它只适用于时间序列数据。

第一步，打开或新建数据文件后，在菜单栏中选择【分析】→【时间序列预测】→

【交叉相关性】命令，进入【交叉相关性】对话框。该对话框界面与【序列图】对话框相似。我们将"最高价"和"最低价"选入【变量】列表框中，其他均采用默认设置，如图 2.52 所示。

图 2.52　【交叉相关性】对话框

第二步，单击【确定】按钮，提交系统分析，输出如图 2.53 所示。

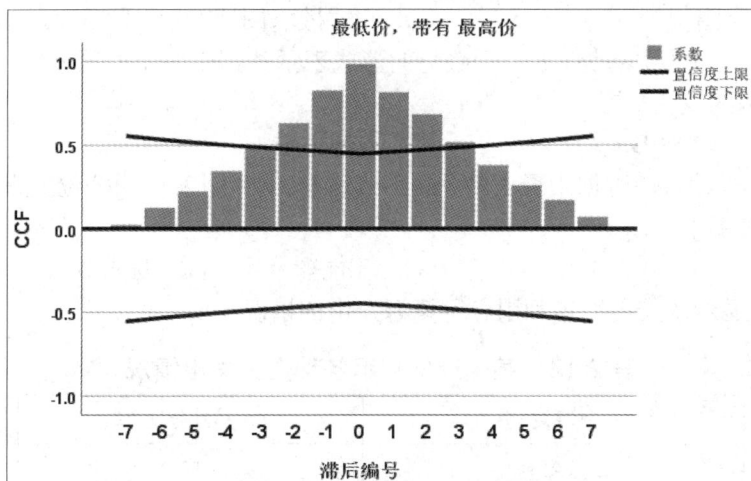

图 2.53　交叉相关性序列图

思 考 与 练 习

1. 填空题。

(1) 误差条形图是一种直观地表现数据_____的图形，它采用平均数和标准差或标准误差来计算出总体值的_____，从某种程度上来说误差条形图类似于_____。

(2) 条形图的_____代表事物数量的多少，而_____是分类轴代表变量、个案或变量的取值。

(3) 线图是用线上每一个点的_____来表示数据的大小，并以线条连接各个_____，以反映事物之间的关系，主要用于显示_____数据。

(4) 饼图是一种显示_____比例情况的一种统计图，该类型的统计图使用_____的形式表示数值。

(5) 散点图是使用_____来显示数据分布情况的统计图，主要用于表现变量之间的_____，适合于观测变量的变化趋势。

2. 选择题。

(1) 条形图又称为带形图和柱形图，是利用相同宽度的条形的长度表示数据变化的一种统计图形，主要分为简单条形图、簇状条形图和( )等类型。

　　A. 堆积条形图　　　　　　　　　　B. 面积条形图
　　C. 柱形条形图　　　　　　　　　　D. 百分百条形图

(2) 面积图是线图的另一种表现形式，一般用于强调某期间内事物的变化趋势。而饼图又称为圆形图，一般用于( )数据。

　　A. 连续型　　　　B. 离散型　　　　C. 对称型　　　　D. 分散型

(3) 在 SPSS 中，主要包括简单散点图、矩阵散点图、简单点图、( )和三维散点图 5 种图表类型。

　　A. 堆积散点图　　　　　　　　　　B. 离散散点图
　　C. 重叠散点图　　　　　　　　　　D. 复式散点图

(4) 高低图是以集中趋势和( )趋势的形式表示数据中的不同区域，主要用于说明变量在一定时间内的变化情况。

　　A. 分散　　　　B. 离散　　　　C. 连续　　　　D. 对称

(5) 箱图是一种使用数据中最大值、最小值以及( )、两个四分位数来表达数据分布情况的一种统计图形。

　　A. 均值　　　　B. 中位数　　　　C. 标准差　　　　D. 标准误

3. 表 2.13 显示了某国近年利用各种资源发电的情况。

表 2.13　某国近年利用各种资源发电情况

资源发电	所占百分比/%
煤	51
水力	6
天然气	16
核能	21
石油	3
其他	3

(1) 根据表 2.13 提供的数据，制作帕累托图和饼图。

(2) 哪些图更适合描述此数据？为什么？

4. 表 2.14 中的数据是对某旅馆房间投诉情况的统计。

表 2.14　某旅馆房间投诉情况统计

理　由	数　目
房间脏	32
房间数量不足	17
服务员态度不好	12
房间隔音效果差	10
房间采光不足	17
周边环境差	9
房间设施陈旧	7
没有满足特殊要求的房间	2

(1) 根据表 2.16 提供的数据，制作帕累托图。

(2) 如果旅馆想减少投诉，应关注哪些投诉理由，为什么？

5. 一家制造公司为电力设备制造钢机架。机架的主零件是用 14 规格的钢卷制造的铁槽，可以使用具有短路设备的 250 吨前进冲床把两个 90° 的宽钢做成槽。由于外门有防雨性要求，因此，从一边到另一边的距离是非常关键的。公司要求槽的宽度在 8.31～8.61 cm，下表是 50 个槽样本的槽宽。

8.312	8.415	8.476	8.42	8.41	8.46	8.419	8.396	8.436	8.427
8.343	8.479	8.382	8.41	8.351	8.444	8.385	8.447	8.413	8.42
8.317	8.429	8.484	8.405	8.373	8.429	8.465	8.405	8.489	8.498
8.383	8.458	8.403	8.323	8.481	8.46	8.498	8.439	8.414	8.409
8.348	8.462	8.414	8.42	8.422	8.412	8.447	8.411	8.481	8.311

(1) 制作频数分布表。

(2) 制作频数分布直方图和百分比折线图。

(3) 槽的尺寸是否满足公司 8.31～8.61 cm 的要求？

6. 运用某大城市的 500 名购物者样本来研究顾客行为信息。问题"你喜欢买衣服吗"的结果汇总在表 2.15 中。

表 2.15　问题"你喜欢买衣服吗"结果汇总

喜欢买衣服	男	女	总计
是	136	224	360
否	104	36	140
总计	240	260	500

(1) 分别根据总百分比、横行百分比和纵行百分比作列联表。

(2) 根据性别作喜欢买衣服的条形图。

(3) 根据(1)和(2)分析可得出什么结论？

7. 某镇 50 个企业的固定资产原值(单位：万元)数据如下所示。

48	156	205	285	325	386	450	515	659	795
67	168	233	290	329	392	465	562	694	856
89	176	246	298	339	395	470	580	760	880
120	189	248	312	340	398	485	599	785	980
125	192	267	320	367	414	492	620	793	1538

(1) 对该镇的企业按固定资产规模进行分组统计(以 200 为组距作等距分组，最后一组为＞1000)，制作频数分布表。

(2) 按频数分布表绘制该镇企业固定资产规模分布的直方图，并说明其分布特征。

(3) 绘制该镇企业固定资产规模频数分布的折线图。

8. 某班 48 名学生统计学课程的考试成绩如下所示。

48	60	69	73	78	81	85	89	93
50	62	70	75	79	82	86	89	95
54	65	71	75	79	82	87	90	96
58	67	72	75	80	83	87	92	96
60	68	72	76	80	84	88	92	98

首先，对该班统计学的成绩进行等距分组；其次，制作频数分布表并用 SPSS 绘制直方图；最后，分析该课程成绩的分布特征。

9. "双十一"时，某电商平台为了了解买家在此期间的购物体验，随机抽取了 50 个买家构成一个样本。购物体验等级分别表示为：A. 非常满意；B. 比较满意；C. 一般；D. 比较不满意；E. 非常不满意。

调查结果如下表所示，要求如下：

(1) 指出数据属于什么类型。

(2) 制作一张频数分布表。

(3) 选择合适的图形，试用 SPSS 绘制一张统计图，用于反映买家在此期间购物体验等级的分布。

B	E	D	B	D	A	D	E	A	C
E	D	A	D	C	C	E	D	D	A
C	C	C	D	B	D	C	B	C	B
C	B	B	C	A	E	E	C	C	E
A	B	C	B	B	A	B	B	A	C

项目 3   数据特征的统计描述

通过对数据的整理和图表展示，可初步了解数据的分布形状和特征，便于人们对实际问题进行深入的分析处理。要更明确地掌握数据分布的特征，还需要分析关于数据的较全面的信息。但在很多情况下，不需要对变量详尽了解，只要了解分布的主要特征就可以以某个典型的特征值来代表整体的情况。这样的做法也许会牺牲某些信息，但却更加简便实用。数据分布特征计算过程以及数据处理与图表制作过程，通常被综合地称为描述性统计分析。描述性统计分析是后续进行推断统计的前提。

本项目主要介绍度量中心(集中)趋势的指标、度量离散程度(变异性)的指标、度量偏斜程度的指标以及度量两种数值变量关系的指标。

学习目标

(1) 熟悉数据分布的特征；
(2) 掌握数据中心趋势、离散程度的指标描述；
(3) 理解数据分布形态的描述；
(4) 掌握用软件实现数据特征的计算。

任务 3.1   描述数据的中心趋势

任务描述

中心趋势是指一组数据向某一中心值靠拢的倾向，一般要寻找能反映数据一般水平的代表值或中心值。本任务重点介绍常用的 5 种度量中心趋势的指标，即算术平均数、中位数、众数、四分位数和几何平均数。

3.1.1   算术平均数

算术平均值(Arithmetic Mean)就是一组数据的均值(Mean)，记为 $\bar{x}$，它反映了某变量所有取值的中心趋势或平均水平，是社会经济统计中广泛应用的一种综合性指标，是总体数量分布的一个重要特征。由于所掌握资料的形式不同，均值分为简单均值和加权均值两种计算方法。

1. 简单均值

当已知总体各单位标志值且标志值未经分组时宜采用简单均值的形式。其计算公式如下：

$$\bar{x} = \frac{1}{n}\sum_{i=1}^{n}x_i \tag{3-1}$$

式中：x_i 表示总体中的第 i 个样本数据；n 表示总体数目。

【例 3.1】 五名学生的数学成绩分别为 76、82、86、93 和 68，则这五名学生的平均成绩为

$$\bar{x} = \frac{76+82+86+93+68}{5} = 81 \text{分}$$

2. 加权均值

当所依据的资料是在统计分组基础上所形成的变量数列资料时，宜采用加权均值的形式。其计算公式如下：

$$\bar{x} = \frac{x_1f_1+x_2f_2+\cdots+x_nf_n}{f_1+f_2+\cdots+f_n} = \frac{\sum xf}{\sum f} \tag{3-2}$$

式中：n 表示组数，x_i 表示各组组中值，f 表示各组次数。

【例 3.2】 某班 50 名学生的年龄分布如表 3.1 所示。

表 3.1　某班 50 名学生的年龄分布表及计算

年龄 x/岁	人数 f/人	权重 xf
21	3	63
22	8	176
23	22	506
24	15	360
25	2	50
合计	50	1155

该班学生的平均年龄为

$$\bar{x} = \frac{\sum xf}{\sum f} = \frac{1155}{50} = 23.1 \text{岁}$$

3.1.2　众数

众数(Mode)就是分布数列中最常出现(频数或频率最大)的标志值，它能明确反映数据分布的中心趋势，记为 M_0。众数也是一种位置平均数，且不受极端数据的影响，并非所有数据集合都有众数，在某些情况下还可能存在多个众数。在某些情况下，数列中最常出现的标志值最具有代表性。例如，在服装行业，生产商、批发商和零售商在进行生产和存货决策时，感兴趣的是最普遍的尺码而不是平均尺码；当要了解大多数家庭的收入状况时，

也要用到众数。

单项式数列的众数就是次数最多的那一组变量值。在例 3.2 中，从表 3.1 可以看出 23 岁的学生人数最多，为 22 人，因此 23 岁就是众数。

如果得到的是分组的频数分布统计资料，众数则需要用插值法来估算。首先需要确定众数所在的组，对于组距相同的分组数据，指的是频数最高的组；然后使用上限公式或下限公式来进行近似计算。

上限公式：
$$M_o = U - \frac{\delta_2}{\delta_1 + \delta_2} \times d \tag{3-3}$$

下限公式：
$$M_o = L + \frac{\delta_1}{\delta_1 + \delta_2} \times d \tag{3-4}$$

式中：M_o 表示众数；U 表示众数组的上限；L 表示众数组的下限；δ_1 表示众数组与前一组的频数之差；δ_2 表示众数组与后一组的频数之差；d 表示众数组的组距。

【例 3.3】　某班 40 名学生的统计成绩分布如表 3.2 所示。

表 3.2　某班 40 名学生的成绩统计分布表

成绩 x/分	人数 f/人	向上累积人数/人	向下累积人数/人
60 以下	1	1	40
60～70	7	8	39
70～80	18	26	32
80～90	12	38	14
90 以上	2	40	2
合计	40	—	—

从表 3.2 可以看出 70～80 组的人数最多，为 18 人，因此该组是众数组。

用上限公式计算：
$$M_o = U - \frac{\delta_2}{\delta_1 + \delta_2} \times d = 80 - \frac{18-12}{(18-7)+(18-12)} \times (80-70) = 76.47 \text{分}$$

用下限公式计算：
$$M_o = L + \frac{\delta_1}{\delta_1 + \delta_2} \times d = 70 + \frac{18-7}{(18-7)+(18-12)} \times 10 = 76.47 \text{分}$$

从计算结果看，上限公式和下限公式的计算结果基本是一致的。可见，在实际工作中，用哪个公式都可以。

虽然众数适用于任何层次的变量，但它仅用了资料中最大频数这个信息，对所有数据信息的使用都不完全，这样会间接地损失很多信息。所以，众数特别适用于单峰对称的情况，对于多峰分布，一般不用它来描述。

3.1.3　中位数

中位数(Median)是指将分布数列中各单位的标志值按从小到大(或从大到小)的顺序排

列时位于中间位置的标志值,记为 M_e。当数据个数 n 为奇数时,中位数为处于$(n+1)/2$ 位置上的数值;当数据个数 n 为偶数时,中位数为中间位置上两个数据的平均值。

中位数是一种位置平均数,不受极端数据的影响。当统计资料中含有异常的或极端的数据时,将影响均值的代表性,此时使用中位数来度量中心趋势就比较合适。比如,有 5 笔付款:9 元,10 元,10 元,11 元,60 元。付款的均值为 20 元,显然这并不是一个很好的代表值,而中位数 $M_e = 10$ 元则更能代表平均每笔的付款数。

对于已分组资料,使用上限公式或下限公式进行近似计算。

上限公式:
$$M_e = U - \frac{\dfrac{\sum f}{2} - S_{m+1}}{f_m} \times d \tag{3-5}$$

下限公式:
$$M_e = L + \frac{\dfrac{\sum f}{2} - S_{m+1}}{f_m} \times d \tag{3-6}$$

式中:M_e 为中位数;U 为中位数组上限;L 为中位数组下限;f_m 为中位数组次数;$\sum f$ 为总次数;S_{m-1} 为中位数组以前各组次数总和(即前一组向上累积次数);S_{m+1} 为中位数组以后各组次数总和(即后一组向下累积次数);d 为中位数组组距。

【例 3.4】 确定表 3.2 中该班学生成绩统计中的中位数。

解 中点位置为
$$\frac{\sum f + 1}{2} = \frac{40 + 1}{2} = 20.5$$

由于中位数处于第 20.5 位上,由向上累积次数可以看出,前两组累积人数为 8 人,而前三组累积人数为 26 人,所以中位数肯定在第三组(即 70~80 组)。也就是说,第三组为中位数组。

用上限公式计算:
$$M_e = U - \frac{\dfrac{\sum f}{2} - S_{m+1}}{f_m} \times d = 80 - \frac{\dfrac{40}{2} - 14}{18} \times (80 - 70) = 76.67 \text{分}$$

用下限公式计算:
$$M_e = L + \frac{\dfrac{\sum f}{2} - S_{m-1}}{f_m} \times d = 70 + \frac{\dfrac{40}{2} - 8}{18} \times 10 = 76.67 \text{分}$$

中位数表明,数列中有一半单位的标志值小于中位数,一半单位的标志值大于中位数。由于中位数只考虑居中位置,其他变量值比中位数大多少或小多少,它都是无法反映的。所以,用中位数来描述连续型变量会损失很多信息。

在实际应用中,应根据这些统计量的不同特点来加以选择。例如,生产鞋的厂商在制订各种型号的鞋的生产计划时,应该运用众数;在评价社会老龄化程度时,则可以选用中位数。

算术平均数、中位数和众数间的关系根据频率分布状态总结为如下几点：

(1) 当频数分布呈完全对称分布时，算术平均数、中位数和众数三者相同，如图 3.1 所示。

(2) 当频数分布为右偏态时，众数小于中位数，算术平均数大于中位数，如图 3.2 所示。

(3) 当频数分布为左偏态时，众数大于中位数，算术平均数小于中位数，如图 3.3 所示。

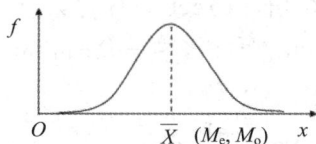

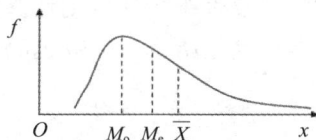

图 3.1　对称分布　　　　　　　　图 3.2　右偏分布　　　　　　　　图 3.3　左偏分布

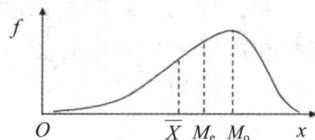

3.1.4　四分位数

四分位数(Quartile)是将所有数据由小到大排列并分成四等份，处于三个分割点位置的数值。第一分位数(Q_1)是指 25%的数据小于它的值和 75%的数据大于它的值；第二分位数(Q_2)是中位数，即 50%的数据小于它的值和 50%的数据大于它的值；第三分位数(Q_3)是 75%的数据小于它的值和 25%的数据大于它的值。第一分位数和第三分位数的计算式为

$$Q_1 = 第 \frac{n+1}{4} 个数据 \tag{3-7}$$

$$Q_3 = 第 \frac{3(n+1)}{4} 个数据 \tag{3-8}$$

对于四分位数的计算，学术界没有一致认同的方法，通常可根据以下规则计算四分位数：

(1) 规则 1：如果结果是整数，则四分位数等于该整数位置的数据。例如，样本容量为 $n = 7$，则第一分位数 Q_1 等于第(7 + 1)/4 = 2 个数据。

(2) 规则 2：如果结果是半数(如 2.5，3.5 等)，则四分位数等于相邻有序数据的平均数。例如，样本容量 $n = 9$，第一分位数 Q_1 是第(9 + 1)/4 = 2.5 个数据，即原有序数中第二个和第三个数据之间的平均值。

(3) 规则 3：如果结果既不是整数又不是半数，结果取最接近的整数，并选数据。例如，样本容量 $n = 10$，第一分位数 Q_1 等于(10 + 1)/4 = 2.75 个数据。取 2.75 为 3，则使用原有序数中的第三个数据。

【例 3.5】　为了说明四分位数的计算，将一组数据从小到大排列，如表 3.3 所示。

表 3.3　四分位数计算实例

排列数据	29	31	35	39	39	40	43	44	44	52
序号	1	2	3	4	5	6	7	8	9	10

第一分位数是第 $\frac{n+1}{4} = \frac{10+1}{4} = 2.75$ 个数据。使用规则 3，取第 3 个数据，即 35。第

一分位数 35 意味着 25%的数据小于或等于第一分位数 35，75%的数据大于或等于第一分位数 35。

第三分位数是第 $\frac{3(n+1)}{4} = \frac{3(10+1)}{4} = 8.25$ 个数据。使用规则 3，取第 8 个数据，即 44。表示 75%的数据小于或等于第三分位数 44，25%的数据大于或等于第三分位数 44。

需要特别注意的是，因为目前尚没有统一的规则计算四分位值，Excel 在计算第一分位数和第三分位数的计算方法与本书上述所定义的规则略有不同。下面将简单介绍 Excel 中四分位数的计算过程：

(1) 如果共有 n 个数，则有 $n-1$ 个数据间隔，每个四分位间有 $\frac{n-1}{4}$ 个数。

(2) 第 nthquart 个四分位数为原有序数中的第 nth $= 1 + \frac{n-1}{4} \times$ nthquart 个数。

(3) 如果 nth 的结果为整数，则该四分位数就是第 nth 数；否则该四分位数为第[nth]个数 + (第[nth] + 1 个数 − 第[nth]个数) × (nth 的小数部分)

以表 3.3 中的 10 个数为例，由于一共有 10 个数，因此其有 9 个数据间隔，每个四分位包含 9/4 = 2.25 个数据；第一分位数 = 1 + 2.25 × 1 = 3.25，因此第一分位数的值就是第 3 个数 + (第 4 个数与第 3 个数之差的 1/4)，即 $Q_1 = 35 + \frac{(39-35)}{4} = 36$；第三分位数 = 1 + 2.25 × 3 = 7.75，因此第三分位数的值就是第 7 个数 + (第 8 个数与第 7 个数之差的 3/4)，即 $Q_3 = 43 + \frac{3(44-43)}{4} = 43.75$。

五数汇总包括最小值、第一分位数、中位数、第三分位数和最大值这五个数据，即

$$X_{最小} \quad Q_1 \quad M_e \quad Q_3 \quad X_{最大}$$

五数汇总可以确定数据集分布的方式，能比较直观地表示数据分布是否左偏、完全对称或右偏。表 3.4 解释了五数汇总与数据集分布形状之间的关系和基本判定方法。

表 3.4　五数汇总的关系和分布类型

比　　较	分布类型		
	左偏	对称	右偏
$X_{最小}$ 到 M_e 的距离与 M_e 到 $X_{最大}$ 的距离	前者＞后者	两距相等	前者＜后者
$X_{最小}$ 到 Q_1 的距离与 Q_3 到 $X_{最大}$ 的距离	前者＞后者	两距相等	前者＜后者
Q_1 到 M_e 的距离与 M_e 到 Q_3 的距离	前者＞后者	两距相等	前者＜后者

【例 3.6】 对于表 3.3 中的 10 个数据，最小值是 29，最大值是 52，中位数可以求得 39.5，$Q_1 = 35$，$Q_3 = 44$(根据本书所提计算方法，不是 Excel 计算所得)，那么五数汇总是

$$29 \quad 35 \quad 39.5 \quad 44 \quad 52$$

$X_{最小}$ 到 M_e 的距离(39.5 − 29 = 10.5)略小于 M_e 到 $X_{最大}$ 的距离(52 − 39.5 = 12.5)。$X_{最小}$ 到 Q_1 的距离(35 − 29 = 6)略小于 Q_3 到 $X_{最大}$ 的距离(52 − 44 = 8)。那么，该数据样本略右偏。

箱形图提供了基于五数汇总的几何图形。

3.1.5　几何平均数

几何平均数(Geometric Mean)是 n 个数值连续乘积的 n 次方根，记为 $\bar{x}_g$。当统计资料是各时期的增长率等前后期的两两比率数据(环比)，希望求出各时期的平均增长率时，就需要使用几何平均数。

几何平均数的计算公式为

$$\bar{x}_g = \sqrt[n]{x_1 \cdot x_2 \cdots x_n} \tag{3-9}$$

加权几何平均数的计算公式为

$$\bar{x}_g = \sqrt[\Sigma f_i]{x_1^{f_1} \cdot x_2^{f_2} \cdots x_n^{f_n}} \tag{3-10}$$

式中：f_i 为各比率出现的频数。

【例 3.7】　表 3.5 给出了 A 用户在某社交网站从 2021 年 3 月 24 日至 4 月 28 日得到点赞数的周增长情况，求该用户所得点赞数的周平均增长率。

表 3.5　点赞数的周增长情况

日期	3 月 24 日	3 月 31 日	4 月 7 日	4 月 14 日	4 月 21 日	4 月 28 日
点赞数/个	1934	1945	1965	2004	2049	2069
周增长率/%	—	0.57	1.03	1.98	2.25	0.98

解法一：

$$\bar{x}_g = \sqrt[5]{1.0057 \times 1.0103 \times 1.0198 \times 1.0225 \times 1.0098} = 1.0136$$

解法二：

$$\bar{x}_g = \sqrt[5]{\frac{2069}{1934}} = 1.0136$$

即该用户所得点赞数的周平均增长率为 1.36%。由解法二可知，在掌握了基期和最后一期的绝对数值时，可以用更简单的方法求出各期的平均增长率。

【例 3.8】　有一笔银行存款，年利率按复利计算，存期 25 年，利率资料如表 3.6 所示。求这笔存款的平均年利率。

表 3.6　25 年中的存款利率

年利率/%	本利率/%	年数
3	103	1
4	104	4
8	108	8
10	110	10
15	115	2

解　　$$\bar{x}_g = \sqrt[25]{1.03^1 \times 1.04^4 \times 1.08^8 \times 1.10^{10} \times 1.15^2} = 108.48\%$$

3.1.6 案例分析

【例 3.9】 某学校随机抽取 50 名高三学生的身高数据统计如下所示(单位为 cm)。试分析该 50 名学生的身高中心趋势分布特征。

175	172	163	157	167	176	176	175	173	157
163	175	162	167	173	177	178	178	175	176
156	168	175	165	174	164	158	176	166	177
174	165	174	176	154	168	164	168	162	164
167	178	168	174	181	181	163	165	171	175

第一步，建立或打开数据文件后，从数据编辑器窗口中的菜单栏选择【分析】→【描述统计】→【频率】命令，即可打开【频率】对话框，如图 3.4 所示。

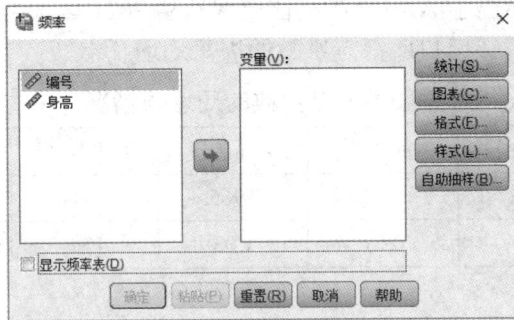

图 3.4 【频率】对话框

第二步，在左边的列表框中选择"身高"加入【变量】列表框中，单击对话框右上角的【统计】按钮，弹出【频率：统计】对话框，如图 3.5 所示。

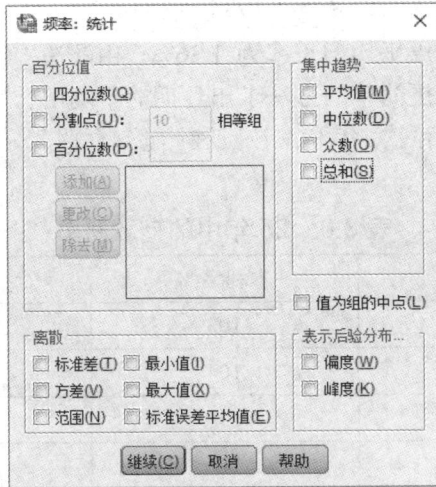

图 3.5 【频率：统计】对话框

第三步，在【百分位值】选项组中选中【四分位数】复选框，在【集中趋势】选项组中选中【平均值】【中位数】【众数】和【总和】复选框，单击【继续】按钮，返回到主操作窗口。单击【确定】按钮完成操作，输出分析结果如图 3.6 所示。

统计

身高

个案数	有效	50
	缺失	0
平均值		169.72
中位数		171.50
众数		175
总和		8486
百分位数	25	164.00
	50	171.50
	75	175.25

图 3.6 　分析结果

任务 3.2 　描述数据的离散程度

任务描述

　　数据的离散程度是指一组数据远离中心值的程度，常用于考察数据分布的疏密程度。要分析总体的分布规律，仅了解中心趋势指标是不够的，还需要了解数据的离散程度或差异状况。几个总体可以有相同的均值，但取值情况却可能相差很大，如图 3.7 所示。本任务主要是掌握用来表示数据离散程度特征的变异指标。变异指标主要有极差、平均差、标准差和变异系数等。

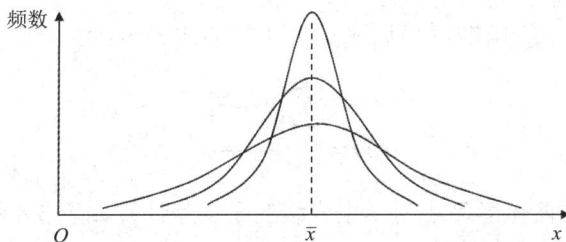

图 3.7 　均值相同但离散程度不同

3.2.1 　极差

　　极差(Range)是数据中最大值和最小值之差，又称"全距"，记为 R。其计算公式如下：

$$R = 最大标志值 - 最小标志值 \tag{3-11}$$

　　显然，一组数据的差异越大，其极差也越大。

　　对于未分组数据，计算极差时，应首先将所有数按大小排序，然后用最大值减去最小值即可；数据经过分组后，一般用变量数列表示其结果，单项式数列用最后一组变量值减去第一组变量值即可。组距式数列的极差只能近似计算，而且要求所有组必须都是闭口组，计算时用最后一组上限减去第一组下限即可。

　　【例 3.10】某企业 200 名工人按日产量分组如表 3.7 所示，求该企业工人日产量的极差。

表 3.7　某企业 200 名工人日产量分布表

日产量/件	工人数/人
10～20	10
20～30	20
30～40	50
40～50	90
50～60	30
合计	200

解　该企业工人日产量的极差为

$$R = 60 - 10 = 50 \text{ 件}$$

极差是最简单的变异指标,在产品质量管理中广泛应用于控制质量的差异。企业一旦发现某一质量指标超过控制范围,就要采取措施予以纠正,以保证产品质量稳定。此外,企业和个人在采购商品时需要了解该商品的市场最高价和最低价,或者分析股票市场中个股的最高成交价和最低成交价等,都是极差这一指标的具体应用。

但极差有很大的局限性,它仅考虑了两个极端的数据,没有利用其余数据的信息,因而是一种比较粗糙的变异指标。

3.2.2　平均差

平均差(Average Deviation)是各数据与其均值离差绝对值的算术平均数,又称平均离差,通常记为 AD。

对于未分组数据,一般用简单平均式,其计算公式如下:

$$AD = \frac{\sum_{i}^{n} |x_i - \bar{x}|}{n} \tag{3-12}$$

【例 3.11】　甲、乙两个学习小组学生成绩的平均差计算如表 3.8 所示,其中 $\bar{x} = 70$ 分。

表 3.8　甲、乙两个学习小组学生成绩的平均差计算表

甲学习小组			乙学习小组		
成绩/分	离差	离差绝对值	成绩/分	离差	离差绝对值
x	$x - \bar{x}$	$|x - \bar{x}|$	x	$x - \bar{x}$	$|x - \bar{x}|$
60	-10	10	35	-35	35
65	-5	5	45	-25	25
70	0	0	80	10	10
75	5	5	90	20	20
80	10	10	100	30	30
合计	0	30	合计	0	120

解 甲组平均差

$$\text{AD}_{甲} = \frac{\sum\limits_{i}^{n}|x_i - \overline{x}|}{n} = \frac{30}{5} = 6分$$

乙组平均差

$$\text{AD}_{乙} = \frac{\sum\limits_{i}^{n}|x_i - \overline{x}|}{n} = \frac{120}{5} = 24分$$

从甲、乙两组计算结果来看，$\text{AD}_{甲} < \text{AD}_{乙}$，故甲组学生的平均成绩代表性高。

对于在统计分组基础上所形成的变量数列资料，采用加权平均式。其计算公式为

$$\text{AD} = \frac{\sum\limits_{i}^{n}|x_i - \overline{x}|f}{\sum f} \tag{3-13}$$

【例 3.12】 依据表 3.1 所示资料，某班 50 名学生的年龄平均差计算如表 3.9 所示。

表 3.9 某班 50 名学生的年龄平均差计算表

年龄 x/岁	人数 f/人	xf	$x - \overline{x}$	$\|x - \overline{x}\|$	$\|x - \overline{x}\|f$
(1)	(2)	(3) = (1) × (2)	(4) = (1) − 23.1	(5) = |(4)|	(6) = (5) × (2)
21	3	63	−2.1	2.1	6.3
22	8	176	−1.1	1.1	8.8
23	22	506	−0.1	0.1	2.2
24	15	360	0.9	0.9	13.5
25	2	50	1.9	1.9	3.8
合计	50	1155	—	—	34.6

解

$$\text{AD} = \frac{\sum\limits_{i}^{n}|x_i - \overline{x}|f}{\sum f} = \frac{34.6}{50} = 0.692岁$$

假设 B 班学生平均年龄也是 23.1 岁，其年龄平均差 $\text{AD}_B = 2$ 岁。因为 $\overline{x}_A = \overline{x}_B$，而 $\text{AD}_A < \text{AD}_B$，所以 A 班的学生平均年龄代表性高。

可见，平均差能综合反映总体各单位标志值的离散程度。平均差越大，则表示离散程度越大，平均指标的代表性就越低；反之，则表示离散程度越小，平均指标的代表性就越高。

平均差要通过取绝对值来计算，但取绝对值运算不方便代数推导，所以统计研究中较少使用平均差。

3.2.3 四分位差

四分位差(Quartile Deviation)主要用于测量数据的离散趋势。四分位差也称四分位内距，是第三四分位数和第一四分位数之差，记为 Q，其计算公式为

$$Q = Q_3 - Q_1 \tag{3-14}$$

【例 3.13】 某车间有 12 个工人,其日产量由小到大依次排列为 10,20,22,24,25,26,27,28,30,32,34,35,求其四分位差。

解
$$Q_1 \text{的位置} = \frac{n+1}{4} = \frac{12+1}{4} = 3.25$$

即 $Q_1 = 22$ 件。

$$Q_3 \text{的位置} = \frac{3 \times (n+1)}{4} = 9.75$$

即 $Q_3 = 32$ 件。

$$Q = Q_3 - Q_1 = 32 - 22 = 10 \text{件}$$

可见,四分位差反映了中间 50%数据的离散程度,其数值越小,说明中间的数据越集中;数值越大,说明中间的数据越分散。此外,由于中位数处于数据的中间位置,因此,四分位差的大小在一定程度上也说明了中位数对一组数据的代表程度。四分位差不易受极端值的影响,但四分位差也不是根据全部标志值计算的,存在与全距类似的缺点。

3.2.4 方差和标准差

方差(Variance)和标准差(Standard Deviation)是应用最为广泛的变异指标。标准差是方差的算术平方根,又称均方差,其量纲与均值相同。使用时应注意总体方差、总体标准差与样本方差、样本标准差的计算公式是有区别的。

1. 总体方差与总体标准差

总体方差是总体中所有数据与其均值离差平方的算术平均值,记为 σ^2,总体标准差记为 σ。其计算公式如下:

$$\sigma^2 = \frac{1}{n} \sum_{i=1}^{n} (x_i - \bar{x})^2 \tag{3-15}$$

$$\sigma = \sqrt{\frac{1}{n} \sum_{i=1}^{n} (x_i - \bar{x})^2} \tag{3-16}$$

总体标准差在管理中有非常广泛的应用。对于单峰分布,通常有 99%以上的数据落在 $\bar{x} \pm 3\sigma$ 的范围内。因此,在质量管理中,通常根据某些关键数据(如尺寸等)是否超出了 $\bar{x} \pm 3\sigma$ 的范围,来判断生产过程是否出现异常,这就是通常所称的"3σ 法则"。在分析和整理统计数据时,也可根据"3σ 法则"来剔除异常数据。此外,目前质量管理中流行的"6σ 管理",也是根据标准差的原理推行的一种"零缺陷"的管理方法和管理思想。

以上总体方差与总体标准差的计算公式仅适用于总体中的个体数是有限的情况(称为有限总体),对于无限总体,除非了解其概率分布,否则无法直接计算方差与标准差。这时就需要用样本方差和样本标准差来估计总体的方差和标准差。

2. 样本方差与样本标准差

样本方差记为 S^2,样本标准差记为 S,在推断统计中,它们分别是总体方差和标准差的优良估计。其计算公式如下:

$$S^2 = \frac{1}{n-1} \sum_{i=1}^{n} (x_i - \overline{x})^2 \tag{3-17}$$

$$S = \sqrt{\frac{1}{n-1} \sum_{i=1}^{n} (x_i - \overline{x})^2} \tag{3-18}$$

式中：n 为样本容量；x_i 为样本观察值；$\overline{x}$ 为样本均值。

在式(3-17)和式(3-18)中，之所以使用 $\dfrac{1}{n-1}$，而不是 $\dfrac{1}{n}$，是由于式(3-17)的计算结果才是总体方差 σ^2 的无偏估计。

3. 分组数据的方差与标准差

如果得到的是分组的频数分布数据，则方差与标准差的计算公式如下：

$$\sigma^2 = \frac{1}{\sum f_i} \sum_{i=1}^{n} (x_i - \overline{x})^2 f_i \tag{3-19}$$

$$\sigma = \sqrt{\frac{1}{\sum f_i} \sum_{i=1}^{n} (x_i - \overline{x})^2 f_i} \tag{3-20}$$

$$S^2 = \frac{1}{\sum f_i - 1} \sum_{i=1}^{n} (x_i - \overline{x})^2 f_i \tag{3-21}$$

$$S = \sqrt{\frac{1}{\sum f_{i_i} - 1} \sum_{i=1}^{n} (x_i - \overline{x})^2 f_i} \tag{3-22}$$

式中：x_i 是第 i 组的组中值。

3.2.5　变异系数

前面介绍的各离散程度测度值都是反映数据分散程度的绝对数值，其数值的大小一方面取决于原变量值本身的水平高低，变量值绝对水平越高，离散程度的测度值就越大；绝对水平越低，离散程度的测度值也就越小。另一方面，它们与原变量值的计量单位相同，采用不同计量单位计量的变量值，其离散程度的测度值也就不同。例如，对汽车发动机的气缸加工而言，0.05 mm 的标准差就比较大了，但对于建筑工程而言，则可忽略不计，但这并不能由此说明建筑工程的精度标准要求低，而是因为两者在数量级上相差较大。

因此，对于平均水平不同或计量单位不同的不同组别的变量值，是不能用上述离散程度测度值直接进行比较的。为了消除变量值水平高低和计量单位不同对离散程度测度值的影响，需要计算离散系数(Coefficient Of Variation)。

变异系数也叫离散系数，是将全距、平均差或者标准差与平均指标进行对比得到的相对数，表现形式为无名数，常用百分数表示。离散系数包括全距系数、平均差系数和标准差系数三种。最常用的是标准差系数，是由标准方差除以算术平均值再乘以 100%，用 CV 表示。其计算公式如下：

$$CV = \frac{S}{\overline{x}} \times 100\% \tag{3-23}$$

【例 3.14】甲、乙两个农场粮食平均亩产分别为 300 kg 和 400 kg，标准差分别为 7.5 kg 和 9 kg，试比较两个农场粮食平均亩产的代表性高低。

解　甲农场标准差系数：

$$CV = \frac{S}{\overline{x}} \times 100\% = \frac{7.5}{300} \times 100\% = 2.5\%$$

乙农场标准差系数：

$$CV = \frac{S}{\overline{x}} \times 100\% = \frac{9}{400} \times 100\% = 2.25\%$$

因为乙农场变异系数比甲农场小，所以乙农场的平均亩产更具有代表性，如果直接比较标准差，就会得到相反的结论。

变异系数主要用于对不同组别数据的离散程度进行比较，变异系数大则说明该组数据的离散程度大，变异系数小则说明该组数据的离散程度小。

3.2.6　协方差和相关系数

在前面项目任务中我们学会了使用散点图测试两数值变量间的关系，在这里我们介绍测试两数值变量联系的两种数值指标：协方差和相关系数。

1. 协方差

协方差(Covariance)测试了两数值变量(X 和 Y)的线性联系，表示为 $\text{cov}(X,Y)$。其计算公式如下。

$$\text{cov}(X,Y) = \frac{\sum_{i=1}^{n}(x_i - \overline{x})(y_i - \overline{y})}{n-1} \tag{3-24}$$

式中：x_i 和 y_i 分别是 X 和 Y 中的第 i 个数据；$\overline{x}$ 和 $\overline{y}$ 是均值；n 是总的数据个数。

协方差用于度量两数值变量间的线性关系，但由于协方差可以是任何值，所以，无法确定其关系强度。换句话说，无法得知 x_i 和 y_i 之间是强相关还是弱相关。为了更好地测定相关强度，需要计算相关系数。

2. 相关系数

相关系数(Correlation Coefficient)测定了两数值变量间的线性相关强度，相关系数的值从完全负相关-1 到完全正相关+1。完全是指散点图中所有的点连成一条直线，对于两数值变量总体，用希腊字母 ρ 作为相关系数的符号。图 3.8 说明了两变量间联系的完全正线性相关，相关系数 $\rho = +1$，表示 Y 随着 X 的上升而上升；图 3.9 说明了两变量间联系的不相关，相关系数 $\rho = 0$，表示 Y 不随着 X 的变化而变化；图 3.10 说明了两变量间联系的完全负线性相关，相关系数 $\rho = -1$，表示 Y 随着 X 的上升而下降。

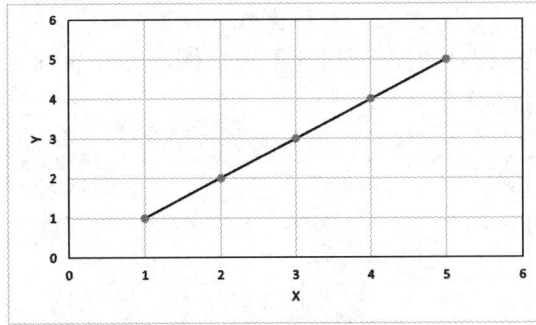

图 3.8 完全正线性相关

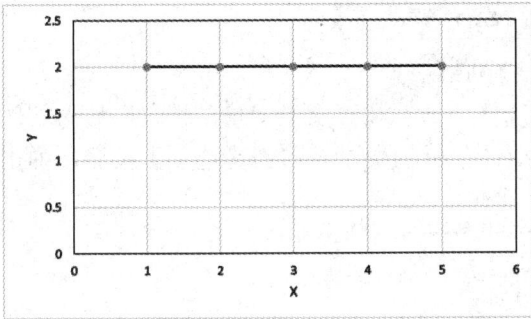

图 3.9 完全不相关

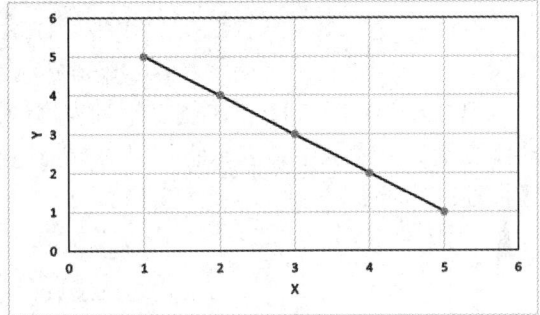

图 3.10 完全负线性

当数据是样本数据时，计算样本相关系数 r 的公式如下：

$$r = \frac{\text{cov}(X,Y)}{S_X S_Y} \tag{3-25}$$

式中：S_X 和 S_Y 分别表示 X 和 Y 的样本标准差。使用样本数据，一般不可能得到 +1、0、−1 的样本相关系数。

总之，相关系数指出两数值变量是否线性联系或相关。当相关系数接近 +1 或 −1，两变量间有很强线性相关；当相关系数接近 0，几乎不相关。相关系数指出数据是否正相关或负相关。强相关不说明因果，只是说明数据之间的趋势。

3.2.7 案例分析

【例 3.15】 在 R. Brown 和 G. Davis 的文章《荣获奥斯卡奖的最佳男主角和女主角的年龄》中，作者列出了近年来男演员和女演员在获得奥斯卡奖时的年龄的数据如表 3.10 所示，请分析不同性别的演员获得奥斯卡奖的年龄离散程度。

表 3.10 近年来不同性别演员在获得奥斯卡奖时的年龄数据表

男演员	32	37	36	32	51	53	33	61	35	45	55	39
	76	37	42	40	32	60	38	56	48	48	40	43
	62	43	42	44	41	56	39	46	31	47	45	60
女演员	50	44	35	80	26	28	41	21	61	38	49	33
	74	30	33	41	31	35	41	42	37	26	34	34
	35	26	61	60	34	24	30	37	31	27	39	34

第一步，建立或打开数据文件后，从数据编辑器窗口中的菜单栏选择【分析】→【描述统计】→【描述】命令，即可打开【描述】对话框，如图 3.11 所示。

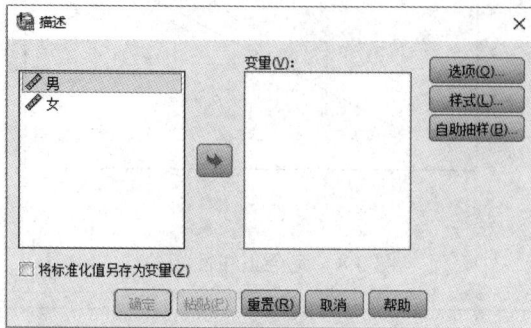

图 3.11　【描述】对话框

第二步，在图 3.11 的左侧变量列表框中，选择"男"和"女"变量，将它们移入右侧的【变量】列表框中，表示它们是进行描述性统计分析的变量。单击【选项】按钮，弹出【描述：选项】对话框，如图 3.12 所示。

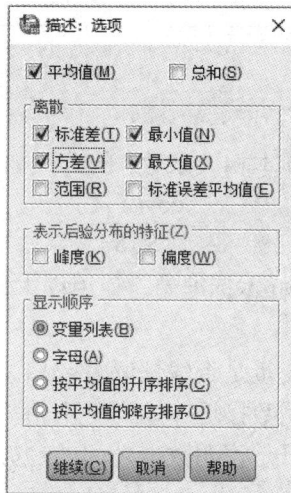

图 3.12　【描述：选项】对话框

第三步，利用【描述：选项】对话框选择需要输出的描述性统计量。这里我们选择【平均值】，【离散】选项组里面的【标准差】【最小值】【最大值】和【方差】等，单击【继续】按钮，返回到主操作窗口。单击【确定】按钮完成操作，输出分析结果如图 3.13 所示。

描述统计

	N	最小值	最大值	均值	标准 偏差	方差
男	36	31	76	45.14	10.406	108.294
女	36	21	80	38.94	13.546	183.483
有效个案数（成列）	36					

图 3.13　描述统计结果

任务 3.3　描述数据的分布形态

任务描述

数据分布形态主要指数据分布是否对称、偏斜度如何、分布陡缓程度如何等，总体分布的特征不仅与均值和离散程度有关，而且与数据分布的偏斜程度有关，如对称分布、右偏分布和左偏分布，分布形态主要用偏度和峰度两个指标来刻画。这种分布形态上的数量特征，往往具有重要的社会经济意义。本任务主要是掌握偏度与峰度的基本概念和偏度系数的计算方法。

3.3.1　偏度

偏度(Skewness)是描述变量取值分布形态对称性的统计量，具体反映总体次数分布的偏斜方向和程度。偏态分布有右偏分布和左偏分布，当偏度值为 0 时，说明数据为对称分布，这时平均数、中位数、众数三者合而为一；当偏度值大于 0 时，表示变量取值右偏，在直方图中有一条长尾巴拖在右边，这时平均数、中位数、众数三者分开，其算术平均数在中位数右边，众数在中位数左边；当偏度值小于 0 时，表示数据取值左偏，即数据的长尾巴拖在左边，这时算术平均数在中位数左边，众数在中位数右边。三者形状如图 3.14 所示。

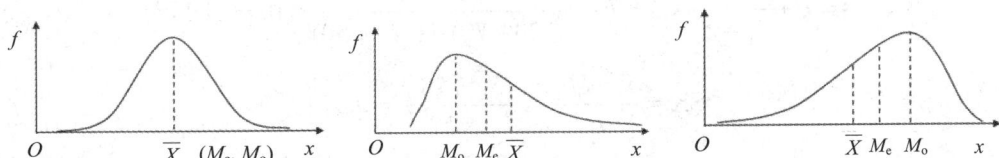

图 3.14　对称分布与偏态分布

偏度系数是度量偏斜程度的指标，记为 SK。其计算方法主要有如下两种方式。

1. 用标准差计量偏度系数

偏度系数是偏度与其标准差之比。其计算公式如下：

$$SK = \frac{\bar{x} - M_0}{\sigma} \tag{3-26}$$

SK 是无量纲的量，其取值 $SK \in [-3, 3]$，其绝对值越大，表明偏斜程度越大。当分布呈右偏态时，$SK > 0$，故也称正偏态；当分布为左偏态时，$SK < 0$，故也称负偏态。但除非是分组频数分布数据，否则 SK 公式中的众数 M_0 有很大的随机性，有时可能并不存在众数，因此该偏度系数通常适用于分组频数分布数据。

【例 3.16】 某中学三年级有 300 名学生，其语文成绩(总分为 120 分)如表 3.11 所示。试计算其偏度并进行分析。

表 3.11　某中学三年级有 300 名学生语文成绩分布表

成绩 x/分	人数 f/人	组中值 x	xf	$(x-\bar{x})^2 f$	累积次数
50 以下	11	45	495	9900	11
50~60	13	55	715	5200	24
60~70	70	65	4550	7000	94
70~80	120	75	9000	0	214
80~90	50	85	4250	5000	264
90~100	30	95	2850	12 000	294
100~110	5	105	525	4500	299
110 以上	1	115	115	1600	300
合计	300	—	22 500	45 200	—

解

$$\bar{x} = \frac{\sum xf}{\sum f} = \frac{22500}{300} = 75 \text{分}$$

$$\sigma = \sqrt{\frac{\sum (x-\bar{x})^2 f}{\sum f}} = \sqrt{\frac{45\ 200}{300}} = 12.27 \text{分}$$

$$M_{\text{o}} = L + \frac{\delta_1}{\delta_1 + \delta_2} \times d = 70 + \frac{120-70}{(120-70)+(120-50)} \times 10 = 74.17 \text{分}$$

$$\text{SK} = \frac{\bar{x} - M_{\text{o}}}{\sigma} = \frac{75-74.17}{12.27} = 0.07$$

计算结果表明该校三年级学生语文成绩是右偏分布，偏斜程度为 0.07，偏斜系数值较小，说明该校三年级学生语文成绩接近平均水平。

2. 用三阶中心矩计量偏度系数

使用三阶中心矩计算偏斜程度的计算公式如下：

$$\text{SK} = \frac{m^3}{\sigma^3} \tag{3-27}$$

式中：$m^3 = \frac{1}{\sum f} \sum (x_i - \bar{x})^3 f$ 称为三阶中心矩。当 SK = 0 时，分布是对称的；当 SK>0 时，分布呈右偏态(正偏)；当 SK<0 时，分布呈左偏态(负偏)。SK 的绝对值越大，则分布就越偏斜。

【例 3.17】 以表 3.11 中资料为例，使用三阶中心矩方法计算偏度系数。

解　计算过程见表 3.12。

表 3.12　某中学三年级 300 名学生语文成绩分布三阶中心矩方法计算值

成绩 x/分	人数 f/人	组中值 x	$x-\bar{x}$	$(x-\bar{x})^3 f$	$(x-\bar{x})^4 f$
50 以下	11	45	−30	−297 000	8 910 000
50～60	13	55	−20	−104 000	2 080 000
60～70	70	65	−10	−70 000	700 000
70～80	120	75	0	0	0
80～90	50	85	10	50 000	500 000
90～100	30	95	20	240 000	4 800 000
100～110	5	105	30	135 000	4 050 000
110 以上	1	115	40	64 000	2 560 000
合计	300	—	—	18 000	23 600 000

$$\bar{x}=75\text{分}\quad \sigma=12.27\text{分}$$

$$m^3=\frac{1}{\sum f}\sum(x_i-\bar{x})^3 f=\frac{18000}{300}=60$$

$$\sigma^3=12.27^3=1847.28$$

$$\text{SK}=\frac{m^3}{\sigma^3}=\frac{60}{1847.28}=0.032$$

计算结果表明，该分布数列的偏斜系数为 0.032，是轻微的右偏分布。由于两种计算方法不同，因此根据同一资料计算的结果也不相同。

3.3.2　峰度

峰度(Kurtosis)是用来描述变量取值分布形态陡缓程度的统计量，是指分布图形的尖峰程度。当数据分布与标准正态分布的陡缓程度相同时，峰度值为 0，为正态峰度，如图 3.15 中的 I 线所示；峰度值大于 0，说明数据的分布比标准正态分布更陡峭，为尖顶峰度，如图 3.15 中的 II 线所示；峰度值小于 0，说明数据的分布比标准正态分布更平缓，为平顶峰度，如图 3.15 中的 III 线所示。

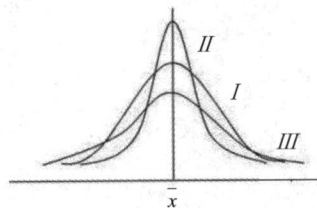

图 3.15　分布曲线峰度图

峰度测定以四阶中心矩除以标准差的四次方计算相对数指标，以 KU 表示峰度系数。其计算公式如下：

$$\text{KU}=\frac{m^4}{\sigma^4} \tag{3-28}$$

式中：$m^4=\dfrac{\sum(x-\bar{x})^4 f}{\sum f}$，为四阶中心矩，也称四阶中心动差。

根据经验数据，KU = 3 时，分布曲线为标准正态分布曲线；KU＞3 时，分布曲线为尖顶峰曲线，说明总体次数分布集中趋势明显，标志离散程度小；KU＜3 时，分布曲线为平顶峰曲线，说明总体各单位标志值集中趋势不明显，标志值离散程度大；KU≈1.8 时，分布曲线呈水平直线(矩形分布)；KU＜1.8 时，分布曲线趋于 U 形分布。

【例 3.18】 以表 3.12 中的资料为例，测定该校三年级学生语文成绩分布数列的峰度系数。

解

$$m^4 = \frac{\sum (x - \bar{x})^4 f}{\sum f} = \frac{23\,600\,000}{300} = 78\,666.67$$

$$\sigma^4 = 12.27^4 = 22\,666.18$$

$$KU = \frac{m^4}{\sigma^4} = \frac{78\,666.67}{22\,666.18} = 3.47 > 3$$

计算结果表明，学生语文成绩的分布曲线呈现出尖顶峰的分布趋势，说明学生语文成绩间的差异程度较小，平均数 $\bar{x} = 75$ 分的代表性较强。

3.3.3 案例分析

【例 3.19】 以表 3.10 数据为例，计算不同性别的演员获得奥斯卡奖的年龄差异。

第一步，建立或打开数据文件后，从数据编辑器窗口中的菜单栏选择【分析】→【描述统计】→【描述】命令，即可打开【描述】对话框，如图 3.11 所示。

第二步，在图 3.11 的左侧变量列表框中，选择"男"和"女"变量，将它们移入右侧的【变量】列表框中。单击【选项】按钮，弹出【描述：选项】对话框，如图 3.16 所示。

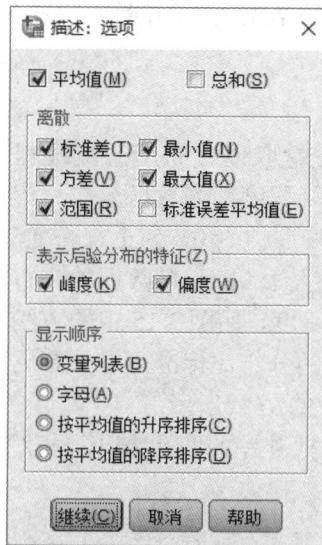

图 3.16 【描述：选项】对话框

第三步，利用【描述：选项】对话框选择需要输出的描述性统计量。我们选择【平均值】，【离散】选项组里面的【标准差】【最小值】【最大值】【方差】和【范围】等选项，在

【表示后验分布的特征】选项组中选中【峰度】和【偏度】选项，单击【继续】按钮，返回到主操作窗口。单击【确定】按钮完成操作，输出分析结果如图 3.17 所示。

描述统计

	N 统计	范围 统计	最小值 统计	最大值 统计	均值 统计	标准 偏差 统计	方差 统计	偏度 统计	偏度 标准 错误	峰度 统计	峰度 标准 错误
男	36	45	31	76	45.14	10.406	108.294	.898	.393	.704	.768
女	36	59	21	80	38.94	13.546	183.483	1.503	.393	2.111	.768
有效个案数（成列）	36										

图 3.17　描述统计结果

由实例结果及分析可知，首先，表 3.10 第二列表示男演员和女演员的统计人数都是 36 人，样本容量相同；其次，从描述数据中心位置的统计量样本平均值看到，女演员获奖的平均年龄(38.94 岁)，低于男演员获奖的平均年龄(45.14 岁)；然后，男演员获奖年龄的全距值(即结果中的"范围")和标准差都小于女演员，说明男演员获奖年龄波动幅度小于女演员；最后，从偏度系数和峰度系数可以看出，两组数据都不服从正态分布。

思 考 与 练 习

1. 选择题。

(1) 统计分析的目的是研究数据的总体特征，主要包括频数分析、_____、_____、_____、描述分析 5 种分析方法。

(2) 在变量分配数列中，频数表明_____的作用程度，其值_____表明该组标志值对于总体水平所起的作用越大；反之亦然。

(3) 描述分析是将研究中所得的数据加以整理、归类，简化或绘制成图表，以此分析数据的_____、_____，以及到中心值_____或_____程度的一种过程。

(4) 交叉表分析是描述性统计分析中的一种分析方法，是对_____或_____以上分类变量的描述与推断的统计分析。

(5) 探索性统计分析是在对统计数据进行样本描述性统计之后，通过_____与_____等方法对数据进行更深入的描述分析。

(6) 比率分析主要用于对两个_____间变量值的描述分析，并生成比率变量以及比率变量的一些基本描述统计量。

2. 选择题。

(1) 频数分析是运用统计量和图形来描述多种类型的变量，下列(　　)选项不属于频率分析中的统计量。

A. 百分位值　　　B. 分布指标　　　C. 中心趋势　　　D. 卡方

(2) 描述统计中包括中心趋势、离散程度与分布形状，下列描述说法错误的是(　　)。

A. 中心趋势是指一组数据向某一中心值靠拢的程度，反映了该组数据中心点位置

B. 离散程度是观测各个数值之间的差异程度，反映了各个数值之间的差异大小

C. 分布形态主要用于分析数据的中心趋势与离散程度，是描述分析的综合运用

D. 中心趋势统计主要是用于寻找数据水平的代表值或中心值

(3) P-P 图和 Q-Q 图是一种用于概率分布的图表,用于确定某个变量的分布是否与给定的分布相匹配,下列选项中描述错误的一项是(　　)。

A. P-P 图是对照一些检验分布的累计比例,来绘制某个变量的累计比例图

B. 在 P-P 图中可以转换值的概率图,而在 Q-Q 图中则不可以

C. P-P 图中的检验分布方法与 Q-Q 图中的检验分布方法一致

D. Q-Q 图是对照一些检验分布的分位数,来绘制某个变量分布的分位数图

(4) 在比率分析中,统计量中的【中位数百分比之内】选项组包括【中位数百分比】选项,该选项区间的下界等于(　　)。

A. $(1 - 0.01 \times 值) \times 中位数$ 　　　　　B. $(1 + 0.01 \times 值) \times 中位数$

C. $(1 \times 0.01 \times 值) \times 中位数$ 　　　　　D. $(1/0.01 \times 值) \times 中位数$

(5) 在 SPSS 中除了单独使用 P-P 图与 Q-Q 图来分析数据之外,(　　)分析方法中还将运用该图来显示分析结果。

A. 频数　　　　　B. 比率　　　　　C. 探索　　　　　D. 描述

3. 某镇 50 个企业的固定资产原值(单位:万元)数据如下所示。计算企业固定资产的均值、总体方差、总体标准差、偏度系数等统计指标。

48	67	89	120	125	156	168	176	189	192
205	233	246	248	267	285	290	298	312	320
325	329	339	340	367	386	392	395	398	414
450	465	470	485	492	515	562	580	599	620
659	694	760	785	793	795	856	880	980	1538

4. 某班 48 名学生统计学考试成绩如下所示(单位为分)。计算这 48 名学生统计学考试成绩的平均值、中位数、众数、标准差和偏度系数 SK。

48	50	54	58	60	60	62	63	65	67	68	69
70	70	71	72	72	73	75	75	75	76	78	79
79	80	80	81	82	82	83	84	85	86	87	87
88	88	89	89	90	92	92	93	95	96	96	98

5. 一家位于郊区的银行为改进中午 12 点至 13 点午餐时间的服务,记录了一周内在这一小时来办理业务的 15 名顾客样本的等待时间(从顾客排队到到达窗口的时间)。其数据结果如下所示(单位为小时)。

9.66	5.90	8.02	5.79	8.73	3.82	8.01	8.35
10.49	6.68	5.64	4.08	6.17	9.91	5.47	

(1) 计算均值、中位数、第一分位数和第三分位数。

(2) 计算方差、标准差、极差、四分位数差和变异系数。分析有无极端值,并说明理由。

(3) 数据如何分布?

6. 2002—2005 年贵金属价值急剧改变。表 3.13 数据显示了铂金、黄金和白银的总回报率(%)。

表 3.13　2002—2005 年贵金属总回报率

年份	铂金总回报率/%	黄金总回报率/%	白银总回报率/%
2005	12.3	17.8	29.5
2004	5.7	4.6	14.2
2003	36.0	19.9	27.8
2002	24.6	25.6	3.3

(1) 计算铂金、黄金和白银总回报率的几何平均值。

(2) 对于三种贵金属的几何回报率有何结论？

7. 表 3.14 是一个 $n = 11$ 样本的数据。

表 3.14　$n = 11$ 样本的数据

X	7	5	8	3	6	10	12	4	9	15	18
Y	21	I5	24	9	18	30	36	12	27	45	54

(1) 计算协方差。

(2) 计算相关系数。

(3) 判断 X 和 Y 间的相关程度，并进行解释。

8. 数码相机电池寿命的数据如下(单位为小时)所示。

300	180	85	170	380	460
260	380	120	110	240	35

(1) 计算均值、中位数、第一分位数和第三分位数。

(2) 计算方差、标准差、极差、四分位数差和变异系数。试问有无极端值，并说明理由。

(3) 数据如何分布？

(4) 基于(1)和(3)的结果，讨论数码相机电池的寿命。

(5) 列出五数汇总。

(6) 制作箱形图，描述其形状，并与(3)的分析结果进行比较。

9. 某地区私营企业注册资金分组资料如表 3.15 所示,求该地区私营企业注册资金的平均数、中位数和众数，并分析私营企业注册资金的分布特征。

表 3.15　某地区私营企业注册资金分组资料

注册资金/万元	50 以下	50～100	100～150	150～200	200～250	250 以上
企业数	20	35	42	26	15	5

10. 假如你是定时器的购买者，在新道路爆破中用定时器来起爆炸药。你必须在两个供应者之间选择，分别用 A 和 B 表示。在各自的说明书中，你发现 A 出售的导火线引爆的平均时间为 30 s，其标准差为 0.5 s；而 B 出售的导火线引爆的平均时间为 30 s，其标准差为 6 s。请你作出选择，并说明原因。

11. 收集 100 名学生的身高和体重数据。试对该 100 名学生的身高和体重数据进行描述性统计分析，从而了解这 100 名学生身高和体重的基本特征。

项目 4   统计量与抽样分布

统计方法是指用于收集数据、分析数据和由数据得出结论的一系列方法。统计方法通常可以分为两类：描述统计和推断统计。在前面的项目中，我们主要介绍了描述统计部分的相关知识。从本项目开始，我们将重点介绍推断统计部分的相关知识。也就是说，研究如何合理地、有效地收集观测数据，并采用合理有效的统计方法对数据加以整理与分析，以及进行合理的估计和推断。本项目主要介绍推断统计部分的基本概念和常用抽样分布。

学习目标

(1) 理解样本与统计量的概念和关系；
(2) 掌握统计量及其分布的概念；
(3) 理解常用的四种抽样分布及其查表使用方法；
(4) 在统计软件中运用相关理论知识。

任务 4.1   了解样本与统计量的概念和关系

任务描述

推断统计方法的特点是利用抽样调查的方法对总体的数量分布特征作出科学的推断，它既能适用于各种情况的统计分析；又能以较低的成本快速地获得总体的分布信息，达到事半功倍的效果；还可以利用概率论的知识计算推断的误差；也可以用抽样调查的结果来验证全面调查的结果。本任务将介绍推断统计学的基本概念和基本原理。

4.1.1   随机样本

对某对象进行研究，最可靠的方法是对该对象包含的所有个体逐一进行考察，从而找出它的规律性。例如，每隔一定时期在全国范围内进行一次人口普查，根据普查结果可得到我国人口状况的各项准确数据。但在绝大多数情况下，对研究对象的所有个体都逐一考察，既不经济，也没有必要，有时甚至是不可能的。只需从考察对象的全体中抽取小部分个体进行试验或观察，再运用概率论知识和统计推断的原理，由样本数据对所研究的总体作出具有一定可信度的推断，这就是推断统计学所采用的基本方法。下面先介绍推断统计学的一些基本概念。

1. 总体与样本

在前面项目中，介绍统计基本术语时，已经提到总体和样本的概念。在统计学中，通常将所研究对象的全体称为总体，而将构成总体的每个单元称为个体。在实际应用中，人们关心的常常是所研究对象的某个指标 X(如产品的寿命、居民家庭的月收入和月支出等)，它是一个随机变量。因此总体通常是指某个随机变量取值的全体，而每个个体就对应一个实数。当某个对象要研究的指标不止一个(如对钢材性能需要分析其硬度、抗拉强度和延伸率等多项指标)时，则可将该对象作为多个总体来研究。

按总体所包含的个体数，可将总体分为有限总体和无限总体两类，具体应用中一般应根据实际情况来分析，通常将在一个合理时间内不能把全部个体一一列举出的总体视为无限总体。例如，研究某批产品的次品率，则总体是有限的；但如果要研究的是某企业产品的寿命分布，则可将在相同条件下所有可能生产的产品寿命作为总体 X，此时的 X 就可视为一个无限总体。有时为了便于分析，经常将较大的有限总体作为无限总体看待。

为了研究总体的统计规律性，就需要从总体中抽取一部分个体进行观察，为此需要引入关于样本的概念。

设总体为随机变量 X，X_i $(i=1，2，\cdots，n)$为从总体中抽取的 n 个个体，则称 $(X_1，X_2，\cdots，X_n)$为总体 X 的一个样本，并称 n 为样本容量。其中，每个 X_i 也是一个随机变量，称为样本的分量；一次抽样中所观察到的样本数据 $x_1，x_2，\cdots，x_n$，称为样本观察值。

2. 简单随机抽样

所谓抽样，就是从总体中抽取部分个体进行观察，每抽取一个个体就相当于一次随机试验。显然，我们要求所抽取的个体能较好地反映总体的情况，故对抽样方法要提出一定要求，即保证每个个体被抽到的机会是均等的，并且在抽取一个个体后总体的组成情况不变。这一方面使样本能较好地反映总体的情况，另一方面还可以使各样本分量相互独立，由此给出以下定义。

满足以下条件的抽样为简单随机抽样：

(1) 样本 $X_1，X_2，\cdots，X_n$ 中每一个分量 X_i 与总体 X 具有相同分布。

(2) 样本的每个分量 X_i 相互独立。

并称该样本为总体 X 的一个简单随机样本，简称样本。

简单随机抽样是一种最重要的抽样方法。显然，对于有限总体而言，必须采用放回抽样方法才能使每个个体被抽到的机会均等，并使各分量相互独立；对无限总体而言，则可采用不放回随机抽样方法。在实际应用中，当样本容量 n 与总体容量 N 之比较小，如当 $n/N < 0.1$ 时，可将不放回抽样得到的样本也视为简单随机样本。

以下如无特别说明，所涉及的样本都是指简单随机样本。

4.1.2　用 SPSS 进行随机抽样

在实际问题中，如果所研究的对象是有限总体，该总体中的所有个体都是已知的并且是可以对它们进行编号的(如企业的员工、一批产品，或企业客户档案中的客户等)，就可以使用 SPSS 来确定所需要抽取的样本，包括选择个案和复杂抽样两种。

1. 选择个案

在实际统计分析中，有时并不需要对所有的个案进行统计分析，而只要求对某些符合特定条件的个案进行分析，此时就需要先选出这部分个案才能进行后续分析。条件可以是一个，如只分析女性员工的数据；条件也可以不止一个，如分析女性的、已婚的、且为业务部门员工的数据。从样本中选择部分个案，可以利用【数据】菜单中的【选择个案】命令来完成。

【例 4.1】 某单位有员工 50 人，其部分员工资料如图 4.1 所示(性别：0 表示女，1 表示男。民族：1 表示汉族，2 表示少数民族)，试通过 SPSS 工具抽取 10 名员工的资料作为样本数据。

编号	身高	性别	民族
1	175	1	1
2	163	1	1
3	156	0	1
4	174	1	1
5	167	1	2
6	167	1	1
7	173	1	1
8	174	1	1
9	154	0	1
10	181	1	1

图 4.1　员工部分资料信息

第一步，创建或打开数据文件，选择菜单栏中的【数据】→【选择个案】命令，弹出【选择个案】对话框，如图 4.2 所示。

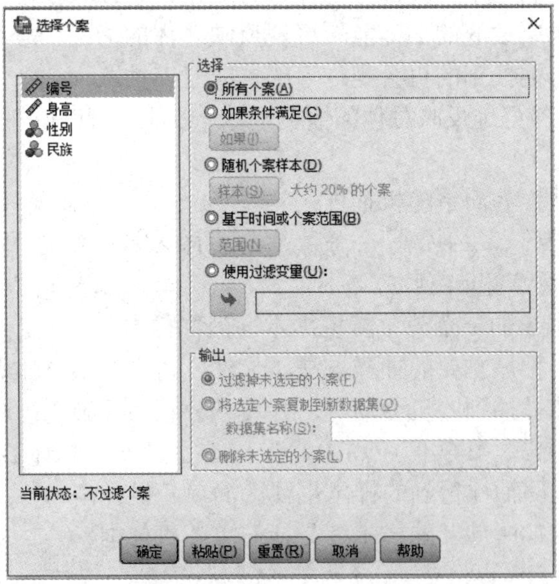

图 4.2　【选择个案】对话框

【选择个案】对话框由【选择】选项组和【输出】选项组组成，系统提供了五种选择个案的方式：

(1) 【所有个案】：表示全部个案都纳入分析，不进行筛选，这是默认设置。

(2)　【如果条件满足】：表示按指定条件进行筛选个案，这是初学者使用最多的方式。

(3)　【随机个案样本】：表示从原始数据中按照某种条件随机抽样，使用下方的【样本】进行具体设定，可以按百分比抽取个案，或者精确设定从若干个个案中抽取多少个个案。

(4)　【基于时间或个案范围】：表示基于时间或个案序号来选择相应的个案，使用下方的【范围】按钮设定个案序号范围。

(5)　【使用过滤变量】：此时需要在其下方选择一个筛选指示变量，该变量取值非 0 的个案将被选中，进行之后的分析。

【输出】选项组提供了三种方式处理选择结果：

(1)　【过滤掉未选定的个案】：未选定的个案将不包括在分析中，但仍然保留在数据文件中，使用该选项后会在数据文件中生成命名为"filter_$"的变量，对于选定的个案该变量的值为"1"，未选中的个案该变量值为"0"。

(2)　【将选定个案复制到新数据集】：将选定的个案复制到新数据集时，原始数据集不会受到影响，只是另外生成了一个只包含被筛选出的个案的新数据文件。

(3)　【删除未选定的个案】：直接从数据文件中删除未选定的个案，需要注意的是，一旦选择此项操作，原有未被选定的个案数据将从原始数据文件中删除，此外，由于此项操作一旦执行便不可撤销，因此要谨慎操作，以免数据丢失。如果不小心选择此项操作但还没保存文件，可以退出文件但不保存任何修改，这样才能恢复原来的完整数据。

第二步，在【选择】选项组中选择【随机个案样本】选项，单击下方的【样本】按钮，弹出【选择个案：随机样本】文本框，如图 4.3 所示。

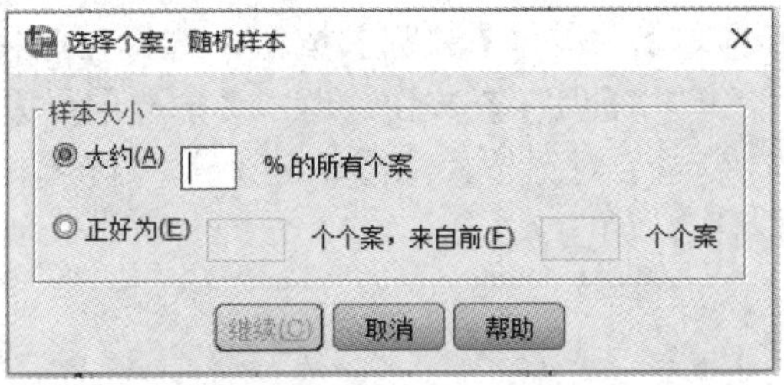

图 4.3　【选择个案：随机样本】文本框

第三步，在【样本大小】选项组中选中【大约】选项，在文本框中输入 20 表示抽取的样本为总体的 20%，单击【继续】按钮，返回【选择个案】文本框。在【输出】选项组中选中【过滤掉未选定的个案】选项，单击【确定】按钮，提交系统分析，样本数据如图 4.4 所示。

	编号	身高	性别	民族	filter_$
7	7	173	1	1	0
8	8	174	1	1	0
9	9	154	0	1	0
10	10	181	1	1	1
11	11	173	1	1	0
12	12	175	1	1	0
13	13	166	1	1	0
14	14	162	0	1	0
15	15	171	1	1	0
16	16	163	1	2	1

图 4.4　选择生效后的数据界面

2. 复杂抽样

【例 4.2】　参考例 4.1 数据，试用复杂抽样方式随机抽取 10 个样本。

第一步，创建或打开数据文件，选择菜单栏中的【分析】→【复杂抽样】→【选择样本】命令，弹出【抽样向导】对话框，如图 4.5 所示。

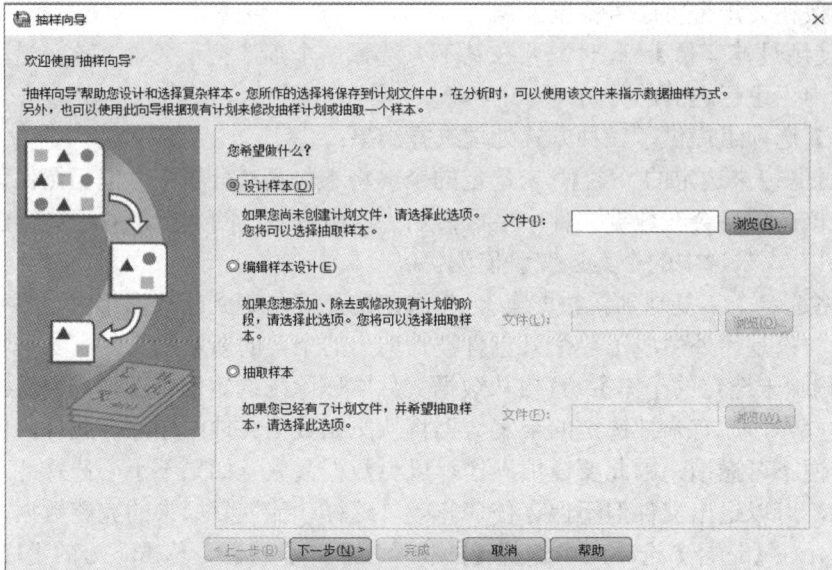

图 4.5　【抽样向导】对话框

第二步，选中【设计样本】，单击【浏览】按钮，选择存储目录，指定抽样规划文件名，并输入自定义文件名，单击【保存】按钮，返回【抽样向导】对话框。单击【下一步】按钮，弹出【阶段 1：设计变量】对话框，如图 4.6 所示。直接单击【下一步】按钮，弹出【阶段 1：抽样方法】对话框，如图 4.7 所示。

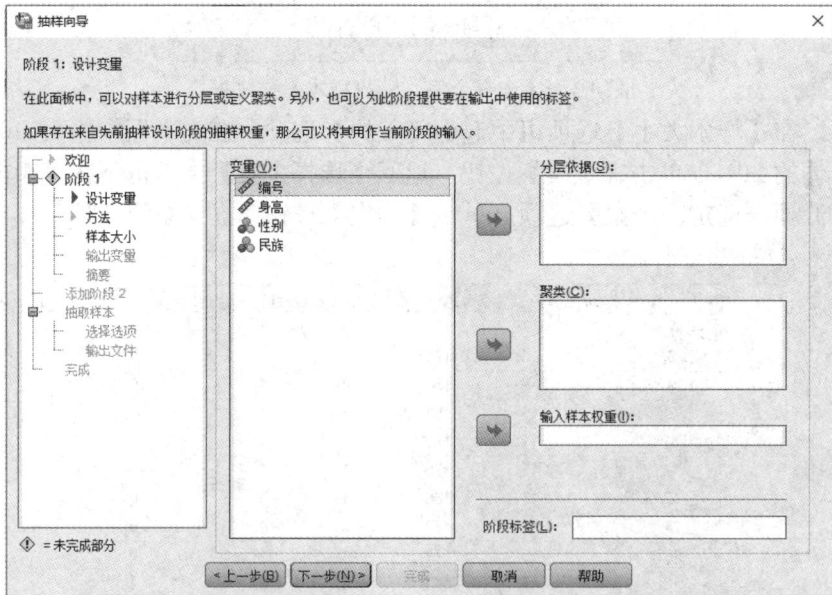

图 4.6　【阶段 1：设计变量】对话框

图 4.7　【阶段 1：抽样方法】对话框

第三步，在【类型】下拉列表中选择【简单随机抽样】，并选择下方的【不放回】或【放回】选项。直接单击【下一步】按钮，弹出【阶段 1：样本大小】对话框，如图 4.8 所示。

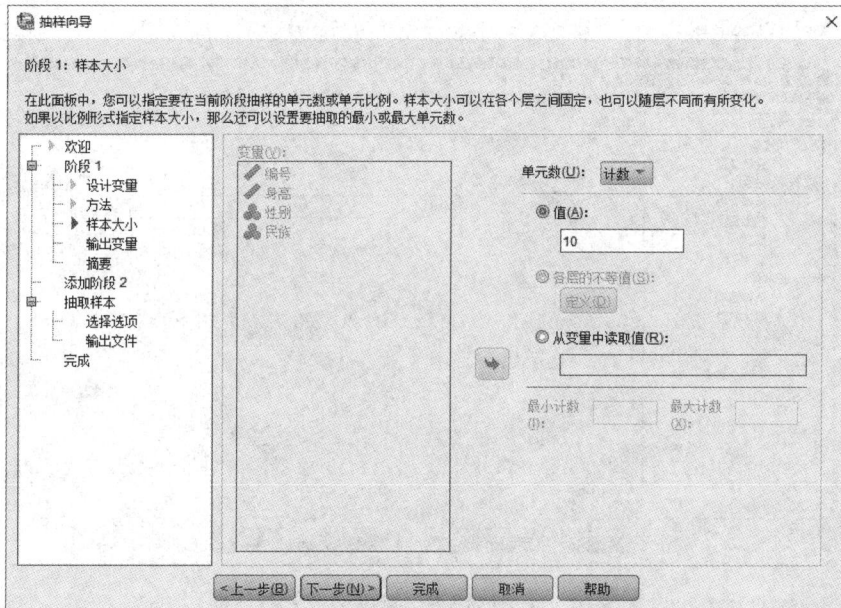

图 4.8　【阶段 1：样本大小】对话框

第四步，在右边【单元数】下拉列表中选择【计数】或【比例】选项，并在相应下方的【值】文本框中输入 10 或 0.2。直接单击【下一步】按钮，依次弹出【阶段 1：输出变量】对话框、【阶段 1：计划摘要】对话框和【抽取样本：选择选项】对话框，如图 4.9 所示。

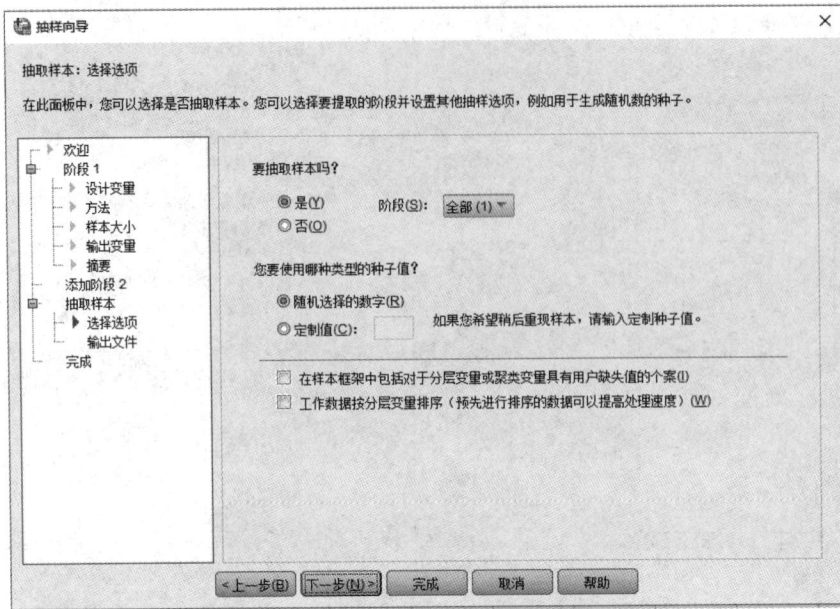

图 4.9　【抽取样本：选择选项】对话框

第五步，在【您要使用哪种类型的种子值】选项组中选中【随机选择的数字】单选按钮，单击【下一步】按钮，弹出【抽取样本：输出文件】对话框，如图 4.10 所示。

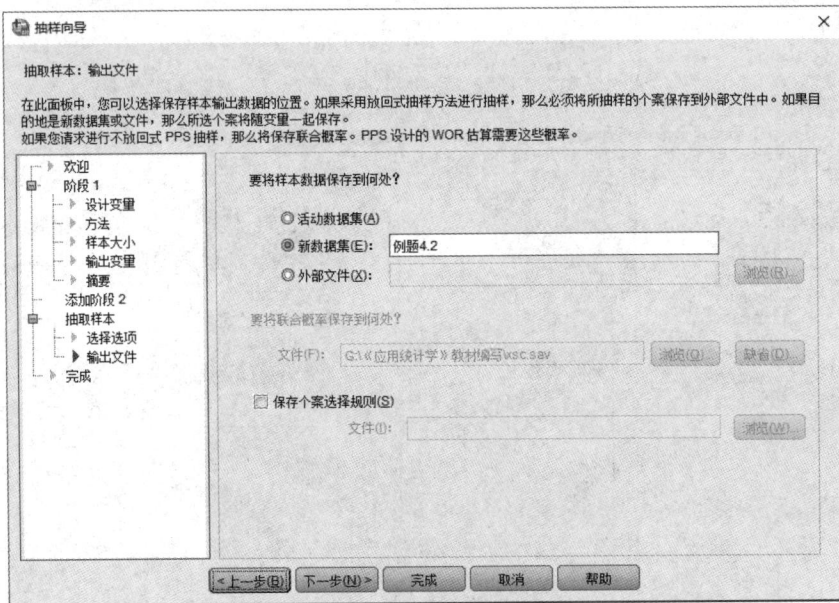

图 4.10　【抽取样本：输出文件】对话框

第六步，选中【要将样本数据保存到何处】选项组中【新数据集】选项，并在文本框中输入保存数据的文件名称，也可以选择【活动数据集】选项，保存数据到当前文件中。单击【下一步】或【完成】按钮，即可完成简单随机抽样功能。其抽样结果如图 4.11 所示。

编号	身高	性别	民族	Inclusion Probabilit y_1_	SampleW eightCum ulative_1_	SampleW eight_Fin al_
1	175	1	1	.20	5.00	5.00
10	181	1	1	.20	5.00	5.00
19	174	1	1	.20	5.00	5.00
31	157	0	1	.20	5.00	5.00
32	176	1	1	.20	5.00	5.00
35	175	1	1	.20	5.00	5.00
36	157	1	1	.20	5.00	5.00
39	176	1	1	.20	5.00	5.00
48	158	0	1	.20	5.00	5.00
50	163	0	1	.20	5.00	5.00

图 4.11 抽样结果数据

4.1.3 统计量

样本是我们进行统计推断的依据。样本虽然含有总体的信息，但是信息在大多数情况下是分散的，不能直接用于统计推断。因此要根据推断的问题对样本进行提炼和加工，才能有效地利用其中的信息，否则样本只是一堆杂乱无章的数据。为此引进统计量的概念。

用样本来推断总体的分布特征，通常是使用样本 X_1, X_2, …, X_n 的某个函数来估计或检验总体分布中的某些未知参数，为此引进下述统计量的概念。

设 X_1, X_2, …, X_n 为总体 X 的一个样本，为一连续函数，若 g 中不含总体的未知参数，则称 $g(X_1, X_2, …, X_n)$ 为一个统计量。

设 x_1, x_2, …, x_n 是样本 X_1, X_2, …, X_n 的一组观察值，则称 $g(x_1, x_2, …, x_n)$ 为统计量 $g(X_1, X_2, …, X_n)$ 的一个观察值。

例如，设总体 $X \sim N(\mu, \sigma^2)$，其中参数 μ 已知，而 σ^2 未知，则 $\frac{1}{n}\sum_{i=1}^{n}X_i$ 和 $\frac{1}{n}\sum_{i=1}^{n}(X_i - \mu)^2$ 都是统计量，但 $\sum_{i=1}^{n}\left(\frac{X_i - \mu}{\sigma}\right)^2$ 不是统计量，因为它含有未知参数 σ。

之所以统计量中不能含有未知参数，是因为若 $g(X_1, X_2, …, X_n)$ 中含有未知参数，则 $g(x_1, x_2, …, x_n)$ 也就含有未知参数，其值是未定的，无法用来估计或检验总体的未知参数。

由于样本 X_1, X_2, …, X_n 是随机变量，因此统计量 $g(X_1, X_2, …, X_n)$ 也是一个随机变量。最常用的统计量有以下四个：

样本均值：

$$\overline{X} = \frac{1}{n}\sum_{i=1}^{n}X_i \tag{4-1}$$

样本方差：

$$S^2 = \frac{1}{n-1}\sum_{i=1}^{n}(X_i - \overline{X})^2 \tag{4-2}$$

样本标准差：

$$S = \sqrt{\frac{1}{n-1}\sum_{i=1}^{n}(X_i - \overline{X})^2} \tag{4-3}$$

样本比例：

$$P_s = \frac{k}{n} \tag{4-4}$$

其中，k 为样本中某属性出现的次数。

我们看这样一个例子。

【例 4.3】 从某地区随机抽取 50 户农民，调查其人均月收入情况，得到的数据如下所示(单位为元)。试对该地区农民收入的水平和贫富差距悬殊程度做大致分析。

690	1040	574	490	924	800	916	704	870	824
804	940	610	852	972	988	1266	684	764	408
602	754	788	962	704	854	888	712	768	848
828	846	792	872	882	1192	820	878	614	746
742	850	728	864	738	696	644	926	808	1010

解 在本例中，如果不对数据进行加工，则面对这些参差不齐的数据，很难得出什么结论。但当我们对这些数据进行加工后，比如记各户农民的人均月收入分别为 x_1，x_2，…，x_{50}，那么就可以计算：

$$\overline{X} = \frac{1}{50}\sum_{i=1}^{50} X_i = 809.52 元$$

$$S = \sqrt{\frac{1}{50-1}\sum_{i=1}^{50}(X_i - \overline{X})^2} = 155.85 元$$

这样就可以了解到该地区农民的平均收入和该地区农民贫富悬殊的大致情况：农民的月平均收入为 809.52 元，标准差为 155.85 元。也就是说，贫富差距并不算太大。

在实际应用中，对样本的加工是十分重要的。但对样本加工的方法有很多，其中之一就是根据问题构造出关于样本的某种函数，比如例 4.3 中的平均数 $\overline{X}$ 和标准差 S，那么这种函数称为统计量。

统计量是处理、分析数据的主要工具。对统计量的一个最基本的要求就是可以将样本观察值代入进行计算，因此不能含有任何未知的参数。

任务4.2　掌握常用的抽样分布

任务描述

当总体的分布已知时，抽样分布就是确定的，然后要求出统计量的精确分布，通常情况下是比较困难的。但如果总体是正态总体，那么问题就可以得到解决。由中心极限定理可知，在现实生活中遇到的大多数总体的分布都近似于正态分布。本任务主要介绍四个常用的连续型随机变量的概率分布(正态分布、χ^2(卡方)分布、T 分布以及 F 分布)以及它们在统计推断中占有的特殊地位。

4.2.1　正态分布

在实际生活中最常用的连续变量的分布是正态分布(Normal Distribution)。正态分布最早是由高斯(Carl Friedrich Gauss，1777—1855)作为描述误差相对频数分布的模型而提出来的，故又称为高斯分布(Gaussian Distribution)。正态分布可以描述实际生活中的很多现象，比如测量误差、工厂产品的尺寸、某年龄人群的身高和体重等。另外，许多不是正态分布的样本均值在样本量很大的情况下，也可以用正态分布来近似描述。

对于一个连续型随机变量来说，概率密度函数决定了其分布，不同的概率密度函数对应着不同的随机变量。下面的定义给出了正态分布的概率密度函数。

若 X 是一个连续型随机变量，它的概率密度函数为

$$\varphi(x) = \frac{1}{\sqrt{2\pi\sigma^2}} e^{-\frac{(x-\mu)^2}{2\sigma^2}} \quad -\infty < x < +\infty \tag{4-5}$$

则称 X 服从均值为 μ、方差为 σ^2 的正态分布，记为 $X \sim N(\mu, \sigma^2)$。

正态分布中两个十分重要的参数是 μ 和 σ。不同的 μ 和 σ 对应不同的正态分布，其概率密度函数对应的曲线如图 4.12 和图 4.13 所示。

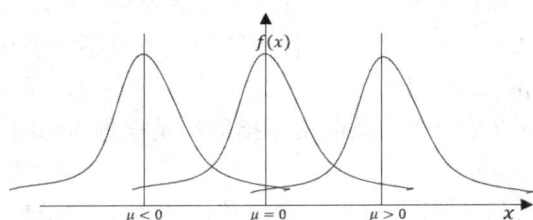

图 4.12　不同 μ 对相同 σ 影响的正态分布图　　图 4.13　相同 μ 对不同 σ 影响的正态分布图

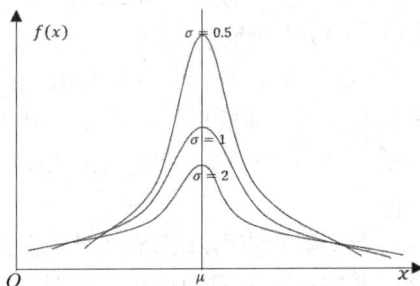

从图中可以看出正态分布有如下一些重要的性质：

(1) 正态分布曲线是关于 $x = \mu$ 对称的钟形图形，且峰值在 $x = \mu$ 处。

(2) 正态分布的两个参数 μ 和 σ 一旦确定，正态分布的形态也就唯一确定。μ 是分布的中心，代表了正态分布的位置；σ 则决定着分布向中心集中的程度，也就是这个随机变量取值的分散程度。σ^2 越小，随机变量的取值越集中，越稳定；σ^2 越大，随机变量的取值越分散，不确定性也越大。

(3) 正态分布曲线下的总面积等于 1。正态随机变量在特定区间上取值的概率由正态分布曲线下的面积给出。

(4) 若 $X \sim N(\mu, \sigma^2)$，则

$$z = \frac{X - \mu}{\sigma} \sim N(0, 1) \tag{4-6}$$

称为标准正态分布，它的概率密度函数为

$$\varphi(x) = \frac{1}{\sqrt{2\pi}} e^{-\frac{1}{2}x^2} \quad -\infty < x < +\infty \tag{4-7}$$

实际中有很多和正态分布有关的计算都需要借助标准正态分布，因而大部分统计教科

书都附有标准正态分布表以供用户查阅。

(5) 在实际应用中，下面几个概率十分有用，被称为正态分布的经验准则，也被称为"3σ 规则"，如图 4.14 所示。

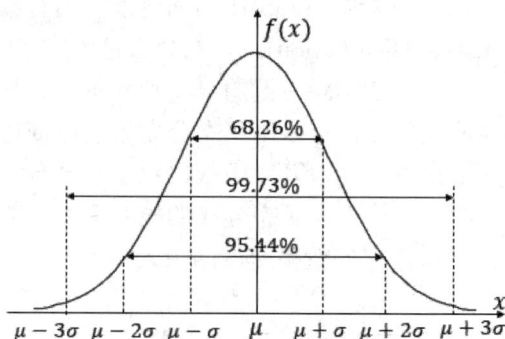

图 4.14 3σ 规则

若 $X \sim N(\mu,\ \sigma^2)$，那么：

① X 取值在均值周围 1 倍标准差的范围，即 $[\mu-\sigma,\ \mu+\sigma]$ 内的概率为 68.26%。

② X 取值在均值周围 2 倍标准差的范围，即 $[\mu-2\sigma,\ \mu+2\sigma]$ 内的概率为 95.44%。

③ X 取值在均值周围 3 倍标准差的范围，即 $[\mu-3\sigma,\ \mu+3\sigma]$ 内的概率为 99.73%。

3σ 规则在实际工作中很有用，在质量管理中，稳定生产条件下的产品质量指标被认为是正态变量，通常以这一变量的样本值是否落在 $[\mu-3\sigma,\ \mu+3\sigma]$ 之内作为判断生产是否正常的一个重要标志。工业生产中用到的控制图及一些产品的质量指数都是根据 3σ 规则制订的。

对于一般正态分布的概率计算问题，可先将其转化为标准正态分布，再通过查标准正态分布表来进行相应的计算，这时就需要用到 z 值的概念。

令 x 为正态分布随机变量 $X \sim N(\mu,\ \sigma^2)$ 的任一取值，称

$$z = \frac{x-\mu}{\sigma} \tag{4-8}$$

为 x 对应的 z 值。

根据 z 值的定义，正态分布 $N(\mu,\ \sigma^2)$ 上的点 a、b 对应的 z 值分别为 $\dfrac{a-\mu}{\sigma}$ 和 $\dfrac{b-\mu}{\sigma}$，由此可得区间 (a, b) 在标准正态分布上的对应区间 $\left(\dfrac{a-\mu}{\sigma},\ \dfrac{b-\mu}{\sigma}\right)$。这两个区间在各自的分布中对应的概率相等，即

$$P(a<X<b) = P\left(\frac{a-\mu}{\sigma}<z<\frac{b-\mu}{\sigma}\right) = \varphi\left(\frac{b-\mu}{\sigma}\right) - \varphi\left(\frac{a-\mu}{\sigma}\right) \tag{4-9}$$

具体的推导步骤参见概率论与数理统计的相关教材。

接下来介绍上侧 α 分位数的概念。

当 $X \sim N(0,\ 1)$ 时，对于给定的常数 $\alpha(0<\alpha<1)$，若 $P(X \geqslant u_\alpha) = \alpha$，则称 u_α 为正态分布的上侧 α 分位数。其几何意义如图 4.15 所示。

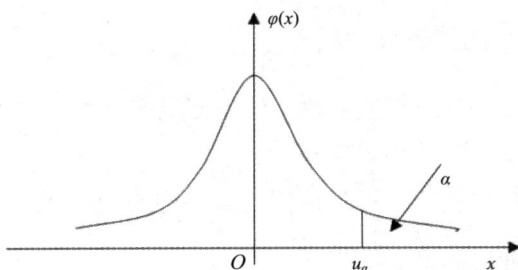

图 4.15　正态分布的上侧 α 分位数

【例 4.4】　假设某电脑软件记录了所有使用该电脑"一键优化"软件的时间，发现电脑的优化时间服从均值为 50 s、方差为 20.3 s 的正态分布。如果有一天该软件告诉你"您的优化时间击败了全国 94% 以上的电脑"，你的优化时间应是多少？

解　我们用随机变量 X 表示任意一台电脑的优化时间，根据题意，有 $X \sim N(50, 20.3)$，假设优化时间为 x 秒，则有

$$P(X > x) = 94\%$$

即

$$P(X \leqslant x) = 1 - 0.94 = 0.06$$

将 x 转换为标准正态分布上对应的 z 值，有

$$P\left(Z \leqslant z = \frac{x - 50}{\sqrt{20.3}}\right) = P(X \leqslant x) = 0.06$$

反查标准正态分布表，最接近 0.94 的概率值为 0.9394 和 0.9406，对应的 z 值分别为 1.55 和 1.56，取平均可得 1.555，则有

$$-1.555 = \frac{x - 50}{\sqrt{20.3}}$$

最终可解得 $x = 43$ s，即你的一键优化时间为 43 s。

4.2.2　χ^2 分布

χ^2（卡方）分布(Chi-square Distribution)是由阿贝(Abbe)于 1863 年提出的，后来由海尔墨特(Hermert)和卡尔·皮尔逊分别于 1875 年和 1900 年推导出来。

若 n 个随机变量 X_1, X_2, $\cdots$, X_n 相互独立，且服从标准正态分布 $N(0, 1)$，则称随机变量 $\chi^2 = X_1^2 + X_2^2 + \cdots + X_n^2$ 服从自由度为 n 的卡方分布，记为 $\chi^2 \sim \chi^2(n)$。其计算公式如下：

$$\chi^2 = \sum_{i=1}^{n} X_i^2 \tag{4-10}$$

其中，自由度 n 是指等式右边包含的随机变量的个数。

若对随机变量 X_1, X_2, $\cdots$, X_n，存在一组不全为 0 的常数 c_1, c_2, $\cdots$, c_n，使

$$c_1 X_1 + c_2 X_2 + \cdots + c_n X_n = 0 \tag{4-11}$$

则称 X_1, X_2, $\cdots$, X_n 线性相关，或称 X_1, X_2, $\cdots$, X_n 间存在一个线性约束条件；若 X_1, X_2, $\cdots$, X_n 间存在 k 个独立的线性约束条件，则它们中仅有 $n - k$ 个独立的变量，

此时称其平方和 $\sum\limits_{i=1}^{n} X_i^2$ 的自由度为 $n-k$ 。

由此可见，自由度表示了平方和中独立随机变量的个数。由于式(4-10)中各 X_i 相互独立，无线性约束条件，因此其自由度为 n 。

图 4.16 给出了不同自由度的 χ^2 分布的概率密度函数图。从图中可以看出，分布有以下几个性质：

(1) χ^2 分布的变量值始终是正的。

(2) χ^2 分布的概率密度函数图是非对称的，并且随着自由度 n 的增加，图形右偏程度降低，越来越接近正态分布。

(3) χ^2 分布的数学期望和方差分别为 $E(\chi^2) = n$ ， $D(\chi^2) = 2n$ 。

(4) 可加性，若 $\chi_1^2 \sim \chi^2(n_1)$ ， $\chi_2^2 \sim \chi^2(n_2)$ ，且相互独立，则有 $\chi_1^2 + \chi_2^2 \sim \chi^2(n_1 + n_2)$ 。

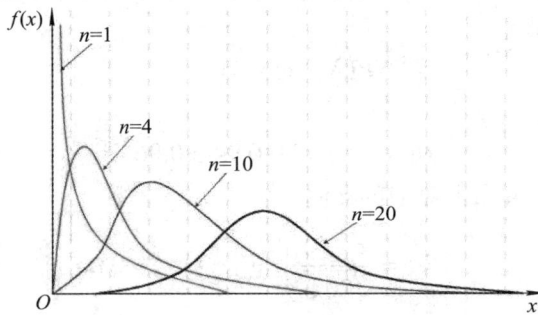

图 4.16 不同自由度的 χ^2 分布

与正态分布一样， χ^2 分布的有关计算可以通过查卡方分布表得到。

下面介绍 χ^2 分布的上侧 α 分位数的概念。

设随机变量 χ^2 服从自由度为 n 的 χ^2 分布，对于给定的 $\alpha(0 < \alpha < 1)$ ，若有 $\chi_\alpha^2(n)$ ，使

$$P\{\chi^2 > \chi_\alpha^2(n)\} = \alpha \tag{4-12}$$

则称 $\chi_\alpha^2(n)$ 为 χ^2 分布的上侧 α 分位数。其几何意义如图 4.17 所示。

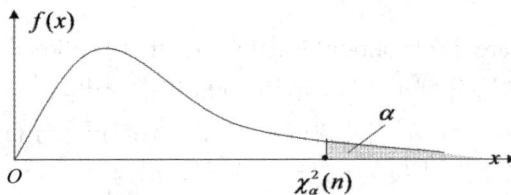

图 4.17 χ^2 分布的上侧 α 分位数

为方便查阅，按 $P\{\chi^2 > \chi(n)\} = \alpha$ 制成了 χ^2 分布表，可以查出 χ^2 分布上侧 α 分位数。

【例 4.5】 已知 $\chi^2 \sim \chi^2(13)$ ，分别确定 $\alpha = 0.05$ 和 $\alpha = 0.95$ 时 χ^2 分布的上侧 α 分位数。

解 直接查自由度为 13 的 χ^2 分布表可得：

当 $\alpha = 0.05$ 时， $\chi^2(13) = 22.362$ 。

当 $\alpha = 0.95$ 时， $\chi^2(13) = 5.895$ 。

同时，可以利用 SPSS 函数计算给定 χ^2 值和自由度时 χ^2 分布的概率，以及给定自由度和 χ^2 分布的概率。我们将在下一节中具体介绍计算 χ^2 值。

4.2.3 t 分布

1900 年左右，统计学家开始觉得标准正态分布并不总是求概率的正确分布。在 1908 年，威廉·希利·戈赛特在用笔名"student"发表的论文里提出了一个新的分布叫作 t 分布(t-distribution)。t 分布的定义和标准正态分布、卡方分布都有关系。

设随机变量 $X \sim N(0, 1)$，$Y \sim \chi^2(n)$，且 X 和 Y 相互独立，则随机变量

$$t = \frac{X}{\sqrt{Y/n}} \tag{4-13}$$

服从自由度是 n 的 t 分布，记作 $t \sim t(n)$。

图 4.18 给出了不同自由度的 t 分布曲线。从图 4.18 中可以看出，t 分布有如下几个性质。

(1) t 分布的密度函数与标准正态分布的密度函数非常接近，都是单峰偶函数。但 t 分布相对于标准正态分布来说，图形更加平缓。t 分布的图形取决于自由度，随着自由度的增加，分布曲线也越来越趋近于标准正态分布。

(2) t 分布的数学期望 $E(t) = 0$，$n \geq 2$；方差 $D(t) = \dfrac{n}{n-2}$，$n \geq 3$。

(3) 在实际应用中，一般当 $n \geq 30$ 时，t 分布与标准正态分布就非常接近了。

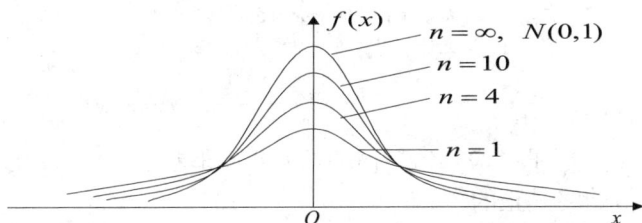

图 4.18 不同自由度的 t 分布曲线

一般情况下，t 分布多用于小样本的统计推断。例如，当总体方差 σ^2 未知时，对总体均值的估计和检验就要用到 t 分布，为方便计算，t 分布表给出了 t 分布的上侧 α 分位数。与 χ^2 分布一样，我们介绍 t 分布的上侧 α 分位数的概念。

设随机变量 t 服从自由度为 n 的 t 分布，对于给定的 $\alpha(0 < \alpha < 1)$，若有 $t_\alpha(n)$，使 $P\{T > t_\alpha(n)\} = \alpha$，则称 $t_\alpha(n)$ 为 t 分布的上侧 α 分位数，如图 4.19 所示。

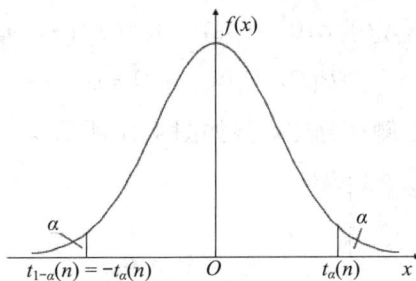

图 4.19 t 分布的上侧 α 分位数

【例 4.6】 设 $t \sim t(5)$，查表求 $\alpha = 0.05$ 时 t 分布的上侧 α 分位数。

解 查自由度为 5 的 t 分布表，当 $\alpha = 0.05$ 时，$t_{0.05}(5) = 2.015$。

4.2.4　F 分布

　　F 分布是 1924 年英国统计学家罗纳德·费希尔(Ronald.A.Fisher)爵士提出，并以其姓氏的第一个字母命名的。它是两个服从卡方分布的独立随机变量各除以其自由度后的比值的抽样分布，是一种非对称分布，且位置不可互换。F 分布有着广泛的应用，如在方差分析、回归方程的显著性检验中都有着重要的地位

　　设 $X \sim \chi^2(n_1)$，$Y \sim \chi^2(n_2)$，且 X 和 Y 相互独立，则称随机变量

$$F = \frac{X / n_1}{Y / n_2} \tag{4-14}$$

服从自由度为 (n_1, n_2) 的 F 分布，记为 $F \sim F(n_1, n_2)$。并称 n_1 为第一(分子的)自由度，n_2 为第二(分母的)自由度。

　　F 分布的曲线与 χ^2 分布类似，其形状取决于两个自由度。图 4.20 给出了不同自由度的 F 分布概率密度函数图，由图 4.20 可以看出 F 分布有如下几个性质。

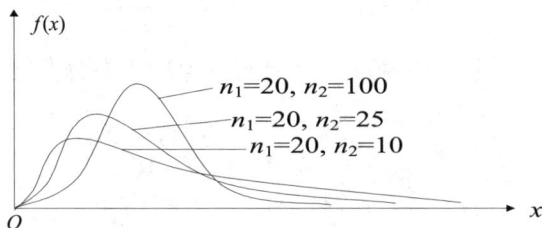

图 4.20　不同自由度的 F 分布曲线

　　(1) F 分布的变量值始终是正的。

　　(2) F 分布的形状取决于其自由度的大小，通常为不对称的正右偏分布。但随着自由度的增大，图形逐渐趋于对称。

　　(3) F 分布的数学期望 $E(X) = \dfrac{n_2}{n_2 - 2}$，$n_2 > 2$；方差 $D(X) = \dfrac{2n_2^2(n_1 + n_2 - 2)}{n_1(n_2 - 2)^2(n_2 - 4)}$，$n_2 > 4$。

　　为了方便计算，F 分布表给出了 F 分布的一些重要分位数，下面首先介绍 F 分布上侧 α 分位数的概念。

　　设 $F \sim F(n_1, n_2)$，对于给定的 $\alpha(0 < \alpha < 1)$，若有 $F_\alpha(n_1, n_2)$ 使

$$P\{F > F_\alpha(n_1, n_2)\} = \alpha$$

则称 $F_\alpha(n_1, n_2)$ 为 F 分布的上侧 α 分位数，如图 4.21 所示。

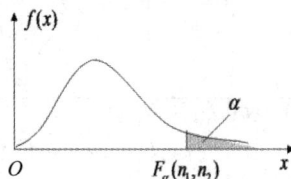

图 4.21　分布的上侧 α 分位数

【例4.7】　设 $F \sim F(10, 16)$，查表求 $\alpha = 0.05$ 时 F 分布的上侧 α 分位数。

解　查 $n_1 = 10$，$n_2 = 16$ 的 F 分布表得：当 $\alpha = 0.05$ 时，$F_{0.05}(10, 16) = 2.49$。

4.2.5　SPSS 软件验证数据分布

本节将介绍如何通过 SPSS 软件求解累积概率，这里的累积概率就是累积概率分布的函数值。累积概率分布(Cumulative Distribution Function，CDF)的概念，可以理解为在概率论中学习过的概率分布函数(Probability Distribution Function，PDF)：$F(a) = P\{X \leqslant a\}$。下面以卡方分布累积概率的求解为例进行说明。

【例4.8】　当自由度为 13 时，计算：

(1) χ^2 值小于 10 的概率。

(2) χ^2 分布右尾概率为 0.05 时的反函数值(临界值或 χ^2 值)。

第一步，打开 SPSS 软件，在数据视图中建立变量 Q，输入常数 10，如图 4.22 所示。

	🖊 Q	变量
1	10.00	
2		

图 4.22　数据文件图

第二步，选择菜单栏中的【转换】→【计算变量】命令，弹出的【计算变量】对话框如图 4.23 所示。在【目标变量】文本框中填写要输出的变量名称，例如"概率值"。在【函数组】选项组的下方【CDF 与非中心 CDF】选项，在【函数和特殊变量】选项组的下方双击【Cdf.Chisq】函数。这里的 CDF.CHISQ(quant，df)函数中参数 quant 为随机变量的概率值，df 为自由度。在【数字表达式】文本框里的"CDF.CHISQ(?，?)"中的"?"处分别填入 10 和 13，并单击【确定】按钮，得到如图 4.24 所示的结果，即值小于 10 的概率为 0.306 066。需要注意的是，SPSS 输出的计算结果显示在数据视图中，想要显示的小数位数也需要在变量视图中调整。

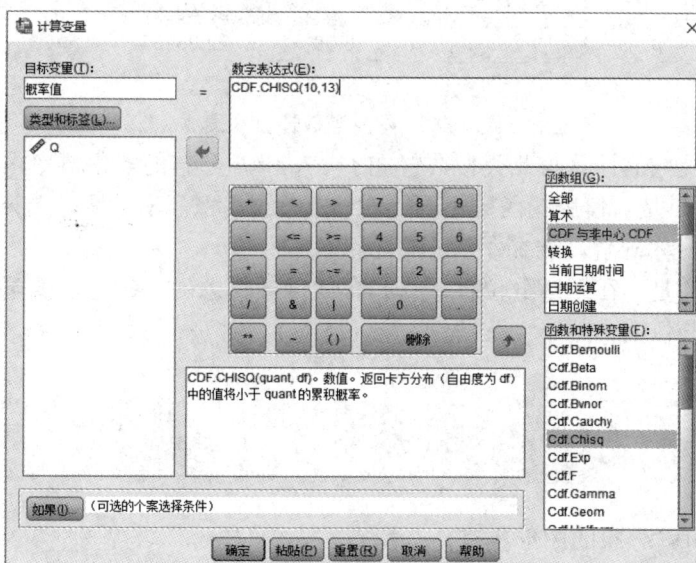

图 4.23　【目标变量】对话框

	✐ Q	✐ 概率值
1	10.00	.306066
2		

图 4.24　SPSS 软件结果输出

第三步，(2)的计算与(1)类似，在【计算变量】对话框的【函数组】选项组下方单击【逆 DF】选项，在【函数和特殊变量】选项组的下方双击【Idf.Chisq】函数。在【数字表达式】文本框里的"IDF.CHISQ(?，?)"中的"?"处分别填入 0.95 和 13，如图 4.25 所示。单击【确定】按钮，得到如图 4.26 所示的结果。

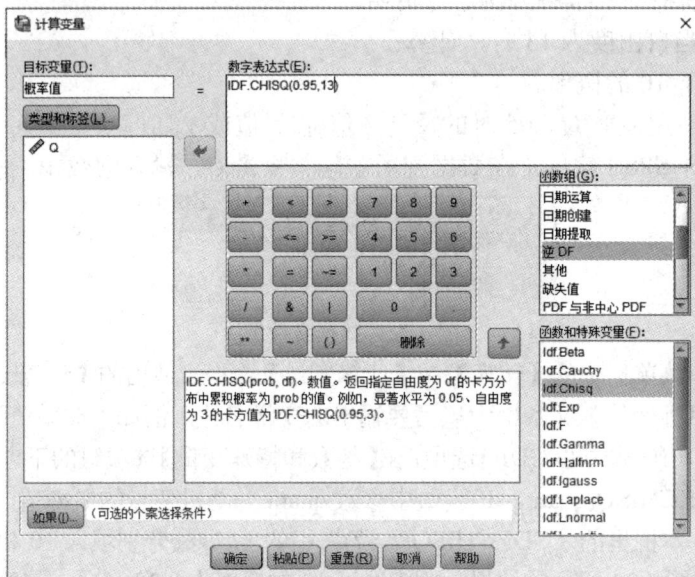

图 4.25　SPSS 软件计算变量界面

	✐ Q	✐ 概率值
1	10.00	22.362032
2		

图 4.26　χ^2 反函数计算结果

其他分布或函数的计算与此类似，譬如 t 分布和 F 分布的累积概率求解的操作步骤和 χ^2 分布的一样，只是所使用的函数不同。对 t 分布的累积概率求解，选择"Cdf.T"函数；对 F 分布的累积概率求解，选择"Cdf.F"函数。

还需要说明的是，在理解分位数概念和累积函数概念的基础上，就可以利用 SPSS 类似的菜单来求取分位数。

思 考 与 练 习

1. χ^2 分布和 F 分布的图形各有什么特点？
2. 设 X_1，X_2，$\cdots$，X_n 是从总体 $X \sim N(\mu, \sigma^2)$ 中抽取的一个样本，其中 μ 未知，σ^2 已知。

(1) $\sum_{i=1}^{n}(X_i - \overline{x})$；

(2) $\dfrac{1}{\sigma^2}\sum_{i=1}^{n}(X_i - \overline{x})^2$；

(3) $\dfrac{1}{\sigma^2}\sum_{i=1}^{n}(X_i - \mu)^2$；

(4) $\sum_{i=1}^{n}(X_i - \mu)^2$ 中哪些是统计量？哪些不是统计量？

3. 设有随机变量 $\chi \sim \chi^2(12)$，$t \sim t(12)$，$F \sim F(12, 3)$，试用 SPSS 计算下列概率值：

(1) $P(X \leqslant 5.5)$，$P(X > 13.2)$。

(2) $P(t \leqslant -2.5)$，$P(t > 1.96)$，$P(-0.5 < t < 0.5)$。

(3) $P(F \leqslant 3)$，$P(F > 7.2)$。

4. 在总体 $N(52, 6.3^2)$ 中随机抽取一容量为 36 的样本，求样本均值 $\overline{x}$ 落在 50.8 到 53.8 之间的概率。

5. 银行话务员与每个客户交流花费的时间服从 $N(3.10, 0.40^2)$。随机抽取 16 个样本。

(1) 求解样本均值小于 3 min 的概率。

(2) 85% 的样本均值是小于多少分钟的？

(3) 如果抽取了 64 个顾客样本，85% 的样本均值是小于多少分钟的？

6. 某调查机构发布信息称 2021 年 3 月当地新房的中等销售价格是 224 200 美元，而均值是 279 100 美元。假定价格的标准差是 90 000 美元。

(1) 如果抽取样本 $n = 2$，描述 $\overline{x}$ 的抽样分布形状。

(2) 如果抽取样本 $n = 100$，描述 $\overline{x}$ 的抽样分布形状。

(3) 如果抽取样本 $n = 100$，样本均值小于 250 000 的概率是多少？

7. 解放军战士的身高服从正态分布，经抽查平均身高为 175 cm，标准差是 4 cm，现在服装厂要裁制 100 000 套新军装，那么为身高 171～179 cm 的解放军战士要裁制多少套军装？

8. 从均值为 200、标准差为 50 的总体中抽取 $n = 100$ 的简单随机样本，用样本均值 $\overline{x}$ 估计总体均值。

(1) $\overline{x}$ 的期望值是多少？

(2) $\overline{x}$ 的标准差是多少？

(3) $\overline{x}$ 的概率分布是什么？

9. 小刘参加了 2014 年的 SAT 考试，数学部分得了 670 分，小张参加了 2014 年的 ACT 考试，数学部分得了 27 分。根据官方数据显示，2014 年的 SAT 考试数学分数服从均值为 516 分、标准差为 114 分的正态分布；2014 年的 ACT 考试数学分数服从均值为 20.6 分、标准差为 5 分的正态分布。假设两种考试检测的是同种能力，那么这两人中谁的数学水平更高一些？

项目 5　参　数　估　计

在前面项目中，我们不仅介绍了总体、样本、统计量以及抽样分布的概念，同时也介绍了统计中常用的四大分布，它们都是进一步学习统计推断的基础。在样本统计量的概率分布基础上，如何利用样本数据对总体的未知参数进行估计，这就是所谓的参数估计问题。参数估计包括参数的点估计和区间估计。在本项目中，我们首先讨论参数估计的基本原理，然后介绍总体参数的估计方法和参数估计中样本量的确定，最后结合 SPSS 软件应用相关理论。

📖 学习目标

(1) 理解点估计和区间估计的定义；
(2) 理解置信区间的概念；
(3) 了解衡量估计量好坏的标准；
(4) 构造总体均值和总体比例的置信区间或区间估计；
(5) 掌握确定合适的样本量的方法；
(6) 在统计软件中应用相关理论。

任务 5.1　点　估　计

✍ 任务描述

在统计学中，点估计(Point Estimation)是指以样本数据来估计总体参数，估计结果使用一个点的数值表示"最佳估计值"，因此称为点估计。由样本数据估计总体分布所含未知参数的真实值，所得到的值，称为估计值。本任务主要介绍参数估计的基本原理，掌握参数的点估计及其评价标准。

5.1.1　参数估计的基本原理

参数估计(Parameter Estimation)是统计推断的一种基本形式，是用样本统计量去估计总体的未知参数。那么，为什么我们要用样本去代替总体进行研究呢？原因在于：通常情况下，对总体进行全面调查是不可行的，原因是调查过于费时、对总体进行逐一调查费用过高，或者是因为使用本身具有破坏性。

参数估计问题是利用从总体抽样得到的信息来估计总体的某些参数或者总体的某些

数字特征。参数估计有两个研究方向：

(1) 在已知总体分布类型的前提下，由样本信息估计出总体未知参数的近似值，从而近似估计总体分布。

例如，测量误差 $X \sim N(\mu, \sigma^2)$，其中 μ 和 σ^2 未知，可利用样本信息估计出 μ 和 σ^2 的近似值 $\hat{\mu}$ 和 $\hat{\sigma}^2$，于是 X 近似服从 $N(\hat{\mu}, \hat{\sigma}^2)$。

(2) 有时关心的不是总体服从具体分布，而是关注总体的某些数字特征(如均值、方差等)。

例如，灯泡厂生产过程中受到随机因素干扰，灯泡寿命不尽相同，为评价产品质量，提出如何估计这批灯泡的平均寿命(总体均值)，以及寿命长短相差(总体方差)等问题。有时还希望通过数据分析，以一定的可靠性来估计灯泡平均寿命介于某个范围或者不低于某个数值。

【例 5.1】　某面粉厂有专门的质量检查员，负责对生产的 10 kg 袋装面粉进行质量检查，并保证每袋面粉的重量达到要求。根据过去的经验，每袋面粉的重量 X 服从均值为 10、方差为 0.01^2 的正态分布，即 $X \sim N(10, 0.01^2)$。由正态分布的经验准则得知，任意袋面粉的重量落在 $[\mu - 3\sigma, \mu + 3\sigma] = [10 - 3 \times 0.01, 10 + 3 \times 0.01] = [9.97, 10.03]$ 的概率是 99.73%。现从一批面粉中随机抽出了 8 袋，称得的面粉重量(单位：kg)分别为

$$9.99, \ 9.97, \ 10.01, \ 9.98, \ 9.96, \ 9.99, \ 10.02, \ 10.00$$

检查员发现第 5 袋面粉的重量 9.96 超过了允许的范围，那么，他对这批产品是否合格应该怎样下结论呢？

通常情况下，我们会先计算样本均值，即

$$\bar{x} = \frac{1}{8} \times (9.99 + 9.97 + \cdots + 10.00) = 9.99 \text{ kg}$$

样本均值是小于总体均值 10 kg 的，也就是说要求样本均值 $\bar{x}$ 和总体均值 μ 相等是做不到的，但它们之间的差距 $|\bar{x} - \mu|$ 不能太大，那么，它们之间的可容许差距是多少呢？根据统计理论得知，当总体分布为正态分布时，样本均值 $\bar{x}$ 也服从正态分布，即 $\bar{x} \sim N\left(\mu, \dfrac{\sigma^2}{n}\right)$。

那么在本例中，样本标准差

$$\sigma_{\bar{x}} = \frac{0.01}{\sqrt{8}} \approx 0.0035$$

根据前面项目所介绍的正态分布经验准则，样本均值落在区间

$$[u - 3\sigma_{\bar{x}}, \ u + 3\sigma_{\bar{x}}] = [10 - 3 \times 0.0035, \ 10 + 3 \times 0.0035] = [9.9895, 10.0105]$$

的概率为 99.73%。我们可以发现，样本均值 $\bar{x} = 9.99$ 是落在区间 $[9.9895, 10.0105]$ 内的，所以从样本均值的角度看，这批面粉的重量是合格的。这是通过 8 袋面粉的样本对总体(这批面粉)的一个统计推断。

5.1.2　点估计的方法

设 θ 是总体 X 分布中的未知参数，$\hat{\theta} = \hat{\theta}(X_1, X_2, \cdots, X_n)$ 是用 X 的样本 $X_1, X_2, \cdots, X_n$ 构造的统计量，用 $\hat{\theta}$ 的观察值 $\hat{\theta}(x_1, x_2, \cdots, x_n)$ 去估计未知参数 θ 的真值，称为对参数 θ 的点估计，统计量 $\hat{\theta}(X_1, X_2, \cdots, X_n)$ 称为 θ 的估计量，$\hat{\theta}(x_1, x_2, \cdots, x_n)$ 称为 θ 的一个估计值。

由以上定义可知，参数 θ 的点估计问题就是寻找合适的估计量 $\hat{\theta}(X_1,X_2,\cdots,X_n)$ 的问题。需要指出的是，对于不同样本的观察值，由同一估计量所得到的估计值是各不相同的。用一个特定样本对总体未知参数所做的估计，仅是所有可能估计值中的一个点，故称为点估计。显然，点估计是必然存在误差的。

在大多数实际问题中，需要估计的总体未知参数主要有总体比例、总体均值和总体方差。

1. 总体比例的点估计

当总体的指标具有两种或多种属性(标志)时，具有某种属性(标志)的总体单位数在总体中所占的比重就称为总体比例，总体比例记为 P。

例如，产品的次品率，全部人口或某单位职工中男、女比例，某地区全部家庭中高(如月收入≥10 000 元)、中、低(月收入≤1000 元)收入家庭各占的比重等，都是总体比例。

对总体比例，通常采用频率估计法(即用样本中某属性出现的频率)来估计。记样本容量为 n，k 为样本中某属性出现的次数，则

$$\hat{p}=p_s=\frac{k}{n} \tag{5-1}$$

总体比例的点估计就是使用频率来估计概率，这是估计离散型总体概率分布的常用方法。

【例 5.2】 某公司要了解其售后服务的顾客满意度情况，随机抽取了 100 位顾客进行调查，被调查的顾客可在"非常满意""比较满意""不够满意""很不满意"中选择一种，其中 21 人回答"非常满意"，50 人回答"比较满意"，24 人回答"不够满意"，5 人回答"很不满意"。

由此抽样调查结果可以对该公司售后服务的顾客满意度作出如下推断："非常满意"的顾客约占顾客总数的 21%，"比较满意"的约占 50%，"不够满意"的约占 24%，"很不满意"的约占 5%。其中，"非常满意"和"比较满意"的比例达到 71%，可见该公司的售后服务质量还算可以，但仍有待进一步改进和提高。

2. 总体均值和总体方差的点估计

在大多数情况下，需要估计的参数是总体的均值 μ 和总体方差 σ^2。可以有许多不同的方法来构造总体均值 μ 和方差总体 σ^2 的估计量，这里仅介绍一种最常用而且效果最好的估计方法—数字特征法(也称矩估计法)。

所谓数字特征法，就是指用样本的相应数字特征样本均值 $\bar{x}$ 和样本方差 S^2，分别估计总体的数字特征总体均值与总体方差的方法，即

$$\hat{\mu}=\bar{x} \tag{5-2}$$

$$\hat{\sigma}^2=S^2 \tag{5-3}$$

【例 5.3】 设某种压缩机的寿命 $X\sim N(\mu,\sigma^2)$，其中 μ 和 σ^2 都未知。现随机测得 10 台压缩机的寿命(小时)为 15 020，14 530，13 670，11 080，16 500，12 130，12 080，14 800，15 500，17 000。试用数字特征法估计该压缩机的平均寿命 μ 和寿命方差 σ^2。

解 利用计算器中的 SD 功能或 Excel 的描述统计功能(见 3.5 节)，可求得

$$\hat{\mu}=\bar{x}=14231\ \text{h}$$

$$\hat{\sigma}^2=S^2=1965^2\ \text{h}^2$$

即该压缩机的平均寿命估计为 14 231 h，其寿命方差的估计为 $1965^2\ \text{h}^2$。

5.1.3　估计量的评价标准

对总体未知参数的估计，除了以上介绍的数字特征法外，还有许多其他估计方法，如极大似然估计法等。对同一未知参数，使用不同方法得到的估计量可能是不同的。于是人们自然要问，究竟采用哪一种估计量更好呢？这就涉及对估计量的评价标准问题。下面介绍评价估计量优良性的三个最常用也是最重要的标准。

1. 无偏性

无偏性(Unbiasedness)的直观意义是没有系统性误差(非随机性偏差)。虽然每个可能样本的估计值不一定恰好等于未知总体参数，但如果经过多次抽样，各个估计值的平均数等于总体参数，即参数估计量的期望值与参数真值是相等的，这种性质称为无偏性，具有无偏性的估计量称为无偏估计量。需要注意的是，无偏估计量不是唯一的。

设 $\hat{\theta}$ 为未知参数 θ 的一个估计量，若

$$E(\hat{\theta}) = \theta \tag{5-4}$$

则称 $\hat{\theta}$ 为 θ 的无偏估计量，简称无偏估计。其中，θ 是被估计的总体参数；$\hat{\theta}$ 是 θ 的估计量。

由样本均值的抽样分布得知，$E(\bar{x}) = \mu$，$E(p) = \pi$，$E(s^2) = \sigma^2$，因此 $\bar{x}$、p、s^2 分别是总体均值 μ、总体比例 π、总体方差 σ^2 的无偏估计量。

2. 有效性

有效性(Efficiency)是指估计量的方差大小。一个估计量无偏并不能说明它非常接近待估参数，因为无偏性表示估计量是在真值周围波动的一个数值，即无偏性表示估计值与真值间的平均差异为 0，近似可以用估计值作为真值的一个代表。但无偏估计量只考虑估计值的平均结果是否等于待估参数的真值，而没有考虑每个可能值及其次数分布与待估参数真值之间的大小和离散程度。

显然应要求 $\hat{\theta}$ 的取值尽可能密集在 θ 的真值附近，即要求 $\hat{\theta}$ 的方差尽可能小，由此可使估计更精确。下面给出相关的有效性标准：

设 $\hat{\theta}_1$ 和 $\hat{\theta}_2$ 是参数 θ 的两个无偏估计。若方差 $D(\hat{\theta}_1) < D(\hat{\theta}_2)$，则 $\hat{\theta}_1$ 称 $\hat{\theta}_2$ 较有效；对固定的样本容量 n，若 $\hat{\theta}$ 是 θ 的所有无偏估计量中方差最小的，则称 $\hat{\theta}$ 是 θ 的最小方差无偏估计，或称为 θ 的有效估计。

有效性是对估计量最重要的评价标准。对任何总体 X，样本均值 $\bar{x}$ 都是总体均值 μ 的有效估计；而对正态总体，样本方差 S^2 也是总体方差 σ^2 的有效估计。

3. 一致性

由切比雪夫大数定理可知，样本均值 $\bar{x}$ 依概率收敛于总体均值。一般地，我们也希望总体未知参数 θ 的估计量 $\hat{\theta}$ 也具有此性质，这就是"一致性"的概念。

对参数 θ 的估计量 $\hat{\theta}$，若对任意给定的 $\varepsilon > 0$，有

$$\lim_{n \to \infty} P\{|\hat{\theta} - \theta| < \varepsilon\} = 1 \tag{5-5}$$

则称 $\hat{\theta}$ 是 θ 的一致估计。

一致估计可以保证参数估计的精确程度随样本容量 n 的增大而提高。由此可知，要减少估计的误差，就需要有足够的样本容量。

切比雪夫定理指出，对任何总体 X，样本均值 $\bar{x}$ 是总体均值 $E(X)$ 的一致估计；同样，样本方差 S^2 也是总体方差 $D(X)$ 的一致估计。

任务5.2　单个总体参数的区间估计

任务描述

前面任务中的点估计仅给出了未知参数的一个近似值，必然存在误差，因此人们还需要进一步了解对未知参数所作估计的误差范围。用统计学的术语来说，就是还要了解在一定的可信度下，未知参数 θ 的真值的某个可能范围，这就是参数估计的区间估计问题，这样的区间即所谓的置信区间。本任务将重点讲述单个正态总体均值和方差的区间估计；总体比例的区间估计；均值和比例置信区间估计中的样本容量确定；利用 SPSS 软件上机实现的内容。

5.2.1　区间估计

对未知参数做点估计时，尽管我们可以通过性质选择较好的估计量，但是在具体的一次估计中，估计值通常不等于未知参数的真值，那么这种估计的精确性怎么样？可信程度怎么样？这些都是点估计无法回答的。在实际问题中，有时候并不需要知道未知参数的数值，只需要确定出一个取值的范围就可以了，即把未知参数估计在某两个界限之间。比如，估计 2020 年 GDP 增长为 7%～8%，而说增长 8% 更容易让人相信，因为给出 7%～8% 这个区间已把可能出现的误差都考虑到了。

设 θ 为总体分布的未知参数，若由样本确定的两个统计量 $\hat{\theta}_1$ 和 $\hat{\theta}_2$，对于给定的概率 α 满足

$$P\{\hat{\theta}_1 < \theta < \hat{\theta}_2\} = 1 - \alpha \tag{5-6}$$

则称随机区间 $(\hat{\theta}_1,\ \hat{\theta}_2)$ 为 θ 的置信度为 $1-\alpha$ 的置信区间(Confidence Interval)，并称 $\hat{\theta}_1$ 和 $\hat{\theta}_2$ 分别为 θ 的置信下限和置信上限。

因统计量 $\hat{\theta}_1$ 和 $\hat{\theta}_2$ 都是随机变量，对于从总体中抽取的不同样本，$\hat{\theta}_1$ 和 $\hat{\theta}_2$ 的取值是各不相同的，因此 $(\hat{\theta}_1,\ \hat{\theta}_2)$ 是一个随机区间。式(5-6)的含义是 θ 的真值落在随机区间 $(\hat{\theta}_1,\ \hat{\theta}_2)$ 内的概率为 $1-\alpha$。显然，给定的 α 值越小，θ 落在 $(\hat{\theta}_1,\ \hat{\theta}_2)$ 内的可信度 $1-\alpha$ 就越高(但在样本容量不变时，区间的长度就越大)，这就是置信度 $1-\alpha$ 的含义，置信度又称置信水平(Confidence Level)。通常置信度取 0.90，0.95，0.99 等值。置信区间估计的任务就是在给定置信度的基础上确定置信上下限(或只有置信上限或下限)。

在例 5.1 中，$\bar{x}$ 落在区间 $[u-3\sigma_{\bar{x}},\ u+3\sigma_{\bar{x}}]$ 的概率为 99.73%，我们也可以将其表达为

$$P\{\bar{x} - 3\sigma_{\bar{x}} \leqslant \mu \leqslant \bar{x} + 3\sigma_{\bar{x}}\} = 99.73\% \tag{5-7}$$

由于总体均值 μ(这一批面粉的平均重量)未知，由式(5-7)可以推断，μ 落入区间 $[\bar{x}-3\sigma_{\bar{x}},\ \bar{x}+3\sigma_{\bar{x}}]$ 的概率为 99.73%。那么，在本例中算得的区间 [9.9895, 10.0105] 可以作为对总体均值 μ 的另一种估计，称为区间估计。

5.2.2　总体均值的区间估计

在对一个总体均值进行区间估计时，需要考虑抽取样本是否服从正态分布，总体方差已知和总体方差未知。在前面的讨论中已经提到了通过正态分布的经验准则得到在特定概率下总体均值的区间估计。本节将给出关于总体均值 μ 的区间估计的更一般的结论。

1. 方差 σ^2 已知

首先，根据中心极限定理，在大样本 $(n \geqslant 30)$ 的条件下，样本均值的分布为 $\bar{x} \sim N\left(\mu, \dfrac{\sigma^2}{n}\right)$，在给定的置信水平 $1-\alpha$ 下，根据正态分布的有关理论，如图 5.1 所示，$\bar{x}$ 落在区间 $\left[\mu - z_{\alpha/2} \cdot \dfrac{\sigma}{\sqrt{n}}, \; \mu + z_{\alpha/2} \cdot \dfrac{\sigma}{\sqrt{n}}\right]$ 的概率为 $1-\alpha$，也可以表达为

$$P\left\{\mu - z_{\alpha/2} \cdot \frac{\sigma}{\sqrt{n}} \leqslant \bar{x} \leqslant \mu + z_{\alpha/2} \cdot \frac{\sigma}{\sqrt{n}}\right\} \tag{5-8}$$

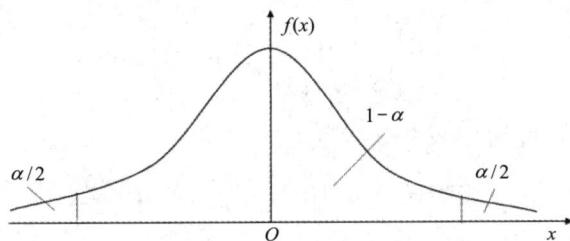

图 5.1　正态分布的上侧分位数

由式(5-8)变形可得

$$P\left\{\bar{x} - z_{\alpha/2} \cdot \frac{\sigma}{\sqrt{n}} \leqslant \mu \leqslant \bar{x} + z_{\alpha/2} \cdot \frac{\sigma}{\sqrt{n}}\right\}$$

即 μ 的置信度为 $1-\alpha$ 的置信区间为

$$\left[\bar{x} - z_{\alpha/2} \cdot \frac{\sigma}{\sqrt{n}}, \; \bar{x} + z_{\alpha/2} \cdot \frac{\sigma}{\sqrt{n}}\right] \tag{5-9}$$

为方便起见，可将式(5-9)的置信区间表示为

$$[\bar{x} - d, \; \bar{x} + d], \; d = z_{\alpha/2} \cdot \frac{\sigma}{\sqrt{n}} \tag{5-10}$$

式中：d 为半区间的长度。

【例 5.4】　某学校的初二学生的睡眠时间服从正态分布，现随机抽取 16 个学生的睡眠时间如下所示(单位为小时)。

6.5	6.8	6.8	7	7.1	7.2	7.2	7.4
7.4	7.5	7.5	7.5	7.6	7.6	8	8.5

假设已知总体标准差为 0.3 h，根据这些数据，给出学生平均睡眠时间 95% 的置信区间。

解　根据样本信息可计算出样本均值和样本标准差分别为

$$\bar{x} = 7.35 \text{ h}, \quad \sigma_{\bar{x}} = \frac{\sigma}{\sqrt{n}} = \frac{0.3}{\sqrt{16}} = 0.075 \text{ h}$$

查表可得 $z_{\alpha/2} = z_{0.025} = 1.96$，因此根据式(5-10)可以得到样本均值 95% 的置信区间为

$$d = z_{\alpha/2} \cdot \frac{\sigma}{\sqrt{n}} = 1.96 \times 0.075 = 0.147$$

$$[\bar{x} - d, \ \bar{x} + d] = [7.35 - 0.147, \ 7.35 + 0.147] = [7.203, \ 7.497]$$

这里的 7.203 就是置信下限，7.497 就是置信上限。

2. 方差 σ^2 未知

在实际应用的过程中，我们经常会遇到总体方差 σ^2 未知的情况，习惯的做法是用样本方差 S^2 代替 σ^2，但这样做会增加推断的不确定性。所以，在应用中，我们使用 t 分布来代替标准正态分布。随机变量

$$t = \frac{\bar{x} - \mu}{S / \sqrt{n}} \sim t(n-1) \tag{5-11}$$

故对给定的置信度 $1 - \alpha$ 有

$$P\left\{ \left| \frac{\bar{x} - \mu}{S / \sqrt{n}} \right| < t_{\alpha/2}(n-1) \right\} = 1 - \alpha$$

同理可得 μ 的置信度为 $1 - \alpha$ 的置信区间为

$$[\bar{x} - d, \ \bar{x} + d], \quad d = t_{\alpha/2}(n-1) \cdot \frac{S}{\sqrt{n}} \tag{5-12}$$

随着样本量的增加，t 分布会越来越接近标准正态分布，对应的置信区间也会越来越接近总体方差已知情况下得到的置信区间。

【例 5.5】一家食品生产企业以生产袋装食品为主，按规定每袋的标准重量应为 100 g，为检查每袋重量是否符合标准，企业质检部门某天从生产的一批食品中随机抽取 20 袋，测得每袋的重量如下所示(单位为克)。

102.0	103.0	100.5	113.4	101.0	108.5	115.6	100.0	107.5	95.0
105.0	116.6	95.6	97.8	108.5	98.3	93.6	102.2	135.2	102.3

假设食品重量服从正态分布，试估计该天生产的食品平均重量在置信水平为 95% 的置信区间。

解　总体方差 σ^2 未知，可以通过式(5-12)来构建置信区间。查 t 分布表可得 $t_{\alpha/2}(19) = 2.093$，由样本数据计算可得 $\bar{x} = 105.08$，$S = 9.637$，根据式(5-12)可得

$$d = t_{\alpha/2}(n-1) \cdot \frac{S}{\sqrt{n}} = 2.093 \times \frac{9.637}{\sqrt{20}} = 4.5102$$

$$[\bar{x} - d, \ \bar{x} + d] = [105.08 - 4.5102, \ 105.08 + 4.5102] = [100.5698, \ 109.5902]$$

即该天生产的食品的平均重量在置信水平为 95% 的置信区间为(100.5698，109.5902)。

我们还可以从别的统计量出发来构造 μ 的置信区间，这样就产生了如何评价置信区间优劣的问题。一般来说，评价置信区间的优劣有两个要素：一是置信度，即包含参数真值

的概率$1-\alpha$的大小，这个是人为可以控制的，越接近 1 越好；二是精度，衡量精度的明显指标就是置信区间的长度越小越好。一般情况下，区间估计的置信度和精度不可兼得，若是将置信度提得太高，则置信区间的长度就会太大，区间估计就失去意义；反之，若是将区间限制得很小，置信度就会变小，那么置信区间不含参数真值的概率就会变大。所以，在实际问题中，通常事先给定置信度$1-\alpha$，在这个前提下，尽量选择精度更高的置信区间。

5.2.3　SPSS 实现单总体均值的区间估计

【例 5.6】　参考例 5.5 的数据，使用 SPSS 工具估计该天生产的食品平均重量在置信水平为 95%的置信区间。

第一步，新建或打开数据文件后，选择菜单栏的【分析】→【描述统计】→【探索】命令，进入【探索】对话框，如图 5.2 所示。

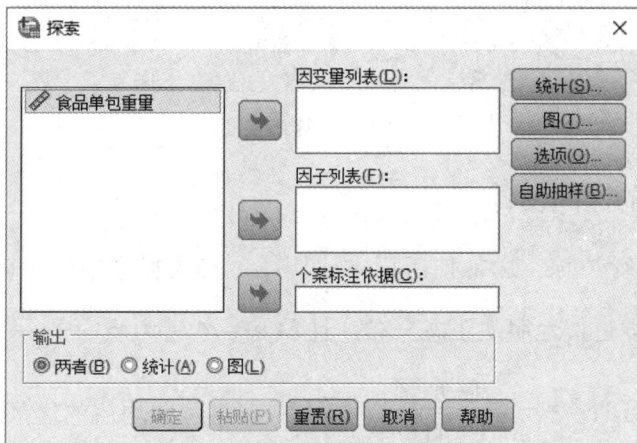

图 5.2　【探索】对话框

第二步，从左边的源变量表中选择"食品单包重量"分析变量进入因变量列表中，单击【统计】按钮，进入【探索：统计】对话框。选择【描述】复选框，并设置均值的置信区间为 95%，如图 5.3 所示。

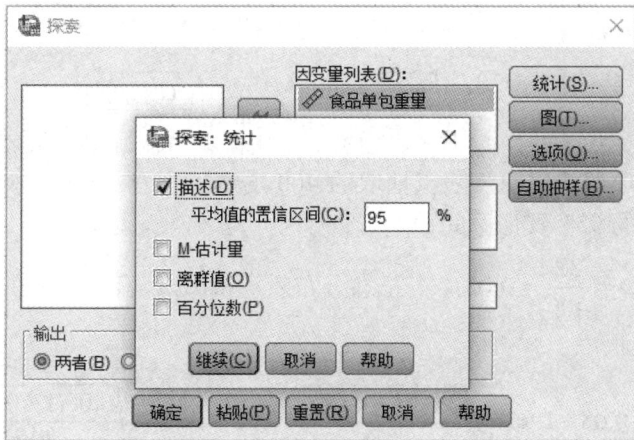

图 5.3　【探索：统计】对话框

第三步，单击【继续】按钮，返回主窗口，单击【确定】，即得到总体均值的置信区间，如图 5.4 所示。

描述

			统计	标准 错误
食品单包重量	平均值		105.0800	2.15490
	平均值的 95% 置信区间	下限	100.5697	
		上限	109.5903	
	5% 剪除后平均值		104.0444	
	中位数		102.2500	
	方差		92.872	
	标准 偏差		9.63702	
	最小值		93.60	
	最大值		135.20	
	全距		41.60	
	四分位距		9.78	
	偏度		1.713	.512
	峰度		4.001	.992

图 5.4　计算结果图

5.2.4　总体比例的区间估计

在推断总体比例 π 时，通常使用样本比例 p。在大样本情况下(一般要求 $np > 5$，$n(1-p) > 5$)，比例 p 近似地服从正态分布，且 $E(p) = \pi$，$\sigma_p^2 = \dfrac{\pi(1-\pi)}{n}$，经过标准化后则服从标准正态分布，即 $Z = \dfrac{p - \pi}{\sqrt{\pi(1-\pi)/n}} \sim N(0,\ 1)$。与总体均值的区间估计相似，我们可以建立 π 在 $1 - \alpha$ 置信水平上的置信区间为

$$\left[p - Z_{\alpha/2}\sqrt{\frac{\pi(1-\pi)}{n}},\ p + Z_{\alpha/2}\sqrt{\frac{\pi(1-\pi)}{n}} \right] \tag{5-13}$$

式(5-13)中 π 是未知的，所以我们简单地以样本比例 p 代替总体比例 π，就得到了总体比例的一般表达式为

$$\left[p - Z_{\alpha/2}\sqrt{\frac{p(1-p)}{n}},\ p + Z_{\alpha/2}\sqrt{\frac{p(1-p)}{n}} \right] \tag{5-14}$$

【例 5.7】　一项调查表明，随机抽取的 400 名选民中有 32 人支持候选人 A，求支持候选人 A 的比例 p 的 95%置信区间。

解　样本比例 $p = \dfrac{32}{400} = 0.08$，查正态分布表可得 $Z_{\alpha/2} = 1.96$，p 的 95%置信区间计算公式为

$$\left[0.08 - 1.96 \times \sqrt{\frac{0.08(1-0.08)}{400}},\ 0.08 + 1.96 \times \sqrt{\frac{0.08(1-0.08)}{400}} \right.$$

进而，我们求得 p 的 95%置信区间为[0.053, 0.107]。

5.2.5　总体方差的区间估计

由卡方公式可知，随机变量 $\chi^2 = \dfrac{(n-1)S^2}{\sigma^2} \sim \chi^2(n-1)$，故对给定的置信度 $1-\alpha$，有

$$P\left\{ \chi^2_{1-\alpha/2}(n-1) \leqslant \frac{(n-1)S^2}{\sigma^2} \leqslant \chi^2_{\alpha/2}(n-1) \right\} = 1-\alpha \qquad (5\text{-}15)$$

如图 5.5 所示。

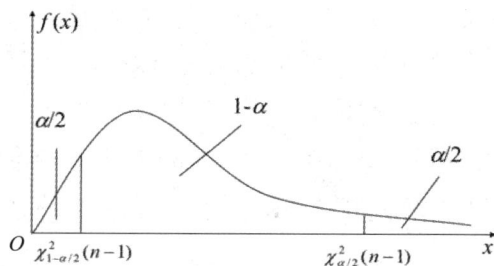

图 5.5　式(5-15)示意图

由式(5-15)可得

$$P\left\{ \frac{(n-1)S^2}{\chi^2_{\alpha/2}(n-1)} \leqslant \sigma^2 \leqslant \frac{(n-1)S^2}{\chi^2_{1-\alpha/2}(n-1)} \right\}$$

故 σ^2 的置信度为 $1-\alpha$ 的置信区间为

$$\left[\frac{(n-1)S^2}{\chi^2_{\alpha/2}(n-1)},\ \frac{(n-1)S^2}{\chi^2_{1-\alpha/2}(n-1)} \right] \qquad (5\text{-}16)$$

【例 5.8】　设某种压缩机的寿命 $X \sim N(0,1)$，其中 μ 和 σ^2 都未知，现随机测得 10 台压缩机的寿命(小时)为 15 020，14 530，13 670，11 080，16 500，12 130，12 080，14 800，15 500，17 000。求压缩机寿命方差 σ^2 的 95%置信区间。

解　通过计算可得 $S^2 = 1965^2$，$n=10$，$\alpha/2 = 0.025$，$1-\alpha/2 = 0.975$。

查表得 $\chi^2_{0.025}(9) = 19.023$，$\chi^2_{0.975}(9) = 2.700$，因此

$$\frac{(n-1)S^2}{\chi^2_{\alpha/2}(n-1)} = \frac{9 \times 1965^2}{19.023} = 1\ 826\ 790$$

$$\frac{(n-1)S^2}{\chi^2_{1-\alpha/2}(n-1)} = \frac{9 \times 1965^2}{2.7000} = 12\ 870\ 750$$

故该种压缩机寿命方差 σ^2 的 95%置信区间为 $[1826790, 12870750]\,\mathrm{h}^2$。

任务 5.3　双总体参数的区间估计

任务描述

在许多实际问题中，还需要考察两个正态总体的均值或方差是否相等的问题。例如，在

产品质量管理中，就需要了解在生产工艺、材料或操作方法等改变后，产品的某些质量指标是否也发生了变化；许多统计推断方法是以两个或多个正态总体的方差相同为前提条件的，在运用这些方法之前就需要判断这些正态总体是否同方差的。这类问题既可以用区间估计的方法，也可以用假设检验的方法加以解决。本任务主要介绍用区间估计的方法比较两个正态总体均值和方差的问题。

5.3.1 双总体均值差的区间估计

设总体 $X_1 \sim N(\mu_1,\ \sigma_1^2)$，$X_2 \sim N(\mu_2,\ \sigma_2^2)$，$\bar{x}_1$、$\bar{x}_2$ 和 S_1^2、S_2^2 分别为它们的样本均值和样本方差，n_1 和 n_2 分别为它们的样本容量，且总体 X_1 和 X_2 相互独立。

1. 两个总体方差 σ_1^2、σ_2^2 都已知

根据中心极限定理，当两个样本量都足够大时，则两个样本的均值差 $\bar{x}_1 - \bar{x}_2$ 近似服从正态分布，且 $E(\bar{x}_1 - \bar{x}_2) = \mu_1 - \mu_2$，$\sigma^2 = \sigma_1^2 / n_1 + \sigma_2^2 / n_2$，那么两个样本的均值差经标准化后服从标准正态分布，即

$$Z = \frac{(\bar{x}_1 - \bar{x}_2) - (\mu_1 - \mu_2)}{\sqrt{\sigma_1^2 / n_1 + \sigma_2^2 / n_2}} \sim N(0,\ 1) \tag{5-17}$$

与一个正态总体均值的区间估计类似，根据式(5-17)有两个正态总体均值差 $\mu_1 - \mu_2$ 在 $1 - \alpha$ 置信水平上的置信区间为

$$[(\bar{x}_1 - \bar{x}_2) - d,\ (\bar{x}_1 - \bar{x}_2) + d],\quad d = Z_{\alpha/2} \sqrt{\frac{\sigma_1^2}{n_1} + \frac{\sigma_2^2}{n_2}} \tag{5-18}$$

现在用例 5.9 来说明如何计算两个总体参数均值差的区间估计。

【例 5.9】 某大学一年级学生的一次小组课题是研究在校大学生的运动时长。该组同学随机抽取了 35 名男生和 36 名女生，他们在过去一周内的平均运动时间分别为 14.83 h 和 11.41 h。已知男生和女生运动时长的总体方差分别为 $\sigma_1^2 = 35.21$ h 和 $\sigma_2^2 = 39.69$ h，计算在 95% 的置信水平下，男生和女生平均运动时间差的置信区间。

解 根据已知信息，有 $n_1 = 35$，$n_2 = 36$，$\bar{x}_1 = 14.83$，$\bar{x}_2 = 11.41$，查正态分布表可得 $z_{\alpha/2} = 1.96$，由式(5-18)可得男生和女生平均运动时间差的置信区间为

$$d = Z_{\alpha/2} \sqrt{\sigma_1^2 / n_1 + \sigma_2^2 / n_2} = 1.96 \times \sqrt{\frac{35.21}{35} + \frac{39.69}{36}} = 2.846$$

$$[(\bar{x}_1 - \bar{x}_2) - d,\ (\bar{x}_1 - \bar{x}_2) + d] = [(14.83 - 11.41) - 2.846,\ (14.83 - 11.41) + 2.846] = [0.574,\ 6.266]$$

所以，男生和女生平均运动时间差的 95% 的置信区间为 0.574～6.266 h。

2. 方差 σ_1^2、σ_2^2 未知，但方差 $\sigma_1^2 = \sigma_2^2$

在很多实际应用中，可以假设要比较的两个总体有相同的方差，这时可以联合两个样本的信息计算出一个共同的样本方差，以给出 σ^2 的合并估计量 S_ω^2，其计算公式为

$$S_\omega^2 = \frac{(n_1 - 1)S_1^2 + (n_2 - 1)S_2^2}{n_1 + n_2 - 2} \tag{5-19}$$

这时，两个样本均值之差经标准化后服从自由度为 $(n_1 + n_2 - 2)$ 的 t 分布，即

$$t = \frac{(\bar{x}_1 - \bar{x}_2) - (\mu_1 - \mu_2)}{S_\omega \sqrt{1/n_1 + 1/n_2}} \sim t(n_1 + n_2 - 2) \tag{5-20}$$

因此，两个正态总体均值差 $\mu_1 - \mu_2$ 在 $1 - \alpha$ 置信水平上的置信区间为

$$[\bar{x}_1 - \bar{x}_2 - d, \ \bar{x}_1 - \bar{x}_2 + d], \ \ d = t_{\alpha/2}(n_1 + n_2 - 2)S_\omega \sqrt{\frac{1}{n_1} + \frac{1}{n_2}} \tag{5-21}$$

【例 5.10】 设甲、乙两种轿车的首次故障里程数都服从正态分布，即甲轿车的首次故障里程数 $X_1 \sim N(\mu_1, \ \sigma_1^2)$，乙轿车的首次故障里程数 $X_2 \sim N(\mu_2, \ \sigma_2^2)$，且假定 $\sigma_1^2 = \sigma_2^2$。现随机抽取两种新车各 10 辆进行公路试验，测得两种轿车首次故障里程的样本均值和样本方差分别为 $\bar{x}_1 = 5896$，$S_1^2 = 926^2$；$\bar{x}_2 = 4001$，$S_2^2 = 824^2$。试在 95% 的置信度下比较两种轿车的平均首次故障里程这一质量指标。

解 由题意可知：$n_1 = n_2 = 10$，$n_1 + n_2 - 2 = 18$，$\alpha = 1 - 0.95 = 0.05$，$\alpha/2 = 0.025$。
查 t 分布表可知：

$$t_{0.025}(18) = 2.1009, \ \ S_\omega = \sqrt{\frac{9 \times 926^2 + 9 \times 824^2}{18}} = 876.49$$

由式(5-21)可知：

$$d = 2.1009 \times 876.49 \times \sqrt{\frac{1}{10} + \frac{1}{10}} = 824$$

$$[\bar{x}_1 - \bar{x}_2 - d, \ \bar{x}_1 - \bar{x}_2 + d] = [1071, \ 2719]$$

故 $\mu_1 - \mu_2$ 的 95% 置信区间为(1071，2719) km，因置信下限 1071＞0，故在 95% 置信度下可以认为，甲种轿车的平均首次故障里程高于乙种轿车。

3. 方差 σ_1^2、σ_2^2 未知，但方差 $\sigma_1^2 \neq \sigma_2^2$

当两个样本容量都较大($\geqslant 30$)时，由中心极限定理可知，这时无论两总体服从何种分布，随机变量

$$Z = \frac{(\bar{x}_1 - \bar{x}_2) - (\mu_1 - \mu_2)}{\sqrt{S_1^2/n_1 + S_2^2/n_2}}$$

就近似服从 $N(0, \ 1)$，故可得 $\mu_1 - \mu_2$ 在 $1 - \alpha$ 置信水平上的置信区间为

$$[(\bar{x}_1 - \bar{x}_2) - d, \ (\bar{x}_1 - \bar{x}_2) + d], \ \ d \approx Z_{\alpha/2} \sqrt{\frac{S_1^2}{n_1} + \frac{S_2^2}{n_2}} \tag{5-22}$$

两个正态总体均值差的置信区间的意义是：若 $\mu_1 - \mu_2$ 的置信下限大于零，就能以 $1 - \alpha$ 的置信度判定 $\mu_1 > \mu_2$；若置信上限小于零，则能以 $1 - \alpha$ 的置信度判定 $\mu_1 < \mu_2$；若置信区间包含零，则在 $1 - \alpha$ 的置信度下不能判定哪个总体的均值大(即在水平 α 下认为两总体的均值间无显著差异，见假设检验)。

【例 5.11】 统计专业大三学生，为计算一个题目的两种解题方法所需时间的差异，分

别对两种不同解题方法各随机安排了 12 名学生，每个学生解题所需的时间如表 5.1 所示。

表 5.1　学生解题所需的时间

耗时 /min	学生	1	2	3	4	5	6	7	8	9	10	11	12
	方法 1	28.3	30.1	29.0	37.6	32.1	28.8	36.0	37.2	38.5	34.4	28.0	30.0
	方法 2	27.6	22.2	31.0	33.8	20.0	30.2	31.7	26.0	32.0	31.2	33.4	26.5

假定两种解题方法所需的时间服从正态分布，且 $\sigma_1^2 \neq \sigma_2^2$。以 95%的置信水平建立两种方法解题所需时间差值的置信区间。

解　根据样本数据计算可以得到以下数据。

方法 1：$\bar{x}_1 = 32.5$，$S_1^2 = 15.996$，$n_1 = 12$，$\alpha = 0.05$。

方法 2：$\bar{x}_2 = 28.8$，$S_2^2 = 19.358$，$n_2 = 12$，$\alpha = 0.05$。

由于 $\sigma_1^2 \neq \sigma_2^2$，查表得 $Z_{\alpha/2} = 1.96$。

根据公式(5-22)可知：

$$d = Z_{\alpha/2}\sqrt{\frac{S_1^2}{n_1} + \frac{S_2^2}{n_2}} = 1.96 \times \sqrt{\frac{15.996}{12} + \frac{19.358}{12}} = 3.364$$

$$[(\bar{x}_1 - \bar{x}_2) - d,\ (\bar{x}_1 - \bar{x}_2) + d] = [32.5 - 28.8 - 3.364, 32.5 - 28.8 + 3.364] = [0.336，7.064]$$

所以，在假定两个母体的样本方差不等的情况下，两种解题方法所需时间差值为 95%的置信区间为 0.336～7.064 min。

5.3.2　SPSS 软件实现双总体均值差的区间估计

【例 5.12】　参考例 5.11 数据，使用 SPSS 工具计算以 95%的置信水平建立两种方法解题所需时间差值的置信区间。

第一步，在求两个总体均值之差的置信区间时，首先把两个样本的观察值作为一个变量输入；然后设计另一个分组变量用于标记每个观察值所属的样本。比如，方法一用"1"表示，方法二用"2"表示，其结果如图 5.6 所示。

	解题时间	解题方法			
1	28.3	1	13	27.6	2
2	30.1	1	14	22.2	2
3	29.0	1	15	31.0	2
4	37.6	1	16	33.8	2
5	32.1	1	17	20.0	2
6	28.8	1	18	30.2	2
7	36.0	1	19	31.7	2
8	37.2	1	20	26.0	2
9	38.5	1	21	32.0	2
10	34.4	1	22	31.2	2
11	28.0	1	23	33.4	2
12	30.0	1	24	26.5	2

图 5.6　SPSS 数据视图界面

第二步，在 SPSS 主菜单中选择【分析】→【比较平均值】→【独立样本 T 检验】命令，进入【独立样本 T 检验】对话框，如图 5.7 所示。

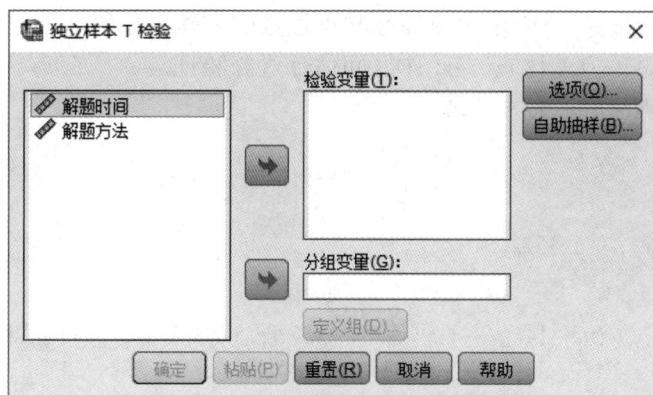

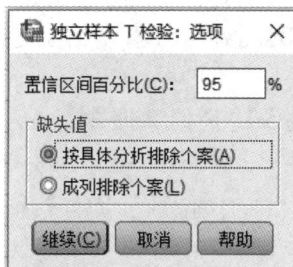

图 5.7　【独立样本 T 检验】对话框

第三步，将"解题时间"选入【检验变量】文本框中，将"解题方法"选入【分组变量】文本框中，并点击【定义组】按钮，进入【定义组】对话框，如图 5.8 所示。在【组 1】文本框中输入"1"，在【组 2】文本框中输入"2"，点击【继续】按钮，回到主对话框。

第四步，点击【选项】按钮，进入【独立样本 T 检验：选项】对话框，如图 5.9 所示。在【置信区间百分比】文本框中输入 95%，点击【继续】按钮，返回到主对话框。

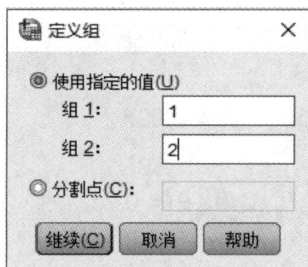

图 5.8　【定义组】对话框　　　　图 5.9　【独立样本 T 检验：选项】对话框

第五步，点击【确定】按钮，SPSS 输出结果(部分)如图 5.10 所示。

独立样本检验									
		莱文方差等同性检验		平均值等同性 t 检验					
								差值 95% 置信区间	
		F	显著性	t	自由度	Sig.（双尾）	平均值差值	标准误差差值	下限	上限
解题时间	假定等方差	0.011	0.917	2.156	22	0.042	3.7000	1.7165	0.1403	7.2597
	不假定等方差			2.156	21.803	0.042	3.7000	1.7165	0.1384	7.2616

图 5.10　独立样本 t 检验结果

图 5.10 分别给出了方差相等和方差不相等这两种假设条件下的置信区间，即当 $\sigma_1^2 = \sigma_2^2$ 时，$\mu_1 - \mu_2$ 的 95% 置信区间为 [0.1403, 7.2597]；当 $\sigma_1^2 \neq \sigma_2^2$ 时，$\mu_1 - \mu_2$ 的 95% 置信区间为 [0.1384, 7.2616]。也就是说，在假定两总体方差相等的情况下，两种解题方法所需平均时间之差以 95% 的概率位于 0.1403～7.2597 min 之间；在假定两总体方差不等的情况下，两种解题方法所需时间的差值以 95% 的概率位于 0.1384～7.2 616 min 之间。

5.3.3　双总体方差比的区间估计

在例 5.10 中假定两种轿车首次故障行驶里程数的方差是相等的，这一假定是否合理，可以通过对两正态总体方差比 σ_1^2 / σ_2^2 作区间估计进行验证。

由中心极限定理可知，随机变量

$$F = \frac{S_1^2 / S_2^2}{\sigma_1^2 / \sigma_2^2} \sim F(n_1 - 1,\ n_2 - 1)$$

于是对给定的置信度 $1 - \alpha$，有

$$P\left\{ F_{1-\alpha/2}(n_1 - 1,\ n_2 - 1) < \frac{S_1^2 / S_2^2}{\sigma_1^2 / \sigma_2^2} < F_{\alpha/2}(n_1 - 1,\ n_2 - 1) \right\} = 1 - \alpha \tag{5-23}$$

由式(5-23)可解得 σ_1^2 / σ_2^2 的置信度为 $1 - \alpha$ 的置信区间为

$$\left(\frac{S_1^2 / S_2^2}{F_{\alpha/2}(n_1 - 1,\ n_2 - 1)},\ \frac{S_1^2 / S_2^2}{F_{1-\alpha/2}(n_1 - 1,\ n_2 - 1)} \right) \tag{5-24}$$

方差比置信区间的意义是：若置信下限大于 1，则可以在 $1 - \alpha$ 的置信度下判定 $\sigma_1^2 > \sigma_2^2$；若置信上限小于 1，则可以判定 $\sigma_1^2 < \sigma_2^2$；若置信区间包含 1，则不能判定两总体方差的大小(即在水平 α 下认为 σ_1^2 与 σ_2^2 间无显著差异)。

【例 5.13】 对例 5.10 所给问题，在 95% 的置信度下判断两种轿车首次故障里程的方差是否相同。

解　由例 5.10 所给数据知：$n_1 - n_2 = 10$，$\alpha = 0.05$，$\alpha / 2 = 0.025$。

查表得

$$F_{0.025}(9,\ 9) = 4.03,\quad F_{0.975}(9,\ 9) = 1 / F_{0.025}(9,\ 9) = 0.25$$

$$\frac{S_1^2}{S_2^2} = \frac{926^2}{824^2} = 1.26$$

可求得 σ_1^2 / σ_2^2 的 95% 置信区间为 $(1.26 / 4.03,\ 1.26 / 0.25) = (0.31,\ 5.04)$。

由于置信区间包含 1，故可认为两种轿车首次故障行驶里程是同方差的

5.3.4　双总体比例差的区间估计

在实际研究中，常常需要了解两个总体比例之差。比如，对两个企业、两个地区某个经济指标的比率进行比较，或者对两个班级某门课程考试成绩的优秀率进行比较等。

在大样本的情况下，两个总体比例之差的区间估计原理与一个总体比例的区间估计相同。两个样本比例之差近似服从正态分布，而经标准化后，则服从标准正态分布，即

$$Z = \frac{(p_1 - p_2) - (\pi_1 - \pi_2)}{\sqrt{\pi_1(1 - \pi_1) / n_1 + \pi_1(1 - \pi_2) / n_2}} \sim N(0,\ 1)$$

因而我们可以建立 $\pi_1 - \pi_2$ 在 $1 - \alpha$ 置信水平上的置信区间为

$$[(p_1 - p_2) - d,\ (p_1 - p_2) + d],\quad d = Z_{\alpha/2}\sqrt{\frac{p_1(1-p_1)}{n_1} + \frac{p_2(1-p_2)}{n_2}} \tag{5-25}$$

接下来我们通过例 5.14 具体说明两个总体比例差的区间估计的计算方法。

【例 5.14】　某品牌饮料想要比较在两个城市所作广告的效果，为了简化问题，只比较两个城市成年人观看过该品牌饮料广告的比例是否有差异。于是在两个城市分别随机调查了 1000 个成年人，其中看过该广告的人数比例分别为 $p_1 = 0.26$，$p_2 = 0.21$，现在该公司想求这两个总体比例差 $\pi_1 - \pi_2$ 的 95% 的置信区间。

解　在本例中，已知 $n_1 = n_2 = 1000$，$p_1 = 0.26$，$p_2 = 0.21$，查正态分布表得 $Z_{\alpha/2} = 1.96$，将其代入公式(5-25)中，有

$$\left[(0.26 - 0.21) \pm 1.96 \times \sqrt{\frac{0.26 \times (1-0.26)}{1000} + \frac{0.21 \times (1-0.21)}{1000}}\right] = [0.013,\ 0.087]$$

因此，我们有 95% 的把握估计两个城市中成年人看过该广告的比例差为 1.3%～8.7%。

5.3.5　单侧置信限的估计

以上讨论中所求的置信限都是双侧的，但在许多实际问题中，对某一未知参数，人们更关注的往往是其置信下限或置信上限。例如，对产品的寿命或需求量等指标，人们更关注的是其均值的置信下限是多少，即在给定的置信度下，其平均值不会低于哪一个值；而对零件的加工精度等问题，人们更关注的是所加工尺寸的方差(反映了设备的加工精度)的置信上限是多少。对上述这些问题，就需要进行单侧置信限的估计。

设 θ 为总体分布的未知参数，若由样本确定的统计量 $\underline{\theta}$，对于给定的概率 α，满足

$$P\{\theta > \underline{\theta}\} = 1 - \alpha$$

则称随机区间 $(\underline{\theta},\ \infty)$ 为 θ 的置信度为 $1-\alpha$ 的单侧置信区间；$\underline{\theta}$ 称为置信度为 $1-\alpha$ 的单侧置信下限。

类似地，若由样本确定的统计量 $\overline{\theta}$，对于给定的概率 α，满足

$$P\{\theta < \overline{\theta}\} = 1 - \alpha$$

则称随机区间 $(-\infty,\ \overline{\theta})$ 为 θ 的置信度为 $1-\alpha$ 的单侧置信区间；$\overline{\theta}$ 称为置信度为 $1-\alpha$ 的单侧置信上限。

下面通过例 5.15 说明其估计的原理和方法。

【例 5.15】　假设某种电子元器件的寿命 $X \sim N(\mu,\ \sigma^2)$，现随机抽取 10 只做加速寿命试验，测得寿命数据(小时)为 12 300，12 800，17 500，10 500，13 000，15 000，14 000，13 500，9050，8000。

(1) 求该元件平均寿命的 95% 置信下限。

(2) 求该元件寿命方差的 95% 置信下限。

解　(1) 由题意，σ^2 未知，由

$$\frac{\overline{x} - \mu}{S / \sqrt{n}} \sim t(n-1)$$

可得

$$P\{(\bar{x} - \mu)\sqrt{n} / S < t_\alpha(n-1)\} = 1 - \alpha$$

即

$$P\{\mu > \bar{x} - t_\alpha(n-1)S / \sqrt{n}\} = 1 - \alpha$$

故 μ 的置信度为 $1 - \alpha$ 的单侧置信下限为

$$\bar{x} - t_\alpha(n-1)S / \sqrt{n} \tag{5-26}$$

本例中，由所给数据可求得

$$\bar{x} = 12565, \quad S = 2808.5, \quad n = 10, \quad \alpha = 0.05, \quad t_{0.05}(9) = 1.8331$$

故所求 μ 的 95% 置信下限为

$$12\,565 - 1.8331 \times \frac{2808.5}{\sqrt{10}} = 10\,937$$

即可以有 95% 的把握认为该元件的平均寿命大于 10 937 h。

(2) 由

$$\frac{(n-1)S^2}{\sigma^2} \sim x^2(n-1)$$

可得

$$P\{(n-1)S^2 / \sigma^2 > x_{1-\alpha}^2(n-1)\} = 1 - \alpha$$

即

$$P\{\sigma^2 < (n-1)S^2 / x_{1-\alpha}^2(n-1)\} = 1 - \alpha$$

即 σ^2 的置信度为 $1 - \alpha$ 的单侧置信上限为

$$\frac{(n-1)S^2}{x_{1-\alpha}^2(n-1)}$$

因 $x_{1-\alpha}^2(n-1) = x_{0.95}^2(9) = 3.325$，故所求 σ^2 的 95% 置信上限为

$$\frac{9 \times 2805.5^2}{3.325} = 4616^2 \text{ h}^2$$

由以上分析可知，求未知参数单侧置信限的原理与求双侧置信限是完全类似的，其计算公式也基本相同，主要区别在于：求双侧置信限时使用的是有关分布的上侧 $\alpha / 2$ 分位点和上侧 $1 - \alpha / 2$ 分位点；而求单侧置信限时，则使用相应分布的上侧 α 分位点或上侧 $1 - \alpha$ 分位点，即只要将有关置信限公式中的 $\alpha / 2$ 改为 α 即可。

任务5.4　样本量的确定

任务描述

样本量即调查研究必要的样本数量。在进行参数估计前，首先应确定一个适合的样本量。那么应该选取多大的样本量呢？如果样本量太大，则不经济；如果样本量太小，则不能保证估计的精度。关于这一问题的讨论，本任务主要介绍估计总体均值时样本量的确定

和估计总体比例时样本量的确定两个部分。

5.4.1 估计总体均值时样本量的确定

在估计总体均值 μ 时样本量 n 的确定，应注意以下三个因素：

(1) 所希望达到的置信水平。

(2) 研究者能够承受的误差范围。

(3) 所研究总体标准差的估计。

第一个要考虑的因素是置信水平，在前面的置信区间中，我们说过评价置信区间优劣的第一个因素是置信水平，所以通常情况下，置信水平都是事先确定的。置信水平越高，样本量越大。第二个因素是可容许误差，也就是在计算样本均值或样本比例的置信区间时，减去和加上的那个值。可容许误差越小，则要求样本量越大；反之，样本量越小。第三个因素是总体标准差，一般情况下，我们并不知道总体标准差，所以要对其进行估计。

综上所述，在置信水平 $1-\alpha$ 下，估计总体均值 μ(总体方差已知)所需的样本量 n 至少为

$$n = \left(\frac{Z_{\alpha/2}\sigma}{d}\right)^2 \tag{5-27}$$

式中：d 是最大可容许误差，也就是置信区间的半径。

下面我们还是通过例 5.16 来理解确定样本量大小的整个过程。

【例 5.16】 一个应用统计专业的学生想要了解，在某一城市中从事人力资源工作的员工每个月可以得到多少酬劳。在 95% 的置信度下，要求均值的估计误差不超过 100 元，同时他了解到估计总体标准差约为 1000 元，那么请计算需要的样本量。

解 已知最大可容许的误差 $d = 100$ 元，95% 置信度对应的标准正态分布值 $Z_{\alpha/2} = 1.96$，总体标准差为 1000 元，将数据代入式(5-27)中，样本量为

$$n = \left(\frac{Z_{\alpha/2}\sigma}{d}\right)^2 = \left(\frac{1.96\times1000}{100}\right)^2 = 384.16 \approx 385 \text{人}$$

即需要的样本量为 385 人。

通过上面的例子，我们不难发现，在给定置信水平 $1-\alpha$ 和可容许误差 d 的情况下，可以很容易地计算出需要的样本量个数 n，但公式中的总体标准差 σ 该如何确定呢？在实际情况中，很多时候总体的信息都是未知的，并且在样本量没确定之前，连样本标准差都无从计算。实际上，在很多较为大型的抽样调查初期，都会进行预调查。比如，要了解高三学生每周的学习时间，在正式调查之前，为了检验问卷的有效性，可以先调查小部分学生，利用这个小样本计算出每周学生学习时间的标准差。可以利用这个值估计正式调查时所需要的样本量，同时改用自由度为 $n-1$ 的 t 分布来计算样本量。

综上所述，在置信水平 $1-\alpha$ 下，估计总体均值 μ(总体方差 σ 未知)所需的样本量 n 至少为

$$n = \left(\frac{t_{\alpha/2}(S)}{d}\right)^2 \tag{5-28}$$

我们还是看例 5.16，在其他条件不变的情况下，现在这个学生从人力资源部门的资料中，随机抽取了 100 名从事人力资源工作的员工进行调查，得到的样本标准差为 1200，那么这个学生至少要调查多少人才能达到预计的精度？

在本例中，已知 $S = 1200$，$d = 100$，由于总体方差未知，改用 t 分布来求统计量，查 t 分布表得 $t_{\alpha/2} = 1.9842$，根据式(5-28)，样本量为

$$n = \left(\frac{t_{\alpha/2}S}{d}\right)^2 = \left(\frac{1.9842 \times 1200}{100}\right)^2 = 566.9351 \approx 567 人$$

也就是说，在总体方差未知的情况下，该学生至少需要调查 567 人才能有 95%的把握均值误差不超过 100 元。

5.4.2　估计总体比例时样本量的确定

估计总体比例时样本量的确定，与估计总体均值时样本量的确定的过程基本一致，也有三方面因素需要注意：

(1) 所希望达到的置信水平。

(2) 研究者能够承受的误差范围。

(3) 所研究总体比例的估计。

前面两个因素与 5.4.1 节中的均值估计是一样的，至于第三点总体比例的估计，如果没有事先说明确定的数值，通常情况下我们使用 0.5 作为估计值。

综上所述，在置信水平 $1 - \alpha$ 下，估计总体比例 π 时，所需的样本量 n 至少为

$$n = \frac{Z_{\alpha/2}^2 p(1-p)}{d^2} \tag{5-29}$$

式中：p 为总体比例的估计值。

【例 5.17】 假设审计程序中，要求包含错误销售发票的总体比例，在置信度为 95% 的前提下误差在 ±0.07 内，而且过去几个月的数据显示，最大的样本比例不会大于 0.15。请估计需要的样本容量大小。

解　由条件可知 $d = 0.07$，$p = 0.15$，对应于 95%置信度的 $Z_{\alpha/2} = 1.96$，则由式(5-29)可得

$$n = \frac{Z_{\alpha/2}^2 p(1-p)}{d^2} = \frac{1.96^2 \times 0.15 \times 0.85}{0.07 \times 0.07} = 99.96 \approx 100$$

同样地，因为通常在比例估计时求出的样本容量要稍微高于求出值，即选择大于求出值的整数，所以选择样本容量为 100。

【例 5.18】 国外民意调查机构在进行民意调查时，通常要求在 95%的置信度下将调查的允许误差(即置信区间的 d 值)控制在 3%以内。

(1) 为满足该调查精度要求，至少需要多大的样本？

(2) 如果要求置信度达到 99%，调查误差仍为 3%，此时至少需要多大的样本？

解　(1) 在本案例中，当 $p = 0.5$ 时，$p(1-p)$ 达到最大，故需要的样本容量至少为

$$n = \frac{1.96^2 \times 0.5 \times 0.5}{0.03 \times 0.03} = 1067.1 \approx 1068$$

(2) 如果需要置信度达到 99%，则 $Z_{\alpha/2} = Z_{0.005} = 2.575$，得

$$n = \frac{2.575^2 \times 0.5 \times 0.5}{0.03 \times 0.03} = 1841.8 \approx 1842$$

思考与练习

1. 某车床加工的缸套外径尺寸 $X \sim N(\mu, \sigma^2)$，随机测得的 10 个加工后的某种缸套外径尺寸(单位：毫米)数据是 90.01，90.01，90.02，90.03，89.99，89.98，89.97，90.00，90.01，89.99。

(1) 求出 μ 和 σ^2 的无偏估计。

(2) 求 μ 的置信度为 95% 的置信区间。

(3) 求 μ 的置信度为 95% 的单侧置信下限。

(4) 求 σ^2 的置信度为 95% 的置信区间。

(5) 求 σ^2 的置信度为 95% 的单侧置信上限。

2. 现要调查某中学的语文教学水平，从该校 2022 届的毕业生中随机抽取了 10 个学生，统计他们高考的语文成绩，统计数据如下所示(单位为分)。

98	112	68	125	120	90	88	115	130	90

已知毕业生的语文成绩服从正态分布，试求：

(1) 该校学生高考语文的平均成绩和成绩的标准差。

(2) 该校学生高考语文平均成绩的置信水平为 95% 的置信区间。

(3) 若置信水平为 95%，可容许误差不超过 4 分，则应抽取多大的样本？

3. 某大学为了了解学生每天玩手机的时间，在全校学生中随机抽取了 40 人，调查他们每天玩手机的时间，得到数据如下所示(单位为小时)。

4.5	3.5	4.2	3.3	3.5	5.0	2.5	4.6	6.5	6.8
7.0	3.5	5.7	2.3	4.4	2.0	5.4	2.6	6.4	6.8
2.1	0.5	4.3	4.2	3.6	1.9	6.9	7.0	4.3	3.5
4.7	1.4	3.5	0.5	3.6	2.5	1.3	2.9	3.0	4.6

求该校大学生平均玩手机时间的置信区间，置信水平分别为 90%，95%，99%。

4. 一名法语老师最近统计了学生在写作中拼写错误单词的数目，结果发现在她所教的全班 40 个学生中，平均每篇文章中有 60.05 个单词拼写错误，标准差为 2.44 个。试求在全体学生中，每篇文章平均拼写错误单词数目的 95% 的置信区间。

5. 总体均值置信区间的长度与总体方差、置信度和样本容量都有关。假设总体 $X \sim N(\mu, \sigma^2)$，当 σ^2 已知时，至少需要多大的样本容量，才能使 μ 的置信度为 $1 - \alpha$ 的置信区间的长度不大于给定的值 L？

6. 以 23 家银行对存款 100 美元以上客户收取空头支票的费用作为样本得到的数据如下所示(单位为美元)。

26	28	20	20	18	25	15	20	21	22	25	25
18	20	25	25	22	30	20	29	30	30	15	

(1) 求空头支票费用均值的 95% 置信度的区间估计。

(2) 解释所求得(1)结果的含义。

7. 衡量企业服务质量的一个重要因素是对客户投诉的反馈速度。一家专门销售家具、地板、地毯等装修材料的大型商场在过去几年经历了大规模的扩张。地毯部门从 2 名安装员发展到有 1 名安装监理员、1 名测量员和 15 名安装员。前一年有 50 个关于地毯的投诉。如下所示(单位为天)数据表示收到投诉到解决投诉的时间间隔。

54	5	35	137	31	27	152	2	123	81
74	27	11	19	126	110	110	29	61	35
94	31	26	5	12	4	165	32	29	28
29	26	25	1	14	13	13	10	5	27
4	52	30	22	36	26	20	23	33	68

(1) 求收到投诉到解决投诉的时间间隔均值的 95% 置信度的区间估计。

(2) 对于(1)的结论需要什么假设?

(3) (2)中的假设是否对结论有重大的影响?请说明理由。

(4) (3)的结论对(1)结果的有效性有什么影响?

8. 一份关于 705 名劳动者在工作中使用网络情况的调查显示:423 名劳动者表示他们在工作中有限地使用网络,282 个人说他们在工作中没有使用网络。

(1) 求劳动者工作中有限使用网络的 95% 置信度的区间估计。

(2) 求劳动者工作中没有使用网络的 95% 置信度的区间估计。

9. 设甲型号显像管的使用寿命 $X \sim N(\mu, \sigma^2)$,现随机抽取 16 只做加速寿命试验,测得数据如下所示(单位为小时)。

| 17 380 | 18 820 | 14 580 | 12 475 | 15 800 | 16 428 | 11 965 | 19 268 |
| 16 390 | 13 680 | 20 248 | 15 450 | 14 740 | 24 610 | 13 975 | 9520 |

(1) 求该显像管平均寿命的置信度为 95% 的置信区间。

(2) 求寿命方差的置信度为 95% 的置信区间。

10. (继第 9 题)已测得乙型号显像管 10 只的寿命数据如下所示(单位为小时)。

| 13 250 | 15 438 | 17 190 | 18 570 | 19 236 | 20 480 | 22 800 | 18 450 | 16 300 | 10 520 |

(1) 求甲、乙两种型号显像管平均寿命之差的 95% 置信区间。

(2) 求两种显像管寿命方差比的 90% 置信区间。

(3) 求甲、乙两种型号显像管寿命的置信度为 95% 的置信下限。

项目 6　假 设 检 验

假设检验是统计推断的另一类基本问题，它不仅在工商管理领域中有直接的应用，而且在各种统计方法中都有极其重要的作用。假设检验的对象可以是总体分布的某个未知参数，也可以是总体的分布形式或其他需要检验的内容，前者称为参数检验，后者统称为非参数检验。本项目将重点介绍参数检验的原理、方法，单个总体假设检验的基本应用，两个总体的假设检验问题，并结合实例讲解如何利用 SPSS 软件进行假设检验分析。

学习目标

(1) 掌握假设检验的统计思想；
(2) 了解置信区间与假设检验的区别；
(3) 理解假设检验的假设形式、两类错误和显著性水平；
(4) 掌握一个总体和两个总体参数假设检验的方法；
(5) 在 SPSS 统计软件中应用相关理论。

任务 6.1　了解假设检验思想

任务描述

假设检验是通过样本来决定是否拒绝某种假设的一套理论和方法。显著性检验是假设检验中最常用的一种方法，也是一种最基本的统计推断形式，其基本原理是先对总体的特征作出某种假设，然后通过抽样研究的统计推理，对此假设应该被拒绝还是被接受作出推断。常用的假设检验方法有 Z 检验、T 检验、卡方检验、F 检验等。本任务重点介绍假设检验的原理和步骤，以及假设检验中常出现的两类错误。

6.1.1　假设检验的原理和步骤

假设检验(Hypothesis Testing)又称统计假设检验，是用来判断样本与样本、样本与总体的差异是由抽样误差引起还是本质差别造成的统计推断方法。

假设检验的基本思想是"小概率事件"原理，其统计推断方法是带有某种概率性质的反证法。小概率思想是指小概率事件在一次试验中基本上不会发生。反证法思想是先提出检验假设，再用适当的统计方法，利用小概率原理确定假设是否成立，即为了检验一个假

设 H_0 是否正确，首先假定该假设 H_0 正确，然后根据样本对假设 H_0 作出接受或拒绝的决策。如果样本观察值导致了"小概率事件"发生，就应拒绝假设 H_0，否则应接受假设 H_0。

假设检验中所谓"小概率事件"，并非逻辑中的绝对矛盾，而是基于人们在实践中广泛采用的原则，即小概率事件在一次试验中是几乎不发生的，但概率小到什么程度才能算作"小概率事件"？显然，"小概率事件"的概率越小，否定原假设 H_0 就越有说服力，常记这个概率值为 $\alpha(0 < \alpha < 1)$，称为检验的显著性水平(Significance Level)。对于不同的问题，检验的显著性水平 α 不一定相同。一般认为，事件发生的概率小于 0.1、0.05 或 0.01 等，即为"小概率事件"。

下面通过一个例子来说明假设检验的基本原理和步骤。

统计资料表明某电子元件的寿命 $X \sim N(\mu, \sigma^2)$，其中 μ_0 已知，σ^2 已知。现采用了新的生产工艺，随机测得新工艺生产的 n 个元件寿命为 $x_1, x_2, \cdots, x_n$。企业希望了解采用新工艺后元件的平均寿命是否比原工艺下的 μ_0 有显著提高。

此例中需要推断的是 $\mu > \mu_0$ 是否成立，这可以用假设检验的方法加以解决，现将其基本原理和步骤分述如下所示。

(1) 提出一个原假设。

假设检验中采用的是类似于"反证法"的方法，因此需要提出一个假设，该假设通常是检验者希望推翻的假设(即检验者希望推翻的结论)，称为原假设(Null Hypothesis)，记为 H_0。本例中的原假设为

$$H_0 : \mu = \mu_0$$

(2) 提出一个备择假设。

通常是根据检验者希望出现的结论再提出一个与原假设 H_0 相对立的假设，称为备择假设(Alternative Hypothesis)，记为 H_1。本例中的备择假设为

$$H_1 : \mu > \mu_0$$

对同一原假设，由于检验的目的不同，可以有以下三种不同的备择假设：

① $\mu \neq \mu_0$，即要了解 μ 与 μ_0 是否存在显著差异。

② $\mu > \mu_0$，即要了解 μ 是否显著大于 μ_0。

③ $\mu < \mu_0$，即要了解 μ 是否显著小于 μ_0。

(3) 构造一个检验原假设 H_0 的统计量。

假设检验是根据所得到的样本数据计算某一统计量的值，来对原假设是否成立作出推断的，因此，需要构造一个用以检验原假设的统计量。构造统计量的原则是：该统计量应含有待检验参数的样本信息，当原假设为真时，该统计量就服从某一确定分布。本例中要检验的是总体均值，由于样本均值 $\bar{x}$ 是 μ 的优良估计，σ^2 已知，故可构造如下统计量 Z。当 H_0 为真时，统计量

$$Z = \frac{\bar{x} - \mu_0}{\sigma / \sqrt{n}} \sim N(0, 1)$$

(4) 给定一个小概率 α，称为显著性水平。

任何统计推断结论都不可避免地会犯错误，显著性水平 α 是指当原假设 H_0 为真时，检验结果却拒绝 H_0 的概率，即犯"弃真"错误的概率。α 通常取 0.05、0.01 等较小的值，

给定显著性水平 α 就控制了犯"弃真"错误的概率，不犯"弃真"错误的概率就是 $1-\alpha$。换言之，若检验结果拒绝了 H_0，就能以 $1-\alpha$ 的可信度接受备择假设 H_1，α 越小，拒绝原假设、接受备择假设的可信度就越高。显著性水平 α 也简称水平 α。

(5) 确定原假设 H_0 的拒绝域。

拒绝 H_0 时统计量的取值范围称为 H_0 的拒绝域(Rejection Region)，拒绝域的边界点称为临界值(Critical Value)。拒绝域由统计量的分布、给定的水平 α 和备择假设三者决定。本例中，由于备择假设为 $H_1: \mu > \mu_0$(称为右边检验)，故当 H_0 为真时，有

$$P\{Z > Z_\alpha\} = \alpha$$

将样本数据代入后，如果统计量 $Z > Z_\alpha$ 在原假设为真时出现这一结果的概率仅为 α，这是一个小概率事件。通常认为在一次抽样中小概率事件是不应出现的，因而就可以认为是原假设 H_0 不真所导致的结果，也就可以有 $1-\alpha$ 的把握判定原假设 H_0 不真(犯错误的概率仅为 α)，此时应拒绝 H_0。故本例中 H_0 的拒绝域为 $Z > Z_\alpha$，临界值为 Z_α，如图 6.1 所示。

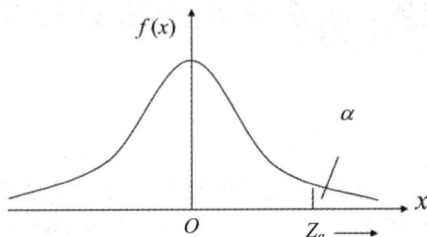

图 6.1 右边检验的临界值与拒绝域

(6) 根据统计量的计算结果作出检验结论。

若统计量的观察值落入拒绝域，就拒绝 H_0，接受 H_1；否则不能拒绝 H_0。本例中，若 $Z > Z_\alpha$，就拒绝 H_0，接受 H_1，并称在水平 α 下 μ 与 μ_0 存在显著差异；否则认为水平 α 下 μ 与 μ_0 间无显著差异。

由以上分析可知，临界值与给定的水平 α 有关。对同一问题，给定不同的水平 α，检验结论就可能不同，这就是称 α 为"显著性水平"的原因。

6.1.2 假设检验中的两类错误

设 Z 为检验原假设 H_0 的统计量，Z_α 为临界值，则由水平 α 的定义(对右边检验)

$$P\{Z > Z_\alpha \,|\, H_0 为真\} = \alpha$$

可知，根据检验结果所做的推断可能会犯以下两类错误。

第一类错误：当 H_0 为真时拒绝 H_0 的错误，即"弃真"错误。犯此类错误的概率记为 α。

第二类错误：当 H_0 不真时接受 H_0 的错误，即"取伪"错误。犯此类错误的概率记为 β，即

$$P\{Z < Z_\alpha \,|\, H_0 不真\} = \beta$$

由于 H_0 不真时统计量 Z 的分布与 H_0 为真时的分布是不同的，故 $\beta \neq 1-\alpha$。为简单起见，设原假设和备择假设分别为 H_0: $\mu = \mu_0$ 和 H_1: $\mu = \mu_1(\mu_1 > \mu_0)$，则由图 6.2 可知，在固定的样本容量下，减小 α 将使 β 增大，即我们不可能同时减小犯两类错误的概率。

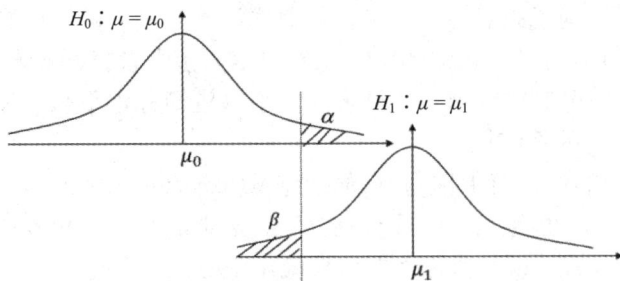

图 6.2 两类错误的关系

由于通常将希望出现的结论作为备择假设 H_1，为使拒绝 H_0 而接受 H_1 具有较高的可信度，应控制犯第一类错误的概率 α。若要想使犯两类错误的概率都较小，则必须增大样本容量。

任务6.2 单个正态总体的假设检验

✍ 任务描述

在掌握了假设检验的基本概念和步骤的基础上，相信大家对总体参数的假设检验已有了初步的了解。本任务将介绍单个总体均值、方差和比例等参数的假设检验。

6.2.1 总体均值的假设检验

以下假设 $X \sim N(\mu, \sigma^2)$，X_1, X_2, $\cdots$, X_n 为 X 的样本，给定显著性水平 α，原假设为

$$H_0 : \mu = \mu_0$$

下面对几种不同的情况分别进行讨论。

1. 总体方差 σ^2 已知(Z 检验)

当 H_0 为真时，统计量

$$Z = \frac{\bar{X} - \mu_0}{\sigma / \sqrt{n}} \sim N(0, 1) \tag{6-1}$$

由于当 σ^2 已知时，检验使用的是服从标准正态分布的统计量 Z 检验，故这类检验也称为 Z 检验。下面对三种不同的备择假设分别进行讨论。

(1) $H_0 : \mu = \mu_0$ (双边检验)。

当 H_0 为真时，有

$$P\{|Z| > Z_{\alpha/2}\} = \alpha$$

故当 $|Z| > Z_{\alpha/2}$ 时，拒绝 H_0，接受 H_1；否则，接受 H_0。

(2) $H_0 : \mu > \mu_0$ (称为右边检验)。

当 H_0 为真时，有

$$P\{Z > Z_\alpha\} = \alpha$$

故当 $Z > Z_\alpha$ 时，拒绝 H_0，接受 H_1；否则，不能接受 H_1。

(3) $H_0 : \mu < \mu_0$ (称为左边检验)。

当 H_0 为真时，有

$$P\{Z < -Z_\alpha\} = \alpha$$

故当 $Z < -Z_\alpha$ 时，拒绝 H_0，接受 H_1；否则，不能接受 H_1。

【例 6.1】 某百货商场的日销售额服从正态分布，去年的日均销售额为 4.55 万元，方差为 0.108^2，今年随机抽查了 5 个营业日的销售额(单位：万元)，分别是

4.38　　4.45　　4.47　　4.52　　4.50

根据经验，方差没有变化，问在显著性水平 $\alpha = 0.05$ 下今年的日销售额与去年相比有无显著变化。

解　设商场的日销售额为 μ，σ^2 已知，可用 Z 检验法，由题意可判断为双边检验。

令 $H_0 : \mu = \mu_0 (\mu_0 = 4.55)$；$H_1 : \mu \neq \mu_0$。可求得

$\bar{x} = 4.464$，$n = 5$，由 $\alpha = 0.05$ 查标准正态分布表可得临界值 $Z_{\alpha/2} = 1.96$。

由式(6-1)可得

$$Z = \frac{\bar{X} - \mu_0}{\sigma / \sqrt{n}} = \frac{4.464 - 4.55}{0.108 / \sqrt{5}} = -1.78$$

因为 $|Z| = 1.78 < 1.96$，不拒绝原假设 H_0，所以认为今年的日均销售额与去年相比没有发生显著变化。

2. 总体方差 σ^2 未知(t 检验)

当 H_0 为真时，统计量

$$t = \frac{\bar{X} - \mu_0}{S / \sqrt{n}} \sim t(n-1) \tag{6-2}$$

与 σ^2 已知时的分析完全类似，可用表 6.1 所示的检验方法。

表 6.1　σ^2 未知时单个正态总体均值的检验

检验 H_0 的统计量	备择假设	拒绝域
$t = \dfrac{\bar{X} - \mu_0}{S / \sqrt{n}}$	$H_1 : \mu \neq \mu_0$	$|t| > t_{\alpha/2}(n-1)$
	$H_1 : \mu > \mu_0$	$t > t_\alpha(n-1)$
	$H_1 : \mu < \mu_0$	$t < -t_\alpha(n-1)$

【例 6.2】 某厂生产的一种钢丝绳抗拉强度服从均值为 $10\,560 \text{ kg/cm}^2$ 的正态分布，为提高产品质量，该厂技术开发部门试验了一种新的生产工艺，并随机抽取了用新工艺生产的 10 根钢丝绳，测得它们的抗拉强度如下：

| 10 512 | 10 623 | 10 668 | 10 554 | 10 776 | 10 707 | 10 557 | 10 581 | 10 666 | 10 670 |

现该厂技术开发人员需要了解在显著性水平 $\alpha = 0.05$ 下，新工艺生产的钢丝绳的平均抗拉强度是否比原工艺生产的钢丝绳的平均抗拉强度有显著提高？

解　设新钢丝绳的平均抗拉强度为 μ，σ^2 未知，可用 t 检验法，由题意可判断为右边检验。令 $H_0 : \mu = \mu_0 (\mu_0 = 10560)$；$H_1 : \mu > \mu_0$。可求得

$\bar{X} = 10631.4$，$S = 81$，$n = 10$，$\alpha = 0.05$，$t_{0.05}(9) = 1.8331$

由公式(6-2)可得

$$t = \frac{\bar{X} - \mu_0}{S / \sqrt{n}} = \frac{10631.4 - 10560}{81 / \sqrt{10}} = 2.7875 > t_{0.05}(9) = 1.8331$$

故拒绝 H_0，即在水平 $\alpha = 0.05$ 下，新工艺生产的钢丝绳的平均抗拉强度显著高于原工艺生产的钢丝绳的平均抗拉强度。

在应用案例中，若取显著性水平 $\alpha = 0.01$，则结论不同。因为 $t = 2.7875 < t_{0.01}(9) = 2.814$，故不能拒绝 H_0，即在水平 $\alpha = 0.01$ 下，新工艺钢丝绳的平均抗拉强度并不显著高于原工艺生产的钢丝绳的平均抗拉强度。

由以上分析可知，对同一问题，其检验结果与给定的显著性水平 α 有关。通常若在 $\alpha = 0.05$ 下拒绝 H_0，就称检验结果为一般显著；若在 $\alpha = 0.01$ 下拒绝 H_0，则称检验结果为高度显著；若在 $\alpha = 0.01$ 下拒绝 H_0，则称检验结果为极高度显著。

虽然题目中没有已知总体方差，但是当样本量充分大($n \geq 30$)时，由中心极限定理可知，此时的 t 检验统计量也近似服从正态分布，所以采用 z 检验统计量也可以解决问题，即将总体方差 σ^2 未知的情况转化成了总体方差 σ^2 已知的情况。

6.2.2　总体方差的假设检验

设总体 $X \sim N(\mu, \ \sigma^2)$，原假设为

$$H_0 : \sigma^2 = \sigma_0^2$$

则当 H_0 为真时，统计量

$$\chi^2 = \frac{(n-1)S^2}{\sigma_0^2} \sim \chi^2(n-1) \tag{6-3}$$

下面同样对三类不同的备择假设分别进行讨论。

1. H_1: $\sigma^2 = \sigma_0^2$(双边检验)

由

$$P\{\chi_{1-\alpha/2}^2(n-1) < \chi^2 < \chi_{\alpha/2}^2(n-1)\} = 1 - \alpha$$

可知，若

$$\chi^2 < \chi_{1-\alpha/2}^2(n-1) \ \text{或} \ \chi^2 > \chi_{\alpha/2}^2(n-1)$$

就拒绝 H_0，接受 H_1；否则，接受 H_0。双边检验拒绝域如图 6.3 所示。

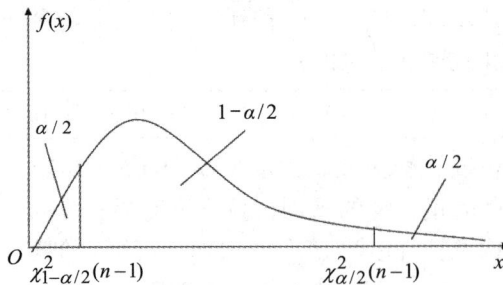

图 6.3　双边检验的拒绝域

2. $H_1:\sigma^2 > \sigma_0^2$ (右边检验)

由

$$P\{\chi^2 < \chi_\alpha^2(n-1)\} = 1-\alpha$$

可知，若

$$\chi^2 > \chi_\alpha^2(n-1)$$

就拒绝 H_0，接受 H_1；否则不能接受 H_1。右边检验拒绝域如图 6.4 所示。

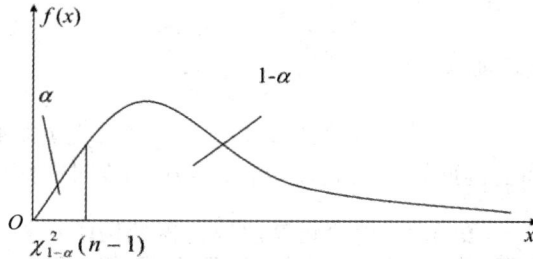

图 6.4 右边检验拒绝域

3. $H_1:\sigma^2 < \sigma_0^2$ (左边检验)

由

$$P\{\chi^2 > \chi_{1-\alpha}^2(n-1)\} = 1-\alpha$$

可知，若

$$\chi^2 < \chi_{1-\alpha}^2(n-1)$$

就拒绝 H_0，接受 H_1；否则，不能接受 H_1。左边检验拒绝域如图 6.5 所示。

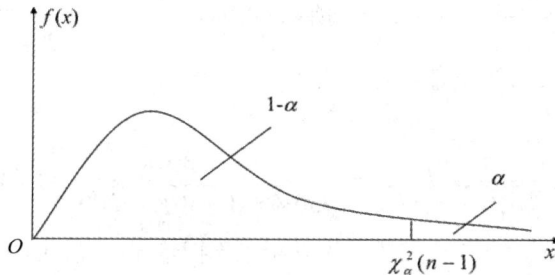

图 6.5 左边检验拒绝域

【例 6.3】某台加工缸套外径的机床,在运行良好时所加工缸套外径的标准差为 0.02 mm。经过一段时间的生产运行后，设备管理部门为了解该机床的加工精度是否仍然满足原精度指标，从该机床所加工的缸套中随机抽取了 9 个，测得外径尺寸的样本标准差 $S = 0.03$ mm。在显著性水平 $\alpha = 0.10$ 下，该机床的加工精度是否满足要求(符合原指标)？

解 本案例的问题显然是对总体方差的检验。要判断是单边还是双边检验，应根据问题的实际含义进行。由于方差大了才会不满足精度要求，故本案例应为右边检验。

设原假设 $H_0:\sigma^2 = \sigma_0^2$，备择假设 $H_1:\sigma^2 > \sigma_0^2 (\sigma_0^2 = 0.02^2)$。

$$\chi^2 = \frac{(n-1)S^2}{\sigma_0^2} = \frac{8 \times 0.03^2}{0.02^2} = 18 > \chi_{0.10}^2(8) = 13.362$$

故在水平 $\alpha = 0.10$ 下应拒绝 H_0，接受 H_1，即该机床加工的误差显著增大，加工精度不能满足要求，需要立即检修。

本案例之所以取较大的显著性水平 $\alpha = 0.10$，是由于在此类问题的检验中犯第二类错误(机床精度已显著下降，但推断精度仍满足要求)所造成的损失要比犯第一类错误(机床精度并无显著下降，但推断精度不满足要求)大得多，因此应着重控制犯第二类错误(取伪)的概率 β。由两类错误的关系可知，此时的显著性水平 α 不能取得过小，否则会使犯第二类错误的概率 β 增大。

6.2.3　总体比例的假设检验

设总体比例 p，则当 np 和 $n(1-p)$ 都大于 5 时，样本比例 $\hat{p}$ 近似服从均值为 p，方差为 $p(1-p)/n$ 的正态分布。因此，当原假设 $H_0: p = p_0$ 为真时，统计量如表 6.2 所示。

表 6.2　单个正态总体比例的检验

统计量	H_1	拒绝域
$\dfrac{\hat{p}-p_0}{\sqrt{p_0(1-p_0)/n}}$	$p \neq p_0$	$|Z| > Z_{\alpha/2}$
	$p > p_0$	$Z > Z_{\alpha}$
	$p < p_0$	$Z < -Z_{\alpha}$

【例 6.4】某研究人员估计某高校男学生所占比例为 30%，现随机抽取了 200 名学生，其中 68 名为男学生，可否认为此研究人员的判断可信(显著性水平 $\alpha = 0.05$)？

解　建立原假设 $H_0: p = p_0 (p_0 = 30\%)$，备择假设 $H_1: p \neq p_0$。

由题意可得 $p = \dfrac{68}{200} = 34\%$，$n = 200$，所以 $np = 68 > 5$，$n(1-p) = 132 > 5$，由中心极限定理可知样本比例 p 服从正态分布。

样本比例：

$$Z = \frac{p - p_0}{\sqrt{p_0(1-p_0)/n}} = \frac{34\% - 30\%}{\sqrt{30\% \times (1-30\%)/200}} = 1.23$$

由 $\alpha = 0.05$，查表得 $Z_{\alpha/2} = 1.96$，因 1.23＜1.96，所以不拒绝原假设，说明该校男生比例为 30%。

【例 6.5】对于考试，人们最关心及格线是多少。因为及格线上下的考生可能得到完全不同的待遇。目前国内最常采用的是传统的百分制 60 分及格的方法，即得分为总分的 60%为及格。那么为什么通常认为 60 分就及格呢？

解　我国常见的百分制是把试卷分成 100 个采分点，并且假设每个采分点是相互独立的。最典型的例子就是试卷中有 100 道"正误"判断题，也就是说，答题者在完全不具备相关知识的情况下，仅凭猜测判断，那么正确的概率为 0.5。

这个问题的总体是 0-1 分布，答题者回答 100 道题目，就相当于从 0-1 分布的总体中抽取样本容量 $n = 100$ 的样本，记做 X_1，X_2，…，X_{100}。答题者的总分 $Y = X_1 + X_2 + \cdots + X_{100}$。显然，总分 Y 服从二项分布 $B(100, p)$。

在 n 充分大的时候，由中心极限定理可知 $\bar{X}$ 近似服从正态分布。一般情况下，只要 $np > 5$，并且 $n(1-p) > 5$ 就可以认为 n 足够大了。

由于 $E(\bar{X}) = p$，$D(\bar{X}) = p(1-p)/n$，所以，$\bar{X}$ 近似服从正态分布 $N(p,\ p(1-p)/n)$。将该分布标准化可得到检验统计量 $z = \dfrac{\bar{X} - P}{\sqrt{p(1-p)/n}}$，近似服从标准正态分布。故建立如下假设检验

$H_0: p = 0.5$ (答题者猜答案，不及格)

$H_1: p > 0.5$ (答题者依据相关知识作出判断)

给定显著性水平 $\alpha = 0.01$ (即犯第一类错误"弃真"的概率)，由 $Z_\alpha \approx 2.33$ 可知拒绝域为

$$Z = \frac{\bar{X} - 0.5}{\sqrt{0.5 \times 0.5 / 100}} \geq 2.33$$

相应 $\bar{X}$ 的最小值为 0.617，也就是说，如果答题者答对了 62 分，就认为其不是瞎猜，可以及格。此时，瞎猜得到 62 分的概率不超过 1%。当 $\alpha = 0.05$ 时，查表得 $Z_\alpha \approx 1.645$，此时 $\bar{X} = 0.5823$。同样还可以计算得到，百分制 60 分及格是基于显著性水平为 $\alpha = 0.0233$ 的假设检验上。由于答题者所掌握的知识有限，特别是在及格线边缘的答题者，在不同的考试时可能会徘徊于及格与不及格之间，而由于假设检验又不可避免地会犯两类错误，由 α 控制的是把本来应该不及格的认为及格(弃真)的概率，而由 β 控制的是把及格认为不及格(取伪)的概率。在本模型中，α 取 0.0233，属于一般显著。没有将 α 取 0.01(高度显著)或 0.05，是为了比较合理地控制两类错误的概率，体现了一般性。而根据实际情况，若老师要求比较严格，为增加学生的学习压力，可以降低 α 的取值，以提高及格线。

6.2.4 SPSS 操作单样本 T 检验

单样本 T 检验，有的教材也叫单样本 t 检验，两者没有本质区别。SPSS 中 T 检验的命令菜单采用的是大写 T 表示，其分析结果用 t 表示，除了单样本 T 检验，还有独立样本 T 检验和配对样本 T 检验，SPSS 也采用 T 代替 t。这里按照 SPSS 的习惯采用大写 T 表示菜单命令，用小写 t 表示统计量。

单样本 T 检验研究的是样本均值与总体均值的差异问题，目的在于推断样本的总体均值是否与某个指定的检验值存在统计学上的显著性差异。简而言之，即判断某一样本是否属于某总体。之所以叫作单样本 T 检验，一方面是因为在这样的假设检验中只有一组样本数据，所以称为"单样本"，即单样本 T 检验适用于研究只有一个样本的问题；另一方面是因为其进行假设检验所依据的分布主要是 t 分布。

单样本 T 检验的使用需要满足下列几个条件：

(1) 单个样本数据。

(2) 样本来自的总体要服从或近似服从正态分布。

(3) 样本数据为连续性数据。

【例 6.6】 某药物在某种溶剂中溶解后的标准浓度为 20.00 mg/L。现采用某种方法，测量该药物溶解液 11 次，测量后得到的结果有 20.99，20.41，20.10，20.00，20.91，22.41，20.00，23.00，22.00，19.89，21.11。分析用该方法测量所得结果是否与标准浓度值有所不同？

第一步，打开或新建数据文件后，依次选择【分析】→【比较平均值】→【单样本 T

检验】命令，弹出【单样本 T 检验】对话框，如图 6.6 所示。

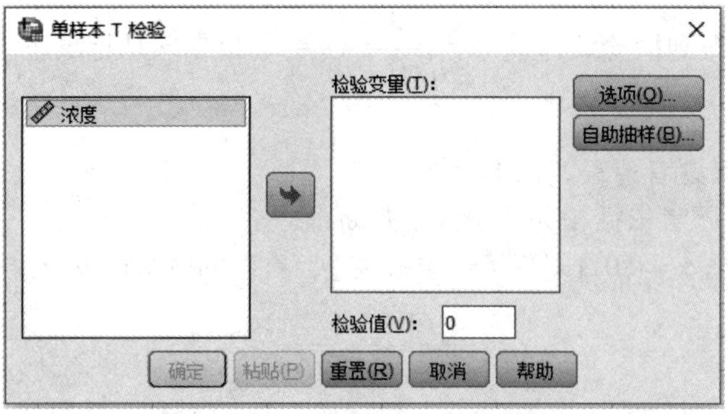

图 6.6　【单样本 T 检验】对话框

第二步，在候选变量列表框中选择【浓度】变量，将其添加至【检验变量】列表框中，在【检验值】文本框中输入 20，即药物在某种溶剂中溶解后的标准浓度。单击【选项】按钮，弹出【单样本 T 检验：选项】对话框，如图 6.7 所示。

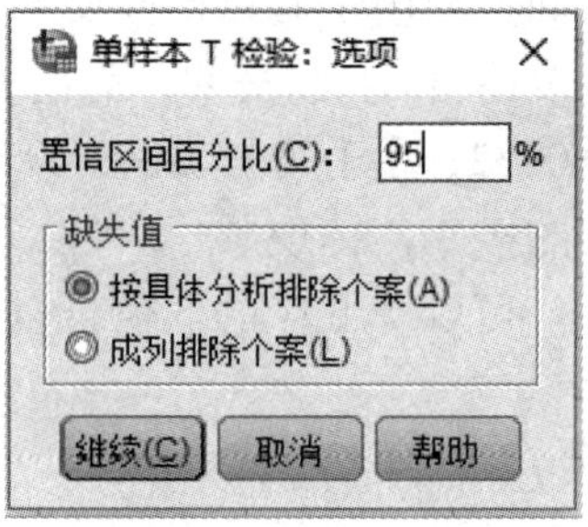

图 6.7　【单样本 T 检验：选项】对话框

第三步，【置信区间百分比】文本框用于设置在指定水平下，样本平均值与指定的检验值之间的置信区间，默认值为 95%。【缺失值】选项组用于设置缺失值的处理方式，其中，【按具体分析排除个案】表示当分析计算涉及含有缺失值的变量时，删除该变量上是缺失值的观测量；【成列排除个案】表示删除所有含缺失值的观测量后再进行分析。我们这里选择默认【按具体分析排除个案】选项，单击【继续】按钮，返回主对话框。

第四步，在主对话框中，单击【确定】按钮，完成操作。此时，软件输出结果出现在结果浏览窗口中，如图 6.8 所示。

单样本检验

检验值 = 20

	t	自由度	Sig.（双尾）	平均值差值	差值 95% 置信区间 下限	上限
浓度	3.056	10	0.012	0.98364	0.2665	1.7008

图 6.8　【单样本检验】结果

第五步，结果分析。

由图 6.8 可知，t 统计量为 3.056，自由度 = 10，"Sig(双尾)"表示进行的是双侧检验，有的版本又称为"显著性(双尾)"，t 的显著性检验 p 值为 0.012。该单样本 T 检验要证明的是某药物溶解后的浓度与标准浓度是否有显著性差异，则其原假设为两者没有显著性的差异，即 $H_0: \mu_1 = \mu_0 = 20$。这里 t 统计量的显著性检验值 $p = 0.012 < 0.05$，所以拒绝原假设 H_0，即认为某药物溶解后的浓度与标准浓度有显著性区别。如果 $p > 0.05$，则接受原假设 H_0，认为两者不存在显著性差异。

任务 6.3　双总体的假设检验

任务描述

两个总体的假设检验关心的不是逐一对每个参数的值进行假设检验，而是考虑两个总体之间的差异。本任务主要介绍两个独立正态总体均值、总体方差和总体比例之间是否存在显著性差异的检验过程。

6.3.1　总体均值的假设检验

与区间估计的情况类似，许多实际问题都需要检验两个独立正态总体的均值是否存在显著差异，或方差是否存在显著差异。

以下设总体 $X_1 \sim N(\mu_1,\ \sigma_1^2)$，$X_2 \sim N(\mu_2,\ \sigma_2^2)$，且 X_1、X_2 相互独立。$\bar{X}_1$、$\bar{X}_2$ 和 S_1^2、S_2^2 分别为它们的样本均值和样本方差，n_1 和 n_2 分别为它们的样本容量，并设原假设为

$$H_0: \mu_1 = \mu_2$$

下面就几种情况分别进行讨论。

1. σ_1^2、σ_2^2 都已知(Z 检验)

当 H_0 为真时，统计量

$$Z = \frac{\bar{X}_1 - \bar{X}_2}{\sqrt{\sigma_1^2 / n_1 + \sigma_2^2 / n_2}} \sim N(0,\ 1) \tag{6-4}$$

与单个正态总体均值检验完全类似，可以导出表 6.3 所示的检验方法。

表 6.3　σ_1^2、σ_2^2 已知时两个正态总体均值的检验

统计量	备择假设	拒绝域
$Z = \dfrac{\bar{X}_1 - \bar{X}_2}{\sqrt{\sigma_1^2 / n_1 + \sigma_2^2 / n_2}}$	$H_1: \mu_1 \neq \mu_2$	$\lvert Z \rvert > Z_{\alpha/2}$
	$H_1: \mu_1 > \mu_2$	$Z > Z_{\alpha}$
	$H_1: \mu_1 < \mu_2$	$Z < -Z_{\alpha}$

【例 6.7】 某校学生的一次小组课题，是研究在校大学生的课外阅读情况，该组同学通过随机抽样收集到 100 名男生和 100 名女生在过去一周内的平均课外阅读时间为 25 h 和 28 h。已知男生和女生的课外阅读时间的总体方差 $\sigma_1^2 = \sigma_2^2 = 32$，在 0.05 的显著性水平下，能否由此得出该校男生和女生的课外阅读时间存在显著差异？

解 设 μ_1、μ_2 分别表示男生和女生课外阅读时间的总体均值，建立原假设 $H_0: \mu_1 = \mu_2$，备择假设 $H_1: \mu_1 \neq \mu_2$。

由式(6-4)可得

$$Z = \frac{\bar{X}_1 - \bar{X}_2}{\sqrt{\sigma_1^2 / n_1 + \sigma_2^2 / n_2}} = \frac{25 - 28}{\sqrt{32 / 100 + 32 / 100}} = -3.75$$

由 $\alpha = 0.05$ 查表得 $Z_{a/2} = 1.96$。

因为 $|-3.75| > 1.96$，故拒绝原假设，接受备择假设，即表明男生和女生课外阅读时间存在显著差异。

2. 总体方差未知，且 $\sigma_1^2 = \sigma_2^2$ (t 检验)

根据中心极限定理可以证明，当 H_0 为真时，统计量

$$t = \frac{\bar{X}_1 - \bar{X}_2}{S_\omega \sqrt{1 / n_1 + 1 / n_2}} \sim t(n_1 + n_2 - 2) \tag{6-5}$$

其中：

$$S_\omega^2 = \frac{(n_1 - 1)S_1^2 + (n_2 - 1)S_2^2}{n_1 + n_2 - 2} \tag{6-6}$$

为两样本的合并方差。同样，可以得到表 6.4 所示的检验方法。

表 6.4　$\sigma_1^2 = \sigma_2^2$，且未知时两个正态总体均值的检验

统计量	备择假设	拒绝域
$t = \dfrac{\bar{X}_1 - \bar{X}_2}{S_\omega \sqrt{1/n_1 + 1/n_2}}$	$H_1 : \mu_1 \neq \mu_2$	$|t| > t_{\alpha/2}(n_1 + n_2 - 2)$
	$H_1 : \mu_1 > \mu_2$	$t > t_\alpha(n_1 + n_2 - 2)$
	$H_1 : \mu_1 < \mu_2$	$t < -t_\alpha(n_1 + n_2 - 2)$

【例 6.8】　某制药厂为分析该厂生产的甲、乙两种安眠药的疗效，将 20 个失眠病人分成两组，每组 10 人，两组病人分别服用甲、乙两种安眠药作对比试验，测得试验结果如表 6.5 所示。两种安眠药的疗效间有无显著差异？

表 6.5　服用甲、乙两种安眠药的延长睡眠时间

安眠药	各病人延长睡眠的时间/h									
	1	2	3	4	5	6	7	8	9	10
甲种安眠药	1.9	0.8	1.1	0.1	-0.1	4.4	5.5	1.6	4.6	3.4
乙种安眠药	0.7	-1.6	-0.2	-1.2	-0.1	3.4	3.7	0.8	0.0	2.0

本案例给出了医学试验中经常采用的两种不同的试验方法。在前一种试验方法下，由于是对两组不同的病人分别进行试验，因此两组病人分别服用两种安眠药的疗效之间没有影响，是相互独立的。表 6.5 所示是从两个独立的总体中分别获得的两组样本数据，此时就是要检验两个独立总体的均值之间是否存在显著差异。

解　设服用甲、乙两种安眠药的延长睡眠时间分别为总体 X_1 和 X_2，$X_1 \sim N(\mu_1,\ \sigma_1^2)$，$X_2 \sim N(\mu_2,\ \sigma_2^2)$，由试验方法可知，两组不同的病人服用两种安眠药的疗效是互不影响的，故 X_1 和 X_2 相互独立。由题意建立原假设，$H_0 : \mu_1 = \mu_2$，备择假设 $H_1 : \mu_1 \neq \mu_2$。由表 6.5

所给数据，可求得

$$\bar{X}_1 = 2.33, \ \bar{S}_1 = 2.002^2, \ \bar{X}_2 = 0.75, \ \bar{S}_2 = 1.789^2, \ n_1 = n_2 = 10,$$

$$S_\omega = \sqrt{(9 \times 2.002^2 + 9 \times 1.789^2)/18} = 1.8985$$

$$|t| = \frac{|2.33 - 0.75|}{1.8985 \times \sqrt{1/10 + 1/10}} = 1.8609 < t_{0.025}(18) = 2.1009$$

故不能拒绝 H_0，即在水平 $\alpha = 0.05$ 下两种安眠药的疗效无显著差异。

3. 总体方差未知，且 $\sigma_1^2 \neq \sigma_2^2$

当 n_1、n_2 都很大(≥ 30)时，则在 H_0 为真时，统计量

$$Z = \frac{\bar{X}_1 - \bar{X}_2}{\sqrt{S_1^2/n_1 + S_2^2/n_2}}$$

近似服从 $N(0, 1)$。此时可以按表 6.3 所给方法进行检验，但统计量是不同的。

6.3.2　SPSS 操作独立样本 T 检验

独立样本 T 检验的研究目的是研究均值的差异情况。与单样本 T 检验不同的是，独立样本 T 检验利用来自两个总体的独立样本的差异情况，推断两个总体的均值间是否存在显著差异。两独立样本指的是从一个总体中抽取的一组样本与从另一个总体抽取的一组样本彼此独立，没有任何影响，它们分别属于不同的总体，它们的样本数量可以相等，也可以不相等。例如，糖尿病病人随机地分配到旧药组和新药组，旧药组病人主要接受原有的药丸，而新药组病人主要接受一种新药，在主体经过一段时间的治疗之后，对两组样本进行 T 检验，比较两组的平均血压。

与单样本 T 检验一样，在写备择假设时这里的显著差异的写法包括显著不等于($H_1: \mu_1 \neq \mu_2$)、显著小于 ($H_1: \mu_1 < \mu_2$) 和显著大于 ($H_1: \mu_1 > \mu_2$)。SPSS 软件只检验显著不等于的情况，即只做双侧检验。如果需要做单侧检验，需要通过双侧检验数据进行人为判断。

两独立样本 T 检验的适用条件有下面几个：

(1) 样本来自的总体应服从或近似服从正态分布。

(2) 两样本应为相互独立的样本。

(3) 样本数据为连续性变量。

【例 6.9】　为了评价两位老师的教学质量，从两个班中随机抽取 20 名同学，其考试成绩如表 6.6 所示。试比较其分别任教的甲、乙两班(设甲、乙两班原成绩相近，不存在差别)考试后的成绩是否存在差异。

表 6.6　甲、乙两班学生考试后的成绩

班级	考试后的成绩									
甲班	85	76	94	85	86	87	82	82	90	90
	73	85	68	80	77	74	83	88	88	93
乙班	75	83	64	73	80	62	65	72	75	87
	90	66	68	75	68	98	78	80	76	74

第一步，打开或新建数据文件后，依次选择【分析】→【比较平均值】→【独立样本 T 检验】命令，弹出【独立样本 T 检验】对话框，如图 6.9 所示。

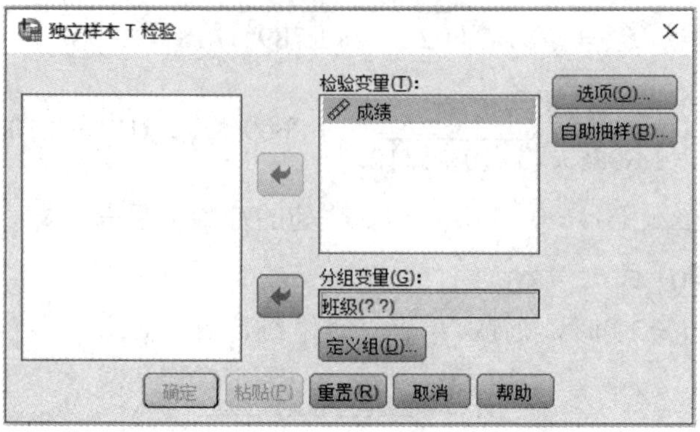

图 6.9　【独立样本 T 检验】对话框

第二步，在候选变量列表框中选择【成绩】变量，将其添加至【检验变量】列表框中，选择【班级】变量，将其添加至【分组变量】文本框中。单击【选项】按钮，弹出【独立样本 T 检验：选项】对话框，如图 6.10 所示。该对话框中的内容可以参照【单样本 T 检验：选项】对话框中的内容填写，单击【继续】按钮，返回主对话框。

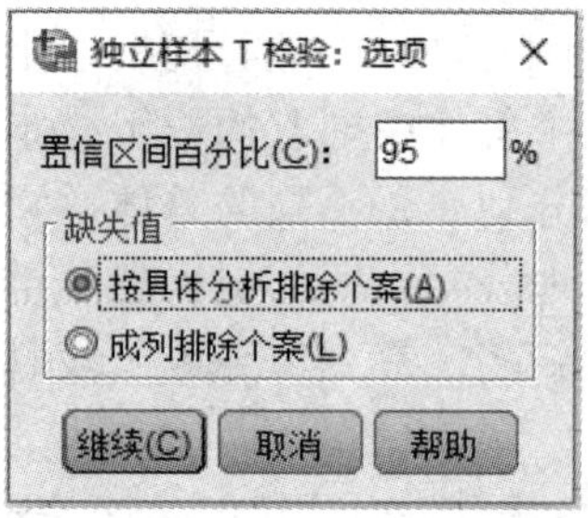

图 6.10　【独立样本 T 检验：选项】对话框

第三步，单击【定义组】按钮，弹出【定义组】对话框。该对话框用于定义进行 T 检验的比较组别名称。【使用指定值】选项用于分别输入两个对应不同总体的变量值；【分割点】选项用于定义分割点值，如果在该文本框中输入一个数字，大于或等于该数值的个体对应一个总体，小于该值的个体对应另一个总体。选中【使用指定的值】单选按钮，在【组 1】文本框中输入 1，在【组 2】文本框中输入 2，如图 6.11 所示。输入完成后，单击【继续】按钮，返回主对话框。

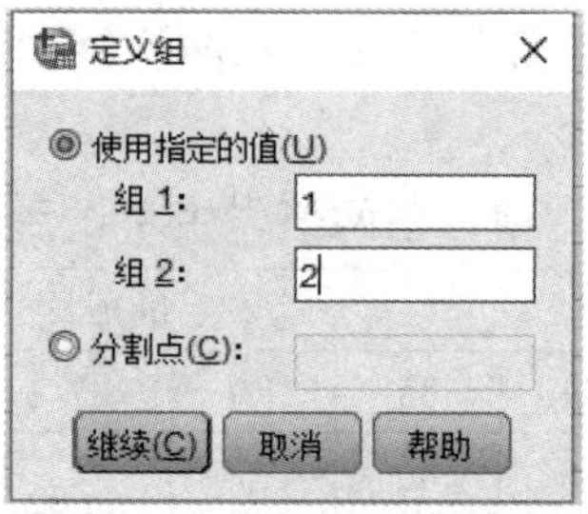

图 6.11　【定义组】对话框

第四步，在主对话框中，单击【确定】按钮，完成操作。此时，软件输出结果出现在结果浏览窗口中，如图 6.12 所示。

独立样本检验									
		莱文方差等同性检验		平均值等同性 t 检验						
		F	显著性	t	自由度	Sig.（双尾）	平均值差值	标准误差差值	差值 95% 置信区间	
									下限	上限
成绩	假定等方差	0.733	0.397	3.056	38	0.004	7.850	2.569	2.650	13.050
	不假定等方差			3.056	35.290	0.004	7.850	2.569	2.637	13.063

图 6.12 【独立样本检验】输出

图 6.12 给出了对本例的独立样本 T 检验的结果，包括有方差齐次性的莱文检验结果和平均值方程的 T 检验结果。结果显示 Levene 统计量为 0.733，显著性 P 值为 0.397＞0.05，故方差齐次。不同组间独立样本 T 检验统计量 $t = 3.056$，P 值为 0.004＜0.05，因此，认为两位老师分别任教的甲、乙两班考试后的成绩存在差异，即两位老师的教学质量存在差异。

6.3.3 SPSS 操作成对样本 T 检验

成对样本 T 检验也叫配对样本 T 检验，通常情况下，成对样本 T 检验的数据是同一组被试验或个案被测验两次而获得的，即同一群体有前后测的两次测试数据。成对样本 T 检验的研究目的也是均值的差异情况，但它和单样本 T 检验及两独立样本 T 检验都有所不同。与单样本 T 检验研究单个样本均值和总体均值差异不同的是，它要推断的是两个总体的均值间是否存在显著差异；与独立样本 T 检验研究两个独立样本所属总体间的差异不同的是，它研究的是两组相关样本所属总体间是否有显著差异。与单样本 T 检验以及独立样本 T 检验一样，在写备择假设时，这里的显著差异的写法也包括显著不等于（$H_1 : \mu_1 \neq \mu_2$）、显著小于（$H_1 : \mu_1 < \mu_2$）和显著大于（$H_1 : \mu_1 > \mu_2$）。SPSS 软件只检验显著不等于的情况，即只做双侧检验，如果需要做单侧检验，需要通过双侧检验数据进行人为判断。

成对样本 T 检验的适用条件有下面几个：

(1) 两组样本有一定的关联，两组样本的样本容量应该相等，它们的观察值的顺序一一对应，不能随意改变。

(2) 样本所属的总体服从或近似服从正态分布。

(3) 样本数据属于连续性数据。

配对样本 T 检验主要包括下列情况。

(1) 同一实验对象处理前后的数据。例如，对患肝病的病人实施某种药物治疗后，检验病人在服药前后的差异性。

(2) 同一实验对象两个部位的数据。例如，研究汽车左右轮胎耐磨性有无显著差异。

(3) 同一样品用两种方法检验的结果。例如，对人造纤维在 60℃和 80℃的水中分别做试验，检验温度对这种材料缩水率的影响。

(4) 配对的两个试验对象分别接受不同处理后的数据。例如，对双胞胎兄弟实施不同的教育方案，检验他们在学习能力上的差异性。

【例 6.10】 参考例 6.8 中的数据，如果将试验方法修改为：对同一组 10 个病人，每人分别服用甲、乙两种安眠药作对比试验，并假定试验结果仍如表 6.5 所示，此时两种安眠药的疗效间有无显著性差异？

解　在这种试验方法下，显然两种安眠药对同一病人的疗效是互有影响的，通常重度失眠病人无论服用哪种安眠药的效果都不会很好，而轻度失眠病人则通常服用任何一种安眠药(即使是某种安慰剂)的效果都会很好，此时表 6.5 的两组数据之间就是不独立的，而且两组数据之间是一一对应的，不能打乱顺序，故采用成对样本 T 检验。

第一步，新建或打开数据文件，其数据视图如图 6.13 所示。

	序号	甲种安眠药	乙种安眠药
1	1	1.9	0.7
2	2	0.8	-1.6
3	3	1.1	-0.2
4	4	0.1	-1.2
5	5	-0.1	-0.1
6	6	4.4	3.4
7	7	5.5	3.7
8	8	1.6	0.8
9	9	4.6	0.0
10	10	3.4	2.0

图 6.13　数据视图

第二步，依次选择【分析】→【比较平均值】→【成对样本 T 检验】命令，弹出【成对样本 T 检验】对话框，如图 6.14 所示。

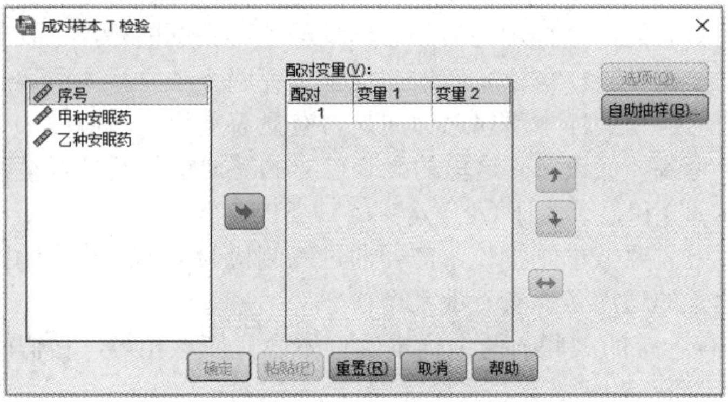

图 6.14　【成对样本 T 检验】对话框

第三步，在候选变量列表框中选择【甲种安眠药】变量，将其添加至【配对变量】列表框【变量 1】中，选择【乙种安眠药】变量，将其添加至【变量 2】文本框中。单击【选项】按钮，填写完【成对样本 T 检验：选项】对话框里面内容，单击【继续】按钮，返回主对话框，单击【确定】按钮，完成操作。此时，软件输出结果出现在结果浏览窗口中，如图 6.15 所示。

		配对样本检验							
		配对差值							
					差值 95% 置信区间				
		平均值	标准 偏差	标准 误差平均值	下限	上限	t	自由度	Sig.（双尾）
配对 1	甲种安眠药 - 乙种安眠药	1.5800	1.2300	0.3890	0.7001	2.4599	4.062	9	0.003

图 6.15　【配对样本检验】结果

图 6.15 给出了对本例的成对样本 T 检验的结果，从该图中可以得到甲乙两种安眠药使用后延长睡眠时间之差的平均值、标准差、标准误差平均值、95% 的置信区间以及 T 检验的值、自由度和双侧概率值。由于 T 检验的概率值是 4.062，$P = 0.003 < 0.05$ 的显著水平，所以可以认为甲乙两种安眠药的疗效是有显著差异的。

对于这一类不独立的"成对样本试验"的均值检验，如果使用人为判断，就需要转化为单个正态总体均值的检验，方法如下：

设总体 X 为病人服用甲、乙两种安眠药后延长的睡眠时间之差，则 $X \sim N(\mu, \sigma^2)$，此时要检验的假设为

$$H_0 : \mu = 0, \ H_1 : \mu \neq 0$$

由表 6.5 所给数据，可求得 $\overline{X} = 1.58$，$S = 1.23$，$n = 10$，并取 $\alpha = 0.01$，则

$$|t| = \frac{|1.58 - 0|}{1.23 / \sqrt{10}} = 4.0621 > t_{0.005}(9) = 3.2498$$

由此可知，在水平 $\alpha = 0.01$ 下，两种安眠药的疗效也存在显著差异，即两种安眠药疗效的差异是高度显著的。

6.3.4 总体方差的假设检验

在进行双样本检验时，首先需要检验总体方差是否相等，只有在总体方差没有显著差异的情况下，比较总体均值是否有显著差异才是有意义的。接下来简单介绍总体方差比较的假设检验方法，也称为方差齐性检验(Variance Homogeneity Test，VHT)。

由于许多统计推断方法都是建立在两个或多个正态总体同方差的条件下，如在方差未知时两独立正态总体均值的 T 检验。而在实际情况中，两个正态总体方差是否相同往往是未知的，这就需要进行 F 检验。

设总体 $X_1 \sim N(\mu_1, \sigma_1^2)$，$X_2 \sim N(\mu_2, \sigma_2^2)$，且相互独立，$S_1^2$、$S_2^2$ 和 n_1、n_2 分别为它们的样本方差和样本容量，原假设为

$$H_0 : \sigma_1^2 = \sigma_2^2$$

可以证明，当 H_0 为真时，统计量

$$F = \frac{S_1^2}{S_2^2} \sim F(n_1 - 1, \ n_2 - 1) \tag{6-7}$$

与单个正态总体方差的检验完全类似，可导出表 6.7 所示的检验方法。

表 6.7 两正态总体方差的检验

统计量	备择假设	拒绝域
$F = \dfrac{S_1^2}{S_2^2}$	$H_1 : \sigma_1^2 \neq \sigma_2^2$	$F > F_{\alpha/2}(n_1 - 1, \ n_2 - 1)$ 或 $F < F_{1-\alpha/2}(n_1 - 1, \ n_2 - 1)$
	$H_1 : \sigma_1^2 > \sigma_2^2$	$F > F_{\alpha}(n_1 - 1, \ n_2 - 1)$
	$H_1 : \sigma_1^2 < \sigma_2^2$	$F < F_{1-\alpha}(n_1 - 1, \ n_2 - 1)$

【例 6.11】 在 $\alpha = 0.20$ 下，检验应用例 6.8 中两个正态总体的方差间是否存在显著差异。

分析：这类检验称为方差齐性检验，由于我们希望得到的结论是无显著差异，即原假设 H_0 成立，为使检验结论有较高的可信度，重点应控制犯第二类错误(方差间存在显著差异，但推断无显著差异)的概率 β。由两类错误的概率 α 与 β 间的关系可知，此时 α 不能取得太小。

根据题意，$H_0: \sigma_1^2 = \sigma_2^2$，$H_1: \sigma_1^2 \neq \sigma_2^2$。由前述计算结果知，$S_1^2 = 2.002^2$，$S_2^2 = 1.7892^2$。已知 $n_1 = n_2 = 10$，$\alpha/2 = 0.10$，$1 - \alpha/2 = 0.90$，则

$$F = \frac{S_1^2}{S_2^2} = \frac{2.002^2}{1.789^2} = 1.25$$

$$F_{0.90}(9, 9) = 0.41 < F = 1.25 < F_{0.10}(9, 9) = 2.44$$

故在水平 $\alpha = 0.20$ 下，σ_1^2 与 σ_2^2 间无显著差异。

下面我们介绍使用 SPSS 软件对本案例进行方差齐性检验。

第一步，打开或建立数据文件后，依次选择【分析】→【比较平均值】→【单因素 ANOVA 检验】命令，弹出【单因素 ANOVA 检验】对话框，如图 6.16 所示。

第二步，在候选变量列表框中选择【延长睡眠时间】变量，将其添加至【因变量列表】列表框中，选择【安眠药种类】变量，将其添加至【因子】文本框中。单击【选项】按钮，弹出【单因素 ANOVA 检验：选项】对话框，如图 6.17 所示。在【统计】选项组里面选择【方差齐性检验】复选框，单击【继续】按钮，返回主对话框。

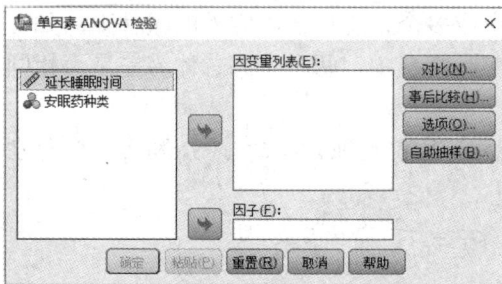

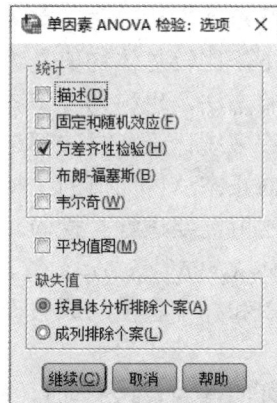

图 6.16　【单因素 ANOVA 检验】对话框　　图 6.17　【单因素 ANOVA 检验：选项】对话框

第三步，在主对话框，单击【确定】按钮，完成操作。此时，软件输出结果出现在结果浏览窗口中，如图 6.18 所示。

方差齐性检验

		莱文统计	自由度 1	自由度 2	显著性
延长睡眠时间	基于平均值	0.620	1	18	0.441
	基于中位数	0.248	1	18	0.624
	基于中位数并具有调整后自由度	0.248	1	17.954	0.624
	基于剪除后平均值	0.596	1	18	0.450

图 6.18　【方差齐性检验】输出

从图 6.18 中可以看出，在"基于中位数并具有调整后自由度"行列中，其显著性水平 $p = 0.624 > 0.05$，我们可以认为两个总体的方差无显著性差异。

6.3.5　总体比例的假设检验

有时研究者想从两个总体比例之差作出一些推论，这些分析在经济与管理中有许多应用，如比较一种产品在两个不同市场中的份额，研究不同地区女性消费者比例的差异，或比较从一个时间段到另一时间段次品率的不同。

设 p_1 和 p_2 分别为两个独立总体的比例，$\hat{p}_1$ 和 $\hat{p}_2$ 分别为它们的样本比例。$\hat{p}_1 - \hat{p}_2$ 的数学期望值和标准差分别为

$$E(\hat{p}_1 - \hat{p}_2) = p_1 - p_2, \quad D(\hat{p}_1 - \hat{p}_2) = \sqrt{\frac{p_1(1 - p_1)}{n_1} + \frac{p_2(1 - p_2)}{n_2}}$$

式中：n_1 和 n_2 分别为来自两个总体的样本容量。如果样本容量较大(即 $n_1 p_1$，$n_1(1 - p_1)$，$n_2 p_2$ 及 $n_2(1 - p_2)$ 都大于或等于 5)，则由中心极限定理可知，$\hat{p}_1 - \hat{p}_2$ 近似服从正态分布。即

$$\frac{\hat{p}_1 - \hat{p}_2 - (p_1 - p_2)}{\sqrt{p_1(1 - p_1)/n_1 + p_2(1 - p_2)/n_2}} \approx \frac{\hat{p}_1 - \hat{p}_2 - (p_1 - p_2)}{\sqrt{\hat{p}_1(1 - \hat{p}_1)/n_1 + \hat{p}_2(1 - \hat{p}_2)/n_2}} \sim N(0, 1) \quad (6\text{-}8)$$

则原假设 $H_0: p_1 = p_2$ 检验的统计量如表 6.8 所示。

表 6.8　两个总体比例检验统计量

统计量	备择假设	拒绝域
$Z = \dfrac{\hat{p}_1 - \hat{p}_2}{\sqrt{\hat{p}_1(1 - \hat{p}_1)/n_1 + \hat{p}_2(1 - \hat{p}_2)/n_2}}$	$H_1: p_1 \neq p_2$	$\lvert Z \rvert > Z_{\alpha/2}$
	$H_1: p_1 > p_2$	$Z > Z_\alpha$
	$H_1: p_1 < p_2$	$Z < -Z_\alpha$

【例 6.12】　某机构调研女企业家对成功的理解，提供了几个备选答案，如快乐/自我实现、销售/利润、成就/挑战等，根据她们业务的总销售额将其分为两组，销售额低于 100 万元的为一组，销售额在 100 万～500 万元的为另一组。

假定我们以总销售额对女企业家进行定位，在采访的 100 名总销售额低于 100 万元的女企业家中，有 25 个将"销售/利润"定义为成功。随后我们又采访了 95 名总销售额在 100 万～500 万元的女企业家，其中有 35 人把"销售/利润"定义为成功。在显著性水平 $\alpha = 0.01$ 下，前一组中将"销售/利润"定义为成功的比例是否低于后一组？

解　假设原假设 $H_0: p_1 = p_2$，备择假设 $H_1: p_1 < p_2$。我们根据题意可以分布计算出它们的样本比例为

$$\hat{p}_1 = \frac{25}{100} = 0.25, \quad \hat{p}_2 = \frac{35}{95} = 0.368$$

根据公式(6-8)可知

$$\begin{aligned}
Z &= \frac{\hat{p}_1 - \hat{p}_2}{\sqrt{\hat{p}_1(1 - \hat{p}_1)/n_1 + \hat{p}_2(1 - \hat{p}_2)/n_2}} \\
&= \frac{0.25 - 0.368}{\sqrt{0.25 \times (1 - 0.25)/100 + 0.368 \times (1 - 0.368)/95}} \\
&= \frac{-0.118}{0.06599} = -1.788 > -Z_{0.01} = -2.33
\end{aligned}$$

由计算结果可知，原假设不能被拒绝。也就是说，不能认为两组对这个问题的回答存在统计差异，所以我们不能从统计角度作出这个结论：总销售量更高的一组女企业家中把成功定义为"销售/利润"的比例更高一些。

参数的区间估计和参数的假设检验的原理是相同的，其中双边检验与双侧区间估计有许多类似之处，而单边检验与单侧置信限估计类似。所不同的是，在区间估计中置信区间是对未知参数而言的，而假设检验中的拒绝域或接受域则是对统计量而言的。正是由于两者之间存在着非常紧密的内在关系，因此对于两个正态总体参数的比较问题，既可以用区间估计的方法，也可以用假设检验的方法来解决。

思 考 与 练 习

1. 填空题。

(1) 假设检验为_____，是用来判断样本与样本、样本与总体的差异造成原因的一种_____方法，也是数理统计学中根据一定假设条件由_____推断的一种方法。

(2) 在统计学内，假设检验被划分为_____与_____。在检验之前需要先确定_____与_____。

(3) 当样本统计量位于_____内，则拒绝原假设而接受备选假设；当样本统计量位于_____内，则接受原假设。

(4) 假设检验一般情况下根据分析统计量会出现_____、_____、_____等决策类型。

(5) 当小概率位于区域的一侧时，称为_____；而当小概率区域位于两侧时，则称为_____。

2. 选择题。

(1) 在实际数据分析中，是使用单侧检验还是双侧检验，取决于备选假设的性质，下列选项中错误的描述为(　　)。

A. H_0 为 $\bar{x} = \bar{x}_0$，而 H_1 为 $\bar{x} \neq \bar{x}_0$，该情形中的备选假设的总均值不等于确定的 $\bar{x}_0$，检验统计量取极端值，有利于拒绝原假设，接受备选假设，适用于双侧检验

B. H_0 为 $\bar{x} = \bar{x}_0$，而 H_1 为 $\bar{x} < \bar{x}_0$，该情形中的备选假设的总均值小于确定的 $\bar{x}_0$，拒绝域应安排在左侧，使用单侧检验中的左侧检验

C. H_0 为 $\bar{x} = \bar{x}_0$，而 H_1 为 $\bar{x} > \bar{x}_0$，该情形中的备选假设的总均值大于确定的 $\bar{x}_0$，拒绝原假设的拒绝域应安排在左侧，使用单侧检验中的右侧检验

D. H_0 为 $\bar{x} = \bar{x}_0$，而 H_1 为 $\bar{x} = \bar{x}_0$，该情形中的备选假设的总均值大于确定的 $\bar{x}_0$，拒绝原假设的拒绝域应安排在左侧，使用单侧检验中的右侧检验

(2) 假设分析中的错误类型又分为 α 错误与 β 错误，下列选项中描述错误的选项为(　　)。

A. 弃真错误又称为假设检验的"第一类错误"，即 α 错误

B. 取伪错误又称为假设检验的"第二类错误"，即 β 错误

C. α 错误是在原假设为真的情况下，检验统计量位于小概率的拒绝区域内而造成的结果

D. β 错误是在原假设为真的情况下，检验统计量位于小概率的拒绝区域内而造成的结果

(3) 下列选项中，不属于配对样本 T 检验结果分析表的为(　　)。

　A. 组统计量　　　　　　　　　　　B. 成对样本检验

　C. 成对样本相关系数　　　　　　　D. 成对样本统计量

(4) 下列公式中，属于独立检验样本计算公式的为(　　)。

　A. $t = \dfrac{\bar{X} - \bar{X}_0}{S / \sqrt{n}} \sim t(n-1)$ 　　　　　　　B. $z = \dfrac{\bar{X} - \bar{X}_0}{\sigma / \sqrt{n}} \sim N(0,\ 1)$

　C. $t = \dfrac{\bar{x}_1 - \bar{x}_2}{S_\omega \sqrt{1/n_1 + 1/n_2}} \sim t(n_1 + n_2 - 2)$ 　　D. $t = \dfrac{\bar{X} - \bar{X}_0}{S / \sqrt{n}}$

(5) 单样本 T 检验的过程是检验单个变量的平均值是否与指定的常数不同，下列选项中对单样本 T 检验描述错误的为(　　)。

　A. 使用单样本 T 检验可以比较样本的平均数与确定总体均值的差异

　B. 单样本 T 检验的目的是利用总体样本数据，推断该总体样本数据的均值是否与指定的检验值之间存在显著差异

　C. 在 T 检验过程中，当未知总体标准差或方差时，可以使用样本的均差进行替代

　D. 单样本 T 检验假设数据正态分布，且该检验对偏离正态性是相当稳健的

3. 对于 $H_0: \mu = 100$ ，$H_1: \mu \neq 100$ ，为什么当 μ 的实际值是 90 时的 β 大于 μ 的实际值是 70 时的 β ？

4. 某测距仪在 500 m 范围内的测距精度为 $\sigma = 10$ m，现对距离 500 m 的目标测量 9 次，得到平均距离 $\bar{X} = 510$ m，该测距仪是否存在系统误差(水平 $\alpha = 0.05$)？

5. 一台自动包装奶粉的包装机，其额定标准为每袋净重 0.5 kg，设该包装机所包装奶粉的重量服从正态分布。某天开工时，随机抽取了 10 袋产品，称得其净重如下所示。

| 0.497 | 0.506 | 0.509 | 0.508 | 0.497 | 0.510 | 0.506 | 0.495 | 0.502 | 0.507 |

(1) 在水平 $\alpha = 0.20$ 下，检验当天包装机的重量设定是否正确。

(2) 该包装机包装的精度指标为所包装重量的标准差为 0.005，在水平 $\alpha = 0.25$ 下，检验当天包装机的包装精度是否符合要求。

(3) 在本题的检验问题中，为什么要将 α 取得较大？

6. 某厂生产吉他用的合金弦，按以往资料知其抗拉强度(单位：kg/cm^2)服从正态分布 $N(10560,\ 80^2)$ 。今采用新工艺生产了一批弦，并随机抽取 10 根弦进行抗拉试验，测得其抗拉强度(水平 $\alpha = 0.05$)如下所示。试判断这批弦的抗拉强度是否有提高。

| 10 512 | 10 623 | 10 668 | 10 554 | 10 776 | 10 707 | 10 557 | 10 581 | 10 666 | 10 670 |

7. 某厂生产一种灯泡，其寿命服从方差为 $\sigma^2 = 5000$ 的正态分布(单位：小时)。现因设备进行了维修，从其维修后的生产情况来看，灯泡寿命的波动有所变化。为此，随机抽取 26 个灯泡，测出其寿命的样本方差 $S^2 = 9200$ 。根据这一数据能否推断这批灯泡寿命的波动性较以往增大了(水平 $\alpha = 0.02$)？

8. 相比从前，如今有更多职业女性忘记了自己作为母亲的身份。根据《财富》杂志在 2002 年 3 月发起的商业中最有影响力女性的调查，178 名女性中有 133 名至少有一个孩子。

假设这 178 名女性是从所有成功的女性执行官中随机抽取。

(1) 有孩子的女性执行官的样本比例是多大？

(2) 在 0.05 的显著性水平下，你能得出超过一半的女性执行官有孩子的结论吗？

(3) 在 0.05 的显著性水平下，你能得出超过 2/3 的女性执行官有孩子的结论吗？

9. 为提高某种金属材料的抗拉强度，试验了新的热处理工艺。对用新、旧工艺各处理的 13 批材料进行抗拉强度试验，测得数据如表 6.9 所示。

表 6.9　新、旧工艺对 13 批材料进行抗拉强度试验数据(单位：MPa)

新工艺	31	34	30	27	33	35	38	34	30	36	31	32	35
原工艺	28	24	26	29	30	31	28	27	29	28	30	25	26

设两总体服从同方差正态分布，在给定显著性水平 $\alpha = 0.01$ 下，求解下列问题。

(1) 新、旧工艺处理材料的平均抗拉强度是否有显著差异？

(2) 新工艺生产的材料抗拉强度是否比旧工艺有显著提高？

(3) 在水平 $\alpha = 0.20$ 下，关于两总体方差相等的假定是否成立？

10. 设新车的首次故障行驶里程数服从正态分布，现测得甲、乙两种品牌轿车首次故障行驶里程的数据如表 6.10 所示。

表 6.10　甲、乙两种品牌轿车首次故障行驶里程(单位：cm)

甲品牌	1200	1400	1580	1700	1900	
乙品牌	1100	1300	1800	1800	2000	2400

(1) 在 $\alpha = 0.20$ 下，检验两种轿车的首次故障行驶里程是否同方差的。

(2) 在 $\alpha = 0.05$ 下，检验乙品牌轿车的平均首次故障行驶里程是否显著高于甲品牌轿车。

11. 为分析体育疗法对治疗高血压的效果，对 10 个高血压患者分别测定了他们在进行体育疗法前后的舒张压，测得数据如表 6.11 所示。在水平 $\alpha = 0.01$ 下，检验体育疗法对高血压是否有显著疗效。

表 6.11　10 个高血压患者体育疗法前后舒张压(单位：mmHg)

患者编号	1	2	3	4	5	6	7	8	9	10
治疗前	112	113	134	110	125	117	108	120	118	138
治疗后	104	96	130	90	108	119	92	90	102	121

12. 一项试验研究共同基金的选择。本科生和 MBA 学生可以选择不同的 S&P 500 指数基金，这些基金除了费用之外都是相同的。选择了 100 名本科生和 100 名 MBA 学生，部分结果如表 6.12 所示。

表 6.12　100 名本科生和 100 名 MBA 学生选择共同基金

基金	本科生	MBA 学生
高成本基金	27	18
非高成本基金	73	82

在 0.05 的显著性水平下，是否有证据表明本科生和 MBA 学生选择高成本基金的比例之间存在显著差异？

项目 7　方　差　分　析

　　方差分析(Analysis Of Variance，ANOVA)是由英国统计学家罗纳德・费歇尔(R.A.Fisher)于 1923 年提出的，它是一种利用试验获取数据并进行分析的统计方法，经常用于研究不同效应对指定试验的影响是否显著。常用的方差分析方法包括单因素方差分析、多因素方差分析、多元方差分析、协方差分析、重复设计方差分析。本项目将介绍方差分析的基本原理、软件求解方法及其在经济管理中的应用。由于方差分析的计算量较大，项目中不再讨论其手工计算方法，主要介绍如何利用 SPSS 工具进行方差分析。

📖 学习目标

(1) 了解方差分析的思想；
(2) 掌握单因素方差分析方法；
(3) 掌握双因素方差分析方法；
(4) 了解协方差分析方法；
(5) 了解重复测量方差分析方法；
(6) 在统计学软件中应用相关理论。

任务 7.1　掌握方差分析

✍ 任务描述

　　方差分析是把观测总变异的平方和及自由度，分解为对应于不同变异来源的平方和及自由度，以此获得不同来源变异的估计值，从而发现各个因素在总变异中的重要程度。通过计算这些变异估计的适当比值，还可以做某些假设检验，如检验各样本所属总体的平均数是否相等。方差分析实质上是关于观测变异原因的数量分析，它在科学研究中的应用十分广泛。本任务重点学习方差分析的基本概念和目的，为单因素方差分析和双因素方差分析打好理论基础。

7.1.1　方差分析的基本概念

　　在前面项目中讨论了如何对一个总体及两个总体的平均值进行检验，如要确定两种销售方式的效果是否相同，可以对原假设进行检验。但有时销售方式有很多种，这就是多个总体平均值是否相等的假设检验问题，所采用的方法是方差分析。

方差分析中有以下几个重要概念：

(1) 因素(Factor)：指所要研究的变量，又称因子，它可能对因变量产生影响，用字母 A，B，C，… 来表示。如果方差分析只针对一个因素进行，称为单因素方差分析；如果同时针对多个因素进行，称为多因素方差分析。

(2) 水平(Level)：指因素的具体表现，或者说因子在试验中所取的不同状态。设因子 A 有 a 个水平，记为 A_1，A_2，…，A_a；因子 B 有 b 个水平，记为 B_1，B_2，…，B_b 等。

(3) 单元(Cell)：指因素水平之间的组合。

(4) 元素(Element)：指用于测量因变量的最小单位。一个单元里可以只有一个元素，也可以有多个元素。

(5) 交互作用(Interaction)： 如果一个因素的效应大小在另一个因素不同水平下明显不同，则称两因素间存在交互作用。

【**例 7.1**】某化工企业为研究温度和催化剂对某种化工产品得率(产出的产品与投入的原料之比)的影响，在其他条件不变的情况下，选择了 4 种温度、3 种催化剂在不同温度和催化剂的组合下各进行一次试验，结果如表 7.1 所示。

表 7.1 某化工产品得率试验结果

温 度	催 化 剂		
	B_1	B_2	B_3
A_1(60℃)	66	73	70
A_2(70℃)	81	96	53
A_3(80℃)	97	79	66
A_4(90℃)	79	76	88

在应用案例 7.1 中有两个因子 A(温度)和 B(催化剂)在变化，其中，4 种温度代表因子 A 的 4 个水平 A_1，A_2，A_3，A_4；3 种催化剂则代表因子 B 的 3 个水平 B_1，B_2，B_3。

从表 7.1 中可以看出，不同温度和不同催化剂配合下，化工产品得率是有差异的，说明不同温度和不同催化剂对化工产品得率很可能是有显著影响的。但同一种温度下不同的催化剂，化工产品得率也存在差异，产生这种差异的原因是其他未加控制或无法控制的随机因素的影响，称为试验误差。由于试验误差的存在，因而可以认为同一水平下的试验结果是服从某一分布的总体，该水平下的各次试验结果就是该总体的一个样本。试验中因子 A 的 a 个水平就对应 a 个总体。

若试验中只有一个变动的因子，就称为单因子试验；若有两个变动的因子，就称为双因子试验；当有两个以上变动的因子时，则称为多因子试验。本项目仅讨论单因子和双因子试验的方差分析。

7.1.2 方差分析的假设条件

假设试验中因子 A 在水平 A_i 下的某项指标为总体 X_i，$i = 1$，2，…，a，假定各总体 X_i 相互独立且服从同方差的正态分布，即

$$\begin{cases} X_i \sim N(\mu_i, \ \sigma^2) \\ X_i \ \text{相互独立} \end{cases} i = 1, \ 2, \ \cdots, \ a \qquad (7\text{-}1)$$

其中，μ_i 和 σ^2 都未知。显然，只要不同水平下的试验都是独立进行的，且除了变动的因子外，能保持其他条件基本不变，则式(7-1)通常是能够满足的。

这些假设条件可以概括为：① 随机性和独立性；② 正态性；③ 方差一致性。

第一个假设条件——随机性和独立性，这个条件非常重要。任何试验的有效性都取决于随机抽样和随机化过程。为了避免结果的偏差，需要从样本组中随机抽取。随机抽取样本或随机确定水平，确保一组的数据独立于实验中的任何其他数据。如果背离了这个假设，会严重影响方差分析的推断。

第二个假设条件——正态性，要求每组的样本数据是从正态分布总体随机抽取的，如式(7-1)所示。只要不是严重背离正态分布的假设，方差分析的结果都不会受太大的影响，尤其是对于大样本。当不符合正态性假设条件时，应用非参数 Kruskal-Wallis 秩检验比较合适(在后面的项目中我们将学习)。

第三个假设条件——方差一致性，要求样本组方差是相等的，如式(7-1)中的方差都是相同的。如果每组的样本容量相等，方差分析的推断不会因方差不等而受到严重影响。然而，如果有不相等的样本容量，那么不相等的方差会严重影响方差分析的推断。因此，如果有可能，应该使每个组的样本容量相等。

7.1.3 方差分析的目的

方差分析的目的就是要检验原假设

$$H_0 : \mu_1 = \mu_2 = \cdots = \mu_a \qquad (7\text{-}2)$$

是否成立。若拒绝 H_0，就说明因子 A 的不同水平对该项指标有显著影响，进而确定试验效果最佳的水平；若不能拒绝 H_0，则说明因子 A 对该项指标无显著影响，试验结果间的差异主要是由其他未加控制的因素和随机误差引起的。

在前面项目中，我们介绍了可以用 t 检验法来检验两个正态总体均值是否相等的问题，而以上案例中则存在多个正态总体，若仍用 t 检验法对各总体进行两两比较，就很不方便。特别是对双因子和多因子试验，t 检验是无法分析因子间的交互作用的，而这正是方差分析的主要任务。

任务 7.2 实现单因素方差分析

任务描述

单因素方差分析也叫一维方差分析，它用来研究一个因素的不同水平是否对观测变量产生了显著影响，即检验由单一因素影响的一个(或几个相互独立的)因变量，由因素各水平分组的平均值之间的差异是否具有统计意义。本任务重点介绍单因素方差分析的基本原理和步骤、方差分析表的计算过程和 SPSS 统计软件对单因素方差分析的实现。

7.2.1　单因素方差分析的基本原理

单因素方差分析用于研究一个自变量对一个因变量是否存在显著影响，即研究自变量的不同水平是否对因变量产生了不同的影响，这类自变量一般是定类和定序变量。例如，研究公司类型是否对资产负债有显著影响，研究学历是否对工资收入有显著影响等。这两个例子都只涉及一个自变量，分别是"公司类型"和"学历"，假如这两个变量的水平都超过两个，如"公司类型"可以分为金融、教育、制造、科技四个分类，"学历"可以分为初等、中等、高等三个等级，这时就需要采用单因素方差方法来分析问题。

单因素方差分析依据的基本原理是方差的可分解性，该方法认为因变量会受到自变量和随机变量的影响，因此可以将因变量总的离差平方和(SST)分解为组间离差平方和(SSR)与组内离差平方和(SSE)两部分，即

$$\text{SST} = \text{SSR} + \text{SSE} \tag{7-3}$$

SST 的数学表达式为

$$\text{SST} = \sum_{i=1}^{k}\sum_{j=1}^{n_i}(x_{ij} - \bar{x})^2 \tag{7-4}$$

式中：SST 为因变量的总离差平方和；k 为自变量的水平数；x_{ij} 为自变量第 i 个水平下的第 j 个样本值；n 为自变量第 i 个水平下的样本量；$\bar{x}$ 为自变量的均值。总离差平方和(SST)反映的是全部数据总的波动程度。

SSR 的数学表达式为

$$\text{SSR} = \sum_{i=1}^{k} n_i(\bar{x}_i - \bar{x})^2 \tag{7-5}$$

式中：SSR 为因变量的组间离差平方和；k 为自变量的水平数；$\bar{x}_i$ 为自变量第 i 个水平下的因变量样本均值；n_i 为自变量第 i 个水平下的样本量；$\bar{x}$ 为自变量均值。组间离差平方和(SSR)是各水平均值和总体均值离差的平方和，反映的是自变量不同水平对因变量的影响，一般方差分析的主要研究目的是希望 SSR 尽可能大，这样就说明自变量不同水平对因变量产生不同影响的可能性大。

SSE 的数学表达式为

$$\text{SSE} = \sum_{i=1}^{k}\sum_{j=1}^{n_i}(x_{ij} - \bar{x}_i)^2 \tag{7-6}$$

式中：SSE 为因变量的组内离差平方和；其他符号表示的内容与式(7-4)和式(7-5)的相同。组内离差平方和(SSE)是每个样本数据与本水平组均值离差的平方和，反映了数据抽样误差的影响程度，即自变量之外的因素对因变量的影响程度，这是方差分析想要尽可能控制的部分，即 SSE 越小越好。

在总离差平方和(SST)不变的情况下，组内离差平方和越小，组间平方和就越大，这时就越有可能说明因变量的总波动是由自变量造成的。但是这里需要考虑样本量的影响，毕竟自变量的水平都是有限的，假如它们之间有差异(组间差异)，但是因为水平数少，总平方和也有可能少；而被试通常可以很多，他们之间的差异(组内差异)可能很小，但是因为被试很多，其平方和也有可能变得非常的大，所以单纯比较组内和组间平方和的大小是不

能判断自变量对因变量的作用是否大于随机变量的。正确的做法是控制住它们各自数量上的影响，即各自除以自己的自由度，算出它们的平均离差平方和，简称均方，再做进一步的比较。离差平方和除以自由度其实就是方差了，相当于我们在比较两个方差的差异情况，这样，我们就可以构造出两方差比值的统计量来检验自变量和随机变量影响的大小。两方差比值服从 F 分布，我们用 F 代表方差分析的统计量，所以方差分析也经常被称作 F 检验，其公式可写成

$$F = \frac{SSR/(k-1)}{SSE/(n-k)} = \frac{MSR}{MSE} \tag{7-7}$$

式中：n 为样本总量；$k-1$ 为 SSR 的自由度；$n-k$ 为 SSE 的自由度；MSR 为平均组间平方和；MSE 为平均组内平方和；$F \sim F(k-1, n-k)$。

如果 $F<1$，说明数据的总变异中由分组不同所造成的变异只占很小的比例，大部分是由试验误差和个体差异造成的，即自变量对因变量没有显著影响；如果 $F=1$，同样说明试验处理之间的差异不够大；当 $F>1$，而且其对应的概率 P 值要小于显著性水平 α 时，就可以判断自变量对因变量的影响达到了统计学上的显著水平。

7.2.2 单因素方差分析的基本步骤

1. 前提条件分析

做单因素方差分析有下列几个条件要满足：

(1) 因变量是连续性变量。

(2) 自变量要求是具有两个水平以上分类的离散数据。

(3) 因变量观测值无明显的异常值。

(4) 每个水平间的因变量观测值相互独立。

(5) 每个水平的因变量观测值服从正态分布。

(6) 每个水平的因变量观测值的误差具有方差齐性。

第一点和第二点假设主要通过观察数据加以判断；第三点异常值可以利用探索分析的箱图进行判断；第四点独立性可以利用简单线性回归的德宾-沃森(Durbin-Watson)检验，但对德宾-沃森检验要非常谨慎，其实，独立性和研究设计也有很大的关系，如果确认研究设计得当，研究者确认观测值不会互相影响，可以直接认定满足独立性研究假设；第五点正态性检验可以利用探索分析中的夏皮洛-威尔克(Shapiro-Wilk)检验，在实际应用中如果属于大样本，方差分析对非正态分布并没有非常苛刻的要求；第六点方差齐性可以利用莱文(Levene)检验完成。

方差齐性是指自变量各个水平对应的总体方差要相等，即对于不同水平的自变量都各自有一系列的因变量取值，相当于每一个水平对应一个因变量总体，F 检验要求这些总体的方差要相等。常用的方差齐性与否的检验方法有 Bartlett 法、Hartley 法、Cochran 法等，SPSS 采用的是 Levene 法。方差齐性检验的过程和一般性的假设检验过程差不多，只是在计算统计量的时候有所差别(有兴趣的读者可以查阅相关书籍对其做深入了解，在此不做强调，对于大部分的学习者而言，只要求能够在 SPSS 结果输出中回答出方差是否齐性便可)。

在方差齐性的时候，做 F 检验结果是稳定的；如果在方差不齐性时做 F 检验，所得结果就要谨慎了，有人建议方差不齐性的时候可以使用韦尔奇(Welch)或布朗-福赛斯(Forsythe)

法进行矫正检验，也有人建议可以使用非参数检验，或者可以考虑将变量转换后再做分析，如对数转换、平方根转换、平方根反正弦转换、平方转换、倒数转换等。有兴趣的读者可以查阅相关数据加深了解。值得注意的是，在各组样本容量相差不太大时，方差轻微不齐性仅会对方差分析的结论有一些影响。一般而言，只要最大与最小方差之比小于 3，分析的结果都是稳定的。可见，各组样本容量上的均衡可以在一定程度上弥补由于方差不齐性时检验所产生的影响。意思是这个时候也可以做 F 检验，只是结果没有方差齐性时那样稳健而已，但是差别也不会很大。

2. F 检验

单因素方差分析用 F 代表其统计量，所以有时候简称为 F 检验。假设自变量 A 含有 P 个水平，则 F 检验的原假设 H_0 为：自变量 A 各水平的总体均值相等，即 $\mu_1 = \mu_2 = \cdots = \mu_p$；或者将 H_0 写为：自变量 A 的处理效应为 0，即 $a_j = 0$。如果方差是齐性的，SPSS 会自动计算统计量 F 和概率 P 值。如果方差不齐性，要继续采用方差分析，那么可以采用韦尔奇(Welch)或布朗-福赛斯(Forsythe)检验统计量及其概率 P 值。

3. 均值两两比较

如果 F 检验结果表明差异不显著，则说明自变量对因变量没有显著影响，方差分析可以到此为止。相反，如果 F 检验的结果表明差异显著，则说明自变量确实对因变量产生了显著影响，也就是自变量不同水平对应的因变量均值至少有一对平均数间的差异达到了显著性水平，至于是哪一对，F 检验并没有回答。这需要我们进一步分析均值间的差异，这里主要介绍两种方式，一种通过系统的事后检验(Post Hoc Test)完成，这个统计分析过程也被称为事后多重比较(Multiple Comparison Procedures)；一种通过系统给的对比(Contrast)命令完成比较。

1) 事后多重比较

多重比较就是分别对每个水平下的因变量均值进行逐对比较，判断哪一对均值间有显著性差异，哪对均值间没有显著性差异。事后多重比较是一种探索性的均值比较方式，即在掌握了 F 的显著情况后才进行相应的检验。事后 SPSS 系统提供了两类多重比较方法，第一类是在方差相等(方差齐性)情况下使用，主要有 LSD、邦弗伦尼(Bonferroni)、图基(Tukey)、雪费(Scheffe)、S-N-K 等十多种方法；第二类是在方差不相等(方差不齐性)情况下使用，主要有塔姆黑尼 T2(Tamhane's T2)方法、邓尼特 T3(Dunnett's T3)方法、盖姆斯-豪厄尔(Games-Howell)方法、邓尼特 C(Dunnett's C)方法等。对这些检验方法的统计学知识有兴趣进一步学习的读者可以查阅相关书籍，对于初学者而言，只要知道判断齐性和不齐性时采取哪一类方法便可，并不需要深究这些方法的来龙去脉。

值得注意的是，尽管系统也给了在方差不齐性情况下的四种方法，但是从方法的接受程度和结果的稳健程度而言，如果方差间的差异太大时尽量不进行方差分析和两两比较，而进行变量转换或者非参数检验往往更可靠一点。

2) 先验对比检验

与事后多重比较的探索性不同，先验对比检验是指有些研究者常常有预先的比较设计。例如，4 个水平的变量中，研究者只想知道水平 1 与水平 3 的差异，或者 1、4 与 2、3，又或者 2、4 与 1、3 两者间的差异。可以看出事后多重比较是指所有水平间的两两比较，而先验对比不仅如此，还可以比较水平的组合之间的差异。先验对比其实是对各水平均值线性组合结果的分析，假设四个水平的均值分别为 $\bar{x}_1$，$\bar{x}_2$，$\bar{x}_3$，$\bar{x}_4$，则四者的线性组合是 $y = \beta_1\bar{x}_1 + \beta_2\bar{x}_2 + \beta_3\bar{x}_3 + \beta_4\bar{x}_4$，如果令 $\beta_1 = 1$，$\beta_2 = 1$，$\beta_3 = -1$，$\beta_4 = -1$，方程变为 $y = (\bar{x}_1 + \bar{x}_2) - (\bar{x}_3 - \bar{x}_4)$，若此时假设 $y = 0$，就相当于对 $\bar{x}_1$，$\bar{x}_2$ 与 $\bar{x}_3$，$\bar{x}_4$ 两组的均值差异进行比较。同理，如果令 $\beta_1 = 1$，$\beta_2 = 0$，$\beta_3 = -1/2$，$\beta_4 = -1/2$，方程变为 $y = \bar{x}_1 - (\bar{x}_3 + \bar{x}_4)/2$，若此时假设 $y = 0$，就相当于对 $\bar{x}_1$ 与 $\bar{x}_3$、$\bar{x}_4$ 两者的均值差异进行比较。可见，只要对 k 个水平的自变量的 k 个系数进行相应设置，并且保证 $\sum_{i=1}^{k} \beta_i = 0$，就可以对各个水平间的任意组合进行检验。

3) 趋势检验

除了均值的两两比较外，我们还可以做自变量和因变量的趋势检验，即可以考查自变量水平的变化是否对因变量有影响。例如，自变量 x 有三个水平，且 x 是定序变量，即三个水平有明显的大小之分，如年龄段被分成水平 1(10 岁以下)、水平 2(10~20 岁)和水平 3(20~30 岁)，这三个水平是有大小之分的，假如研究者想要知道随着年龄的增长(自变量水平的改变)，因变量是否有一定趋势的变化，那么就可以做趋势检验。如果自变量是定类变量，则不适合作多项式比较。自变量对因变量的影响趋势可能是线性的(一次效应)、也可能是二次效应或者三次效应乃至更高次。SPSS 单因素方差分析的【对比】命令提供了检验这种效应的选项，即"多项式"选项。

7.2.3 单因素方差分析

1. 单因素试验的数学模型

假设试验中只有一个变动的因素 A，水平 A_i 下的试验结果为 x_{ij} $(j = 1, 2, \cdots, n_i)$，它们是总体 X_i 的一组样本观察值，$i = 1, 2, \cdots, a$，x_{ij} 有如下数据结构：

$$\begin{cases} x_{ij} = \mu_i + \varepsilon_{ij} \\ \varepsilon_{ij} \sim N(0, \ \sigma^2), \ \text{且相互独立} \\ i = 1, 2, \cdots, a \\ j = 1, 2, \cdots, n_i \end{cases} \tag{7-8}$$

其中，x_{ij} 是观察到的试验结果；ε_{ij} 是由各种无法控制的因素引起的，称为不可观察的随机误差或试验误差。

为便于讨论，引入以下记号，称

$$\mu = \frac{1}{N} \sum n_i \mu_i \ (N \text{为样本总数}) \tag{7-9}$$

为一般平均，它是 a 个不同水平总体的值 μ_i 的加权平均，称

$$\alpha_i = \mu_i - \mu \quad i = 1, 2, \cdots, a \tag{7-10}$$

为水平 A_i 的效应，它反映了总体 X_i 的均值与一般平均间的差异，于是可改写为

$$\begin{cases} x_{ij} = \mu + \alpha_i + \varepsilon_{ij} \\ i = 1, 2, \cdots, a \\ j = 1, 2, \cdots, n_i \end{cases} \tag{7-11}$$

式(7-11)表明，任一观察值由一般平均、水平的效应和试验误差三部分组成，于是要检验的原假设也可改写为

$$H_0: \alpha_1 = \alpha_2 = \cdots = \alpha_a = 0 \tag{7-12}$$

2. 检验 H_0 的统计量

显然，若原假设 H_0 为真，即各水平的效应都为零，则因素 A 的平方和 SSR 就应当较小，因而它与误差平方和 SSE 之比也应当较小。若它们的比值较大，就说明原假设 H_0 不真，因此，可以用 SSR 和 SSE 来构造检验 H_0 的统计量。可以证明，当 H_0 为真时，统计量

$$F = \frac{\text{SSR}/(k-1)}{\text{SSE}/(n-k)} \sim F(k-1, \ n-k) \tag{7-13}$$

其中，SSE 服从自由度为 $n-k$ 的 χ^2 分布；在 H_0 为真时，SSR 服从自由度为 $k-1$ 的 χ^2 分布，且与 SSE 相互独立。故在给定水平 α 下，若

$$F > F_\alpha(k-1, \ n-k) \tag{7-14}$$

就拒绝 H_0，说明各水平 A_i 的均值或效应间存在显著差异，或称因素 A 的作用是显著的。

在以上检验方法中，$\text{SSR}/(k-1)$ 和 $\text{SSE}/(n-k)$ 就是样本组间数据和组内数据的样本方差，因此将这种基于检验样本方差比的统计分析方法称为方差分析。

3. 单因素方差分析表

通常将检验过程列为如表 7.2 所示的方差分析表。

表 7.2　单因素方差分析表

来源	平方和	自由度	均方和	F 值
因素 A	SSR	$k-1$	$\text{SSR}/(k-1)$	$F = \dfrac{\text{SSR}/(k-1)}{\text{SSE}/(n-k)}$
误差	SSE	$n-k$	$\text{SSE}/(n-k)$	
总和	SST	$n-1$		

通常，若 P 值 <0.001，即 $F > F_{0.001}(k-1, n-k)$，则称因素 A 的作用是极高度显著的；若 P 值 <0.01，即 $F > F_{0.01}(k-1, n-k)$，则称因素 A 的作用是高度显著的；若 P 值 <0.05，即 $F > F_{0.05}(k-1, n-k)$，则称因素 A 的作用是一般显著的；若 $F < F_{0.05}(k-1, n-k)$，则认为因素 A 的作用不显著。

【例 7.2】 消防队要挑选出冒烟报警器中反应时间最短的一种，选了 4 种不同的型号分别进行试验，将每个型号的 5 个报警器安装在同一条烟道中，当烟量均匀时观测报警器的反应时间，数据如表 7.3 所示。

表 7.3　4 种不同型号报警器反应时间的观测数据

报警器型号	反应时间/s				
A_1(甲型)	5.2	6.3	4.9	3.2	6.8
A_2(乙型)	7.4	8.1	5.9	6.5	4.9
A_3(丙型)	3.9	6.4	9.2	9.2	4.1
A_4(丁型)	12.8	9.4	10.8	10.8	8.5

讨论：各种报警器的平均反应时间有无显著性差异；反应时间的长短与报警器型号之

间是否存在关系(显著性水平为 0.05)。

分析：根据方差分析模型，"报警器的反应时间"是研究变量，可视为因变量，"报警器的型号"可视为因素，因此上述问题可以通过单因素方差分析来解决，其中 $k=4$，$n_i=5$，$n=20$。于是报警器的 4 种型号是因素的 4 个水平 $A_i(i=1, 2, 3, 4)$；x 表示第 i 种型号第 j 个报警器的反应时间 $(i=1, 2, 3, 4; j=1, 2, \cdots, 5)$；$\bar{x}_i(i=1, 2, 3, 4)$ 表示第 i 种型号 5 个报警器的平均反应时间；$\bar{x}$ 表示 20 个报警器的平均反应时间。

20 个报警器的平均反应时间受两方面的原因影响：一方面是报警器的型号不同；另一方面是同型号中报警器个体的不同。把由前者引起的影响称为型号变量效应，把由后者引起的影响称为残差效应，残差效应其实是由抽样的随机性或者偶然性产生的。为了更好地研究两部分效应对因变量的影响，下面对这两部分效应继续展开分析。

(1) 报警器型号变量的效应。

通过计算，A_i 水平下的报警器平均反应时间 $\bar{x}_i=\dfrac{1}{5}\sum\limits_{j=1}^{5}x_{ij}(i=1, 2, 3, 4)$ 的值如下：$\bar{x}_1=5.28$，$\bar{x}_2=6.56$，$\bar{x}_3=6.56$，$\bar{x}_4=10.46$，20 个报警器的平均反应时间 $\bar{x}=7.215$。比较这 5 个数据，7.215 是平均反应时间，但是因为报警器型号的原因，甲型报警器和丁型报警器反应时间的差值分别为 1.695 和 2.785，故将此类差值平方再求和，便可得到由报警器型号不同而造成的累计偏差：

$$\text{SSR}=\sum(\text{组均值}-\text{总均值})^2=\sum\limits_{i=1}^{4}n_i(\bar{x}_i-\bar{x})^2=75.66$$

它反映了因素的不同水平对因变量造成的影响，自由度为 $k-1=3$，式中的组均值是指把因素的每个水平 $A_i(i=1, 2, 3, 4)$ 看作一组，总均值是所有观测数据的均值。

(2) 残差变量的效应。

在 $A_i(i=1, 2, 3, 4)$ 水平(同一水平)下，由于抽样的随机性或者偶然性导致不同的 x_{ij}，从而产生的累计误差为

$$\text{SSE}=\sum(\text{观测值}-\text{组均值})^2=\sum\limits_{i=1}^{4}\sum\limits_{j=1}^{5}(x_{ij}-\bar{x}_i)^2=51.86$$

它反映了随机误差对因变量的影响，自由度为 $n-k=16$。

(3) 型号和残差变量的总效应。

通过上述分析发现，报警器的反应时间同时受型号和残差两个变量的影响，所以所有观测值与总均值之差的累计平方和就是总效应：

$$\text{SST}=\sum(\text{观测值}-\text{总均值})^2=\sum\limits_{i=1}^{4}\sum\limits_{j=1}^{5}(x_{ij}-\bar{x})^2=127.53$$

且

$$\text{SST}=\text{SSR}+\text{SSE}$$

即总效应 = 自变量的效应 + 残差效应，它的自由度为 $n-1=19$。

通过上述分析，问题已经被量化，接下来仿照假设检验的步骤建立假设，构造统计量，查

找临界值，再作统计决策，问题就解决了。

建立原假设：

$$H_0 : \mu_1 = \mu_2 = \mu_3 = \mu_4$$

备择假设：

$$H_1 : \mu_1, \ \mu_2, \ \mu_3, \ \mu_4 \text{不全相等}$$

构造统计量：

$$F = \frac{\text{SSR} / (k-1)}{\text{SSE} / (n-k)} = \frac{\text{MSR}}{\text{MSE}} \sim F(k-1, \ n-k) \tag{7-15}$$

式中：MSR、MSE 称为均方。将数据代入式(7-8)得

$$F = \frac{\text{MSR}}{\text{MSE}} = \frac{25.22}{3.24} = 7.78$$

在 $\alpha = 0.05$ 下，查 F 概率分布表得 $F_\alpha(k-1, \ n-k) = F_{0.05}(3, \ 16) = 3.24$。

作决策：若 $F \geqslant F_\alpha$，则拒绝零假设 H_0，表明 μ_i 之间的差异是显著的，即因素水平对因变量有显著影响 $(i = 1, 2, 3, 4)$；若 $F < F_\alpha$，则不拒绝零假设 H_0，即没有充分理由表明 $\mu_i(i = 1, 2, 3, 4)$ 之间有显著差异。

显然 $F = 7.78 > 3.24$，因此拒绝 H_0，表明 μ_i 之间有显著差异，即报警器型号对反应时间有显著影响 $(i = 1, 2, 3, 4)$，并列相关方差分析如表 7.4 所示。

表 7.4　方差分析表

方差来源	平方和	自由度	均方	F 值
因素 A	75.66	3	25.22	7.78
残差	51.86	16	3.24	
总和	127.53	19		

所以方差分析法的解题步骤如下：
(1) 建立假设。
(2) 由式(7-8)计算统计量的值。
(3) 在已知显著性水平下查找临界值。
(4) 作决策。
(5) 列方差分析表。

7.2.4　SPSS 软件实现单因素方差分析

【例 7.3】　某连锁超市为了研究不同的促销方式对商品销售额的影响，选择某类日常生活用品在其下属的 5 个门店分别采用一种促销方式进行了 4 个月的试验，试验前该类商品在这 5 个门店的月销售额基本处于同一水平，试验结果如表 7.5 所示。

表 7.5 不同促销方式的试验结果

促销方式	月销售额/万元			
A_1(普通销售)	12.5	15.4	11.8	13.2
A_2(广告宣传)	13.1	14.7	12.3	13.6
A_3(有奖销售)	15.6	16.5	13.4	13.1
A_4(特价销售)	17.9	19.6	21.8	20.4
A_5(买一送一)	18.2	17.1	16.5	16.2

表 7.5 中，"普通销售"是指不采用任何促销手段，"广告宣传"是指没有价格优惠的单纯广告促销，"买一送一"是指买一件商品送另一件小商品。现该公司管理部门希望了解的是：

(1) 不同的促销方式是否对该类商品销售量的增长有显著影响？

(2) 若有显著影响，哪种促销方式效果最好？

(3) 任意两种促销方式的效果之间是否都存在显著差异？掌握以上信息对该公司制订今后的最佳销售策略有着非常重要的意义。

单因素方差分析一共有 6 个条件，这里主要检验是否有异常值、正态性和方差齐性。值得注意的是，我们在这里所做的是非常详细的检验步骤，其实在具体实践中很多研究报告只是说明方差齐性与否，并不会这么严格地对所有假设条件进行检验。

第一步，检查异常值和正态性。打开或新建数据文件后，依次选择【分析】→【描述性统计】→【探索】命令，进入【探索】对话框，如图 7.1 所示。

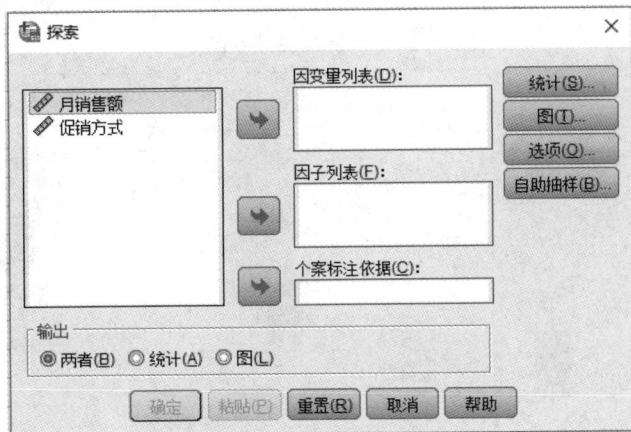

图 7.1 【探索】对话框

第二步，在变量列表框中将"月销售额"选到【因变量列表】框中，将"促销方式"放到【因子列表】文本框中。单击【图】按钮，进入【探索：图】对话框。【箱图】选项组可以检验异常值，它保持默认选项。取消选中【描述图】选项组中默认的【茎叶图】复选框，另外勾选【含检验的正态图】复选框做正态性检验，如图 7.2 所示。然后单击【继续】按钮，回到上层对话框。

图 7.2　【探索：图】对话框

第三步，单击【确定】按钮，系统会计算出一系列结果，这里只截取图 7.3 和图 7.4 加以说明。

正态性检验

	促销方式	柯尔莫戈洛夫-斯米诺夫[a]			夏皮洛-威尔克		
		统计	自由度	显著性	统计	自由度	显著性
月销售额	普通促销	0.256	4	.	0.921	4	0.542
	广告宣传	0.181	4	.	0.992	4	0.965
	有奖销售	0.274	4	.	0.881	4	0.343
	特价销售	0.171	4	.	0.996	4	0.986
	买一送一	0.214	4	.	0.929	4	0.588

a. 里利氏显著性修正

图 7.3　正态性检验图

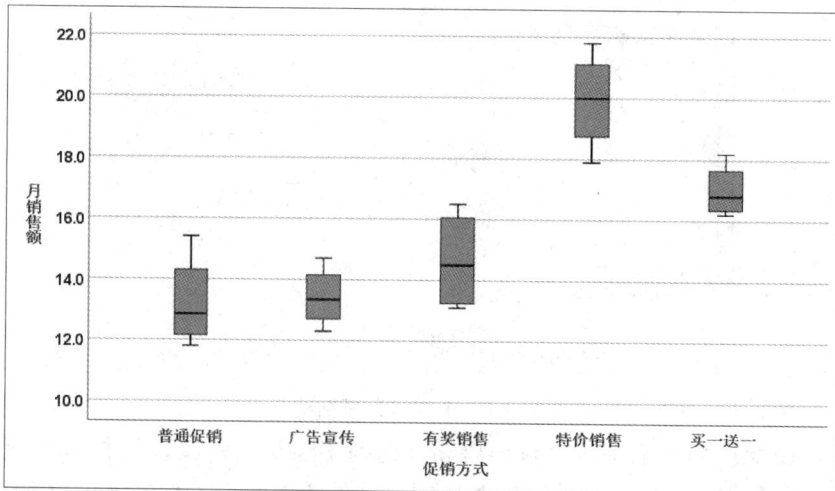

图 7.4　异常值检验图

由图 7.3 可以看出，经过夏皮洛-威尔克(Shapiro-Wilk)检验后，看出五种促销方式月销售额的正态性检验都显示它们符合正态分布(p 分别为 0.542，0.965，0.343，0.986，0.588，都大于 0.05)。另外从图 7.4 中可以看到，五种促销方式月销售额的观测值都没有异常值。

第四步，方差齐性检验。选择菜单栏中【分析】→【比较平均值】→【单因素 ANOVA 检验】命令，进入【单因素 ANOVA 检验】对话框，如图 7.5 所示。

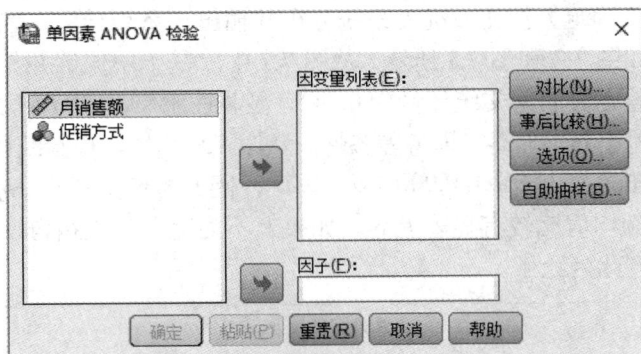

图 7.5 【单因素 ANOVA 检验】对话框

第五步，在变量列表框中将"月销售额"添加到【因变量列表】文本框中，把"促销方式"添加到【因子】文本框中。单击【选项】按钮，进入【单因素 ANOVA 检验：选项】对话框，如图 7.6 所示，选中【方差齐性检验】复选框。然后单击【继续】按钮，回到上层对话框，其他选项默认。

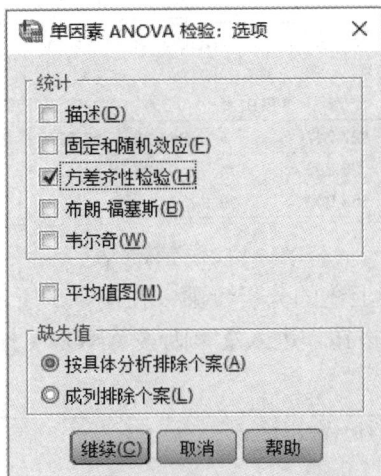

图 7.6 【单因素 ANOVA 检验：选项】对话框

图 7.6 中的各选项使用方法简单说明如下所示。

• 【描述】选项用于输出描述统计量，包括观测值容量、平均值、标准差、标准误差、最小值、最大值、各组中每个因变量的 95% 置信区间等。

• 【固定和随机效应】用于显示固定和随机描述统计量。

• 【方差齐性检验】选项输出莱文统计量、方差齐性检验结果和方差分析表。

• 【布朗-福塞斯】用于计算检验组平均值相等假设的布朗检验，在方差齐性假设下不成立时，这个统计量比 F 统计量更优越。

• 【韦尔奇】用于计算检验组平均值相等假设的韦尔奇统计量，在不具备各方差齐性假设时，也是一个比 F 统计量更优越的统计量。

• 【平均值图】复选框是根据各组均值变化描绘出因变量的分布情况。

· 【缺失值】选项组中提供了缺失值处理方法，该选项和平均值比较过程中的缺失值选项意义相同。

第六步，单击【确定】按钮，提交系统分析并输出一系列结果，包括方差齐性检验结果和方差分析表，如图 7.7 和图 7.8 所示。从图 7.7 中"基于中位数并具有调整后自由度"行中数据可知，方差齐性的莱文统计量为 0.742，显著性水平 $p = 0.584 > 0.05$，说明五种促销方式月销售额方差差异不显著，即方差齐性。从图 7.8 可知，检验统计量 $F = 16.577$，对应的概率 p 值为 0.000，由于 $p = 0.000 < \alpha = 0.05$，因此拒绝原假设 H_0，即可以认为不同销售方式的月销售额均值比较有显著差异。如果 F 不显著，就是指自变量对因变量没有显著影响，F 检验就到此为止了。

方差齐性检验		莱文统计	自由度 1	自由度 2	显著性
月销售额	基于平均值	0.848	4	15	0.517
	基于中位数	0.742	4	15	0.578
	基于中位数并具有调整后自由度	0.742	4	10.447	0.584
	基于剪除后平均值	0.830	4	15	0.527

图 7.7　【方差齐性检验】结果

ANOVA 月销售额	平方和	自由度	均方	F	显著性
组间	127.717	4	31.929	16.577	0.000
组内	28.892	15	1.926		
总计	156.609	19			

图 7.8　方差分析表

第七步，事后检验。接着上述的分析步骤，在图 7.5 所示的【单因素 ANOVA 检验】对话框中，单击【事后比较】按钮，进入【单因素 ANOVA 检验：事后多重比较】对话框，如图 7.9 所示。

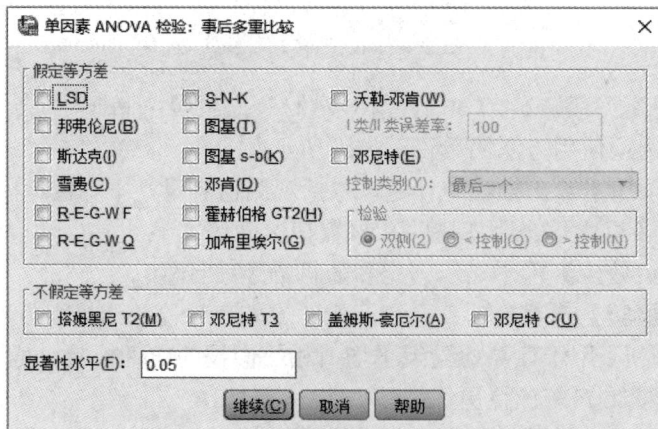

图 7.9　【单因素 ANOVA 检验：事后多重比较】对话框

图 7.9 对话框用于设置平均值的多重比较检验，其界面各选项简单说明如下所示。

（1）【假定等方差】选项组用于方差齐性时的前提下，有下列方法供选择。

· LSD：最小显著差数法，用 T 检验完成各组均值间的配对比较。

· 邦弗伦尼：用 T 检验完成各组间平均值的配对比较，但通过设置每个检验的误差概率来控制整个误差率。

· 斯达克：计算 T 统计量进行多重配对比较。可以调整显著性水平，比邦弗伦尼方法的界限要小。

· 雪费：用 F 分布对所有可能的组合进行同时进入的配对比较。此法可用于检查组平均值的所有线性组合，但不是公正的配对比较。

· R-E-G-WF：基于 F 检验的 Ryan-Einot-Gabriel-Welsch 多重比较检验。

· R-E-G-W Q：基于 Student Range 分布的 Ryan-Einot-Gabriel-Welsch range test 多重配对比较。

· S-N-K：用 Student Range 分布进行所有各组均值间的配对比较。

· 图基：用 Student Range 统计量进行所有组间均值的配对比较，用所有配对比较误差率作为试验误差率。

· 图基 s-b：用 Student Range 分布进行组间平均值的配对比较，其精确值为前两种检验相应值的平均值。

· 邓肯：指定一系列的 Range 值，逐步进行计算比较得出结论。

· 霍赫伯格 GT2：用正态最大系数进行多重比较。

· 加布里埃尔：用正态标准系数进行配对比较，在单元数较大时这种方法较自由。

· 沃勒-邓肯：用 T 统计量进行多重比较检验，使用贝叶斯逼近的多重比较检验法。

· 邓尼特：多重配对比较的 T 检验法，用于一组处理对个控制类平均值的比较。默认的控制类是最后一组。

（2）【不假定等方差】选项组用于方差不具有齐性时，有以下方法供选择。

· 塔姆黑尼 T2：基于 T 检验进行配对比较。

· 邓尼特 T3：基于 Student 最大模的成对比较法。

· 盖姆斯-豪厄尔：基于 Games-Howell 比较，该方法较灵活。

· 邓尼特 C：基于 Student 极值的成对比较法。

（3）【显著性水平】文本框用于确定各种检验的显著性水平，系统默认值为 0.05，可由用户重新设定。

第八步，在【单因素 ANOVA 检验：事后多重比较】对话框中，选择【LSD】复选框，【显著性水平】文本框使用默认值 0.05，单击【继续】按钮，返回主对话框。单击【确定】按钮，提交系统分析并输出多重比较结果，如图 7.10 所示。

图 7.10 中显示的是不同促销方式月销售额均值差异检验的结果。在 LSD 方法中，第一行数据中(I)促销方式为"普通促销"，(J)促销方式为"广告宣传"，对应的均值差(I−J)为 −0.2000，对应的概率 P 值为 0.841，当 $p = 0.841 > \alpha = 0.05$ 时，说明普通促销与广告宣传月销售额的均值没有显著性差异，可以近似认为普通促销等于广告宣传的月销售额均值；同样，第三行数据中(I)促销方式为"普通促销"，(J)促销方式为"特价销售"，对应的均值差(I−J)为 −6.7000，对应的概率 P 值为 0.000，$p = 0.000 < \alpha = 0.05$ 时，则说明普通促销与特价销售月销售额的均值有显著性差异。其他两两比较方法跟上述一样，在此不再赘述。

多重比较

因变量: 月销售额
LSD

(I) 促销方式	(J) 促销方式	平均值差值 (I-J)	标准 错误	显著性	95% 置信区间 下限	95% 置信区间 上限
普通促销	广告宣传	-0.2000	0.9814	0.841	-2.292	1.892
	有奖销售	-1.4250	0.9814	0.167	-3.517	0.667
	特价销售	-6.7000*	0.9814	0.000	-8.792	-4.608
	买一送一	-3.7750*	0.9814	0.002	-5.867	-1.683
广告宣传	普通促销	0.2000	0.9814	0.841	-1.892	2.292
	有奖销售	-1.2250	0.9814	0.231	-3.317	0.867
	特价销售	-6.5000*	0.9814	0.000	-8.592	-4.408
	买一送一	-3.5750*	0.9814	0.002	-5.667	-1.483
有奖销售	普通促销	1.4250	0.9814	0.167	-0.667	3.517
	广告宣传	1.2250	0.9814	0.231	-0.867	3.317
	特价销售	-5.2750*	0.9814	0.000	-7.367	-3.183
	买一送一	-2.3500*	0.9814	0.030	-4.442	-0.258
特价销售	普通促销	6.7000*	0.9814	0.000	4.608	8.792
	广告宣传	6.5000*	0.9814	0.000	4.408	8.592
	有奖销售	5.2750*	0.9814	0.000	3.183	7.367
	买一送一	2.9250*	0.9814	0.009	0.833	5.017
买一送一	普通促销	3.7750*	0.9814	0.002	1.683	5.867
	广告宣传	3.5750*	0.9814	0.002	1.483	5.667
	有奖销售	2.3500*	0.9814	0.030	0.258	4.442
	特价销售	-2.9250*	0.9814	0.009	-5.017	-0.833

*. 平均值差值的显著性水平为 0.05。

图 7.10 【多重比较】结果

另外，SPSS 提供了一种寻找相似子集的方法判断两两差异，被划成相似子集的各组是无差别的，而相似子集间的差别是显著的。以 S-N-K 方法为例，普通促销、广告宣传和有奖销售的月销售额均值被划分为第一组，买一送一的月销售额被划分为第二组，特价销售的月销售额被划分为第三组，形成三个相似性子集，即组与组之间是有差异的，而组内是没有差异的。如图 7.11 所示，图基 HSD 相似性子集的划分与 S-N-K 方法一致。

月销售额

	促销方式	个案数	Alpha 的子集 = 0.05 1	2	3
S-N-K[a]	普通促销	4	13.225		
	广告宣传	4	13.425		
	有奖销售	4	14.650		
	买一送一	4		17.000	
	特价销售	4			19.925
	显著性		0.341	1.000	1.000
图基 HSD[a]	普通促销	4	13.225		
	广告宣传	4	13.425		
	有奖销售	4	14.650	14.650	
	买一送一	4		17.000	17.000
	特价销售	4			19.925
	显著性		0.606	0.170	0.061

将显示齐性子集中各个组的平均值。
a. 使用调和平均值样本大小 = 4.000。

图 7.11 多重比较的相似性子集

第九步，对组间平方和进行线性分解并检验。单击【单因素 ANOVA 检验】对话框右上角的【对比】按钮，弹出【单因素 ANOVA 检验：对比】对话框，如图 7.12 所示。选中【多项式】复选框，并将【等级】设为【线性】，单击【继续】按钮，返回【单因素 ANOVA 检验】对话框。单击【确定】按钮，提交系统分析并输出线性分解检验结果，如图 7.13 所示。

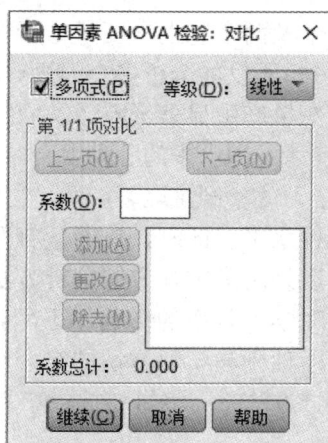

图 7.12　【单因素 ANOVA 检验：对比】对话框

ANOVA

月销售额

			平方和	自由度	均方	F	显著性
组间	（组合）		127.717	4	31.929	16.577	0.000
	线性项	对比	78.961	1	78.961	40.994	0.000
		偏差	48.756	3	16.252	8.437	0.002
组内			28.892	15	1.926		
总计			156.609	19			

图 7.13　线性分解检验结果

从图 7.13 中可以看出，组间平方和是 127.717，组内平方和是 28.892，其中组间平方和的 F 值是 16.577，相应的概率值是 0.000，小于显著性水平 0.05，因此，认为不同的促销方式对月销售额有显著的影响。另外，这个图中也给出了线性形式的趋势检验结果，组间变异被促销方式类型所能解释的部分是 78.961，被其他因素解释的有 48.756，并且组间变异被促销方式类型所能解释的部分是非常显著的。

任务 7.3　实现双因素方差分析

✍ 任务描述

在实际问题中，影响某项指标的主要因素往往有多个，要了解各因素对该指标的综合影响，不仅要分别考虑每个因素的影响，还需要研究各因素不同水平组合所产生的影响。我们把各因素的不同水平组合所产生的效果，称为交互作用。分析因素间是否存在显著的交互作用，是双因素和多因素方差分析中要解决的主要问题。要分析是否存在显著的交互作用，就需要在各因子的不同水平组合下进行重复试验。为了便于理解，本任务先介绍不考虑交互作用的双因素方差分析，再介绍考虑交互作用的情况。

7.3.1　多因素方差分析的基本原理

多因素方差分析用来研究两个及两个以上自变量是否对因变量产生显著影响，两因素方差分析是其特例。多因素方差分析不仅能分析多个因素对因变量的独立影响，而且能够分析多个因素的交互作用是否对因变量产生显著影响，从而找到有利于因变量的最优组合方案。交互作用的影响是指多个自变量不同水平的各种组合对因变量产生的影响。例如，研究不同性别、不同学习方法是否对学习效率产生显著影响，假如性别分为男和女两种水平；方法有方法 1、方法 2 和方法 3 三种水平。此时，自变量有两个，即性别和学习方法，因变量有一个，即学习效率，所以可以采用多因素方差分析方法进行分析。多因素方差分析不仅可以单独分析性别及学习方法对学习效率的影响，还可以分析不同性别与不同学习方法的交互作用对学习效率的影响，即性别与学习方法的组合对学习效率的影响，总共有 6 种组合方式，即"男*方法 1""男*方法 2""男*方法 3""女*方法 1""女*方法 2"和"女*方法 3"。

多因素方差分析中因变量总方差(SST)由三部分组成，即自变量独立作用、自变量交互作用及抽样误差。本节主要探讨两因素方差分析，两因素分别为 A 和 B，假设自变量 A 有 k 个水平，自变量 B 有 r 个水平。SST 的分解公式为多因素方差分析中因变量总的离差平方和(SST)由三部分组成，即自变量独立作用、自变量交互作用及抽样误差。本节主要探讨两因素方差分析，两因素分别为 A 和 B，假设自变量 A 有 k 个水平，自变量 B 有 r 个水平。SST的分解公式为

$$\text{SST} = \text{SSA} + \text{SSB} + \text{SSAB} + \text{SSE} \tag{7-16}$$

式中：SST 为因变量的总离差平方和；SSA、SSB 分别为自变量 A、B 独立作用引起的变差；SSAB 为自变量 A 和 B 交互作用引起的变差；SSE 为随机因素引起的变差。

$$\text{SST} = \sum_{i=1}^{k}\sum_{j=1}^{r}\sum_{k=1}^{n_{ij}}(x_{ijk} - \bar{x})^2 \tag{7-17}$$

式中：n_{ij} 为因素 A 第 i 个水平和因素 B 第 j 个水平下的样本观测值的个数；x_{ijk} 为因素 A 第 i 个水平和因素 B 第 j 个水平下的第 k 个观测值。

$$\text{SSA} = \sum_{i=1}^{k}\sum_{j=1}^{r} n_{ij}(\bar{x}_i^A - \bar{x})^2 \tag{7-18}$$

式中：n_{ij} 为因素 A 第 i 个水平和因素 B 第 j 个水平下的样本观测值的个数；$\bar{x}_i^A$ 为因素 A 第 i 个水平下因变量的均值。

$$\text{SSB} = \sum_{i=1}^{k}\sum_{j=1}^{r} n_{ij}(\bar{x}_j^B - \bar{x})^2 \tag{7-19}$$

式中：n_{ij} 为因素 A 第 i 个水平和因素 B 第 j 个水平下的样本观测值的个数；$\bar{x}_j^B$ 为因素 B 第 j 个水平下因变量的均值。

$$\text{SSE} = \sum_{i=1}^{k}\sum_{j=1}^{r}\sum_{k=1}^{n_{ij}}(x_{ijk} - \bar{x}_{ij}^{AB})^2 \tag{7-20}$$

式中：x_{ijk} 为因素 A 第 i 个水平和因素 B 第 j 个水平下的第 k 个观测值；$\bar{x}_{ij}^{AB}$ 为因素 A 第 i 个水平和因素 B 第 j 个水平下因变量的均值。

最后计算因素 A 和因素 B 各自主效应以及两者的交互效应的检验统计量 F 如下：

$$F_A = \frac{\text{SSA} / (k-1)}{\text{SSE} / [kr(l-1)]} = \frac{\text{MSA}}{\text{MSE}} \tag{7-21}$$

$$F_B = \frac{\text{SSB} / (r-1)}{\text{SSE} / [kr(l-1)]} = \frac{\text{MSB}}{\text{MSE}} \tag{7-22}$$

$$F_{AB} = \frac{\text{SSAB} / (k-1)(r-1)}{\text{SSE} / [kr(l-1)]} = \frac{\text{MSAB}}{\text{MSE}} \tag{7-23}$$

式中：l 为每小组样本量；MSA 和 MSB 为平均组间平方和；MSE 为平均组内平方和；$k-1$ 为 SSA 的自由度；$r-1$ 为 SSB 的自由度；$kr(l-1)$ 为 SSE 的自由度。

7.3.2　多因素方差分析的基本步骤

1. 前提条件检验

做多因素方差分析有下列几个条件要满足：

(1) 因变量是连续性变量。

(2) 自变量要求是具有两个水平以上分类的离散数据。

(3) 因变量观测值无明显的异常值。

(4) 任一分类的因变量观测值相互独立。

(5) 任一分类的因变量观测值服从正态分布。

(6) 任一分类的因变量观测值的方差相等。

这些条件的检验情况和单因素方差分析大体相同。

2. F 检验

假设自变量 A 的水平数为 p 个，自变量 B 的水平数为 q 个，则该两因素方差分析的原假设 H_0 主要有三个：① 自变量 A 各水平的总体均值相等，即 $\mu_1 = \mu_2 = \cdots = \mu_p$，或写为自变量 A 的处理效应(主效应)为 0，即 $\alpha_j = 0$；② 自变量 B 各水平的总体均值相等，即 $\mu_1 = \mu_2 = \cdots = \mu_q$，或写为自变量 B 的处理效应(主效应)为 0；即 $\beta_k = 0$；③ 自变量 A 和自变量 B 的交互效应为 0，即 $(\alpha\beta)_{jk} = 0$。

在多因素方差分析中，优先分析交互效应，例如，上述的两因素方差分析，如果自变量 A 和 B 间的交互作用显著，则无论 A 和 B 的主效应显著与否都不再需要分析它，而是要分别进行自变量 A 和自变量 B 的简单效应分析。如果 A 和 B 的交互作用不显著，而 A 和 B 中任何一个的主效应显著时，就需要对该自变量各个水平下的因变量均值进行差异检验，这类似于单因素方差分析的事后检验。

3. 主效应分析

交互效应不显著且主效应显著时，进一步检验各个因素不同水平均值间的差异。SPSS 系统提供了三种检验方法，即事后多重比较、对比检验和趋势检验，对于初学者掌握事后多重比较就可以了。

1) 事后多重比较

如果各组被试相等时，可以采用"事后多重比较"进行均值间的比较，这一比较方式与单因素方差分析的事后多重比较检验类似，也分为两类，一类是方差相等时使用的方法，另外一类是方差不相等时使用的方法。如果方差相等，则直接采用描述统计和事后多重比较两个菜单命令的结果，与单因素方差分析不同，在多因素方差分析中，系统的方差不齐性的方法是不可用的；如果各组间的被试不是相等的，在做均值的比较时，可以先估算边际均值，再做均值比较。

2) 对比检验

有时候我们不仅仅局限于要对某因素的各水平进行两两比较，也有可能要比较各水平与总均值的差异，或者比较某个水平与其他三个水平的均值差异，又或者某两个水平与其他两个水平的均值差异，SPSS 也提供了此类均值对比的方法，几种对比检验方式如下所示。

(1) 偏差：比较因素的各水平均值和总均值的差距。例如，自变量 A 有 4 个水平，如果选择偏差比较法，则系统会比较以下三对关系：① 水平 1 与总均值的差异；② 水平 2 与总均值的差异；③ 水平 3 与总均值的差异。但系统会省略水平 4 与总均值的比较。

(2) 简单：比较因素各水平均值与参考水平的差距，通常这个参考水平是因素的第一水平或最后水平上因变量的均值。例如，自变量 B 有 4 个水平，如果选择简单比较法(以最后一个水平 4 为参照)，则系统会比较以下三对关系：① 水平 1 与水平 4 的差异；② 水平 2 与水平 4 的差异；③ 水平 3 与水平 4 的差异。

(3) 差值：除第一个水平外，其余水平均与前面所有的水平上的均值做比较。例如，自变量 C 有 4 个水平，选择该方法，系统会比较以下三对关系：① 水平 2 与水平 1 的差异；② 水平 3 与水平 2、水平 1 两者均值的差异；③ 水平 4 与水平 3、水平 2、水平 1 三者均值的差异。

(4) 赫尔默特(Helmert)：指每个水平都与其后的所有水平的均值做比较。例如，自变量 D 有 4 个水平，选择该方法，系统会比较以下三对关系：① 水平 1 与水平 2、水平 3、水平 4 三者均值的差异；② 水平 2 与水平 3、水平 4 两者均值的差异；③ 水平 3 与水平 4 的差异。

(5) 重复：指每个水平都与其后面的水平效应值比较。例如，自变量 E 有 4 个水平，选择该方法，系统会比较以下三对关系：① 水平 1 与水平 2 的差异；② 水平 2 与水平 3 的差异；③水平 3 与水平 4 的差异。

3) 趋势检验

在 SPSS 的【对比】菜单中，提供了趋势检验的方法，即【多项式】命令。多项式是指多项式对照，比较线性、二次效应、三次效应等，常用于多项式趋势预测，和单因素方差分析类似。假如自变量的水平为 k，系统会给出 $k-1$ 个多项式趋势检验，如有 $k=3$，则系统会给出线性(一次)和二次效应。

4. 交互效应分析

1) 交互作用图形分析

自变量的交互作用可以通过绘制图形直观分析。如果自变量之间无交互作用，各水平对应的直线斜率是没有差异的，即是平行的；如果自变量间存在交互作用，各水平对应的直线斜率不相等，它们会相互交叉(或者延长线会交叉)。当然，交互作用是否显著，最终还是需要看交互效应的检验结果。

2) 简单效应分析

假如存在交互作用，就需要进行简单效应分析。所谓简单效应就是某一个因素的各个水平在另外因素的不同水平下的效应，如果这些效应是有差异的，就会产生交互作用，因此需要将这些简单效应进行逐一分析。以 2×3 的多因素方差分析为例，A 有两个水平，B 有三个水平，假如存在交互效应，我们需要研究在 A_1 水平下 B 的三个水平均值的差异情况，在 A_2 水平下 B 的三个水平均值的差异情况。目前 SPSS 没有简单效应分析的可视窗口，需要用到 SPSS 的语法编辑，不过这个过程并不难，我们将在案例中介绍。

7.3.3 无交互效应的双因素方差分析

1. 无交互效应时双因素试验的数学模型

假设试验中有 A、B 两个变动的因素，因素 A 取 a 个不同水平，因素 B 取 b 个不同水平。在 A_i 和 B_j 水平组合下各做一次试验，试验结果为总体 X_{ij}，并假设

$$\begin{cases} X_{ij} \sim N(\mu_{ij}, \ \sigma^2), \ 且相互独立 \\ i = 1, \ 2, \ \cdots, \ a; \ j = 1, \ 2, \ \cdots, \ b \end{cases} \tag{7-24}$$

并设 x_{ij} 为 X_{ij} 的观察值。与单因素方差分析类似，记 α_i 为因素 A 的水平 A_i 的效应，β_j 为因素 B 的水平 B_j 的效应，于是 x_{ij} 就有如下数据结构：

$$\begin{cases} x_{ij} = \mu_{ij} + \varepsilon_{ij} = \mu + \alpha_i + \beta_j + \varepsilon_{ij} \\ \varepsilon_{ij} \sim N(0, \ \sigma^2), \ 且相互独立 \\ i = 1, \ 2, \ \cdots, \ a; \ j = 1, \ 2, \ \cdots, \ b \end{cases} \tag{7-25}$$

其中，$\mu = \dfrac{1}{N} \sum\limits_i \sum\limits_j \mu_{ij}$ 为一般平均；$N = ab$ 为样本总数；ε_{ij} 为试验误差。因此

$$\mu_{ij} = \mu + \alpha_i + \beta_j \tag{7-26}$$

此时要检验的原假设有以下两个

$$\begin{cases} H_{01}: \alpha_1 = \alpha_2 = \cdots = \alpha_a = 0 \\ H_{02}: \beta_1 = \beta_2 = \cdots = \beta_b = 0 \end{cases} \tag{7-27}$$

若拒绝 H_{01}，说明因素 A 的作用显著；若拒绝 H_{02}，说明因素 B 的作用显著。

2. 离差平方和的分解

与单因素方差分析类似,进行双因素方差分析时也需要将总离差平方和 SST 进行分解。但不同的是，这里需要将 SST 分解成三个组成部分，即

SSA：除反映部分误差外，主要反映了因素 A 不同水平效应间的差异，称为 A 间平方和或因素 A 的平方和。

SSB：除反映部分误差外，主要反映了因素 B 不同水平效应间的差异，称为 B 间平方和或因素 B 的平方和。

SSE：反映了误差间的波动，称为误差平方和。

它们的计算公式分别为

$$SST = \sum_i \sum_j (x_{ij} - \bar{x})^2 \tag{7-28}$$

$$SSA = \sum_i b(\bar{x}_{i.} - \bar{x})^2 \tag{7-29}$$

$$SSB = \sum_j a(\bar{x}_{.j} - \bar{x})^2 \tag{7-30}$$

$$SSE = SST - SSA - SSB \tag{7-31}$$

其中，$\bar{x} = \dfrac{1}{N} \sum_i \sum_j x_{ij}$ 为数据总平均；$N = ab$ 为样本总数；$\bar{x}_{i.} = \dfrac{1}{b} \sum_j x_{ij}$ 为因素 A 的水平 A_i 下试验数据的样本均值；$\bar{x}_{.j} = \dfrac{1}{a} \sum_i x_{ij}$ 为因素 B 的水平 B_j 下试验数据的样本均值。

3. 检验用统计量及其分布

当 H_{01} 为真时，统计量

$$F_A = \frac{SSA/(a-1)}{SSE/[(a-1)(b-1)]} \sim F(a-1, \ (a-1)(b-1)) \tag{7-32}$$

当 H_{02} 为真时，统计量

$$F_B = \frac{SSB/(b-1)}{SSE/[(a-1)(b-1)]} \sim F(b-1, \ (a-1)(b-1)) \tag{7-33}$$

因此

$$\begin{aligned} F_A &> F_\alpha(a-1, \ (a-1)(b-1)), \quad 就拒绝H_{01} \\ F_B &> F_\alpha(b-1, \ (a-1)(b-1)), \quad 就拒绝H_{02} \end{aligned} \tag{7-34}$$

检验过程同样可以列成一张方差分析表，如表 7.6 所示。

表 7.6　双因素方差(无交互作用)分析表

因素来源	平方和	自由度	均方和	F 值
因素 A	SSA	$a-1$	$SSA/(a-1)$	$F_A = \dfrac{SSA/(a-1)}{SSE/[(a-1)(b-1)]}$
因素 B	SSB	$b-1$	$SSB/(b-1)$	$F_B = \dfrac{SSB/(b-1)}{SSE/[(a-1)(b-1)]}$
误差	SSE	$(a-1)(b-1)$	$SSE/[(a-1)(b-1)]$	
总和	SST	$N-1$		

【例 7.4】 某商品有五种不同的包装方式，在五个不同地区销售。现从每个地区随机抽取一个规模相同的超级市场，得到该商品不同包装的销售资料如表 7.7 所示。

表 7.7　某种商品不同地区不同包装的销售资料

销售地区	销售量				
	A_1方式	A_2方式	A_3方式	A_4方式	A_5方式
B_1	20	12	20	10	14
B_2	22	10	20	12	6
B_3	24	14	18	18	10
B_4	16	4	8	6	18
B_5	26	22	16	20	10

试问，包装方式和销售地区对该商品销售量是否有显著影响（$\alpha = 0.05$）？

解　从表 7.7 可看出，设包装方式为因素 A，销售地区为因素 B。如果五种包装方式的销售均值相等，则表明不同的包装方式在销售上没有差别；同理，如果五个地区销售均值相等，则表明不同地区在销售上没有影响。所以，方差分析的过程如下：

第一步，建立假设。

对因素 A 建立原假设为 $H_{01}: \mu_1 = \mu_2 = \mu_3 = \mu_4 = \mu_5$，即包装方式之间无差别；建立备择假设为 $H_{11}: \mu_1, \mu_2, \mu_3, \mu_4, \mu_5$ 不全等，即包装方式之间有差异。

对因素 B 建立原假设为 $H_{02}: \hat{\mu}_1 = \hat{\mu}_2 = \hat{\mu}_3 = \hat{\mu}_4 = \hat{\mu}_5$，即地区之间无差别；建立备择假设为 $H_{12}: \hat{\mu}_1, \hat{\mu}_2, \hat{\mu}_3, \hat{\mu}_4, \hat{\mu}_5$ 不全等，即地区之间有差异。

第二步，计算各种均值。

因素 A 的列均值分别为 $\bar{x}_1 = 21.6$，$\bar{x}_2 = 12.4$，$\bar{x}_3 = 16.4$，$\bar{x}_4 = 13.2$，$\bar{x}_5 = 11.6$。

因素 B 的列均值分别为 $\bar{x}_{1.} = 15.2$，$\bar{x}_{2.} = 14$，$\bar{x}_{3.} = 16.8$，$\bar{x}_{4.} = 10.4$，$\bar{x}_{5.} = 18.8$。

总均值为 $\bar{x} = 15.04$。

第三步，计算各种离差平方和：

$$\text{SST} = \sum_i \sum_j (x_{ij} - \bar{x})^2 = (20-15.04)^2 + (12-15.04)^2 + \cdots + (10-15.04)^2 = 880.96$$

$$\text{SSA} = \sum_i b(\bar{x}_{i.} - \bar{x})^2 = 5 \times (21.6-15.04)^2 + \cdots + 5 \times (11.6-15.04)^2 = 335.36$$

$$\text{SSB} = \sum_j a(\bar{x}_{.j} - \bar{x})^2 = 5 \times (15.2-15.04)^2 + \cdots + 5 \times (18.8-15.04)^2 = 199.36$$

$$\text{SSE} = \text{SST} - \text{SSA} - \text{SSB} = 880.96 - 335.36 - 199.36 = 346.24$$

第四步，计算各种均方差：

$$\text{MSA} = \frac{\text{SSA}}{a-1} = \frac{335.36}{5-1} = 83.84$$

$$\text{MSB} = \frac{\text{SSB}}{b-1} = \frac{199.36}{5-1} = 49.84$$

$$\text{MSE} = \frac{\text{SSE}}{(a-1)(b-1)} = \frac{346.24}{(5-1) \times (5-1)} = 21.64$$

第五步，计算 F 值：

$$F_A = \frac{\text{MSA}}{\text{MSE}} = \frac{83.84}{21.64} = 3.874\,307$$

$$F_B = \frac{\text{MSB}}{\text{MSE}} = \frac{49.84}{21.64} = 2.303\,142$$

第六步，统计决策。

在 $\alpha = 0.05$ 下，查表得到 $F_{0.05}(4, 16) = 3.01$。所以，对于因素 A，因为 $F_A = 3.8704307 > 3.01$，落在拒绝域，故拒绝 H_{01}，接受 H_{02}。说明不同的包装方式对该商品的销售量产生一定的影响；对于因素 B，因为 $F_B = 2.303142 \leqslant 3.01$，落在接受域。故接受 H_{11}，说明该商品在不同地区的销售量不受地区因素的影响，或不同地区之间在该商品的销售上没有显著的差异。

7.3.4　SPSS 实现无交互效应的双因素方差分析

【例 7.5】　某地区的交通管理局正准备扩大从郊区到商业中心的公车服务，考虑 4 条线路：1 号线、2 号线、3 号线、4 号线。交管局进行检查，判断 4 条线路平均行驶时间是否存在差异，每一名司机行驶 4 条线路的时间如表 7.8 所示。

表 7.8　从郊区到商业中心行驶时间的一次观测

司机姓名	行驶时间/min			
	1 号线	2 号线	3 号线	4 号线
小张	33	33	35	37
小李	36	37	39	39
小王	35	38	40	38
小刘	40	36	43	40
小杨	41	39	43	40

试问：在 0.05 的显著性水平下，不同的线路和不同的司机行驶时间的均值是否有差异？

第一步，打开或新建数据文件以后，进行前提条件检验，和单因素方差分析一样，先需要验证异常值、正态性和方差齐性与否。(我们这里就不再赘述。)

第二步，依次选择【分析】→【一般线性模型】→【单变量】命令，进入【单变量】对话框，如图 7.14 所示。在变量列表框中将"时间"选入【因变量】文本框，把"线路编号"和"司机名称"添加到【固定因子】文本框中。

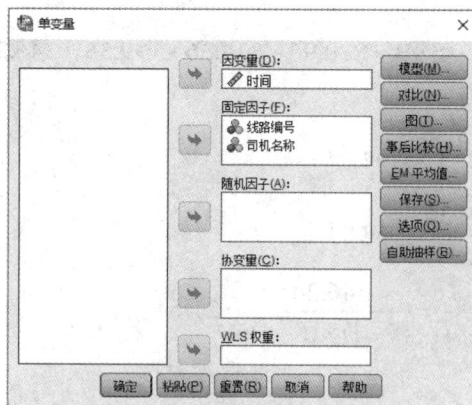

图 7.14　【单变量】对话框

第三步，单击【模型】按钮，进入【单变量：模型】对话框，如图 7.15 所示。在【指定模型】选项组中选中【构建项】按钮，从【因子与协变量】列表中把"线路编号"和"司机名称"加入【模型】列表中。在【类型】下拉列表框中选择【主效应】选项，取消【在模型中包括截距】复选框，其他使用默认值。单击【继续】按钮，返回主对话框。

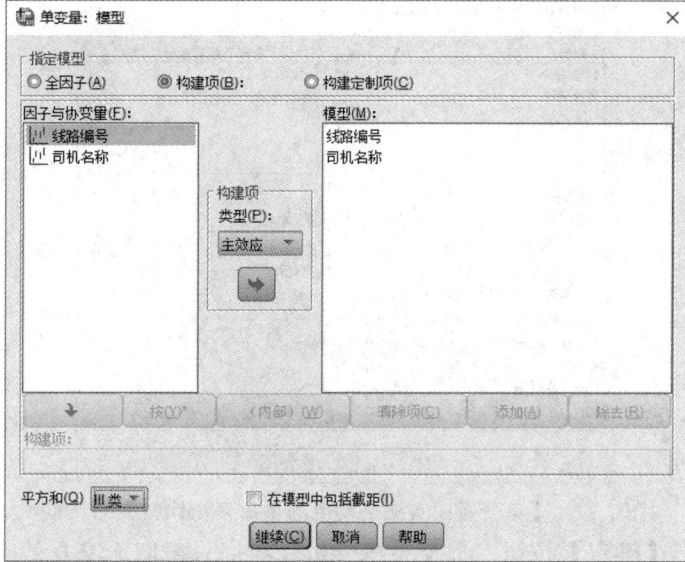

图 7.15 【单变量：模型】对话框

第四步，单击【图】按钮，进入【单变量：轮廓图】对话框，如图 7.16 所示。从【因子】选项组中把"线路编号"选入【水平轴】文本框，把"司机名称"选入【单独的线条】文本框，点击【添加】按钮。设置完毕后单击【继续】按钮，回到主对话框。

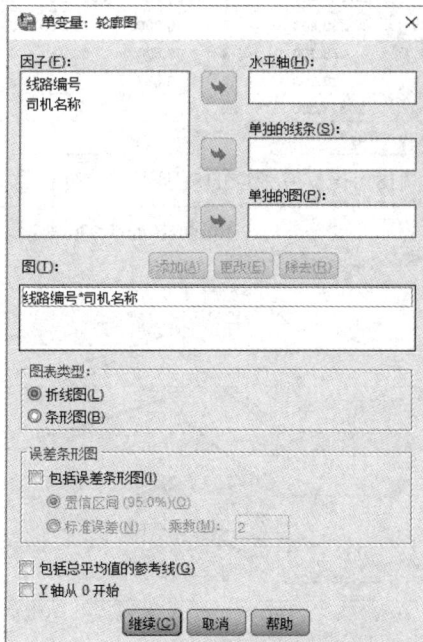

图 7.16 【单变量：轮廓图】对话框

第五步，单击【事后比较】按钮，进入【单变量：实测平均值的事后多重比较】对话框，如图 7.17 所示。从【因子】选项组里面把"线路编号"和"司机名称"都选入【下列各项的事后比较】文本框，在【假定等方差】选项组里面选择【LSD】选项，单击【继续】按钮，返回主对话框。

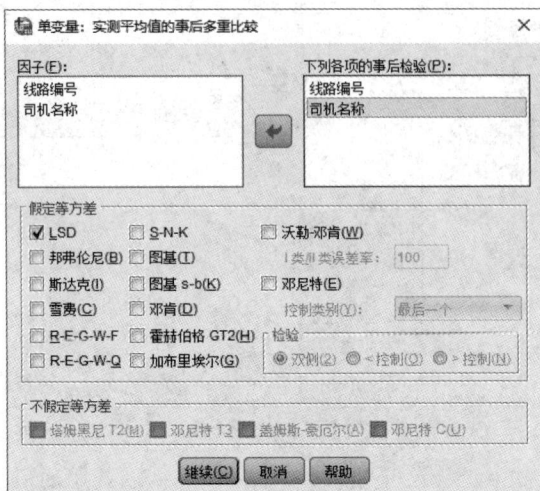

图 7.17　【单变量：实测平均值的事后多重比较】对话框

第六步，单击【确定】按钮，提交系统分析。我们只截取无交互效应的双因素方差分析结果图和无交互效应的折线图，如图 7.18 和图 7.19 所示。

主体间效应检验

因变量：时间

源	III 类平方和	自由度	均方	F	显著性
模型	29295.400[a]	8	3661.925	1536.472	0.000
线路编号	32.400	3	10.800	4.531	0.024
司机名称	78.200	4	19.550	8.203	0.002
误差	28.600	12	2.383		
总计	29324.000	20			

a. R 方 = 0.999（调整后 R 方 = 0.998）

图 7.18　无交互效应的双因素方差分析结果

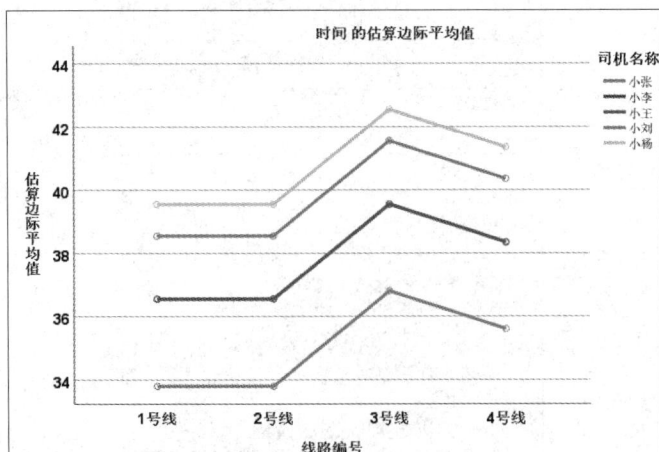

图 7.19　无交互效应的折线图

由图 7.18 可以看出，两因素的显著性水平都低于 $\alpha = 0.05$，表明两因素均对因变量有显著影响。具体差异可以查看输出结果中的两个因素的多重比较结果，其判断方式与单因素方差分析一样，这里就不再赘述。图 7.19 中 5 条折线均是平行或者重合的(其中小王和小李系列的折线相互重合)，表明没有考虑两个因素之间的交互作用。

7.3.5 有交互效应的双因素方差分析

1. 有交互效应时的双因素试验的数学模型

假设试验中有两个因素在变动，因素 A 取 a 个水平，因素 B 取 b 个水平，并记 A、B 间的交互作用为 $A \times B$；μ、μ_{ij}、α_i、β_j 的定义同前。由于存在交互作用，因此 $\mu_{ij} \neq \mu + \alpha_i + \beta_j$，称

$$\begin{cases} (\alpha\beta)_{ij} = \mu_{ij} - \mu - \alpha_i - \beta_j \\ i = 1, 2, \cdots, a; \ j = 1, 2, \cdots, b \end{cases} \tag{7-35}$$

为 A_i 与 B_j 的交互效应，它反映了因素间不同水平的组合对试验结果的影响，于是

$$\mu_{ij} = \mu + \alpha_i + \beta_j + (\alpha\beta)_{ij} \tag{7-36}$$

由于考虑了交互作用，因此要检验的原假设有三个：

$$\begin{cases} H_{01} : \alpha_1 = \alpha_2 = \cdots = \alpha_a = 0 \\ H_{02} : \beta_1 = \beta_2 = \cdots = \beta_b = 0 \\ H_{03} : (\alpha\beta)_{ij} = 0 \ 对一切 i, \ j \end{cases} \tag{7-37}$$

为检验 H_{03}，就需要在每一 $A_i B_j$ 水平组合下进行重复试验，否则无法将交互作用的平方和从误差平方和中分离出来。以下仅讨论在各种水平组合下作 n 次等重复试验的情况。

记 x_{ijk} 为在 $A_i B_j$ 水平组合下的第 k 次试验的观察值，则 x_{ijk} 有如下数据结构

$$\begin{cases} x_{ijk} = \mu + \alpha_i + \beta_j + (\alpha\beta)_{ij} + \varepsilon_{ijk} \\ \varepsilon_{ijk} \sim N(0, \ \sigma^2), \ 且相互独立 \\ i = 1, 2, \cdots, a; \ j = 1, 2, \cdots, b; \ k = 1, 2, \cdots, n \end{cases} \tag{7-38}$$

2. 偏差平方和的分解

与无交互效应的双因素方差分析类似，进行有交互效应双因素方差分析时也需要将总离差平方和 SST 进行分解。但不同的是，这里需要将 SST 分解成四个组成部分，即

SSA：除反映部分误差外，主要反映因素 A 不同水平效应间的差异，称为 A 间平方和或因素 A 的平方和。

SSB：除反映部分误差外，主要反映因素 B 不同水平效应间的差异，称为 B 间平方和或因素 B 的平方和。

SSE：反映了重复试验中误差引起的差异，称为误差平方和。

SSAB：除反映部分误差外，主要反映了交互效应间的差异，称为 $A \times B$ 间平方和。

它们的计算公式分别为

$$\text{SST} = \sum_i \sum_j \sum_k (x_{ijk} - \bar{x})^2 \tag{7-39}$$

$$SSA = \sum_i bn(\bar{x}_{i..} - \bar{x})^2 \tag{7-40}$$

$$SSB = \sum_j an(\bar{x}_{.j.} - \bar{x})^2 \tag{7-41}$$

$$SSAB = \sum_i \sum_j n(\bar{x}_{ij.} - \bar{x}_{i..} - \bar{x}_{.j.} + \bar{x})^2 \tag{7-42}$$

$$SSE = SST - SSA - SSB - SSAB \tag{7-43}$$

其中，$\bar{x} = \dfrac{1}{N}\sum_i \sum_j \sum_k x_{ijk}$ 为数据总平均；$N = abn$ 为样本总数；$\bar{x}_{ij.} = \dfrac{1}{n}\sum_k x_{ijk}$ 为各 $A_i B_j$ 组合下的样本均值；$\bar{x}_{i..} = \dfrac{1}{bn}\sum_j \sum_k x_{ijk}$ 为因素 A 的水平 A_i 下的样本均值；$\bar{x}_{.j.} = \dfrac{1}{an}\sum_i \sum_k x_{ijk}$ 为因素 B 的水平 B_j 下的样本均值。

3. 检验用统计量及其分布

同样可以证明，当 H_{01} 为真时，统计量

$$F_A = \frac{SSA / (a-1)}{SSE / [ab(n-1)]} \sim F(a-1,\ ab(n-1)) \tag{7-44}$$

当 H_{02} 为真时，统计量

$$F_B = \frac{SSB / (b-1)}{SSE / [ab(n-1)]} \sim F(b-1,\ ab(n-1)) \tag{7-45}$$

当 H_{03} 为真时，统计量

$$F_{A\times B} = \frac{SSAB / [(a-1)(b-1)]}{SSE / [ab(n-1)]} \sim F((a-1)(b-1),\ ab(n-1)) \tag{7-46}$$

从而可得 H_{01}、H_{02}、H_{03} 的拒绝域分别为

$$\begin{cases} F_A > F_\alpha(a-1,\ ab(n-1)) \\ F_B > F_\alpha(b-1,\ ab(n-1)) \\ F_{A\times B} > F_\alpha((a-1)(b-1),\ ab(n-1)) \end{cases} \tag{7-47}$$

检验过程同样可以列成一张方差分析表，如表 7.9 所示。

表 7.9　双因素方差(有交互效应)分析表

因素来源	平方和	自由度	均方和	F 值
因素 A	SSA	$a-1$	$SSA / (n-1)$	$F_A = \dfrac{SSA / (a-1)}{SSE / [ab(n-1)]}$
因素 B	SSB	$b-1$	$SSB / (n-1)$	$F_B = \dfrac{SSB / (b-1)}{SSE / [ab(n-1)]}$
交互效应	SSAB	$(a-1)(b-1)$	$SSAB / [(a-1)(b-1)]$	$F_{A\times B} = \dfrac{SSAB / [(a-1)(b-1)]}{SSE / [ab(n-1)]}$
误差	SSE	$ab(n-1)$	$SSE / [ab(n-1)]$	
总和	SST	$N-1$		

7.3.6　SPSS 实现有交互效应的双因素方差分析

【例 7.6】　某研究机构研究了 3 种动物饲料对 4 种不同品系小白鼠体重增加的影响。随机抽取样本测得数据如表 7.10 所示。

表 7.10　3 种动物饲料对 4 种不同品系小白鼠体重增加情况表

小鼠品系	小白鼠体重增加/g											
	A 饲料				B 饲料				C 饲料			
KM 小鼠	87	98	89	85	65	66	67	65	23	34	45	34
SD 大鼠	76	77	75	66	65	65	66	45	45	56	87	54
wistar 鼠	78	87	45	77	56	67	78	34	54	32	78	54
C57BL6 鼠	89	23	76	67	56	43	34	23	54	43	21	34

试讨论在 $\alpha = 0.05$ 的显著性水平下，小鼠的增重多少与饲料种类和小鼠品系有什么关系。

第一步，新建或打开数据文件后，进行前提条件检验和单因素方差分析一样，先需要验证异常值和正态性与否。(我们这里就不再赘述。)

第二步，方差齐性检验。依次选择【分析】→【一般线性模型】→【单变量】命令，进入【单变量】对话框，如图 7.20 所示。在变量列表框中将"体重"选入【因变量】文本框，把"饲料类型"和"小鼠品系"添加到【固定因子】文本框中。

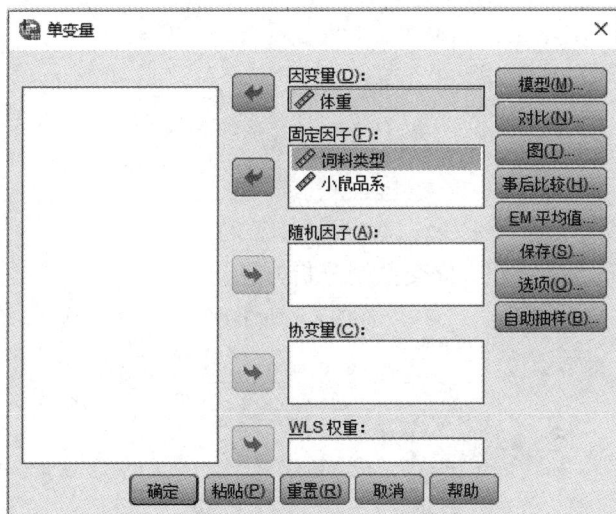

图 7.20　【单变量】对话框

第三步，单击【模型】按钮，进入【单变量：模型】对话框，如图 7.21 所示。在【指定模型】选项组中选中【构建项】按钮，从【因子与协变量】列表中把"饲料类型"和"小鼠品系"加入【模型】列表中，在【类型】下拉列表框中选择【交互】选项，其他使用默认值。单击【继续】按钮，返回主对话框。

应用统计学(基于 SPSS)

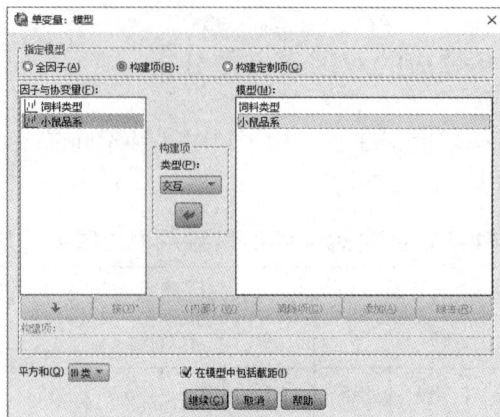

图 7.21　【单变量：模型】对话框

第四步，单击【选项】按钮，进行【单变量：选项】对话框，如图 7.22 所示。在【显示】选项组里面选中【方差齐性】复选框，【显著性水平】根据实际情况填写，这里使用默认值即可。单击【继续】按钮，返回主对话框。

图 7.22　【单变量：选项】对话框

第五步，单击【确定】按钮，提交系统分析并输出方差齐性检验结果，如图 7.23 所示。

误差方差的莱文等同性检验[a]			
因变量: 体重			
F	自由度 1	自由度 2	显著性
0.725	11	36	0.707

检验"各个组中的因变量误差方差相等"这一原假设。
a. 设计: 截距 + 饲料类型 + 小鼠品系

图 7.23　方差齐性检验结果

从图 7.23 可以看到方差齐性检验的莱文统计量为 0.725，$p = 0.707 > 0.05$，说明各组中的因变量误差方差是齐性的。经过上述检验，说明该案例符合多因素方差分析的基本假设。

第六步，F 检验。在图 7.21【单变量：模型】对话框中，在【指定模型】选项组中选中【全因子】按钮，其他使用默认值。单击【继续】按钮，返回主对话框。单击【确定】按钮，提交系统分析并输出方差分析表，结果如图 7.24 所示。

源	III 类平方和	自由度	均方	F	显著性
修正模型	11505.750[a]	11	1045.977	4.430	0.000
截距	167796.750	1	167796.750	710.710	0.000
饲料类型	6487.875	2	3243.938	13.740	0.000
小鼠品系	2441.750	3	813.917	3.447	0.027
饲料类型 * 小鼠品系	2576.125	6	429.354	1.819	0.123
误差	8499.500	36	236.097		
总计	187802.000	48			
修正后总计	20005.250	47			

a. R 方 = 0.575（调整后 R 方 = 0.445）

图 7.24　有交互效应方差分析表结果

由图 7.24 所示的数据进行多因素方差分析如下所示。

(1) 原假设 H_{01}：不同饲料类型对小鼠体重增重没有显著性差异(主效应不显著)。F 检验统计量为 13.740，显著性概率 P 值为 0.000，$p=0.000<\alpha=0.05$ 时，拒绝原假设，即不同饲料类型对小鼠增重有显著性差异。

(2) 原假设 H_{02}：不同小鼠品系对小鼠体重增重没有显著性差异(主效应不显著)。F 检验统计量为 3.447，显著性概率 P 值为 0.027，$p=0.027<\alpha=0.05$ 时，拒绝原假设，即不同小鼠品系对小鼠增重有显著性差异。

(3) 原假设 H_{03}：饲料类型和小鼠品系对小鼠体重增重的交互效应不显著。F 检验统计量为 1.819，显著性概率 P 值为 0.123，$p=0.123>a=0.05$ 时，接受原假设，即饲料类型和小鼠品系对小鼠增重的交互效应不显著。

第七步，主效应分析之实测平均值比较。虽然饲料类型和小鼠品系的交互效应不显著，但它们的主效应是显著的，所以需要进行主效应分析，即分析不同的小鼠品系、不同的饲料类型的增重量有怎样的差距。因为该案例中的每组被试是平衡的，在如图 7.20 所示的【单变量】对话框中，单击【事后比较】按钮，进入【单变量：实测平均值的事后多重比较】对话框，如图 7.25 所示。在【因子】变量选项框中，把"饲料类型"和"小鼠品系"添加到【下列各项的事后检验】文本框中。因为已经检验方差相等，所以选择【假定等方差】选项组中的分析方法，这里选择【邦弗伦尼】。单击【继续】按钮，返回主对话框。

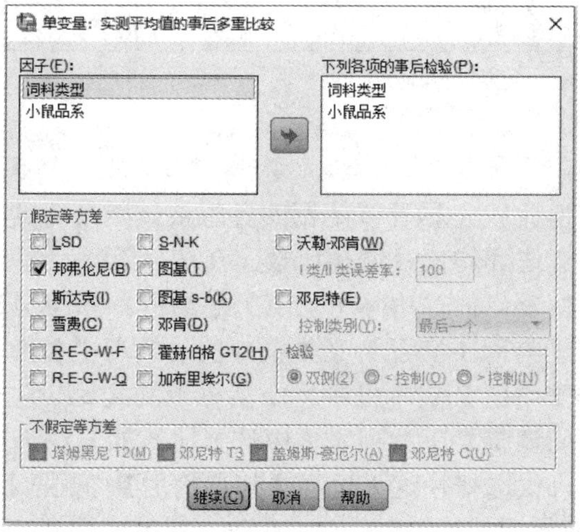

图 7.25　【单变量：实测平均值的事后多重比较】对话框

第八步，单击【确定】按钮，提交系统分析输出结果后，我们截取了事后比较的两个多重比较结果图，即图 7.26 和图 7.27。多重比较的结果分析和单因素方差分析一致，这里不再赘述，可以从图 7.26 和图 7.27 中看出在小鼠体重增重上，A 饲料＞B 饲料＞C 饲料，SD 大鼠＞KM 小鼠＞wistar 鼠＞C57BL6 鼠。

多重比较

因变量：体重
邦弗伦尼

(I) 饲料类型	(J) 饲料类型	平均值差值 (I-J)	标准误差	显著性	95% 置信区间 下限	上限
A饲料	B饲料	18.75*	5.433	0.004	5.11	32.39
	C饲料	27.94*	5.433	0.000	14.30	41.58
B饲料	A饲料	-18.75*	5.433	0.004	-32.39	-5.11
	C饲料	9.19	5.433	0.298	-4.45	22.83
C饲料	A饲料	-27.94*	5.433	0.000	-41.58	-14.30
	B饲料	-9.19	5.433	0.298	-22.83	4.45

基于实测平均值。
误差项是均方（误差）= 236.097。
*. 平均值差值的显著性水平为 .05。

图 7.26　饲料类型多重比较结果

多重比较

因变量：体重
邦弗伦尼

(I) 小鼠品系	(J) 小鼠品系	平均值差值 (I-J)	标准误差	显著性	95% 置信区间 下限	上限
KM小鼠	SD大鼠	-1.58	6.273	1.000	-19.10	15.93
	wistar鼠	1.50	6.273	1.000	-16.01	19.01
	C57BL6鼠	16.25	6.273	0.083	-1.26	33.76
SD大鼠	KM小鼠	1.58	6.273	1.000	-15.93	19.10
	wistar鼠	3.08	6.273	1.000	-14.43	20.60
	C57BL6鼠	17.83*	6.273	0.044	0.32	35.35
wistar鼠	KM小鼠	-1.50	6.273	1.000	-19.01	16.01
	SD大鼠	-3.08	6.273	1.000	-20.60	14.43
	C57BL6鼠	14.75	6.273	0.146	-2.76	32.26
C57BL6鼠	KM小鼠	-16.25	6.273	0.083	-33.76	1.26
	SD大鼠	-17.83*	6.273	0.044	-35.35	-0.32
	wistar鼠	-14.75	6.273	0.146	-32.26	2.76

基于实测平均值。
误差项是均方（误差）= 236.097。
*. 平均值差值的显著性水平为 .05。

图 7.27　小鼠品系多重比较结果

第九步，边际平均值比较。尽管该案例的各组被试是平衡的，但为了与事后多重比较做对比，这里同时估算边际均值并进行比较。在图 7.20 所示对话框中，单击【EM 平均值】按钮，进入【单变量：估算边际平均值】对话框，如图 7.28 所示。将【估算边际平均值】选项组中【因子与因子交互】文本框中的"饲料类型"和"小鼠品系"添加到右边【显示下列各项的平均值】文本框中，激活框下的【比较主效应】复选框，并选中该复选框，在【置信区间调整】下拉列表框中选择比较的方法，有【LSD】【邦弗伦尼】和【斯达克】三种方法可供选择，这里选择【邦弗伦尼】。单击【继续】按钮，返回主对话框。

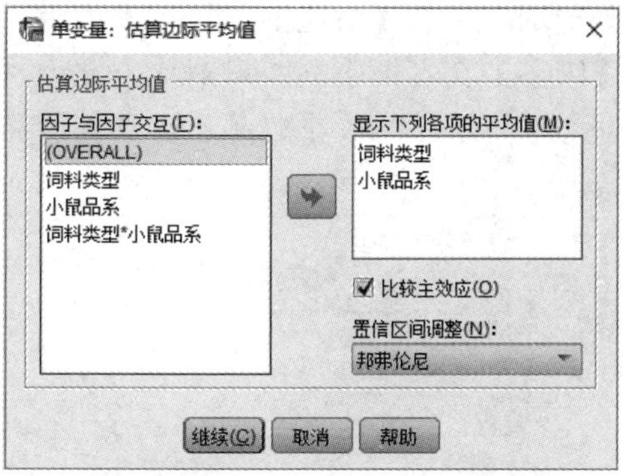

图 7.28 【单变量：估算边际平均值】对话框

第十步，单击【确定】按钮，提交系统分析输出结果后，我们只截取了小鼠品系的边际均值估算结果和边际均值成对比较结果，如图 7.29 和图 7.30 所示。

估算值

因变量：体重

小鼠品系	平均值	标准误差	95% 置信区间 下限	95% 置信区间 上限
KM小鼠	63.167	4.436	54.171	72.163
SD大鼠	64.750	4.436	55.754	73.746
wistar鼠	61.667	4.436	52.671	70.663
C57BL6鼠	46.917	4.436	37.921	55.913

图 7.29 边际均值估算

成对比较

因变量：体重

(I) 小鼠品系	(J) 小鼠品系	平均值差值 (I-J)	标准误差	显著性[b]	差值的 95% 置信区间[b] 下限	差值的 95% 置信区间[b] 上限
KM小鼠	SD大鼠	-1.583	6.273	1.000	-19.097	15.930
	wistar鼠	1.500	6.273	1.000	-16.014	19.014
	C57BL6鼠	16.250	6.273	0.083	-1.264	33.764
SD大鼠	KM小鼠	1.583	6.273	1.000	-15.930	19.097
	wistar鼠	3.083	6.273	1.000	-14.430	20.597
	C57BL6鼠	17.833*	6.273	0.044	0.320	35.347
wistar鼠	KM小鼠	-1.500	6.273	1.000	-19.014	16.014
	SD大鼠	-3.083	6.273	1.000	-20.597	14.430
	C57BL6鼠	14.750	6.273	0.146	-2.764	32.264
C57BL6鼠	KM小鼠	-16.250	6.273	0.083	-33.764	1.264
	SD大鼠	-17.833*	6.273	0.044	-35.347	-0.320
	wistar鼠	-14.750	6.273	0.146	-32.264	2.764

基于估算边际平均值

*. 平均值差值的显著性水平为 .05。

b. 多重比较调节：邦弗伦尼法。

图 7.30 边际均值成对比较

图 7.29 是四种小鼠品系对小鼠体重增重影响的估算值的描述统计指标。图 7.30 是四种小鼠品系对小鼠体重增重影响的成对比较，其解释其实和事后多重比较是一样的，其结果在该案例中和事后比较的结果是一致的。

第十一步，对比检验方法。在如图 7.20 所示【单变量】对话框中，单击【对比】按钮，进入【单变量：对比】对话框，如图 7.31 所示。默认不进行对比检验，如果进行对比检验方法分析，在【更改对比】选项组下的【对比】下拉列表框中，选择一种对比方式，然后单击【变化量】按钮，使【因子】文本框中的变量对比方法由"无"变成相应的方法，这里为"饲料类型"选择"偏差"方法，为"小鼠品系"选择"简单"方法，然后单击【继续】按钮，回到主对话框。

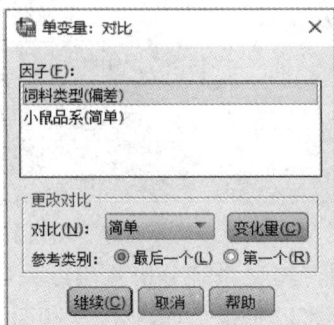

图 7.31　【单变量：对比】对话框

第十二步，单击【确定】按钮，提交系统分析输出结果，我们截取了饲料类型偏差对比结果和小鼠品系简单对比结果，如图 7.32 和图 7.33 所示。

对比结果（K 矩阵）

饲料类型 偏差对比ᵃ		因变量 体重
级别 1 与平均值	对比估算	15.563
	假设值	0
	差值（估算 - 假设）	15.563
	标准误差	3.136
	显著性	0.000
	差值的 95% 置信区间　下限	9.201
	上限	21.924
级别 2 与平均值	对比估算	-3.188
	假设值	0
	差值（估算 - 假设）	-3.188
	标准误差	3.136
	显著性	0.316
	差值的 95% 置信区间　下限	-9.549
	上限	3.174

a. 省略类别 = 3

图 7.32　饲料类型偏差对比结果

对比结果（K 矩阵）

小鼠品系 简单对比ᵃ		因变量 体重
级别 1 与级别 4	对比估算	16.250
	假设值	0
	差值（估算 - 假设）	16.250
	标准误差	6.273
	显著性	0.014
	差值的 95% 置信区间　下限	3.528
	上限	28.972
级别 2 与级别 4	对比估算	17.833
	假设值	0
	差值（估算 - 假设）	17.833
	标准误差	6.273
	显著性	0.007
	差值的 95% 置信区间　下限	5.111
	上限	30.555
级别 3 与级别 4	对比估算	14.750
	假设值	0
	差值（估算 - 假设）	14.750
	标准误差	6.273
	显著性	0.024
	差值的 95% 置信区间　下限	2.028
	上限	27.472

a. 参考类别 = 4

图 7.33　小鼠品系简单对比结果

图 7.32 为不同饲料类型对小鼠体重增重影响的均值偏差对比检验结果，数据只显示了前两个水平，省略了第三个水平，检验值是所有水平的均值。级别 1(A 饲料)的增重与检验值的差为 15.563，标准误差为 3.136，显著性概率 P 值为 0.000，说明 A 饲料对小鼠增重影响与总体增重影响存在显著差异，且明显高于总体水平；级别 2(B 饲料)的增重与检验值的差为 -3.188，$p = 0.316 > 0.05$，说明其与总体增重影响不存在差异。图 7.33 为不同小鼠品系类型对小鼠体重增重影响的均值对比检验结果，其分析也和图 7.32 的分析大致一样，不同的是其选用的是"简单"方法。

任务 7.4   实现协方差分析

任务描述

协方差分析(Analysis of Covariance)也称共变量(数)分析，是方差分析的引申和扩大。其基本原理是将线性回归与方差分析结合起来，调整各组平均数和 F 检验的试验误差项，检验两个或多个调整平均数有无显著差异，以便控制在实验中影响试验效应(因变量)而无法人为控制的协变量(与因变量有密切回归关系的变量)在方差分析中的影响。本任务主要介绍协方差分析的基本原理、基本步骤和使用 SPSS 软件实现协方差分析的过程。

7.4.1   协方差分析的基本原理

协方差分析是指将那些很难人为控制的因素作为协变量，并在排除协变量对因变量影响的条件下，分析自变量对因变量的作用，从而更加准确地对自变量进行评价。例如，在研究某种教学方法(试验变量)对学业成绩(试验效应)的影响时，被试的原有知识基础同时影响学业成绩，但往往在试验中难以选取具备相同知识基础的被试参加试验，可用协方差分析从学业成绩的总变异中将归因于被试知识基础差异的部分划分出去，便于确切地分析教学方法对学业成绩的影响，其中被试的知识基础就是协变量。

当有一个协变量时，称为一元协方差分析；当有两个或两个以上的协变量时，称为多元协方差分析。协方差分析是在方差分析基本思想的基础上考虑了协变量的影响，认为因变量总变差的变化受四个方面的影响，即自变量的独立作用、自变量的交互作用(当自变量为 2 个及以上时)、协变量的作用和随机因素的作用。但协方差分析是在剔除协变量的作用后，再分析自变量对因变量的影响。以一元协方差分析为例，协方差分析中总的离差平方和表示为

$$SST = SSA + SSC + SSE \tag{7-48}$$

式中：SST 为因变量的总离差平方和；SSA 为自变量 A 独立作用引起的变差；SSC 为协变量 C 引起的变差；SSE 为随机因素引起的变差。

协方差分析仍然采用 F 检验，其原假设 H_0 为自变量的不同水平下各总体平均值没有显著差异。F 统计量的计算公式为

$$F_A = \frac{SSA / df_A}{SSE / df_E} = \frac{MSA}{MSE} \tag{7-49}$$

$$F_C = \frac{SSC / df_C}{SSE / df_E} = \frac{MSC}{MSE} \tag{7-50}$$

式中：df_A 是 SSA 的自由度，df_C 是 SSC 的自由度，df_E 是 SSE 的自由度。

以上 F 统计量服从 F 分布，SPSS 将自动计算 F 值，并根据 F 分布表给出相应的概率值 P。如果 F_A 的概率 P 小于显著性水平 α，则自变量 A 的不同水平对观察变量产生了显

著的影响；如果 F_C 的概率 P 小于显著性水平 α，则协变量 C 的不同水平对观察变量产生了显著的影响。

7.4.2　协方差分析的基本步骤

1. 前提条件检验

协方差分析需要满足的条件较多，包括：

(1) 因变量是连续性变量。

(2) 自变量要求是具有 2 个水平以上分类的离散数据。

(3) 协变量是连续变量。

(4) 协变量的测量是没有误差的。

(5) 各组内的观测值相互独立。

(6) 各组的协变量和因变量有线性关系，可以通过做散点图加以说。

(7) 各组协变量和因变量的回归是直线平行的(斜率相等)，即自变量和协变量之间不存在交互作用。

(8) 各组因变量残差没有异常值。

(9) 各组因变量残差方差齐性。

(10) 各组因变量残差呈现正态分布。

2. F 检验

协方差分析中因变最受到四个方面效应的影响，即自变量(控制变量)的独立作用、自变量(控制变量)的交互作用、协变量的作用和随机因素的作用。协方差分析就是在剔除协变量的影响下分析自变量(控制变量)对因变量的影响。如果是一元协方差分析，在考虑协变量的情况下所作的方差分析，其原假设和单因素方差分析差不多，其原假设 H_0 为在剔除协变量影响的条件下，自变量 A 各水平的总体均值相等，即 $\mu_1 = \mu_2 = \cdots = \mu_p$；或自变量 A 的处理效应为 0，即 $a_j = 0$。如果是双因素方差分析，在考虑协变量的情况下所作的方差分析，其原假设大致和双因素方差分析一致，其原假设 H_0 为在剔除协变量影响的条件下，各自变量对因变量的主效应以及各自变量对因变量的交互效应不显著。

3. 均值比较

在确认剔除协变量对因变量的影响后，若自变量各个水平下的因变量总体均值间差异是显著的，则接下来的过程就需要做均值比较。如果是单因素方差分析，就直接做均值间的比较；如果是多因素方差分析，就需要判断交互效应是否显著，交互效应显著则分析简单效应，交互效应不显著则分析主效应。这些过程和前面讨论的单因素方差分析和多因素方差分析是一样的(这里不再论述)。

7.4.3　SPSS 实现协方差分析

【例 7.7】　为研究 A、B 两种降压药对高血压病人收缩压的降压效果，研究者将受试对象随机分为两组，分别接受 A、B 降压药治疗两个月后，测量患者收缩压，得到的数据如表 7.11 所示。试分析在 $\alpha = 0.05$ 的显著水平下，两种降压药的效果是否存在显著性差异？

表 7.11　A、B 两种降压药治疗效果数据

A 种降压药	治疗前血压	158	154	168	180	165	177	166	150
		154	166	167	185	165	151	145	
	治疗后血压	145	138	135	145	150	156	135	120
		145	120	133	154	154	130	124	
B 种降压药	治疗前血压	153	164	158	160	161	157	156	159
		148	157	155	186	165	177	168	
	治疗后血压	130	142	145	153	156	155	140	128
		136	126	143	139	133	154	142	

第一步，检验回归斜率是否相等。打开或新建数据文件后，依次选择【分析】→【一般线性模型】→【单变量】命令，进入【单变量】对话框，选定因变量、固定因子(自变量)和协变量。在对话框中左边变量列表中选择"治疗后血压"作为因变量，将其移入【因变量】文本框中。然后选择"组别"作为自变量，将其移入【固定因子】文本框中，再选择"治疗前血压"作为协变量，并将其移入【协变量】文本框中，如图 7.34 所示。

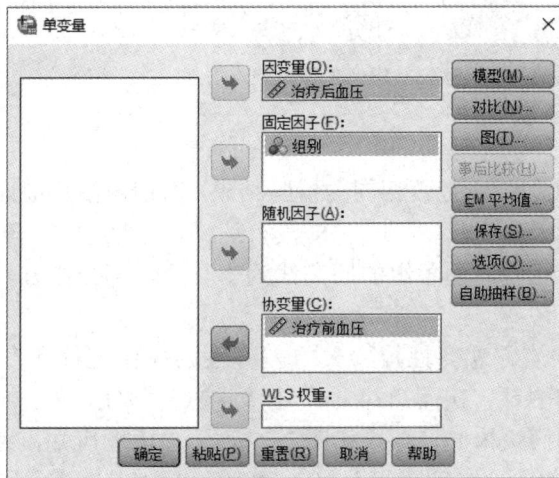

图 7.34　【单变量】对话框

第二步，单击【模型】按钮，进入【单变量：模型】对话框。由于要进行回归斜率相同的检验，即检验自变量"组别"和协变量"治疗前血压"的交互效应是否显著，所以选用【构建项】指定模型。从左边的变量列表中选择"组别"，单击右向箭头将其移入【模型】文本框中，用同样的方法将变量列表中的"治疗前血压"移入【模型】文本框中。在变量列表中同时选中"组别"和"治疗前血压"，再单击右向箭头，【模型】方框中会出现"治疗前血压*组别"字样，意味着进行交互效应分析，即检验回归线斜率相等的假设，如图 7.35 所示。然后单击【继续】按钮，回到主对话框。

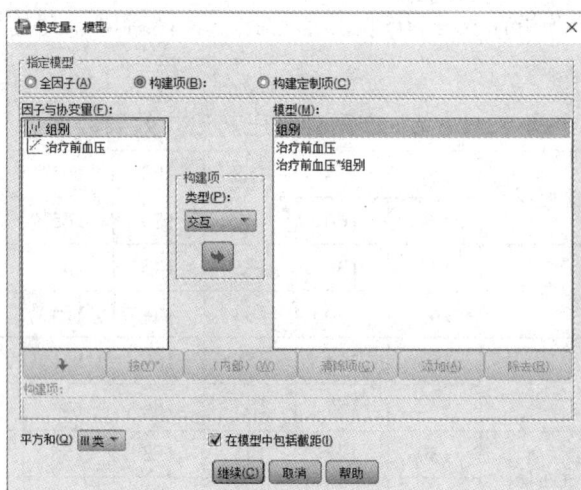

图 7.35　【单变量：模型】对话框

第三步，单击【确定】按钮，提交系统分析，主要输出结果如图 7.36 所示。

主体间效应检验

因变量：治疗后血压

源	III 类平方和	自由度	均方	F	显著性
修正模型	834.215[a]	3	278.072	2.738	0.064
截距	587.137	1	587.137	5.781	0.024
组别	136.801	1	136.801	1.347	0.256
治疗前血压	542.476	1	542.476	5.341	0.029
组别 * 治疗前血压	124.279	1	124.279	1.224	0.279
误差	2640.585	26	101.561		
总计	593156.000	30			
修正后总计	3474.800	29			

a. R 方 = 0.240（调整后 R 方 = 0.152）

图 7.36　方差分析表

图 7.36 中是组内回归斜率是否相同的检验结果，组别与治疗前血压的交互效应检验的 F 值为 1.224，概率值 $p = 0.279$（>0.05），即没有达到显著性水平，表明治疗后血压对两个水平的组别的回归斜率相同，即各组的回归线为平行线，符合协方差分析的各组回归斜率相同的假设。

第四步，因变量误差方差齐性检验。方差齐性的操作过程和多因素方差分析是一致的，这里不再提供详细图示。在图 7.34 中单击【选项】按钮，勾选【齐性检验】复选框，可以完成对方差齐性的假设检验，结果如图 7.37 所示。由图可知，莱文统计检验统计量为 $F = 0.045$，$p = 0.834 > 0.05$，接受原假设 H_0，即因变量误差方差是相等的，符合协方差分析的条件。

误差方差的莱文等同性检验[a]

因变量：治疗后血压

F	自由度 1	自由度 2	显著性
0.045	1	28	0.834

检验"各个组中的因变量误差方差相等"这一原假设。

a. 设计：截距 + 组别 + 治疗前血压 + 组别 * 治疗前血压

图 7.37　方差齐性检验结果

第五步，检验因变量误差异常值和正态性，首先需要把因变量的残差算出来。在图 7.34 中单击【保存】按钮，进入【单变量：保存】对话框，勾选【残差】选项组中的【标准化】复选框，意指产生标准化残差，如图 7.38 所示。设置后提交系统分析，分析后系统会在原始数据后面生成一个新的变量"ZRE_1"，如图 7.39 所示，这就是因变量的标准化残差。

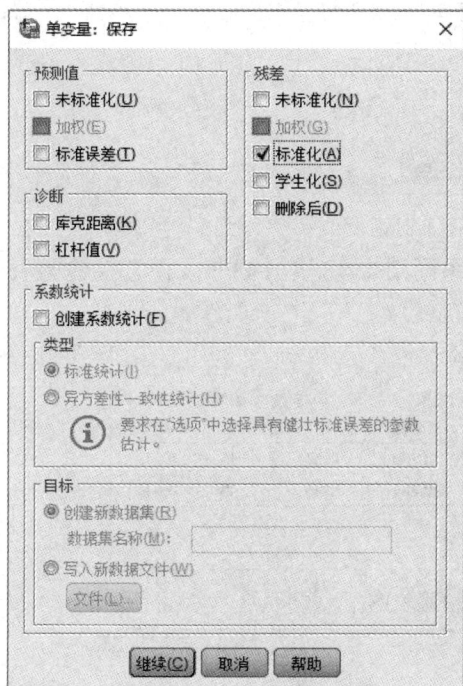

图 7.38　【单变量：保存】对话框

组别	治疗前血压	治疗后血压	ZRE_1
1	158	145	0.94
1	154	138	0.49
1	168	135	-0.68
1	180	145	-0.43
1	165	150	1.00
1	177	156	0.85
1	166	135	-0.55
1	150	120	-1.05
1	154	145	1.18

图 7.39　部分标准化残差

第六步，接下来我们分析每个水平的标准化残差是否有异常值、是否符合正态分布。依次选择【分析】→【描述性统计】→【探索】命令，进入【探索】对话框后，将"ZRE_1"放到【因变量列表】文本框，将"组别"放进【因子列表】框，如图 7.40 所示。

图 7.40　【探索】对话框

第七步，单击【图】按钮进入【探索：图】对话框，【箱图】可以检验异常值，保持其默认选项，取消选中【描述图】选项组中的【茎叶图】复选框，另外勾选【含检验的正态图】复选框做正态性检验，如图 7.41 所示。单击【继续】按钮，回到上一层对话框。

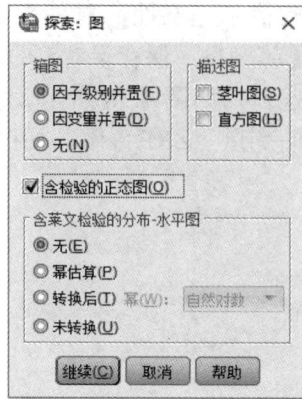

图 7.41　【探索：图】对话框

第八步，单击【确定】按钮，系统计算出一系列结果(这里只截取了正态性检验表图和异常值的检验箱图)，如图 7.42 和图 7.43 所示。

正态性检验

	组别	柯尔莫戈洛夫-斯米诺夫[a]			夏皮洛-威尔克		
		统计	自由度	显著性	统计	自由度	显著性
治疗后血压 的标准化残差	A组	0.143	15	0.200[*]	0.957	15	0.633
	B组	0.125	15	0.200[*]	0.945	15	0.446

*. 这是真显著性的下限。

a. 里利氏显著性修正

图 7.42　正态性检验表图

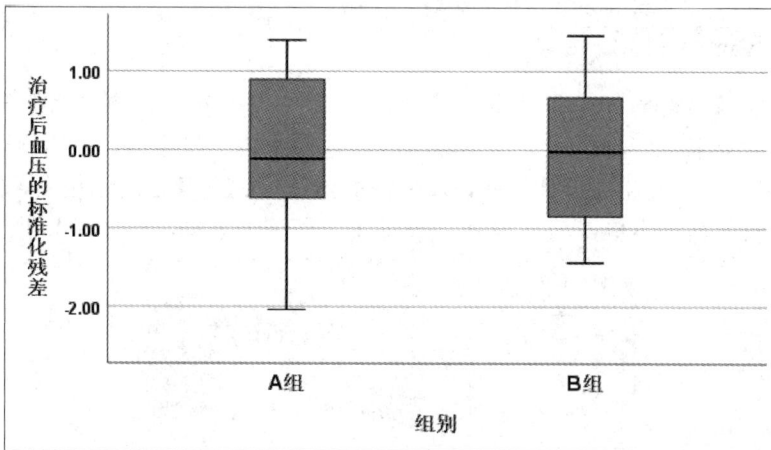

图 7.43　异常值的检验箱图

从图 7.42 中我们可以看出，各个组的因变量残差呈现正态分布。从图 7.43 可以看出，A、B 两组都没有异常值，所以综合判断该案例适合作协方差分析。

第九步，F 检验。确认符合协方差分析条件后，我们就要分析在剔除协变量影响下自变量的效应。在图 7.34 所示对话框中，单击【模型】按钮，在其对话框中，原来为了检验自变量和协变量是否有交互作用选用了【构建项】模型，现在修改为【全因子】模型，然后单击【继续】按钮，返回到上一层对话框，最后单击【确定】按钮，提交系统分析，主要的分析结果如图 7.44 所示。

主体间效应检验

因变量：治疗后血压

源	III 类平方和	自由度	均方	F	显著性
修正模型	709.936[a]	2	354.968	3.466	0.046
截距	512.155	1	512.155	5.001	0.034
治疗前血压	661.803	1	661.803	6.463	0.017
组别	83.961	1	83.961	0.820	0.373
误差	2764.864	27	102.402		
总计	593156.000	30			
修正后总计	3474.800	29			

a. R 方 = 0.204（调整后 R 方 = 0.145）

图 7.44　全因子模式方差分析表

图 7.44 中显示了加入协变量“治疗前血压”之后的方差分析结果。由图可知，协变量“治疗前血压”检验统计量 $F=6.463$，其概率值 $p=0.017<0.05$，说明“治疗前血压”对治疗后血压产生了显著的影响，自变量“组别”检验统计量 $F=0.820$，$p=0.373>0.05$，说明“组别”对治疗后血压没有产生显著影响。如果出现“组别”的 p 值小于 0.05，就可以继续做均值比较。

任务 7.5　实现重复测量方差分析

任务描述

重复测量是对同一个因变量进行重复检验的一种试验设计技术，可以在同一条件下重复，也可以在不同条件下重复。进行重复测量方差分析的数据结构与其他类型的方差分析有所不同，它要求将被试对象的若干次测验结果作为单因变量出现在数据文件中。本任务重点介绍重复测量方差分析的基本步骤，和使用 SPSS 统计软件实现重复测量方差分析的过程。

7.5.1　重复测量方差分析概述

重复测量是指对同一批观察对象进行多次观察的过程，通过这个过程获得的数据被称为重复测量数据。假如对这类数据进行方差分析，则需要采用重复测量方差分析，它也有单因素重复测量方差分析和多因素重复测量方差分析之分。重复测量方差分析属于高级分析过程，在临床医学、化工实验、生命科学、经济学和心理学等研究中十分常见。重复测量可以考查测量的指标是否随次数的改变而改变，也可以考查测量指标是否受时间因素的影响而改变；同时，重复测量克服了个体间的差距，分析时能更好地集中于研究效应；另外，它需要的被试量较少，被试利用率高。重复测量的缺点是可能会出现练习效应和疲劳效应。练习效应是指被试由于多次重复实验，逐渐熟悉了实验情境，或对实验产生了兴趣和学习效果，导致被试实验成绩提高的现象。疲劳效应是指被试由于多次重复实验，被试的疲劳或厌倦情绪随实验进程逐步发展，导致被试实验成绩降低的现象。

在重复测量方差分析中需要读者明白两个概念，即主体内变量和主体间变量。主体间变量也称作被试间变量,这种变量的设计是让不同的被试接受该变量中的处理水平。例如,学习方法有 3 种,我们随机抽取 3 组被试分别让他们接受不同的方法;又如药物有 4 种,我们随机抽取 4 组被试分别让他们接受不同的药物治疗,那么学习方法和药物都是主体间变量。主体内变量也称作被试内变量,这种变量的设计是让同批被试接受完该变量所有处理水平。例如,刚才的学习方法,假如我们让同一批被试都接受这 3 种学习方法,那么他就变成了主体内变量;同理,如果让同一批被试都在不同时段分别服用 4 种药物,则此时药物这个变量也变成了主体内变量。在 SPSS 分析步骤中,设置主体内变量是重复测量方差分析非常重要的一个环节。具体来说,它需要定义主体内变量的因子级别数,主体内变量因子级别数的赋值与预分析的重复测量的次数相同。例如,在化学实验中要研究某种酵母菌在不同温度下酶的活性,分别测试了在 4 种不同温度下的相关数据,则在利用 SPSS 软件进行重复测量方差分析时,主体内因子级别数的赋值为 4。

7.5.2　重复测量方差分析的基本步骤

1. 前提条件检验

重复测量方差分析需要满足的假设有:

(1) 因变量唯一,且为连续变量。

(2) 被试内(主体内)因素有 3 个或 3 个以上的水平。

(3) 不同处理条件下的因变量没有极端异常值。

(4) 独立性,不同处理水平下的个体应是相互独立的。

(5) 正态性,不同处理水平总体服从正态分布。

(6) 方差齐性,不同处理水平总体的方差应相同。

(7) 球形度假设,又称为处理差异方差齐性假设,指两个对象的协方差应该等于它们方差的均值减去一个常数。

球形度假设是重复测量方差分析比较特殊的一个前提条件,所以这里重点介绍球形度检验。SPSS 采用莫奇来(Mauchly)法检验球形度假设,当 $p > 0.05$ 时,说明多次测量的方差没有显著差异或者不同次测量之间的相关系数没有显著差异,此时满足球形度假设;当 $p < 0.05$ 时,说明多次测量的方差差异较大或者不同次测量之间的相关系数差异很大,此时不满足球形度假设,重复测量方差分析结果将导致统计推论的错误率增加。如果仍旧使用单变量检验,需要对与被试内变量有关的 F 统计量的分子和分母的自由度进行校正。常用的校正方法有格林豪斯-盖斯勒(Greenlhouse-Geisser)、辛-费德特(Huynh-Feldt)和下限(Lower-bound)。当然,如果不符合球形度检验,可以采用多变量检验结果,这里不做介绍。

2. F 检验

重复测量方差分析中因变量会受到几个方面效应的影响,即主体内因素的独立作用、主体间被试的独立作用、变量间的交互作用以及随机因素的影响。但这些效应要视情况而定,如果是重复测量单因素方差分析,其原假设和单因素方差分析差不多,其原假设 H_0 为:主体内变量 A 各水平的总体均值相等,即 $\mu_1 = \mu_2 = \cdots = \mu_p$;或者将 H_0 写为:自变量 A 的处理效应为 0,即 $\alpha_j = 0$。如果是重复测量多因素方差分析,其原假设大致和多因素方差分析一致,以重复测量两因素方差分析为例,其原假设 H_0 为:① 自变量 A 各水平的总体均值相等，即 $\mu_1 = \mu_2 = \cdots = \mu_p$，或写为自变量 A 的处理效应(主效应)为 0，即 $\alpha_j = 0$；② 自变量 B 各水平的总体均值相等，即 $\mu_1 = \mu_2 = \cdots = \mu_q$，或写为自变量 B 的处理效应(主效应)为 0，即 $\beta_k = 0$；③ A 和 B 因素的交互效应为 0，即 $(\alpha\beta)_{jk} = 0$，这里要求 A 和 B 至少有一个为重复测量变量，即主体内变量。

3. 均值比较

如果方差检验发现主体内(被试内)因素或主体间(被试间)因素对因变量有影响，则接下来就需要做均值比较了。如果是单因素重复测量方差分析，此时并没有主体间(被试间)因素，所以检验发现主体内(被试内)因素效应显著，就直接做主体内(被试内)因素不同水平均值间的比较，即单因素方差分析所说的事后比较；如果是多因素重复测量方差分析，就需要判断交互效应是否显著，交互效应显著则分析简单效应，交互效应不显著则分析主效应，这和多因素方差分析的思路大体相同。

7.5.3　SPSS 实现重复测量方差分析

【例 7.8】 为研究不同记忆方法下的记忆效果，随机取 15 名实验者，以随机的顺序让每个被试分别采用不同方法完成记忆实验，同时记录下他们的成绩如表 7.12 所示。请对实验结果进行分析。

表 7.12　15 名被试不同记忆方法成绩数据表

编号	1	2	3	4	5	6	7	8	9	10	11	12	13	14	15
方法 1	27	35	30	25	25	35	31	27	40	24	28	30	22	35	24
方法 2	19	24	26	22	19	24	25	22	27	27	19	28	30	25	24
方法 3	19	14	20	17	19	14	15	16	21	24	19	15	14	19	16

案例分析：这是一个单因素重复测量方差分析案例，15 名被试共参与了三次实验，即同一批被试被测量了三次，目的就是要比较这三种方法记忆效果的差异。但是我们不能做单因素方差分析，因为这三次测量的数据来源于同一批被试，他们之间不是独立的，这违反了单因素方差分析的独立性假设。当然，就 SPSS 分析的步骤来说，它和单因素方差分析有很多相似之处。

第一步，打开或新建数据文件后，在编辑菜单栏中依次选择【分析】→【一般线性模型】→【重复测量】命令，进入【重复测量定义因子】对话框，在【主体内因子名】文本框中输入"方法"，因为记忆效果被测量了 3 次，在【级别数】文本框中输入"3"，单击【添加】按钮，在【测量名称】文本框中输入"记忆效果"，单击【添加】按钮完成设置，如图 7.45 所示。然后单击[定

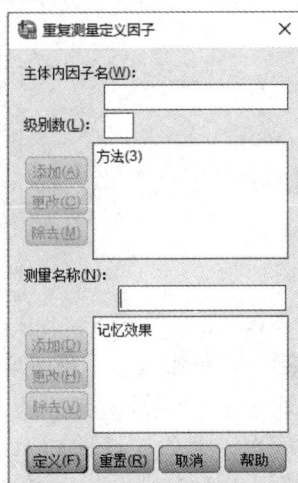

图 7.45　【重复测量定义因子】对话框

义]按钮，进入【重复测量】对话框。

　　第二步，在【重复测量】对话框中，把"方法1""方法2""方法3"分别添加到【主体内变量】框中对应的 3 个级别中，如图 7.46 所示。

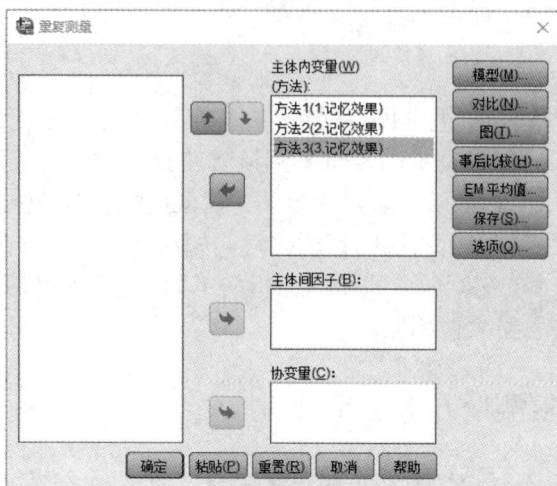

图 7.46　　【重复测量】对话框

　　第三步，单击【重复测量】对话框中的【图】按钮，进入【重复测量：轮廓图】对话框，把"方法"添加到【水平轴】，单击【添加】按钮完成设置，如图 7.47 所示。单击【继续】按钮，回到上一层对话框。

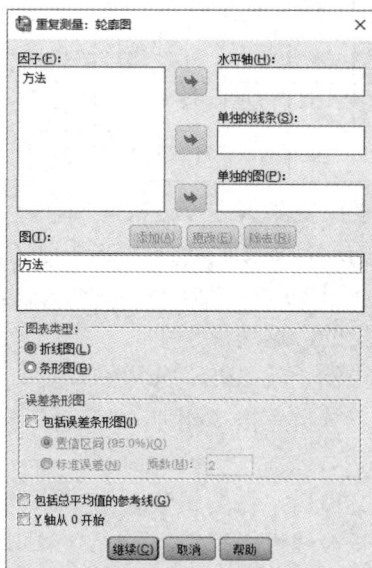

图 7.47　　【重复测量：轮廓图】对话框

　　第四步，单击【重复测量】对话框中的【EM 平均值】按钮，进入【重复测量：估算边际平均值】对话框，完成检验方法的主效应。把"方法"添加到【显示下列各项的平均值】框中，并勾选【比较主效应】复选框，然后选择【置信区间调整】下拉列表框中的【邦弗伦尼】方法，如图 7.48 所示，完成均值比较设置。单击【继续】按钮，回到上一层对话框。

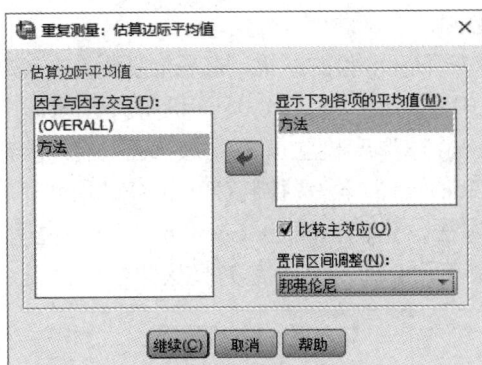

图 7.48 【重复测量：估算边际平均值】对话框

第五步，单击【确定】按钮，提交系统分析，系统会生成一系列结果，下面对这些结果进行比较详细的解释说明。

(1) 基本描述。

图 7.49 给出的是主体内因子的个数，主体内因子就是指被试内因子，指被试被重复测量的次数。图 7.50 给出的是边际平均值的描述统计指标，如果想看实测均值的相应指标，那么需要在【重复测量：选项】对话框中勾选【描述统计】复选框。图 7.51 给出的是边际平均值的趋势图，从图中我们可以很直观地看出不同方法的记忆效果是有差异的，具体而言，就是方法 1>方法 2>方法 3，但是是否达到统计学上的显著性标准，则需要做进一步的检验。

主体内因子

测量：记忆效果

方法	因变量
1	方法1
2	方法2
3	方法3

图 7.49 主体内因子

估算值

测量：记忆效果

方法	平均值	标准误差	95% 置信区间 下限	95% 置信区间 上限
1	29.200	1.335	26.336	32.064
2	24.067	0.870	22.201	25.933
3	17.467	0.768	15.820	19.113

图 7.50 边际平均值

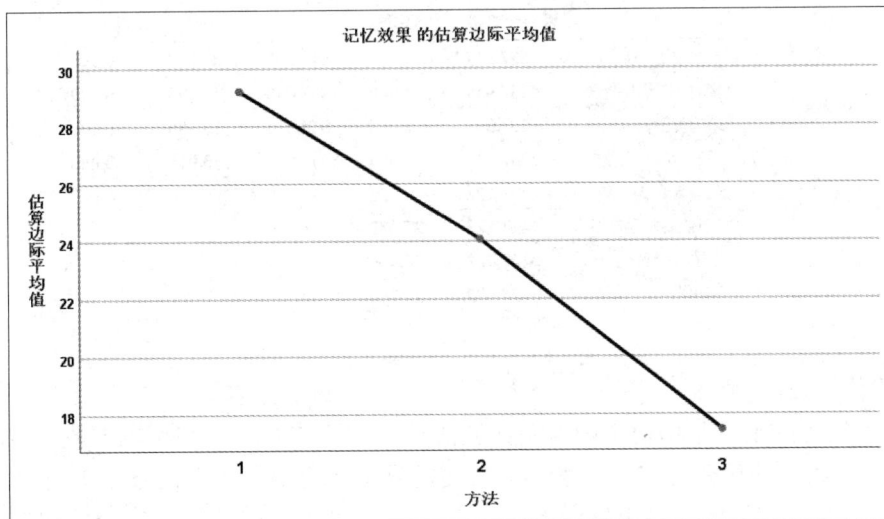

图 7.51 边际均值图

(2) 球形度检验及 F 检验。

图 7.52 给出的是莫奇来球形度检验的结果，它是重复测量方差分析很重要的前提条件。球形度检验的近似卡方值为 1.018，$p=0.601>0.05$，说明符合球形度检验；如果 $p<0.05$，说明不符合球形度检验。不符合球形度检验就需要做修正，系统给了三种修正方法，即格林豪斯-盖斯勒(Greenhouse-Geisser)、辛-费德特(Huynh-Feldt)和下限(Lower-bound)。在实际应用中一般只用前面两种方法，它们计算的 Epsilon 越小，说明违反球形度检验的程度越大，当它们计算的 Epsilon 等于 1 时，说明完美服从球形度假设。

莫奇来球形度检验[a]

测量：记忆效果

主体内效应	莫奇来W	近似卡方	自由度	显著性	格林豪斯-盖斯勒	辛-费德特	下限
					Epsilon[b]		
方法	0.925	1.018	2	0.601	0.930	1.000	0.500

检验"正交化转换后因变量的误差协方差矩阵与恒等矩阵成比例"这一原假设。
　　a. 设计：截距
　　　主体内设计：方法
　　b. 可用于调整平均显著性检验的自由度。修正检验将显示在"主体内效应检验"表中。

图 7.52　球形度检验

图 7.53 为主体内效应检验分析表，例 7.8 符合球形度检验，所以，需要查看"假设球形度"这一行的数据。由图可知，方法的Ⅲ类平方和为 1037.911，自由度=2，均方=518.956，$F=33.996$(其计算方式为方法的均方 518.956 除以误差的均方 15.265)，显著性 $p=0.000<a=0.05$。检验的结果说明不同方法的记忆效果之间存在显著性差异，也说明了三种方法之间至少有两种方法的记忆效果是有差异的，但具体是哪两种方法有差异，需要做均值比较。

主体内效应检验

测量：记忆效果

源		Ⅲ 类平方和	自由度	均方	F	显著性
方法	假设球形度	1037.911	2	518.956	33.996	0.000
	格林豪斯-盖斯勒	1037.911	1.860	558.049	33.996	0.000
	辛-费德特	1037.911	2.000	518.956	33.996	0.000
	下限	1037.911	1.000	1037.911	33.996	0.000
误差(方法)	假设球形度	427.422	28	15.265		
	格林豪斯-盖斯勒	427.422	26.038	16.415		
	辛-费德特	427.422	28.000	15.265		
	下限	427.422	14.000	30.530		

图 7.53　【主体内效应检验】分析表

(3) 均值比较。

图 7.54 给出的是三个均值之间两两比较的结果，在本项目的案例中已经多次提到如何解答均值两两比较的解读方式，这里不再赘述，只将结论呈现如下：方法 1 的记忆效果好于方法 2；方法 1 的记忆效果也好于方法 3；方法 2 的记忆效果好于方法 3，即方法 1>方法 2>方法 3。

成对比较

测量：记忆效果

(I) 方法	(J) 方法	平均值差值 (I-J)	标准误差	显著性[b]	差值的 95% 置信区间[b] 下限	上限
1	2	5.133*	1.480	0.011	1.112	9.155
	3	11.733*	1.557	0.000	7.502	15.964
2	1	-5.133*	1.480	0.011	-9.155	-1.112
	3	6.600*	1.222	0.000	3.279	9.921
3	1	-11.733*	1.557	0.000	-15.964	-7.502
	2	-6.600*	1.222	0.000	-9.921	-3.279

基于估算边际平均值

*. 平均值差值的显著性水平为 .05。

b. 多重比较调节：邦弗伦尼法。

图 7.54 不同记忆方法效果的两两比较

【例 7.9】 为研究三种降压药对高血压患者的降压效果，选择 30 名年龄为 30～35 岁女性高血压患者为研究对象，将这 30 名高血压患者随机分成 3 组，分别服用三种降压药，测量并记录患者服药前的收缩压(收缩压 0)，服药一周后的收缩压(收缩压 1)，服药两周后的收缩压(收缩压 2)，服药三周后的收缩压(收缩压 3)，其数据如表 7.13 所示。

表 7.13 三种降压药对高血压患者的降压效果测量数据表

		实验收缩压数据									
降压药 A	用药前收缩压 0	158	150	155	157	160	157	158	156	155	158
	一周后收缩压 1	150	148	150	150	157	155	154	152	150	150
	两周后收缩压 2	147	145	142	145	150	148	148	147	144	145
	三周后收缩压 3	142	142	140	139	145	140	140	142	138	141
降压药 B	用药前收缩压 0	158	155	153	150	154	152	158	156	153	158
	一周后收缩压 1	150	145	142	145	145	147	145	145	149	148
	两周后收缩压 2	142	135	138	132	130	137	138	139	132	135
	三周后收缩压 3	128	120	128	124	126	120	128	125	124	125
降压药 C	用药前收缩压 0	154	160	158	160	155	156	150	152	152	154
	一周后收缩压 1	147	150	150	149	152	145	147	150	148	148
	两周后收缩压 2	141	140	148	142	141	148	145	145	140	145
	三周后收缩压 3	134	130	140	135	138	140	132	138	135	139

讨论：

(1) 哪种降压药最好？

(2) 哪个时间点药效最好？

(3) 降压药和时间是否存在交互效应？

案例分析： 该案例中主体间因子有 1 个，即降压药，有 3 个水平，主体内因子也有 1 个，有 4 个水平，是一个多因素重复测量方差分析。但该案例的问题稍微特殊，因为要研究哪种药物药效更好，所以对服药一周后、服药两周后和服药三周后的收缩压进行了 3 次测量。我们知道个体间服药前的收缩压可能有差距，这种差距可能对后期的收缩压产生影响，所以服药前的收缩压可以理解成协变量，我们可以先对该协变量加以控制，再对不同药的药效做对比。但这样问题就复杂了，它变成了含有协变量的多因素重复测量分析。如果前测是没有差距的，目的只是为了了解哪种降压药更好，那么可以不分析前测，所以为了教学方便起见，我们的数据设定为被试服用药物前的收缩压是没有差距的(读者可以利用单因素方差分析证明)，因此在该题中我们将主体内因子定为 3 个而非 4 个(即不考虑前测)。如果前测无法做到随机，那么就应该先控制前测(协变量)再做分析，这样结果才更为精确。

多因素重复测量方差分析的 SPSS 分析步骤和多因素方差分析是相似的，即先进行前提条件假设，然后进行 F 检验并依次判断是否有交互效应，如果有交互效应则做简单效应分析，没有交互效应则做主效应分析。限于篇幅，关于前提条件这里也只进行球形度检验和方差齐性检验，其他的默认符合要求，有兴趣的读者可以按照前文的检验方式加以检验。

第一步，判断是否有交互效应，重复测量定义因子。打开或新建数据文件后，依次选择【分析】→【一般线性模型】→【重复测量】命令，进入【重复测量定义因子】对话框。在【主体内因子名】文本框中输入"时间"，因为服药后被测量了 3 次，在【级别数】文本框中输入"3"，单击【添加】按钮添加进下方框中。在【测量名称】文本框中，输入"收缩压"，单击【添加】按钮添加进下方框中，如图 7.55 所示。设置完毕后，单击【定义】按钮，进入【重复测量】对话框。

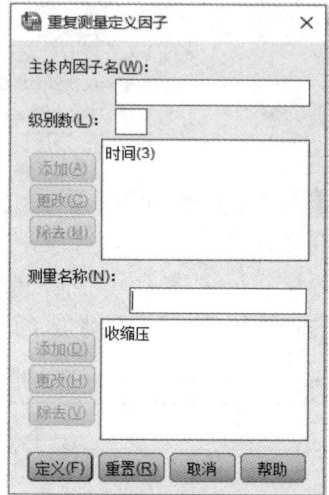

图 7.55　【重复测量定义因子】对话框

第二步，在【重复测量】对话框中把"用药一周后收缩压 1""用药两周后收缩压 2""用药三周后收缩压 3"分别添加到【主体内变量】框中对应的 3 个级别中，把"降压药"添加到【主体间因子】框中，结果如图 7.56 所示。

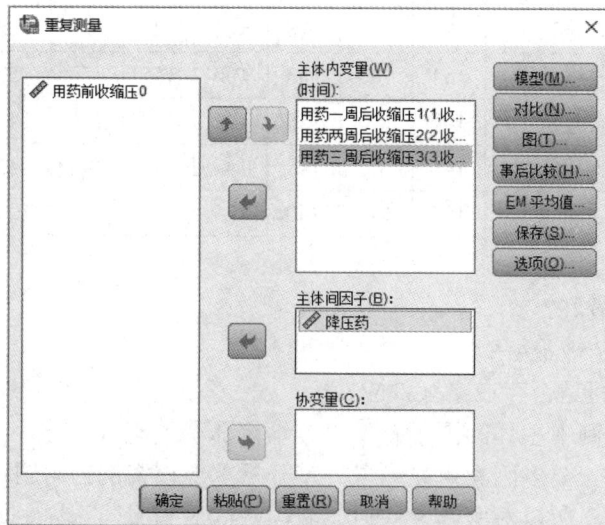

图 7.56　【重复测量】对话框

　　第三步，点击【确定】按钮，提交系统分析，系统会生成一系列结果如下所示。我们截取了其中部分进行如下的结果解释。从图 7.57 可知，主体内的观测值满足球形度假设。我们从图 7.58 中的假设球形度检验一行结果可以知道时间的 F 检验是有差异的($F = 287.129$，$p = 0.000 < 0.05$)，由图 7.59 可知降压药的 F 检验也是显著的($F = 72.322$，$p = 0.000 < 0.05$)，但是，从图 7.58 中可以看出时间和降压药的交互效应也是显著的。所以我们不需要分析时间和降压药的主效应，直接分析交互效应就行了。

莫奇来球形度检验[a]

测量：收缩压

主体内效应	莫奇来 W	近似卡方	自由度	显著性	格林豪斯-盖斯勒	辛-费德特	下限
					Epsilon[b]		
时间	0.948	1.391	2	0.499	0.950	1.000	0.500

检验"正交化转换后因变量的误差协方差矩阵与恒等矩阵成比例"这一原假设。

　　a. 设计：截距 + 降压药
　　　　主体内设计：时间

　　b. 可用于调整平均显著性检验的自由度。修正检验将显示在"主体内效应检验"表中。

图 7.57 球形度检验

主体内效应检验

测量：收缩压

源		III 类平方和	自由度	均方	F	显著性
时间	假设球形度	3304.467	2	1652.233	287.129	0.000
	格林豪斯-盖斯勒	3304.467	1.901	1738.330	287.129	0.000
	辛-费德特	3304.467	2.000	1652.233	287.129	0.000
	下限	3304.467	1.000	3304.467	287.129	0.000
时间 * 降压药	假设球形度	327.467	4	81.867	14.227	0.000
	格林豪斯-盖斯勒	327.467	3.802	86.133	14.227	0.000
	辛-费德特	327.467	4.000	81.867	14.227	0.000
	下限	327.467	2.000	163.733	14.227	0.000
误差 (时间)	假设球形度	310.733	54	5.754		
	格林豪斯-盖斯勒	310.733	51.325	6.054		
	辛-费德特	310.733	54.000	5.754		
	下限	310.733	27.000	11.509		

图 7.58 主体内因素方差分析

主体间效应检验

测量：收缩压

转换后变量：平均

源	III 类平方和	自由度	均方	F	显著性
截距	1802002.500	1	1802002.500	147720.071	0.000
降压药	1764.467	2	882.233	72.322	0.000
误差	329.367	27	12.199		

图 7.59 主体间因素方差分析

　　第四步，简单效应分析，交互效应图设置。单击图 7.56 中的【图】按钮，打开【重复测量：轮廓图】对话框，把"降压药"和"时间"分别添加到【水平轴】和【单独的线条】框中，单击【添加】按钮，完成设置，如图 7.60 所示。单击【继续】按钮，回到上一层对话框。

图 7.60　【重复测量：轮廓图】对话框

第五步，简单效应设置。回到【重复测量】对话框后，单击【粘贴】按钮，这时会出现一个语法编辑器命令窗口，里面的指令就是刚才设置的分析语法，我们需要添加一条指令分析简单效应，指令为"/EMMEANS=TABLES(降压药*时间)COMPARE(时间)ADJ(BONFERRONI)"，如图 7.61 所示。设置完毕后，可以选择【运行】菜单中的【全部】命令，系统会计算并提供相应的结果。

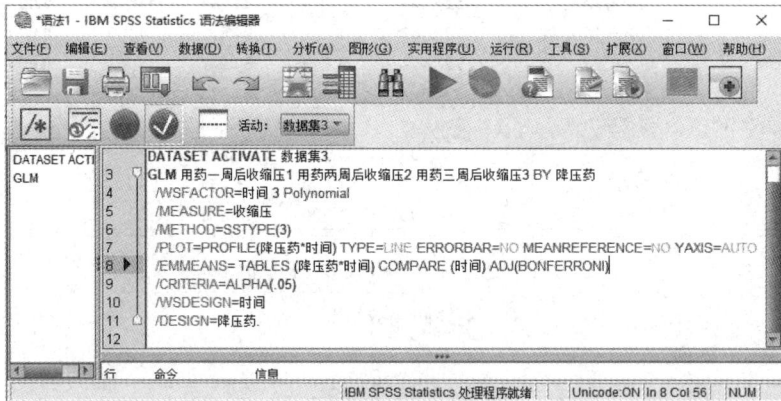

图 7.61　简单效应语法

第六步，结果解释。

(1) 时间简单效应分析。图 7.62 给出的是在不同降压药下，三次收缩压的边际平均值；图 7.63 将这些结果以图形的形式呈现出来，可以初步看出，三种降压药在不同时间测量的收缩压是有一定差距的，都是时间 3＜时间 2＜时间 1，但是降压药 2 上的差距更大一些，不过这种差异需要做检验才能最后下结论；图 7.64 提供了检验结果，即三种降压药在三次不同的时间上进行测量的收缩压都有差异，而且都是时间 3＜时间 2＜时间 1。综上所述，时间的简单效应在三种降压药下没有区别，无论你服用什么降压药，随着时间的增长收缩压都有显著的下降。

估算值

测量： 收缩压

降压药	时间	平均值	标准误差	95% 置信区间 下限	上限
降压药A	1	151.600	0.769	150.022	153.178
	2	146.100	0.979	144.090	148.110
	3	140.900	0.906	139.042	142.758
降压药B	1	146.100	0.769	144.522	147.678
	2	135.800	0.979	133.790	137.810
	3	124.800	0.906	122.942	126.658
降压药C	1	148.600	0.769	147.022	150.178
	2	143.500	0.979	141.490	145.510
	3	136.100	0.906	134.242	137.958

图 7.62 边际平均值

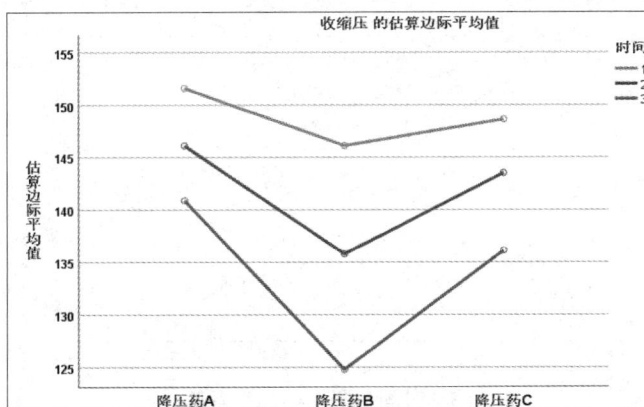

图 7.63 降压药与时间的交互效应图

成对比较

测量： 收缩压

降压药	(I) 时间	(J) 时间	平均值差值 (I-J)	标准误差	显著性[b]	差值的 95% 置信区间[b] 下限	上限
降压药A	1	2	5.500*	1.125	0.000	2.629	8.371
		3	10.700*	1.140	0.000	7.791	13.609
	2	1	-5.500*	1.125	0.000	-8.371	-2.629
		3	5.200*	0.943	0.000	2.794	7.606
	3	1	-10.700*	1.140	0.000	-13.609	-7.791
		2	-5.200*	0.943	0.000	-7.606	-2.794
降压药B	1	2	10.300*	1.125	0.000	7.429	13.171
		3	21.300*	1.140	0.000	18.391	24.209
	2	1	-10.300*	1.125	0.000	-13.171	-7.429
		3	11.000*	0.943	0.000	8.594	13.406
	3	1	-21.300*	1.140	0.000	-24.209	-18.391
		2	-11.000*	0.943	0.000	-13.406	-8.594
降压药C	1	2	5.100*	1.125	0.000	2.229	7.971
		3	12.500*	1.140	0.000	9.591	15.409
	2	1	-5.100*	1.125	0.000	-7.971	-2.229
		3	7.400*	0.943	0.000	4.994	9.806
	3	1	-12.500*	1.140	0.000	-15.409	-9.591
		2	-7.400*	0.943	0.000	-9.806	-4.994

基于估算边际平均值

*. 平均值差值的显著性水平为 .05。

b. 多重比较调节：邦弗伦尼法。

图 7.64 不同时间药效的均值比较

(2) 降压药简单效应分析。如果在图 7.61 中将添加的指令修改为 "/EMMEANS=TABLES (降压药*时间)COMPARE(降压药)ADJ(BONFERRONI)",便可以获得降压药简单效应分析结果。图 7.65 将这些结果以图形的形式呈现出来,从图中可以看出,三次不同的时间下三种降压药的效果是不同的,都是降压药 B<降压药 C<降压药 A,但是在时间点 1 上这三者的效果差距不大,时间点 2 上差距增大,时间点 3 上差距最大,这些差距也是需要通过检验才可判断是否达到显著性水平;图 7.66 提供了这些差距的检验结果,由图可知,在时间点 1 上三种药的效果是 "降压药 B = 降压药 C<降压药 A",在时间点 2 上三种药的效果是 "降压药 B<降压药 A = 降压 C",在时间点 3 上三种药的效果是 "降压药 B<降压药 C<降压药 A"。综上所述,降压药效应在三个时间段上是有区别的。

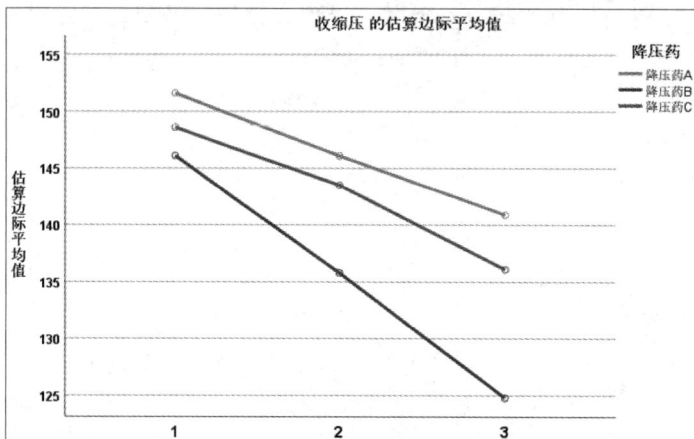

图 7.65　时间与降压药的交互效应图

成对比较							
测量: 收缩压							
时间	(I) 降压药	(J) 降压药	平均值差值 (I-J)	标准误差	显著性[b]	差值的 95% 置信区间[b] 下限	差值的 95% 置信区间[b] 上限
1	降压药A	降压药B	5.500*	1.088	0.000	2.724	8.276
		降压药C	3.000*	1.088	0.031	0.224	5.776
	降压药B	降压药A	-5.500*	1.088	0.000	-8.276	-2.724
		降压药C	-2.500	1.088	0.089	-5.276	0.276
	降压药C	降压药A	-3.000*	1.088	0.031	-5.776	-0.224
		降压药B	2.500	1.088	0.089	-0.276	5.276
2	降压药A	降压药B	10.300*	1.385	0.000	6.765	13.835
		降压药C	2.600	1.385	0.214	-0.935	6.135
	降压药B	降压药A	-10.300*	1.385	0.000	-13.835	-6.765
		降压药C	-7.700*	1.385	0.000	-11.235	-4.165
	降压药C	降压药A	-2.600	1.385	0.214	-6.135	0.935
		降压药B	7.700*	1.385	0.000	4.165	11.235
3	降压药A	降压药B	16.100*	1.281	0.000	12.831	19.369
		降压药C	4.800*	1.281	0.003	1.531	8.069
	降压药B	降压药A	-16.100*	1.281	0.000	-19.369	-12.831
		降压药C	-11.300*	1.281	0.000	-14.569	-8.031
	降压药C	降压药A	-4.800*	1.281	0.003	-8.069	-1.531
		降压药B	11.300*	1.281	0.000	8.031	14.569

基于估算边际平均值
*. 平均值差值的显著性水平为 .05。
b. 多重比较调节:邦弗伦尼法。

图 7.66　不同降压药间的均值比较

思 考 与 练 习

1. 填空题。

(1) 方差分析又称为_____，可以分析两个及两个以上样本均数差别的_____，是一种利用试验获取数据并进行分析的统计方法。

(2) 单因素方差分析主要是研究_____对观测变量的影响，也可以理解为是研究一个_____两个处理水平的自变量对因变量影响的分析方法。

(3) 双因素方差分析是一种由_____试验设计而得到数据的分析方法，主要通过研究因变量的_____是否存在显著性差异，来探讨一个因变量是否受到多个自变量的影响。

(4) 多元方差分析是_____的推广，适用于研究同时包含两个或两个以上因变量的数据。

(5) 重复测量设计又称为_____，是指对相同的研究对象先后施加不同的_____，或者在不同的试验条件下对其进行_____。

2. 选择题。

(1) 在进行方差分析时，为了保证分析结果的准确性，还需要考虑分析数据是否满足方差分析的假设条件。下列选项中，不属于方差分析假设条件的一项为(   )。

A. 总体正态分布性　　　　　　　　B. 交互性

C. 齐效性　　　　　　　　　　　　D. 相互独立性

(2) 下列选项中，对方差自由度分解描述错误的一项为(   )。

A. 总变异自由度等于观测的总个数加上 1

B. 组内变异自由度为处理个数减 1

C. 组间变异自由度等于观测的总个数减 k

D. 组间变异自由度的公式表现为 $df_w = k(n-1)$

(3) 在进行协方差分析之前，还需要满足一定的前提条件，下列选项中描述错误的一项为(   )。

A. 协方差分析的前提条件是各组变量的残差存在非正态分布

B. 协方差分析的前提条件是协变量之间相互独立

C. 协方差分析的前提条件是各组的回归斜率相等

D. 协方差分析的前提条件是协变量与因变量之间需呈线性关系

(4) 影响方差分析数据呈现波动状现象的各种因素主要分为可控因素与随机因素，下列选项中，对上述两者因素表述错误的一项为(   )。

A. 可控因素可以理解为控制因素、控制变量，是在研究分析中所施加的对结果形成影响的一种可控因素

B. 随机因素又称为随机变量，为不可控的随机因素，主要表现为试验过程中的抽样误差

C. 当控制变量的不同水平对观测变量产生了显著影响，则表示控制变量是影响观测变量的主要因素

D. 当控制变量的不同水平对观测变量产生了显著影响，则表示控制变量未影响到观测变量

(5) 方差分析是对数据变异量的分析，下列选项中不属于方差分析流程中步骤的一项为(　　)。

A. 自由度分解　　　　　　　　　B. 方差齐性检验

C. F 值检验　　　　　　　　　　D. 数据均值检验

3. 某养猪场为分析市场上供应的 4 种猪饲料的喂养效果，用每种饲料分别喂养 6 头出生 30 天的幼猪作对比试验，饲养 60 天后猪的增重数据见表 7.14。4 种饲料的喂养效果是否存在显著差异？

表 7.14　　4 种猪饲料饲养 60 天后猪的增重数据

饲料	增重/千克					
甲饲料	45	42	37	49	50	45
乙饲料	38	39	50	41	38	49
丙饲料	38	33	40	34	36	47
丁饲料	40	38	41	42	48	43

4. 为确定适合某地区的高产小麦品种，共选择了 5 个品种，每一品种各种了 4 块试验田，各试验田块的土壤、肥、水等条件基本相同。各品种的每公顷产量(kg)见表 7.15。

表 7.15　　5 个品种小麦的每公顷产量

品种	每公顷产量/kg			
A_1	256	222	280	298
A_2	244	300	290	275
A_3	250	277	230	322
A_4	288	280	315	259
A_5	206	212	220	212

(1) 不同品种的平均每公顷产量是否存在显著差异？

(2) 任意两个品种的平均每公顷产量是否都存在显著差异？确定适合该地区的高产小麦品种。

5. 某市场研究公司调查某省民营企业职工商业保险投保状态时，取得如表 7.16 所示数据。

表 7.16　　某年全年商业保险消费支出额　　　　　　　　　　　　　　　　　元

按年龄分组	1	2	3	4	5	6	7	8	9	10	11	12
30 岁以下	350	1500	820	280	389	1588	652	150	1020	350	147	58
30～50 岁	458	2350	1522	890	868	2897	1872	280	2100	751	860	821
50 岁以上	140	50	100	150	102	450	284	452	350	120	45	120

不同年龄段职工的商业保险费用支出水平是否存在显著性差异？（$\alpha = 0.05$）

6. 有人认为本科毕业生的收入比高中毕业后工作的人多，拥有硕士或博士学位的人的收入更多。为检验这一观点，从某跨国公司随机选择 24 名主管人员，其按教育程度分类的收入状况如表 7.17 所示。

表 7.17 24 名主管人员按教育程度分类的收入状况   万元

高中及更低	大学本科	硕士及更高
23	25	26
24	29	37
27	43	41
31	37	30
20	41	47
22	42	45
22	45	45
27	45	45

在 0.05 的显著性水平下，检验 3 组收入的均值无差异的零假设。如果零假设被拒绝，进一步比较哪组存在差异。

7. 某钢模厂对钢锭模进行选材试验，共选择了 4 种不同材质的生铁做成试样进行热疲劳测定，方法是将试样加热到 700℃后投入 20℃的水中急冷，如此反复直到试样出现断裂为止。断裂前经受的次数越多，则抗热疲劳性越好。表 7.18 给出了各试样抗热疲劳经受次数的试验结果。不同材质生铁的抗热疲劳性能是否存在显著差异？

表 7.18 千种材质试样抗热疲劳经受次数的试验结果

材质	试 样 号							
	1	2	3	4	5	6	7	8
A_1	160	161	165	168	170	172	180	
A_2	158	164	164	170	175			
A_3	146	155	160	162	164	166	174	182
A_4	151	152	153	157	160	168		

8. 为研究蒸馏水的 pH 值和硫酸铜溶液浓度对化验血清中白蛋白与球蛋白的影响，对上述两个因素分别取了 4 个和 3 个不同水平，在每一水平组合下用取自同一血样的血清各做了一次试验，测得白蛋白与球蛋白之比见表 7.19。蒸馏水的 pH 值和硫酸铜浓度对血清化验结果是否有显著影响？

表 7.19 4 个 pH 值和 3 个硫酸铜溶液浓度下测得白蛋白与球蛋白之比

pH 值	浓度/(mol/L)		
	B_1	B_2	B_3
A_1	3.5	2.3	2.0
A_2	2.6	2.0	1.9
A_3	2.0	1.5	1.2
A_4	1.4	0.8	0.3

9. 为研究燃料和推进器以及它们的组合对火箭射程的影响, 对某种型号的火箭在 4 种燃料和 3 种推进器的不同组合下各做了 2 次试验, 测得射程数据见表 7.20。

表 7.20　某型号火箭在 4 种燃料和 3 种推进器的不同组合下 2 次试验的射程数据

燃 料	推 进 器		
	B_1	B_2	B_3
A_1	58.2, 52.6	56.2, 41.2	65.3, 60.8
A_2	49.1, 42.8	54.1, 50.5	51.6, 48.4
A_3	60.1, 58.3	70.9, 73.2	39.2, 40.7
A_4	75.8, 71.5	58.2, 51.0	48.7, 41.4

(1) 燃料、推进器及它们的不同组合对火箭射程是否有显著影响?

(2) 确定使平均射程最远的燃料与推进器的组合(需要分析平均射程最远的两种燃料与推进器的组合之间是否存在显著差异)。

10. 一家广告公司想知道读者对不同颜色和大小的广告反应是否不同, 随机选取读者对 4 种颜色、3 种不同尺寸的广告进行评价。对每一种颜色和大小的组合给出 1~10 的评分, 假设评分结果服从正态分布。表 7.21 是评分结果。

表 7.21　读者对 4 种颜色、3 种不同尺寸广告的评分结果

大 小	颜 色			
	红	蓝	橘黄	绿
小	2	3	3	8
中	3	5	6	7
大	6	7	8	8

在 0.05 的显著性水平下, 不同颜色和大小对广告效果是否有差异?

项目 8 卡方检验与非参数检验

卡方检验与非参数检验是统计分析方法的重要组成部分，与参数检验共同构成统计推断的基本内容，非参数检验(Nonparametric Fests，Npar)是指在母体不服从正态分布或分布情况不明确，即不依赖母体分布的类型，用以检验数据是否来自同一个母体假设的一类检验方法，又称为分布自由(Distribution-Free)检验。

和参数检验方法的原理相同，非参数检验过程也是先根据问题提出原假设，然后利用统计学原理构造出适当的统计量，最后利用样本数据计算统计量的概率值，并与显著性水平比较，得出拒绝或者接受原假设的结论。非参数检验可以分成两类：一类是分布类型检验方法，也称作拟合优度检验方法，即检验样本所在母体是否服从已知的理论分布，具体包括卡方检验、二项式检验、游程检验和单样本 K-S 检验；另一类为分布位置检验方法，即用于检验样本所在母体的分布位置或形状是否相同，具体包括两个独立样本检验、k 个独立样本检验、两个相关样本检验和 k 个相关样本检验。

学习目标

(1) 掌握 SPSS 统计软件实现卡方检验的过程；
(2) 掌握二项分布检验的应用；
(3) 了解游程检验的原理；
(4) 掌握 SPSS 统计软件实现单样本检验的过程；
(5) 掌握 SPSS 统计软件实现两个独立样本检验的过程；
(6) 了解多独立样本检验的原理和过程；
(7) 了解两个或多个配对样本检验的原理和过程。

任务 8.1 SPSS 实现卡方检验

任务描述

卡方检验(Chi-Square Test)是一种极为典型的对总体分布进行检验的非参数检验方法，也称为卡方拟合优度检验，用于检验数据是否与某种概率分布的理论数字相吻合，进而推断样本数据是否来自该分布的问题。本任务主要介绍卡方检验的原理、思想和使用 SPSS 统计软件实现卡方检验的详细过程。

8.1.1　卡方检验的基本原理

1. 卡方检验基本介绍

在很多问题中，研究者感兴趣的往往是受试者、试验对象或试验反响划入各类别的数目。例如，研究者可以用罗尔沙赫氏测验(Rorschach Test)对一组病人的个性进行分类，以便预言某些类型将比其他类型更常见；按照孩子们最常玩的游戏方式对他们进行分类，以检验这些游戏方式流行程度不同的假设；还可以按照人们对某种主张的反响是赞成、弃权还是反对而进行分类，以便让研究者检验这种假设，对该主张的各种反响程度是不同的。

卡方检验适合于上述各类资料，类别的数目可以是两类或多于两类。

卡方检验可以检验属于每一类别对象或反响的观测数目与根据零假设所得的期望数目之间是否有显著性差异。卡方检验的目的是根据样本所在母体分布(各类别所占比例)是否与已知母体分布不相同，是一种单样本检验。

2. 卡方检验的基本思想

卡方检验基本思想的理论依据是：如果从一个随机变量 X 中随机抽取若干个观察样本，这些样本落在 X 的 k 个互不相交的子集中的观察频率服从一个多项分布，当 k 趋于无穷大时，这个多项分布近似服从卡方分布。卡方检验的零假设为：总体 X 服从某种分布，这里的样本认为是来自总体 X。

基于上述基本思想，对变量 X 总体分布的检验就应该从对各个观测频率的分析入手。实际上，零假设给出了在假想总体中归入每一类别内的对象所占的比例。也就是说，可以从零假设中推出期望的频率是多少，而卡方检验则可以判断观测的频率是否充分接近零假设成立时可能出现的期望频率。

皮尔逊(Pearson)统计量服从自由度为 $k-1$ 的卡方分布。可以看出，如果 χ^2 值较大，则说明观测频率分布与期望频率分布差距较大；反之，如果 χ^2 值较小，则说明观测频率分布与期望频率分布较接近。SPSS 将自动计算 χ^2 统计量的观测值，并依据卡方分布表计算观测值对应的概率 P 值。

如果 χ^2 的概率 P 值小于显著性水平 α，则应拒绝原假设，认为样本来自的总体分布与期望分布或某一理论分布存在显著性差异；反之，如果 χ^2 的概率 P 值大于显著性水平，则不应拒绝原假设，可以认为样本来自的总体分布与期望分布或某一理论分布无显著性差异。

在单样本中，为了用 χ^2 来检验某一假设，必须将每一次的观察结果归入 k 集合的某一类中，这些观察的总次数应该是样本中的事件数 N。因此，每次的观察都必须是互相独立的，如不应该对同一个人做好几次观察而把每次观察作为是独立的。

3. 卡方检验的基本原理

(1) 设 x_1, x_2, $\cdots$, x_n 为总体 X 的一组样本观测值，$F(x)$ 为已知分布的一个分布函数，θ_1, θ_2, $\cdots$, θ_r 是 $F(x)$ 的 r 个待定参数，$\hat{\theta}_1$, $\hat{\theta}_2$, $\cdots$, $\hat{\theta}_r$ 分别是 r 个参数的点估计，以 $\hat{\theta}_1$, $\hat{\theta}_2$, $\cdots$, $\hat{\theta}_r$ 分别代替 θ_1, θ_2, $\cdots$, θ_r，作原假设

$$H_0：总体 X 的分布函数为 F(x)$$

(2) 将 $F(x)$ 的定义域划分为 k 个互不相交的区间 $(a_i,\ a_{i+1}]$，$i=1,\ 2,\ \cdots,\ k$；记 f_i 为样

本观察值 x_1, x_2, $\cdots$, x_n 落在第 i 个区间 $(a_i,\ a_{i+1}]$ 内的频数，并记

$$P_i = P\{a_i < X < a_{i+1}\} = F(a_{i+1}) - F(a_i)$$

为以 $F(x)$ 为分布函数的随机变量在区间 $(a_i,\ a_{i+1}]$ 内取值的概率，$i=1$, 2, $\cdots$, k。H_0 为真时，由贝努里定理知，当 n 充分大时，n 次独立重复试验结果的实际频率 f_i/n 与其概率 P_i 之间的差异并不显著，于是可以用统计量来刻画它们之间总的差异的大小。其中，nP_i 为理论频数，当 H_0 为真时，式(8-1)的值就应当较小。

$$\chi^2 = \sum_{i=1}^{k} \frac{(f_i - nP_i)^2}{nP_i} \tag{8-1}$$

(3) 可以证明，当 n 充分大时 ($n \geqslant 50$)，若 H_0 为真，则统计量

$$\chi^2 = \sum_{i=1}^{k} \frac{(f_i - nP_i)^2}{nP_i}$$

近似服从 $\chi^2(k-r-1)$ 分布。其中，r 为分布 $F(x)$ 中待定参数的个数。

于是在给定显著性水平 α 下，若

$$\chi^2 > \chi_\alpha^2(k-r-l) \tag{8-2}$$

就拒绝 H_0，说明总体 X 的真实分布函数与 $F(x)$ 间存在显著差异；否则接受 H_0，即可以认为两者在水平 α 下并无显著差异。

以上检验总体分布的方法通常称为 χ^2 检验。

8.1.2　SPSS 软件实现拟合优度检验

拟合度检验(Goodness of Fit Test)主要用于检验单一变量的实际观察次数分布与某理论次数是否有差别。它针对的是一个因素多项分类的计数数据，它的原假设 H_0 为实际观察次数与理论次数之间无差异或相等。分布拟合度检验需满足的基本假设涉及如下几方面：

(1) 研究的变量为一个分类变量。

(2) 各分类观测值之间相互独立，且频数的分组相互排斥，互不包容。

(3) 各分类的理论频数大于 5。

只要每个分类的理论频数 $nP_i \geqslant 5$，χ^2 统计量就会渐近服从 χ^2 分布，此时可以使用 χ^2 检验的基本公式进行拟合度检验。

当某分类的理论次数小于 5 时，χ^2 统计量对应的概率 P_i 偏小，为了弥补这一点,耶茨(Yates)建议将实际观测数与理论数之差的绝对值减去 0.5，使 χ^2 值减少一点，这样根据 χ^2 值得到的概率 P_i 就增大一些，校正公式如下

$$\chi^2 = \sum_{i=1}^{k} \frac{(|f_i - nP_i| - 0.5)^2}{nP_i} \tag{8-3}$$

当变量分类只有两类，有单元格的期望次数小于 5，用连续性矫正公式计算卡方值，可得到较满意的近似结果，其结果与二项分布计算的概率很接近。如果变量是三项及以上的分类时，出现某一单元格的理论次数小于 5，一般情况不需要用校正公式计算，用基本公式计算 χ^2 值，仍然可以得到较满意的结果。

【例 8.1】　有研究者的研究显示大学生不同年级间的心理问题检出率是存在差别的，

他们之间的比例大概是 3∶2∶1∶3。某校对本校学生做了大学生心理健康普查，各个年级的检查人数如表 8.1 所示，分析该校的学生情况是否符合该研究者的结果。

表 8.1　大学生心理健康普查各个年级的检出人数表

年级	大一学生	大二学生	大三学生	大三学生
检查人数	300	200	100	300

案例分析：χ^2 值计算公式采用的是频数，该例中的理论假设是比例，首先需要计算出理论频数。由于该例给的是汇总数据，所以，需要对数据进行加权处理。

第一步，对个案进行加权处理。打开或新建数据文件后，选择【数据】→【个案加权】命令，进入【个案加权】对话框，并将变量"检出人数"置入右侧的【频率变量】文本框中，如图 8.1 所示。单击【确定】按钮。

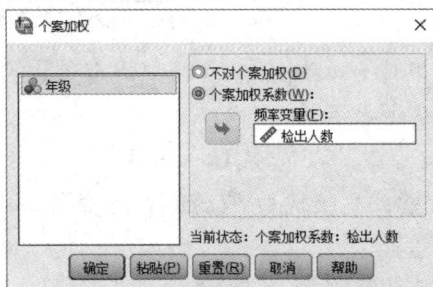

图 8.1　【个案加权】对话框

第二步，分组变量进行个案加权之后就可以进行 χ^2 拟合优度检验了。依次选择【分析】→【非参数检验】→【旧对话框】→【卡方】命令，进入【卡方检验】对话框。

第三步，在【卡方检验】对话框中，把变量"年级"置入右侧的【检验变量列表】文本框中，选中【期望值】选项组下的【值】选项，以便输入理论人数。需要强调的是，输入理论频数的顺序要与组序号的顺序一致，才能保证卡方检验正确进行。按照题意，依次在"值"文本框中填入 4 个理论分布值，即"300""200""100"和"300"，分别对应一到四年级，如图 8.2 所示。最后单击【确定】按钮，提交系统分析。

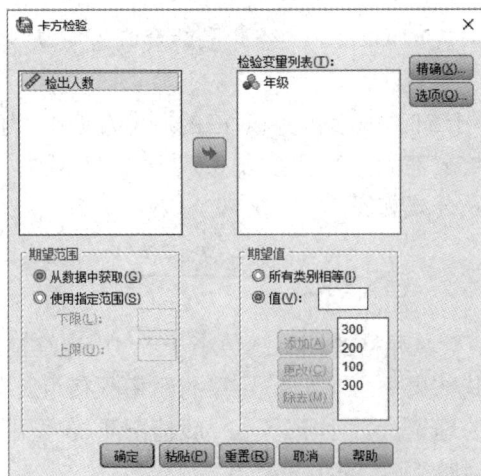

图 8.2　【卡方检验】对话框

第四步，结果解释。图 8.3 和图 8.4 是系统分析的主要结果。图 8.3 给出的是观察数、期望数和残差的描述统计，利用这些数据系统可以计算出统计量 χ^2，对观察和期望数的差异做差异检验。从图 8.4 中可以看出统计量的值为 33.333，对应的 P 值(渐近显著性)为 0.000，即 $p<0.05$，该例的原假设 H_0 是数据分布符合一年级 300 人、二年级 200 人、三年级 100 人、四年级 300 人这一假设分布，因此应该拒绝原假设，即该校学生心理问题的检出率不符合这位研究者假设的情况。

<table>
<tr><th colspan="4">年级</th></tr>
<tr><th></th><th>实测个案数</th><th>期望个案数</th><th>残差</th></tr>
<tr><td>大一学生</td><td>300</td><td>300.0</td><td>0.0</td></tr>
<tr><td>大二学生</td><td>200</td><td>200.0</td><td>0.0</td></tr>
<tr><td>大三学生</td><td>150</td><td>100.0</td><td>50.0</td></tr>
<tr><td>大四学生</td><td>250</td><td>300.0</td><td>-50.0</td></tr>
<tr><td>总计</td><td>900</td><td></td><td></td></tr>
</table>

图 8.3　描述统计结果

检验统计	
	年级
卡方	33.333[a]
自由度	3
渐近显著性	0.000

a. 0 个单元格 (0.0%) 的期望频率低于 5。期望的最低单元格频率为 100.0。

图 8.4　卡方检验结果

8.1.3　SPSS 软件实现二项检验

实际情况下，很多数据的取值是二值的，一般用 0 和 1 来表示两个取值。通常，这种二值情况称为二项分布，SPSS 中的二项分布检验过程(Binomial Tests Procedure)正是通过样本数据检验样本来自总体是否服从指定概率为 P 的二项分布。

二项检验(Binomial Test)，即二项分布检验，仅适用于二分类数据，即取值只有两类的数据。这种二分类既可以是自然的，如性别中的男女；也可以是根据需要人为划分的，如将考试成绩分为及格和不及格。从这种二分类总体中抽取样本量为 n 的样本，其频数分布服从二项分布，等于独立地重复 n 次贝努利试验。二项检验就是一种用来检验样本是否来自参数为 (n, p) 的二项分布总体的方法，其原假设 H_0 为观测数据某一类别的比例与某二项分布的比例没有差距，即 $p_1 = p_0$。

二项分布检验在样本不大于 30 时，按下式计算概率值，即

$$P\{X \leqslant x\} = \sum_{i=1}^{x} C_n^i p^i (1-p)^{n-i} \tag{8-4}$$

在大样本的情况下，计算的是 Z 统计量，认为在零假设下，Z 统计量服从正态分布，其计算公式为

$$Z = \frac{x \pm 0.5 - nP}{\sqrt{nP(1-P)}} \tag{8-5}$$

式中：当 $x < n/2$ 时，取加号，反之取减号；P 为检验概率；n 为样本总数。

二项分布检验也是假设检验问题，检验步骤同前。SPSS 会自动计算上述精确概率和近似概率值，如果概率值小于显著性水平，则拒绝零假设，认为样本来自的总体与指定的二项分布有显著差异；反之，样本来自的总体与指定的二项分布无显著差异。

【例 8.2】　某地区的职业考试通过率为 60%，某组织一共有 600 人参加考试，通过考

试的人数为 420 人，判断该组织的考试通过率与该地区 60%的通过率是否有显著差异。

案例分析：做二项检验前应先观察数据是汇总数据还是非汇总数据，因为前者需要对数据进行个案加权，后者不需要。本例数据中职业考试取值为"1"表示通过考试，取值为"0"表示不通过考试，这是汇总数据，因此在进行检验之前要先对分组变量进行个案加权。

第一步，打开或新建数据文件以后，依次选择【数据】→【个案加权】命令，进入【个案加权】对话框，把变量"人数"置入【频率变量】文本框中，如图 8.5 所示。然后单击【确定】按钮，完成对分组变量的个案加权。

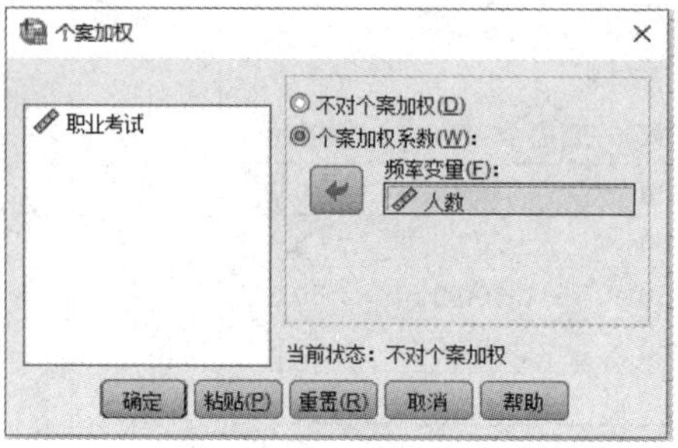

图 8.5　【个案加权】对话框

第二步，依次选择【分析】→【非参数检验】→【旧对话框】→【二项】命令，进入【二项检验】对话框，将"职业考试"置入【检验变量列表】文本框中。因为该地区职业考试通过率为 60%，我们要检验的是样本数据是否符合这个比例，因此在【检验比例】处输入 0.60，其他选项默认系统设置，如图 8.6 所示。最后，单击【确定】按钮，提交系统分析。

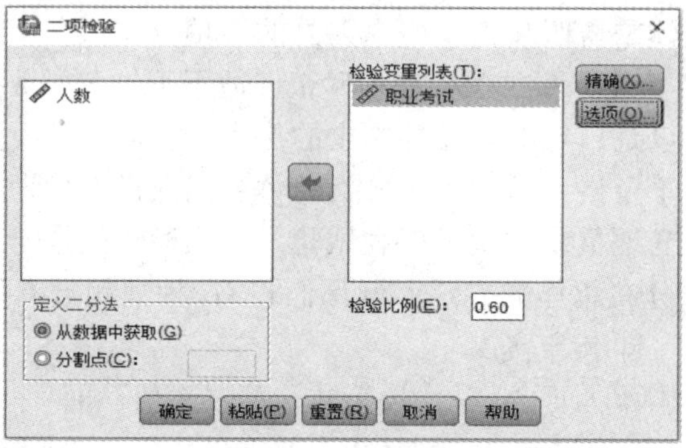

图 8.6　【二项检验】对话框

第三步，结果解释。图 8.7 为系统输出的结果，由图可看出，该组织职业考试通过率与 60%有显著差异，该组织考试通过率的观测比例是 0.7，所以可以认为该组织的考试通过率高于该地区的考试通过率。如果我们按照拟合度 χ^2 检验的步骤，也可以比较观察数据与理论频数间的差异。

	类别	个案数	实测比例	检验比例	精确显著性（单尾）
二项检验					
职业考试 组1	通过	420	0.7	0.6	0.000
组2	没通过	180	0.3		
总计		600	1.0		

图 8.7　二项检验结果

8.1.4　SPSS 软件实现游程检验

游程检验(Run Test)是对二分类变量的随机检验,主要用于推断数据序列中两类数据的发生过程是否随机,如临床试验所关心的病例入组顺序是否随机。许多统计学检验是假设样本中的观察值都是独立的,即收集到的数据样本的顺序是不相关的。如果数据的收集顺序十分重要,那么样本就可能不是随机的,这将使研究者不能得出关于抽样总体的准确结论。

设 $(X_1, X_2, \cdots, X_m)$ 是取自总体 X 的一个样本, $(Y_1, Y_2, \cdots, Y_n)$ 是取自总体 Y 的一个样本,这两个总体的分布函数分别为 $F(x)$、$G(x)$,且未知,但是 $G(x) = F(x - \delta)$ 且连续。检验 $H_0 : \delta = 0 (H_1 : \delta \neq 0)$。

把合样本 $(Z_1, Z_2, \cdots, Z_{m+n}) = (X_1, X_2, \cdots, X_m, Y_1, Y_2, \cdots, Y_n)$ 按从小到大的次序排列,得到次序统计量 $(Z_{(1)}, Z_{(2)}, \cdots, Z_{(m+n)})$,记为

$$U_i = \begin{cases} 0 & \text{如果} Z_{(i)} \text{来自总体} X \\ 1 & \text{如果} Z_{(i)} \text{来自总体} Y \end{cases} \quad i = 1, 2, \cdots, m+n$$

这样可以得到一个仅由 0 与 1 两个元素组成的序列 $U_1, U_2, \cdots, U_{m+n}$。把连续出现 0(或 1)的组数称为一个游程,一个游程中所含 0(或 1)的个数称为游程长度。

例如,110000100111 序列一共有 5 个游程,长度分别为 2、4、1、2、3。游程的总个数 U_N 与最大游程长度 U_L 都是统计量。

1. 游程(总个数)检验

给定显著性水平 α,检验的拒绝域为 $U_N < c_N$。当 $m \leq n \leq 20$ 时,临界值 c_N 可以查表得到。这个检验称为游程(总个数)检验。

当 H_0 成立(即 $F(x) = G(x)$)且 m、$n \geq 20$ 时,近似的有 $U_N = N\left(\dfrac{2mn}{m+n}, \dfrac{4m^2n^2}{(m+n)^3}\right)$。因此,给定显著性水平 α,取临界值

$$c_N = \frac{2mn}{m+n} - u_{1-\alpha} \frac{2mn}{(\sqrt{m+n})^3} \tag{8-6}$$

2. 游程(最大长度)检验

给定显著性水平 α,检验的拒绝域为 $U_L < c_L$。当 $m \leq n \leq 20$ 时,临界值 c_L 可以查表得到。这个检验称为游程(最大长度)检验。

【例 8.3】　某足球俱乐部想要引进一名优秀的前锋运动员以增强前场攻击力。表 8.2 给出了该名目标球员连续 30 场比赛进球数据,试用游程检验方法研究该球员状态,判断其状态发挥是否稳定。

表 8.2　目标球员连续 30 场比赛进球数据表

比赛场次	1	2	3	4	5	6	7	8	9	10	11	12	13	14	15
进球数/个	1	1	4	2	0	0	0	0	0	0	0	3	1	1	0
比赛场次	16	17	18	19	20	21	22	23	24	25	26	27	28	29	30
进球数/个	0	0	4	1	1	1	0	0	0	0	0	0	0	0	3

第一步，打开或新建数据文件后，选择菜单栏中的【分析】→【非参数检验】→【游程】命令，弹出【游程检验】对话框(见图 8.8)，在候选变量列表框中选择【进球数】，将其添加至【检验变量列表】列表框中，在【分割点】选项组中可以任意选中一项或多项复选框，这里只选中【平均值】复选框，也就是以数据的平均数为试算点。

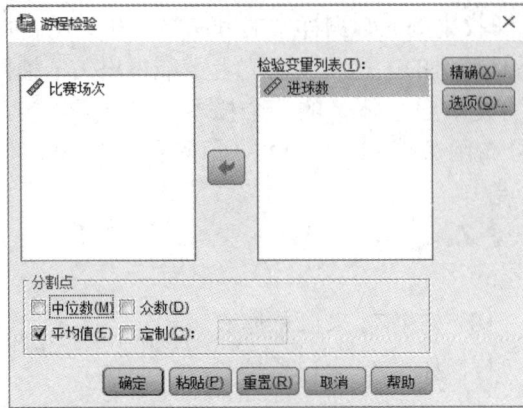

图 8.8 【游程检验】对话框

第二步，单击【确定】按钮，提交 SPSS 软件系统分析。由图 8.9 可以看出，样本平均值是 0.77，也是本例的试算点，小于试算点值的样本有 18 个，大于试算点值的样本有 12 个，总样本数是 30 个，游程数是 7，Z 统计量是 -3.063，渐进显著性水平为 0.002，远小于 0.05。所以，拒绝样本随机性假设，该球员的状态发挥非常不稳定，在引进该球员时要慎重考虑。

游程检验	
	进球数
检验值[a]	0.77
个案数 < 检验值	18
个案数 >= 检验值	12
总个案数	30
游程数	7
Z	-3.063
渐近显著性（双尾）	0.002
a. 平均值	

图 8.9 游程检验结果

任务 8.2 SPSS 实现独立性检验

✍ 任务描述

独立性检验是统计学的一种检验方式，与适合性检验同属于卡方检验，它是根据次数资料判断两类因子彼此相关或相互独立的假设检验。独立性检验的目的是检测两个变量之间是否存在必然联系。例如，吸烟与患肺癌之间是存在一定联系的，但这是一个模糊的概念，如何用量化的方法来说明吸烟与患肺癌之间是存在联系的，更精确地说，我们有多大的把握证明吸烟与患肺癌之间是存在联系的，这是独立性检验要做的事情。本任务重点讲解通过 SPSS 统计软件实现 2×2 列联表、$r \times c$ 列联表和配对设计 $r \times r$ 列联表的卡方检验过程。

8.2.1　独立性检验概述

1. 列联表与独立性检验

假设变量 x 和变量 y 都为定类变量，x 的分类为 r 个，y 的分类为 c 个，可以将数据先以 x 分类，再分别统计在 x 的不同取值下 y 的分类情况，就可以获得如表 8.3 所示的表格，这种表格可以称为 $r \times c$ 列联表，也可以叫二维列联表。每一个因素可以分为两个或两个以上的类别，因为分类数目不同，$r \times c$ 列联表就有多种形式，最简单的是四格表，即 2×2 列联表。当然，因素也可以多于两个以上，这种表被称为多维列联表(Multiple Contingency Table Analysis)。显然，维数越多分析越复杂。

表 8.3　$r \times c$ 列联表

	x_1	x_2	…	x_c	$\sum$
y_1	N_{11}	N_{21}	…	N_{c1}	f_{y1}
y_2	N_{12}	N_{22}	…	N_{c2}	f_{y2}
⋮	⋮	⋮	⋮	⋮	⋮
y_r	N_{1r}	N_{2r}	…	N_{cr}	f_{yr}
$\sum$	f_{x1}	f_{x2}	…	f_{xc}	N

如果我们要研究表 8.3 所示列联表中两分类变量间的关系，或两个以上分类变量之间是否具有独立性，或有无关联，就需要用到 χ^2 独立性检验。独立性检验是指从样本数据中推断总体两个分类变量是否彼此独立的检验，相当于独立样本比率差异的显著性检验。假如两个变量是独立的无关联的，此时 χ^2 检验不显著，即统计量对应的 P 值大于显著性水平 α，这就意味着对其中一个自变量来说，另一个变量的多项分类次数上的变化是在取样误差的范围之内。假如两个因素是非独立的，此时 χ^2 检验是显著的，即统计量对应的 P 值小于显著性水平 α，这就说明两个变量间是有关联的。值得注意的是，假如研究者的兴趣是一个变量的不同分类是否在另一个变量的多项分类上有差异或者是否一致，也可以用独立性检验来完成，换句话说，独立性检验既可以理解成检验变量间是否关联，也可以理解成差异性研究。通常来说，如果两个变量独立，则两者在分类上的差异不显著；如果两个变量是有关联的，那么在分类上的差异就是显著的。

2. 独立性检验的一般步骤

(1) 提出假设。独立性检验的统计假设多用文字描述，较少使用统计符号表示。其原假设 H_0 是两个因素(或多个因素)间是独立的或差异不显著，备择假设 H_1 是两个因素(或多个因素)间有关联的或差异显著。

(2) 理论次数的计算。如表 8.3 所示，如果用 f_{xi} 表示第 i 列的和，f_{yj} 表示第 j 行的和，则每个格子理论次数 f_e 的通式可以表示为

$$f_e = \frac{f_{xi} f_{yj}}{N} \tag{8-7}$$

例如，当 $i=1$，$j=2$ 时，表示的是第一列和第二行交叉的表格，则其理论次数就是第一列的总和 f_{x1} 乘以第二行的总和 f_{y2} 除以总次数 N。

(3) 自由度的确定。两因素列联表($r \times c$)的自由度与两因素各自的分类项目数有关，其自由度为 $df = (r-1)c-l$。

(4) 统计量计算。独立性检验的统计量 χ^2 的计算与样本是否相关、是否为大样本、分类数多少有关。当然 SPSS 系统会自动计算 χ^2 值，对于初学者而言，并不需要专门研究 χ^2 统计量的计算方式，只需要懂得使用的条件便可。

(5) 统计决策。假如 χ^2 对应的概率 P 值大于指定显著性水平 α，则说明两个因素无关联或差异不显著，即两者是独立的；假如 χ^2 对应的概率 P 值小于指定显著性水平 α，则说明两个因素有关联或差异显著。

8.2.2　SPSS 实现 2×2 列联表检验

最简单的 $r \times c$ 列联表就是四格表，即 2×2 列联表，如表 8.4 所示。有两个因素(变量)，每个因素都有两个分类，于是可以将被试分成 4 类，我们称这种四格表为独立设计 2×2 表，或者随机设计 2×2 表。

表8.4　四　格　表

		因素 1	
		分类 1	分类 2
因素 2	分类 1	a	b
	分类 2	c	d

当随机设计 2×2 表各个单元的理论次数 $f_e \geqslant 5$、样本 $N \geqslant 40$ 时，可用计算 χ^2 值的基本公式，即用公式(8-1)求 χ^2 值，或者使用 2×2 的简便公式计算 χ^2 值，即

$$\chi^2 = \frac{N(ad-bc)^2}{(a+b)(c+d)(a+c)(b+d)} \tag{8-8}$$

当四格表任意一个格的理论次数 $1 \leqslant f_e \leqslant 5$、样本 $N \geqslant 40$ 时，需要用耶茨(Yates)连续性矫正公式计算 χ^2 值，可以进一步改善近似程度，当然也可以使用简便公式进行矫正，公式如下：

$$\chi^2 = \frac{N((ad-bc)-N/2)^2}{(a+b)(c+d)(a+c)(b+d)} \tag{8-9}$$

当四格表任意一个格的理论次数 $f_e \leqslant 1$ 或样本 $N < 40$ 时，用费歇尔(Fisher)精确概率检验法代替 χ^2 检验。如果两个变量是独立的，当边缘次数保持不变时，列联表单方格内的数值 a，b，c，d 任一特定安排的概率 P 是

$$p = \frac{(a+b)!(c+d)!(a+c)!(b+d)!}{a!b!c!d!(a+b+c+d)} \tag{8-10}$$

利用公式(8-10)计算在边缘次数固定不变的情况下，所有可能的四格次数排列下的概率以及它们的概率和 P，然后使用该概率与显著性水平 a 进行比较，如果 $p < a$，则说明超过了独立性样本各单元格计数的取样范围，即两样本独立的假设不成立，或者说两样本间存

在显著关联。

【例 8.4】　为了研究男性和女性购买日用品时对品牌的偏好类型(偏好品牌和不偏好品牌),随机抽取了 200 名顾客进行调查,其数据如表 8.5 所示。试分析消费者购买日用品时对品牌的偏好是否与性别有关,或者说男性和女性购买日用品时的品牌偏好比率是否存在差异。

表 8.5　200 名顾客对品牌的偏好调查数据

		名牌偏好	
		偏好名牌	不偏好名牌
性别	男	69	41
	女	71	19

案例分析:该例属于 2×2 四格,运用 SPSS 进行卡方检验时,适用的数据格式有两种:一种是未汇总的原始数据,则不需要对个案做加权处理;另一种是汇总后的分组频数数据,则需要对个案做加权处理。本案例中的数据为字符串格式,卡方检验就可以分析这样的数据。

第一步,对个案进行加权处理。打开或新建数据文件后,选择【数据】→【个案加权】命令,进入【个案加权】对话框,并将变量"人数"置入右侧的【频率变量】文本框中,如图 8.10 所示。单击【确定】按钮。

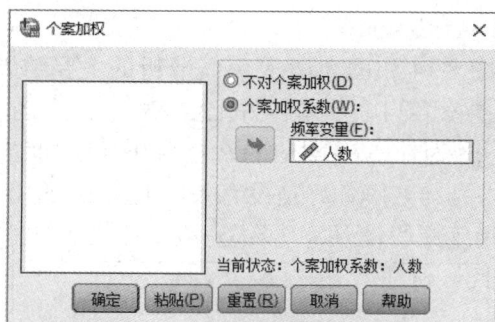

图 8.10　【个案加权】对话框

第二步,选择【分析】→【描述统计】→【交叉表】命令,进入【交叉表】对话框,从左边的变量列表框中,将"性别"放入【行】文本框中,将"名牌偏好"放入【列】文本框中,如图 8.11 所示。

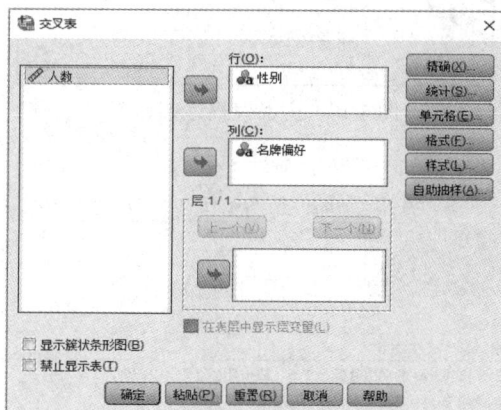

图 8.11　【交叉表】对话框

第三步，单击【统计】按钮进入【交叉表：统计】对话框，选中【卡方】复选框，如图
8.12 所示。单击【继续】按钮，返回到上一层对话框。然后，单击【单元格】按钮进入【交
叉表：单元格显示】对话框，勾选【计数】选项组中的【期望】复选框表示输出期望值，勾
选【百分比】选项组中的【行】复选框，如图 8.13 所示，因为该例【行】为"性别"，所
以勾选【行】复选框表示分别输出男和女两组被试品牌偏好和不偏好的人数比例。设置完毕
后，单击【继续】按钮，返回到上一层对话框。最后单击【确定】按钮，提交系统分析。

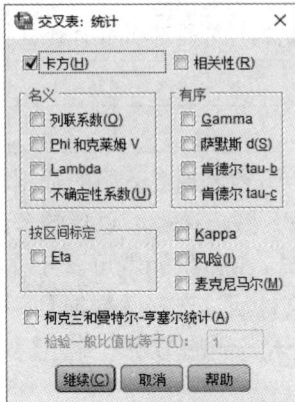

图 8.12　【交叉表：统计】对话框　　　图 8.13　【交叉表：单元格显示】对话框

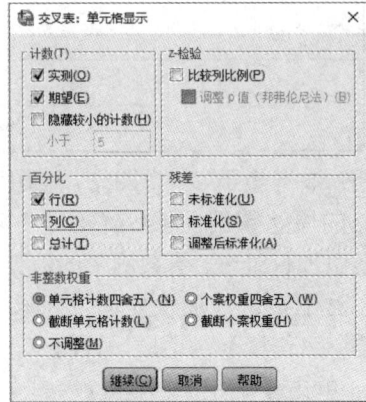

第四步，结果解释。图 8.14 和图 8.15 是系统分析的主要结果，图 8.14 给出了各个格
的实测和理论次数，以及男女各自在品牌偏好上的人数比例。图 8.15 给出的是检验结果，
皮尔逊卡方检验的统计量 χ^2 为 6.157，对应的 P 值为 0.013，即"渐进显著性(双侧)"列的
值。该例的原假设 H_0 是性别与名牌偏好是没有关联的(独立的)，因为 χ^2 统计量的检验概
率 $p=0.013<0.05$，所以拒绝原假设 H_0，即认为消费者性别与对名牌的偏好存在关联。

性别 * 名牌偏好 交叉表

			名牌偏好		总计
			不偏好名牌	偏好名牌	
性别	男	计数	41	69	110
		期望计数	33.0	77.0	110.0
		占 性别 的百分比	37.3%	62.7%	100.0%
	女	计数	19	71	90
		期望计数	27.0	63.0	90.0
		占 性别 的百分比	21.1%	78.9%	100.0%
总计		计数	60	140	200
		期望计数	60.0	140.0	200.0
		占 性别 的百分比	30.0%	70.0%	100.0%

图 8.14　交叉表描述统计图

卡方检验

	值	自由度	渐进显著性(双侧)	精确显著性(双侧)	精确显著性(单侧)
皮尔逊卡方	6.157[a]	1	0.013		
连续性修正[b]	5.411	1	0.020		
似然比	6.283	1	0.012		
费希尔精确检验				0.014	0.010
有效个案数	200				

a. 0 个单元格 (0.0%) 的期望计数小于 5。最小期望计数为 27.00。
b. 仅针对 2x2 表进行计算

图 8.15　卡方检验结果

8.2.3 SPSS 实现 $r \times c$ 列联表检验

对于 $r \times c$ 列联表，因为分类超出了两类，如果独立性检验发现两个变量间并非独立的(有差异的)，这时说明至少有两个组之间存在差异，但是哪些组之间存在差异呢？这时就需要做两两比较，这其实类似于单因素方差分析的两两比较。

χ^2 独立性检验的两两比较可以将 $r \times c$ 列联表分割成若干 2×2 四格表，然后分别对四格表做卡方检验。因为将 $r \times c$ 分成四格表分别做卡方检验会增加犯一类错误的可能性，所以要对显著性水平作调整，通常用邦弗伦尼(Bonferroni)调整法，其调整方式为用显著性水平 α 除以独立比较的次数 k，即 α / k，每一次检验以 α / k 为显著水平进行差异显著与否的判断。当然，邦弗伦尼调整法过于保守，两两比较的次数越多越保守。一种改进的邦弗伦尼调整法是这样的：如果有 k 个独立的检验，在给定的显著性水平 α 下，把每个检验对应的 P 值从小到大排列 (p_1, p_k)。首先看最小的 P 值 (p_1)，如果 $p_1 \leqslant c / k$，就认为对应的检验在显著性水平 α 上显著，如果不是，就认为所有的检验都不显著；当且仅当 $p_1 \leqslant c / k$ 时，再来看第二个 P 值 (p_2)，如果 $p_2 < \alpha / (k-1)$，就认为对应的检验在 α 上是显著的；之后再进行下一个 P 值的比较，一直进行这个过程，直到 $p_i \leqslant \alpha / (k-i)$ 不成立，进而判断第 i 个和以后所有的检验都不显著。

当然，如果 $r \times c$ 的分类很多的时候，分割成四格表做两两比较非常麻烦，这时可以用卡方检验的事后检验(Post hot testing)进行各组之间的差别判断。它的基本做法是，计算出每个单元格调整后的标准化残差(Adjusted Standardized Residuals)，调整后的标准化残差服从均值为 0、标准差为 1 的正态分布。因为标准正态分布的 95% 的置信区间的边界为 1.96，所以当调整后的标准化残差大于 1.96 的时候，便认为观测值与理论值之间的差异达到了统计学上的显著水平。

【例 8.5】 某研究者抽取了青少年、老年、中年三个群体的人对某影视作品做评价，评价情况如表 8.6 所示。分析不同人群对该影视作品的评价是否有区别？如果有区别，到底是哪两个群体之间有区别？

表 8.6 影 视 评 价

	好	差
青少年	45	15
中年	30	20
老年	10	30

案例分析：这是一个 3×2 列联表。如果研究发现不同群体的评价有差异(有关联)，可以将其拆分成三个 2×2 四格表做卡方检验，以判断这三个群体两两间是否有差异。但是拆分成独立的四格表进行卡方检验时，其显著性水平需要做调整，假如原定显著性水平为 0.05，采用邦弗伦尼调整法需要将显著性水平调整为 0.05/3，即调整为 0.0167。

第一步，个案加权。打开或新建数据文件后，依次选择【数据】→【个案加权】命令，进入【个案加权】对话框，把变量"人数"置入【频率变量】文本框中，然后单击【确定】按钮，完成对分组变量的个案加权。

第二步，依次选择【分析】→【描述统计】→【交叉表】命令，进入【交叉表】对话框，将"年龄"放入【行】文本框中，将"评价"放入【列】文本框中，如图 8.16 所示。

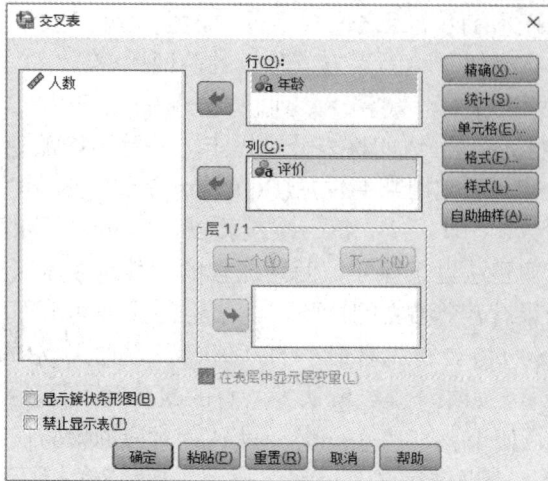

图 8.16　【交叉表】对话框

第三步，单击【统计】按钮进入【交叉表：统计】对话框，选中【卡方】复选框。单击【继续】按钮，返回到上一层对话框，单击【确定】按钮，提交系统分析，输出结果如图 8.17 所示。

卡方检验

	值	自由度	渐进显著性（双侧）
皮尔逊卡方	24.774[a]	2	0.000
似然比	25.501	2	0.000
有效个案数	150		

a. 0 个单元格 (0.0%) 的期望计数小于 5。最小期望计数为 17.33。

图 8.17　卡方检验结果

由图 8.17 可知，因为没有单元格的理论次数小于 5，所以选择皮尔逊卡方检验，其 χ^2 值为 24.774，$p = 0.000 < 0.05$，说明不同的年龄群体对该影视作品的评价是不同的。这里需要提醒的是，分类次数大于 2 的 $r \times c$ 不像四格表卡方检验那样会默认输出费舍精确卡方检验，如果有单元格的期望次数小于 5，读者可以在【交叉表】对话框中单击【精确】按钮，进入相应对话框设置费舍精确检验。

结果证明了不同小组的评价是有区别的，但是这个结果还不能帮助我们判断到底是哪两个群体间的评价不同，要得到这个结果，需要进行两两比较。首先对原列联表进行拆分，然后进行类似四格表的卡方检验，该案例可以拆分成以下三个四格表，分别是青少年与中年比较、青少年与老年比较、中年与老年比较。

第四步，以青少年与中年比较为例对表格进行拆分并进行卡方检验，其他的步骤一致。依次选择【数据】→【选择个案】→【如果条件满足】命令进入【选择个案：If】对话框，在选择条件框里填入"年龄 = 1|年龄 = 2"(如图 8.18 所示)，其含义是选择年龄取值为 1(青少年)和取值为 2(中年)的被试。

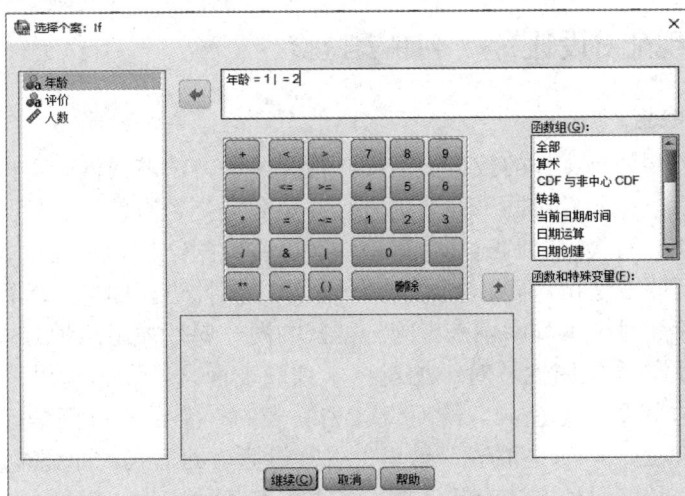

图 8.18　【选择个案：If】对话框

第五步，重新进行卡方检验。重复前面的第二步和第三步，就会得到只计算青少年和中年两组情况的卡方检验值，结果如图 8.19 所示。因为没有单元格的期望次数小于 5，所以可用皮尔逊卡方检验的结果，即 χ^2 值为 2.829，其概率值 $p = 0.093 > 0.0167(\alpha/3)$，没有达到显著性水平，可以看出青少年和中年组对该影视评价没有差异。利用同样的步骤，我们可以计算出青少年和老年组、中年和老年组差异比较的结果，这里省略详细步骤。最后为方便比较，直接将结果整理在一起(注：非 SPSS 生成表格)，见表 8.7。由表 8.7 可见，青年和老年组 ($p = 0.000 < 0.0167$)、中年和老年组 ($p = 0.001 < 0.167$) 存在显著性差异，青年和中年组 ($p = 0.093 > 0.167$) 不存在显著性差异。

卡方检验					
	值	自由度	渐进显著性（双侧）	精确显著性（双侧）	精确显著性（单侧）
皮尔逊卡方	2.829[a]	1	0.093		
连续性修正[b]	2.179	1	0.140		
似然比	2.827	1	0.093		
费希尔精确检验				0.104	0.070
有效个案数	110				

a. 0 个单元格 (0.0%) 的期望计数小于 5。最小期望计数为 15.91。

b. 仅针对 2x2 表进行计算

图 8.19　青少年与中年比较卡方检验结果

表 8.7　两两比较后结果表

	好	差	χ^2	p
青少年	45	15	2.829	0.093
中年	30	20		
青少年	45	15	24.242	0.000
老年	10	30		
中年	30	20	11.025	0.001
老年	10	30		

8.2.4　SPSS 实现配对设计 $r \times r$ 列联表检验

1. 配对卡方检验

有时候我们需要分析这样的数据，例如，检验两种方法在对同一群人进行评定归类是否有差别、检验两个评分者对同一群被试进行评定归类是否有差别、检验同一个评分者对同一群被试进行前后两次评定归类是否有差别。这些数据结构和独立样本列联表数据结构不同，独立样本列联表是指对同一被试的两种及以上属性进行归类，即行和列分别属于被试的不同属性；而配对样本列联表是指同一被试的同一属性被用两种方式进行归类，即行与列表示的是被试的同一属性。对于配对样本列联表而言，我们可以采用配对卡方检验分析不同的评定方式是否有差异。配对设计列联表的一个重要特征是行和列的数目是相等的，故称为配对设计 $r \times r$ 列联表，这里仅就其最简单的形式，即配对设计 2×2 四格表进行介绍。例如，利用两种方法诊断某群人是否患有某种疾病，每种方法评估的结果分为阴性和阳性两种，整理成列联表，如表 8.8 所示。

表 8.8　配对四格表

方法 2	方法 1	
	阴性	阳性
阴性	a	b
阳性	c	d

两种方法的差异性体现在 b 和 c 两个格子的数量上，而 a 和 d 两个格子是两种方法判断一致的数量，所以这里主要分析的是 b 和 c 两个格子，假如两者没有差异，则两个格子的理论次数应该为 $(b+c)/2$，将该理论次数代入卡方基本公式中，便可以得到配对设计四格表的卡方值了，也可使用其简便公式

$$\chi^2 = \frac{(b-c)^2}{b+c} \tag{8-11}$$

公式(8-11)在 $(b+c) \geqslant 40$ 时使用，如果 $(b+c) < 40$ 时，需要对其进行矫正，矫正公式为

$$\chi^2 = \frac{(|b-c|-1)^2}{b+c} \tag{8-12}$$

以上便是配对列联表的麦克尼马尔(McNemer)检验，这种检验方法关注的只是不一致的信息，即表 8.8 中的 b 和 c，不关注 a 和 d 两个格的信息，即没有使用全部的数据信息，如果是一份一致性非常好的大数据，McNemer 检验可能会失去其价值。例如，对 1 万个被试的进行两种方式的分类，有 9980 个人是在 a 和 d 两个格，而 20 个人在 b 和 c 中，假设 $b=4$，$c=16$，那么 $\chi^2 = 7.2$，而 $\mathrm{d}f = 1$ 时，$\chi^2_{0.05} = 3.84$，$\chi^2_{0.01} = 6.63$，可见计算的卡方值都大于这两个临界值，于是可以推论两种方法是有差异的结论。但是这样的结论显然是不太符合数据实际情况的，这时候应该参考 Kappa 一致性系数。

2. Kappa 一致性系数

对两种方法测定结果的一致部分进行检验，看一致部分是否由偶然因素影响的结果，叫

作一致性检验，也称为 Kappa 检验，用以说明两种方法测定结果的实际一致率与随机一致率之间的差别是否具有统计学意义上的显著性。Kappa 一致性系数适用于配对设计的列联表分析。Kappa 统计量的公式如下

$$\text{Kappa} = \frac{p_0 - p_e}{1 - p_e} \tag{8-13}$$

式中：p_0 为两次观察实际一致性，具体为

$$p_0 = \frac{a + b}{N} \tag{8-14}$$

式中：p_e 为两次观察机遇一致性，具体为

$$p_e = \frac{(a+b)(c+d) + (a+c)(b+d)}{N^2} \tag{8-15}$$

SPSS 可以计算 Kappa 系数，初学者不需要记计算的公式，只需要明白使用条件便足够了。通过 Kappa 系数的具体数据，我们便可以判断一致性程度了。假如，$\text{Kappa} \geqslant 0.75$，说明一致性较好；$0.4 \leqslant \text{Kappa} < 0.75$，说明一致性一般；$\text{Kappa} < 0.4$，说明一致性较差。Kappa 检验和配对卡方检验各有侧重：Kappa 检验主要是判断两种方法的评定是否存在一致性，Kappa 值能用于评断一致性大小；而配对卡方检验主要确定两种方法的评定是否有差异，但 χ^2 检验值只能说明两者的差异是否达到统计学意义，却不能说明差异的大小。

【例 8.6】　某公司一直采用 A 方法对员工的绩效进行考评，考评结果为合格与不合格，A 方法考核效果良好，但该方法较为烦琐，效率较为低下。现公司计划引进新的方法 B 作为考核方法，该方法相对简单易行。为了研究 B 方法是否可靠，研究人员选择了 51 名员工利用两种方法进行考核，考核结果见表 8.9 所示。试判断 B 方法是否可靠。

表 8.9　两种方法对员工的绩效考评结果表

方法 B	方法 A	
	合格	不合格
合格	38	4
不合格	2	7

案例分析：该例是一个典型的配对设计 $r \times r$ 列联表，同一群人被用两种方法分别做了测试。假如我们想要知道两种方法是否有差别，可以用配对 χ^2 检验；如果想知道两种方法检验效果的一致性程度如何，可以用 Kappa 系数检验。这其实是一个问题的两个方面，就像需要了解两个事物有什么相似的地方和有什么区别的地方一样，因为数据为汇总数据，所以要先对其进行加权后再计算。

第一步，个案加权。打开或新建数据文件后，依次选择【数据】→【个案加权】命令，进入【个案加权】对话框，把变量"人数"置入【频率变量】文本框中，然后单击【确定】按钮，完成对分组变量的个案加权。

第二步，依次选择【分析】→【描述统计】→【交叉表】命令，进入【交叉表】对话框，将"方法 A"放入【行】文本框中，将"方法 B"放入【列】文本框中，如图 8.20 所示。【行】和【列】两者位置对换分析结果也是一致的。

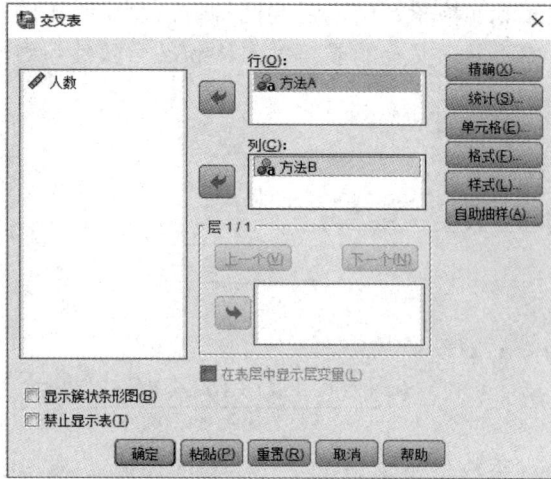

图 8.20　【交叉表】对话框

第三步，单击【统计】按钮进入【交叉表：统计】对话框，选中 Kappa 和【麦克尼马尔】(即 McNemer)复选框，如图 8.21 所示，单击【继续】按钮，返回到上一层对话框。然后单击【确定】按钮，提交系统分析。

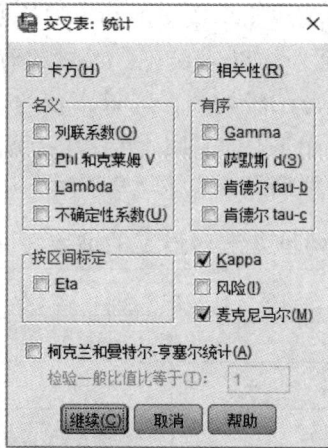

图 8.21　【交叉表：统计】对话框

第四步，结果解释。这里只截取了 Kappa 系数和麦克尼马尔检验结果，如图 8.22 和图 8.23 所示。图 8.22 显示麦克尼马尔检验的精确显著性(双侧)为 0.688，没有达到显著性水平，因此两种考核方法的评定结果没有显著性差异，即方法 B 作为新方法值得考虑。但从图 8.23 可以看出，其 Kappa 系数为 0.628，说明两种考核方法一致性一般。

卡方检验		
	值	精确显著性（双侧）
麦克尼马尔检验		0.687[a]
有效个案数	51	
a. 使用了二项分布。		

图 8.22　麦克尼马尔检验结果

对称测量

		值	渐近标准误差[a]	近似 T[b]	渐进显著性
协议测量	Kappa	0.628	0.138	4.518	0.000
有效个案数		51			

a. 未假定原假设。

b. 在假定原假设的情况下使用渐近标准误差。

图 8.23　Kappa 检验结果

任务 8.3　实现非参数检验

任务描述

在数据分析过程中，由于种种原因，人们往往无法对总体分布形态作简单假定，此时参数检验的方法就不再适用了。非参数检验正是一类基于这种考虑在总体方差未知或知之甚少的情况下，利用样本数据对总体分布形态等进行推断的方法。由于非参数检验方法在推断过程中不涉及有关总体分布的参数，因而得名为“非参数”检验。本任务主要介绍单样本 K-S 检验、两个或多个独立样本非参数检验、两个或多个相关样本非参数检验的原理和 SPSS 软件工具实现的检验过程。

8.3.1　非参数检验概述

参数检验是在总体分布形式已知的前提下进行讨论的，同时还需要满足某些总体参数的假定条件。其原理是通过对总体参数做假设，利用枢轴量(Pivotal Quantity)将可观测到的数据和不能直接观测到的总体参数联系起来，对总体参数作出相应的统计推断。例如，在 T 检验过程中，我们首先已知总体分布为正态分布，总体方差和均值未知，我们利用 t 统计量将满足原假设的总体参数均值 μ 和样本均值联系起来，并得出由样本计算出的 t 值在原假设下的 t 分布所对应的概率，完成假设检验和统计推断。常用的统计检验(如 t 检验、Z 检验和 F 检验等)都是参数检验。

然而在实际应用中，我们往往不知道总体服从什么类型的分布，或者搜集到的数据对参数检验中的诸多要求和假定很难完全满足，这时参数检验就不太合适了，需要用到非参数检验。非参数检验又称为自由分布检验(Distribution-Free Test)，是一类对总体不作太多的、严格的限定的统计推断方法，这些方法一般不涉及总体参数的假设。非参数检验的前提假设比参数检验少很多，适用于已知信息相对较少的数据资料，它们的计算方法也直观、易理解。当然，尽管非参数检验对总体分布的前提假设较少，但它仍然遵照假设检验的一般原理，显著性水平 α、p 值等的概念仍具有相同的含义。

在实际应用中，非参数检验主要针对总体不服从正态分布，或者数据类型为定类、定序类型的情况。值得注意的是，非参数检验的目的并不是验证参数检验的结论，而是在参数检验的前提条件不满足的情况下使用的替代手段，以免使用参数检验时得出错误的统计推论，对于大多数参数检验方法，都有一种或几种与之相对应的非参数检验方法。最常见的非参数检验及其对应的参数检验相对应方法如表 8.10 所示。

表 8.10　参数检验与非参数检验对应方法表

功能	参数检验	非参数检验
与某数字对比差异	单样本 t 检验	单样本 Wilcoxon 检验
两组数据的差异	独立样本 t 检验	Mann-Whitney 检验
多组数据的差异	单因素方差分析	Kruskal-Wallis 检验
配对数据差异	配对样本 t 检验	配对 Wilcoxon 检验

与参数检验相比，非参数检验具有以下几个方面的优点。

(1) 非参数检验不受总体分布的限制，对不满足总体分布假设的数据仍可使用。

(2) 非参数检验往往不需要大样本，小样本情况下的结果也较为可靠和精确。

(3) 非参数检验对计数数据、定类数据和定序数据等非连续变量数据都可使用。

不可避免地，非参数检验也有一些缺点，具体表现在以下几个方面。

(1) 非参数方法最大的不足是未能充分利用数据的全部信息。在将原始数据转换成等级、符号时，丢失了原始数据提供的数量大小的信息，这就意味着原始信息差异很大的不同数据集在非参数检验中结果可能是一样的。

(2) 非参数方法不能像多因素方差分析一样分析交互作用，并做假设检验。

(3) 非参数方法的统计检验力往往低于相应的参数检验。

8.3.2　SPSS 实现单样本 K-S 检验

前面所讲述的几种分析方法实际上都是对分类数据进行研究，但在实际情况下，很多时候所收集到的都是连续性数据。当需要对连续性数据的分布情况加以研究时，就不能使用前面所讲的方法，而可以使用 K-S 检验这种方法。

由于卡方拟合优度检验需要将样本空间分成不相交的子集，所以存在诸多主观因素，分组方法不同有时会导致检验结论的不同，或者检验方法失败；而 K-S 检验方法在一定程度上克服了卡方检验的缺点，它是比卡方检验更精确的一种非参数检验方法。

K-S 检验是柯尔莫戈洛夫-斯米诺夫(Kolmogorov-Smirnov)检验的简称，是以俄罗斯数学家柯尔莫戈洛夫和斯米诺夫的名字命名的一种非参数检验，该检验是一种拟合优度检验，可以利用样本数据推断样本来自的总体是否服从某一理论分布。该检验涉及一组样本值(观察结果)的分布和某一指定的理论分布之间的符合程度问题，可以确定是否有理由认为样本的观察结果来自具有该理论分布的总体。

单样本的 K-S 检验(Kolmogorov-Smirnov)是用来检验抽取样本所依赖的总体是否服从某一理论分布。其方法是将某一变量的累积分布函数与特定的分布进行比较。假设总体的累积分布函数为 $F(x)$，已知的理论分布函数为 $F_0(x)$，则检验的原假设和备择假设为

$$H_0 : F(x) = F_0(x); \ H_1 : F(x) \neq F_0(x)$$

原假设所表达的是：抽取样本所依赖的总体与指定的理论分布无显著差异。SPSS 提供的理论分布有正态分布、Poisson 分布、均匀分布、指数分布等。

检验统计量为

$$D = \max |F_n(x) - F_0(x)| \tag{8-16}$$

当 H_0 成立且无抽样误差时，统计量 $D=0$。因此，当 D 的实际观测值较小时，可以认为原假设 H_0 成立；当 D 的观测值较大时，则原假设 H_0 可能不成立。其中 $F(x)$ 称为经验分布。

【例 8.7】 随机抽取了 20 名某班级期末考试成绩如表 8.11 所示。试用 K-S 检验方法研究其是否服从正态分布。

表 8.11   某班级 20 名学生期末考试成绩表

语文	76	88	79	43	90	81	70	83	79	92
	76	85	85	70	63	82	90	86	51	68
数学	75	92	81	53	79	92	76	91	69	70
	50	79	59	76	56	45	69	65	49	76
英语	50	96	68	59	83	88	80	74	83	77
	58	72	66	75	85	76	64	79	68	95

第一步，打开或新建数据文件后，选择菜单栏中的【分析】→【非参数检验】→【旧对话框】→【单样本 K-S】命令，弹出【单样本柯尔莫戈洛夫-斯米诺夫检验】对话框，如图 8.24 所示。

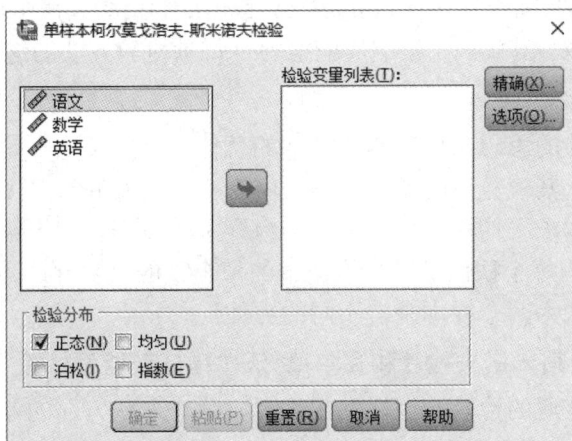

图 8.24   【单样本柯尔莫戈洛夫-斯米诺夫检验】对话框

第二步，选择检验变量。在对话框左侧的候选变量列表框中选择【英语】、【数学】、【语文】，将其添加至【检验变量列表】列表框中。在【检验分布】选项组中选中【正态】复选框。单击【确定】按钮，提交系统分析，输出结果。

第三步，实例结果及分析。图 8.25 展示了单样本柯尔莫戈洛夫-斯米诺夫检验结果，从图中可以看出，语文、数学、英语最大差分绝对值分别为 0.174，0.133，0.074，正的最大差分为 0.121，0.087，0.064。负的最大差分是 -0.174，-0.133，-0.074。单样本 K-S 检验 Z 统计量值为 0.174，0.133，0.074，渐进显著性水平为 0.115，0.200，0.200，都远大于 0.05。所以 3 科考试成绩都服从正态分布。

单样本柯尔莫戈洛夫-斯米诺夫检验

		语文	数学	英语
个案数		20	20	20
正态参数[a,b]	平均值	76.85	70.10	74.80
	标准 偏差	12.950	14.371	12.060
最极端差值	绝对	0.174	0.133	0.074
	正	0.121	0.087	0.064
	负	-0.174	-0.133	-0.074
检验统计		0.174	0.133	0.074
渐近显著性（双尾）		0.115[c]	0.200[c,d]	0.200[c,d]

a. 检验分布为正态分布。
b. 根据数据计算。
c. 里利氏显著性修正。
d. 这是真显著性的下限。

图 8.25　【单样本柯尔莫戈洛夫-斯米诺夫检验】结果

8.3.3　SPSS 实现两独立样本非参数检验

两独立样本的非参数检验是通过对两独立样本的分析，推断来自两个总体的分布是否存在显著性差异。之所以称为非参数检验，是因为检验过程不需要已知总体的分布，也不需要已知总体的参数。

SPSS 提供了多种两独立样本的非参数检验方法，主要包括曼-惠特尼 U(Mann-Whitney U)检验、柯尔莫戈洛夫-斯米诺夫(Kolmogorov-Smirnov)检验、瓦尔德-沃尔福威茨(Wald-Wolfowitz)游程检验和莫斯(Moses)极端反应检验，每种检验方法的统计原理均有所不同。

1. 曼-惠特尼 U 检验

曼-惠特尼 U 检验的思想是检验两个样本的总体在某些位置上是否相同，其基于对平均秩的分析实现推断。其检验思路是，首先对两个样本合并并按升序排列得出每个数据的秩，然后对这两个样本求平均秩，并计算第一组样本的每个秩优于第二组样本的每个秩的个数 N_1 和第二组样本的每个秩优于第一组样本的每个秩的个数 N_2。如果平均秩和 N_1、N_2 之间的差距过大，则认为两个样本来自不同的总体。

2. 柯尔莫戈洛夫-斯米诺夫检验和瓦尔德-沃尔福威茨游程检验

这两个检验是更普通的检验两个样本在位置、分布形状方面的差异的方法。

柯尔莫戈洛夫-斯米诺夫检验建立在两个样本累积分布函数之间的最大绝对差异基础之上，当这个差异显著大时，两个分布认为是有差异的。

瓦尔德-沃尔福威茨游程检验对两组样本合并后赋秩，如果两个样本来自相同的总体，则它们应该被随机地分散赋秩。当两个样本各自的秩和相差较大时，被认为是有差异的。

3. 莫斯极端反应检验

两组样本中，一组作为控制组，一组作为实验组。莫斯极端反应检验(Moses Extreme Reactions Test)假定实验变量在一个方向影响某些主体，而在相反方向影响其他主体，它以实验组为参照，检验与控制组相比是否存在极端反应。它的零假设是：两独立样本来自的总体分布不存在显著差异。

因此，如果施加的处理使得某些个体出现正向效应，另一些个体出现负向效应时，就应当使用该检验方法。比如，要研究民众对某项新政策的反应，计算方法是：将来自两个组的样本合并和赋秩，控制组的跨度用组里的最大值、最小值所对应的秩的差来定义；为剔除偶然因素引起的跨度波动，取值极高、极低的两端各 5%的样本被忽略。

【例 8.8】　对某班学生进行注意力稳定性实验，男生人数 14 人，女生人数 17 人，实验结果如表 8.12 所示。男女生之间注意力的稳定性是否不同？

表 8.12　某班学生进行注意力稳定性实验数据表

男	19	19	21	22	25	25	26	26	27
	29	31	31	32	34				
女	23	24	25	25	27	28	29	29	30
	30	32	33	34	34	35	35	37	

案例分析：两独立样本非参数检验的数据结构和两独立样本 t 检验是一样的。当条件满足时，可以采用两独立样本 t 检验进行差异检验，为了做比较，这里假设不满足参数检验条件，那么我们用曼-惠特尼 U 检验对男女差异进行检验。

第一步，打开或新建数据文件后，依次选择【分析】→【非参数检验】→【旧对话框】→【2 个独立样本】命令，进入【双独立样本检验】对话框，将"实验结果"置入【检验变量列表】文本框中，将"性别"置入【分组变量】文本框中，定义组的方式与两独立样本 T 检验过程相同。这里通过单击【定义组】按钮进入对话框定义比较的组别，因为取值 1 为男，取值 2 为女，所以在定义组中分别填入"1"和"2"，具体设置过程读者可以参考独立样本 T 检验。在【检验类型】选项组里选择系统默认的【曼-惠特尼 U】检验法，由于此例中两个样本量都大于 10，因此不需要使用精确检验法，设置后如图 8.26 所示。最后单击【确定】按钮，提交系统分析。

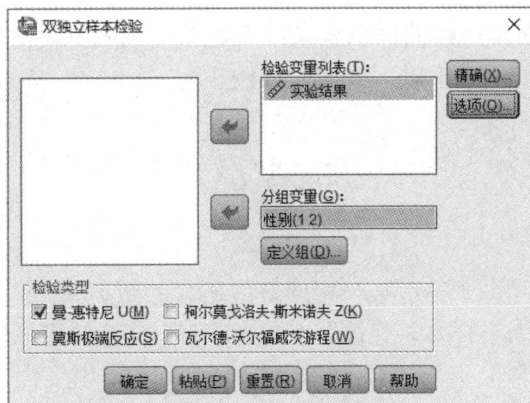

图 8.26　【双独立样本检验】对话框

第二步，结果解释。图 8.27 和图 8.28 是检验的主要结果，图 8.27 输出了男女实验结果的样本量、秩平均值和秩和，本例中样本量 $n>10$，$m>10$，所以，可以利用渐进正态 Z 检验。图 8.28 中的 Z 统计量值为 -1.990，渐进显著性 P 值为 $0.047<0.05$，因此可以认为男女生之间注意力稳定性是有差异的。

秩			
	性别	个案数	秩平均值	秩的总和
实验结果	男	14	12.43	174.00
	女	17	18.94	322.00
	总计	31		

图 8.27　描述统计结果

检验统计[a]	
	实验结果
曼-惠特尼 U	69.000
威尔科克森 W	174.000
Z	-1.990
渐近显著性（双尾）	0.047
精确显著性[2*(单尾显著性)]	0.048[b]

a. 分组变量：性别
b. 未针对绑定值进行修正。

图 8.28　曼-惠特尼 U 检验结果

8.3.4　SPSS 实现 K 个独立样本非参数检验

在前面的项目中，我们讲述了用方差分析检验两个以上的正态样本是否来自同一分布的问题。而当样本并不服从正态分布时，我们应该如何检验它们是否来自同一总体呢？这就需要采用 K 个独立样本的非参数检验方法。这一类方法主要包括克鲁斯卡尔-沃利斯 H(Kruskal-Wallis H)检验、中位数(Median)检验和约克海尔-塔帕斯特拉(Jonckheere-Terpstra)检验。这里主要讲解常用的克鲁斯卡尔-沃利斯 H 检验。

以克鲁斯卡尔-沃利斯 H 检验为例，它类似参数的单因素方差分析。克鲁斯卡尔-沃利斯 H 检验是由克鲁斯卡尔(Kruskal)和沃利斯(Wallis)两人提出的，是曼-惠特尼 U 检验的扩展，它利用秩和推断多个样本所代表的总体分布是否相同。该检验的基本做法也是将所有样本的数据混合并从小到大排序，算出每个数据的秩，然后计算统计量 H，公式如下：

$$H = \frac{12}{N(N+1)} \sum_{i=1}^{k} \frac{R_i^2}{n_i} - 3(N+1) \tag{8-17}$$

式中：k 为分组数；n_i 为某一组的样本容量；R_i 为某一组数据的等级和；N 为各组样本总和。当存在相等的秩时，可以用以下公式进行校正：

$$H_c = \frac{H}{1 - \frac{\sum_{i=1}^{g}(t^3 - t)}{(N^3 - N)}} \tag{8-18}$$

式中：g 为相同等级的个数；t 表示某一相同等级所含的数据个数；其余和公式(8-17)相同。

当 k = 3，$n_i \leqslant 5$ 时，为小样本，克鲁斯卡尔-沃利斯 H 检验可以通过查 H 检验表确定显著性水平的临界值；当 k > 3，$n_i > 5$ 时，H 统计量渐进服从自由度为 k - 1 的卡方分布，可以利用卡方分布做统计决策。

与单因素方差分析相类似，当发现各组在总体上存在差异后，意味着至少有两个组间会存在显著性差异，至于是哪两个组，那就需要做进一步的研究，即做组间的两两比较。但【旧对话框】中的【K 个独立样本】命令并没有此项功能，需要用到【非参数检验】中的【独立样本】命令。

【例 8.9】　中国金融期货交易所包括大连商品交易所、上海期货交易所、郑州商品交易所、中国金融期货交易所(中金所)，现收集到某年 1—6 月的四大交易所期货的成交额如表 8.13 所示。经方差分析检验，不同期货交易所成交额的均值并不满足方差齐性的假设。试用克鲁斯卡尔-沃利斯 H 检验来比较四大交易所的成交额数据是否有显著性差异。

表 8.13　某年 1—6 月的四大交易所期货的成交额(单位：亿元)

大连商品交易所	38 347.35	29 837.58	80 661.67	79 463.10	52 774.83	47 825.32
上海期货交易所	56 535.46	40 232.57	104 166.37	95 487.51	71 570.51	56 975.90
郑州商品交易所	18 631.32	11 655.72	25 849.74	31 921.35	26 729.71	31 558.36
中金所	18 488.96	13 056.16	20 008.02	15 718.16	13 849.51	12 080.25

第一步，打开或新建数据文件后，依次选择【分析】→【非参数检验】→【旧对话框】→【K 个独立样本】命令，进入【针对多个独立样本的检验】对话框，将变量"成交额"移入【检验变量列表】文本框中，将"交易所"移入【分组变号】文本框中，【检验类型】选项组保持系统默认的【克鲁斯卡尔-沃利斯 H】检验法，如图 8.29 所示。

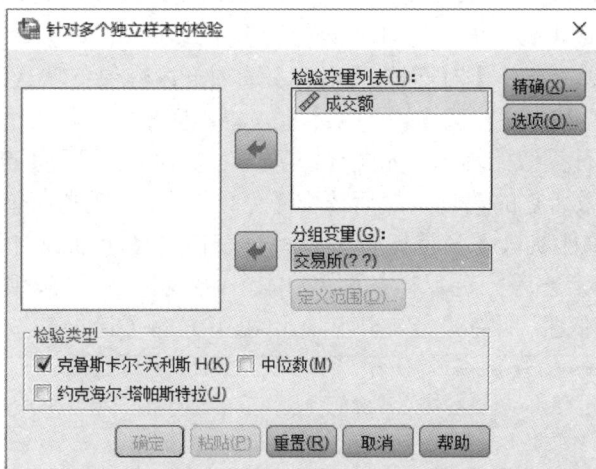

图 8.29　【针对多个独立样本的检验】对话框

第二步，单击【定义范围】按钮进入【多个独立样本：定义范围】对话框，在【最小值】文本框中输入 1，在【最大值】文本框中输入 4，说明 4 个交易所的数据都用于比较，如图 8.30 所示。然后单击【继续】按钮，返回上一层对话框。最后单击【确定】按钮，提交系统分析。

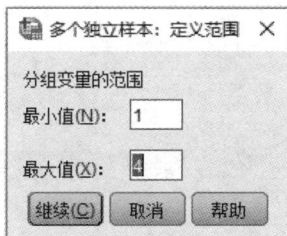

图 8.30　【多个独立样本：定义范围】对话框

第三步，结果解释。图 8.31 和图 8.32 是检验的主要结果，图 8.31 总结了每个样本的平均秩，而统计检验的结果则由图 8.32 给出。从图 8.32 可知，检验的卡方值为 17.833，渐进显著性 $p = 0.000 < 0.05$，即可以认为四大交易所的成交额是有统计学的差异的。那么，我们可以做两两比较进一步确认到底是哪两个交易所之间有差异。接下来的步骤就是对两两比较的设置，但是读者要注意，如果读者省略前面步骤，直接从第四步开始，其实是可以得到所有结果的，这里主要是为了比较才用【非参数检验】的【旧对话框】命令进行分析。

秩			
	交易所	个案数	秩平均值
成交额	大连商品交易所	6	16.83
	上海期货交易所	6	19.83
	郑州商品交易所	6	8.67
	中金所	6	4.67
	总计	24	

检验统计[a,b]	
	成交额
克鲁斯卡尔-沃利斯 H(K)	17.833
自由度	3
渐近显著性	0.000
a. 克鲁斯卡尔-沃利斯检验	
b. 分组变量：交易所	

图 8.31　描述统计结果　　　　　　　图 8.32　克鲁斯卡尔-沃利斯 H 检验结果

　　第四步，依次选择【分析】→【非参数检验】→【独立样本】命令，进入【非参数检验：两个或两个以上独立样本】对话框。【目标】选项卡内容保持默认设置；切换到【字段】选项卡，将"成交额"移入【检验字段】文本框，将"交易所"移入【组】文本框，这个设置和单因素方差分析有类似的地方，如图 8.33 所示；切换到【设置】选项卡，首先选中【定制检验】单选按钮，激活它的选项，然后选中【克鲁斯卡尔-沃利斯单因素 ANOVA 检验(k 个样本)】复选框，并且默认【多重比较】下拉列表值为【全部成对】，如图 8.34 所示。如果读者想要像单因素方差分析那样在两两比较中寻找相同子集，则可以把【多重比较】方法设置为【逐步降低】。所有设置完毕后，单击下方的【运行】按钮，提交系统分析。

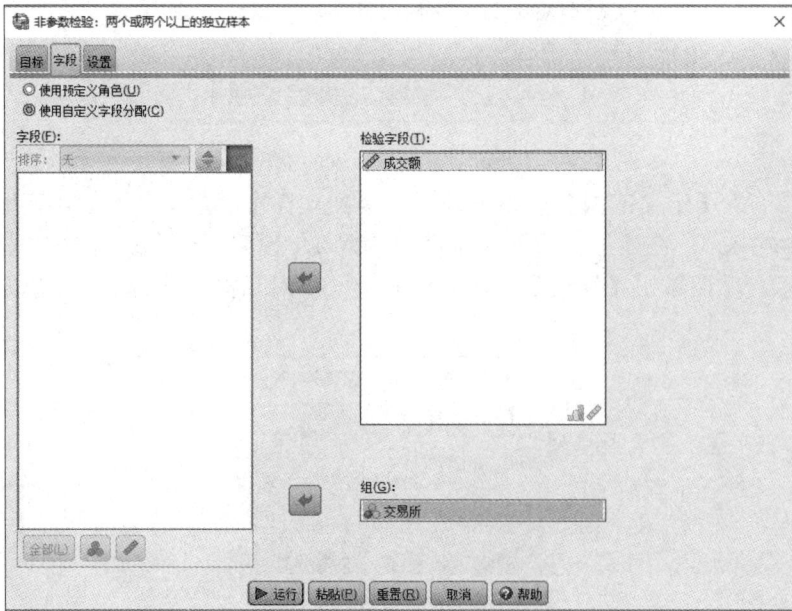

图 8.33　【字段】选项卡

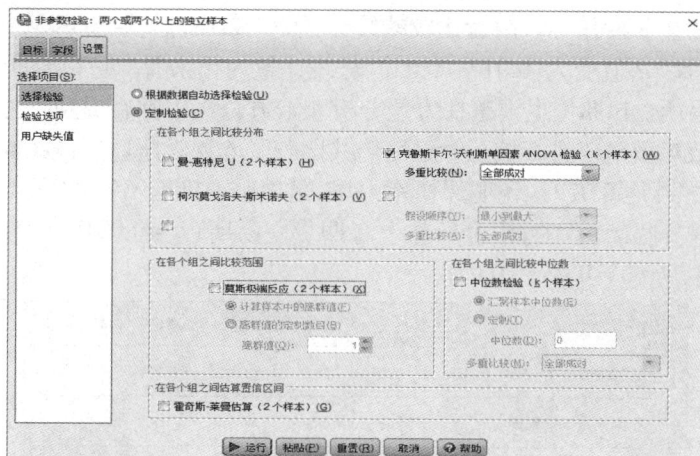

图 8.34　【设置】选项卡

第五步，结果解释。图 8.35 是系统分析的结果，可以看到检验的显著性 $p = 0.000 < 0.05$，拒绝原假设 H_0，说明四个交易所的交易额存在显著性的差异。

假设检验汇总

	零假设	检验	显著性	决策者
1	在 交易所 类别上，成交额 的分布相同。	独立样本 Kruskal-Wallis 检验	.000	拒绝零假设。

显示渐进显著性。显著性水平为 .05。

图 8.35　检验结果

图 8.35 只是整体检验的结果，如果我们想要查看详细的结果，可以双击图 8.35 中的表格进入如图 8.36 所示的【模型查看器】窗口，左边是总体检验结果，右边是详细的检验结果。左边的显著性对应右边表格的"渐进显著性"，其统计量 = 17.833，这和图 8.32 所示的结果是一致的。

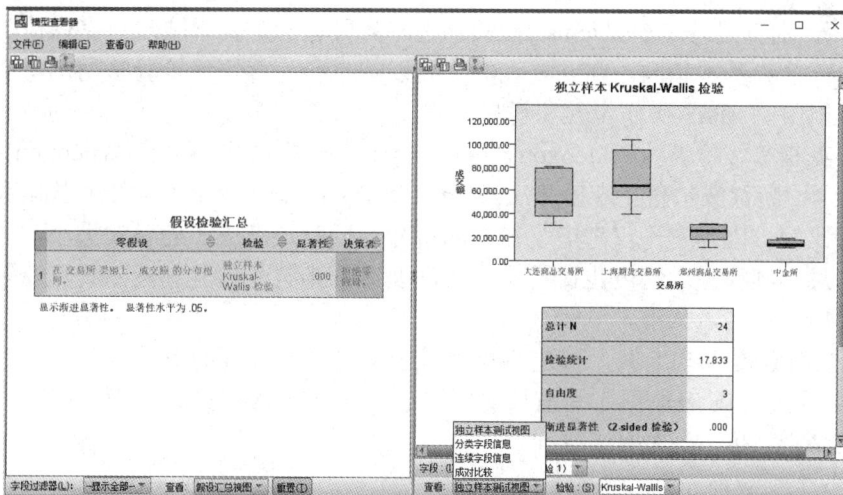

图 8.36　【模型查看器】窗口

在图 8.36 下方的【查看】下拉列表中选择【成对比较】，可以查看两两比较结果。因为模型查看器较大，为方便阅读，我们只截取了右边两两比较的结果，如图 8.37 所示。图 8.37中表格部分的解读和单因素方差分析没有区别，从表格的结果中可以看出，中金所和大连商品交易所两者存在显著性差异，两者比较的统计量为 12.167，$p = 0.003$，当做了邦弗伦尼 (Bonferroni)调整后，p 值变为 0.017<0.05，从统计量为正来看，可以判断是中金所要显著大于大连商品交易所。邦弗伦尼调整在方差分析和卡方分析中都有提到，它是用原概率值乘以两两比较的次数对概率值进行校正，这里一共比较了 6 次，所以原概率 $0.003 \times 6 = 0.018$。但是系统显示的结果是 0.017，说明原概率 0.03 是电脑取四舍五入的值，所以最终结果有一些出入。其他差异显著的还有中金所与上海期货交易所($p = 0.001<0.05$)、郑州商品交易所与上海期货交易所($p = 0.037<0.05$)。

样本1-样本2	检验统计	标准错误	标准检验统计	显著性	调整显著性
中金所-郑州商品交易所	4.000	4.082	.980	.327	1.000
中金所-大连商品交易所	12.167	4.082	2.980	.003	.017
中金所-上海期货交易所	15.167	4.082	3.715	.000	.001
郑州商品交易所-大连商品交易所	8.167	4.082	2.000	.045	.273
郑州商品交易所-上海期货交易所	11.167	4.082	2.735	.006	.037
大连商品交易所-上海期货交易所	-3.000	4.082	-.735	.462	1.000

每行会检验零假设：样本 1 和样本 2 分布相同。
显示渐进显著性（双侧检验）。显著性水平为.05。
Bonferroni 校正已针对多个检验调整显著性值。

图 8.37　成对比较结果

8.3.5　SPSS 实现两相关样本非参数检验

两相关样本非参数检验对应于参数检验中的配对样本 T 检验，只是配对样本 T 检验假设两样本来自正态分布的总体，而两相关样本非参数检验则用于总体非正态的数据。两相关样本非参数检验中，SPSS 提供了 4 种检验方法：威尔科克森(Wilcoxon)检验、符号检验(Sign Test)、麦克尼马尔(McNemar)检验和边际齐性检验。其中威尔科克森检验的思路与曼-惠特尼 U 检验基本相同。在此，我们主要以威尔科克森等级检验法为例，讲解两相关样本非参数检验的 SPSS 操作步骤和解释。

威尔科克森等级检验法(Wilcoxon Signed-Rank Test)由威尔科克森(Wilcoxon)提出，也叫符号秩和检验，简称威尔科克森检验法(Wilcoxon Test)，适合变量为连续性数据和有序分类数据的配对比较。因为它不仅考虑了差异的符号，同时还考虑了差值的大小，利用了原数据更多的信息，其检验的精度也比符号检验法要高，当符号检验和威尔科克森等级检验发生矛盾时，应当以后者为准。

(1) 当成对数据 $N \leq 25$ 时，威尔科克森等级检验法的过程如下：

① 把相关样本对应数据之差值按照绝对值从小到大依次排序，确定等级，如果遇到差值为 0 的情况，0 不参加等级排列。

② 在各个等级前面添加正负号。

③ 分别求出带正号的等级与带负号的等级，取两者较小者记为 T。

④ 根据成对数据 N 可以获得临界值，当 T 大于临界值时表明差异不显著，小于临界值时说明差异显著。

(2) 当成对数据 $N > 25$ 时，T 值渐进服从正态分布，其平均数和标准差如下：

$$\mu_T = \frac{N(N+1)}{4} \tag{8-19}$$

$$\sigma_T = \sqrt{\frac{N(N+1)(2N+1)}{24}} \tag{8-20}$$

检验统计量可以写为

$$Z = \frac{T - \mu_T}{\sigma_T} \tag{8-21}$$

【例 8.10】 某企业组织员工对上级管理人员进行评价，要求员工对其上级进行 1～10级计分评价，1 分为最低，10 分为最高。表 8.14 记录了某部门 30 位员工对一位管理人员的两次评价结果，两次评价间隔 15 天，试分析两次结果差异是否显著。

表 8.14　某部门 30 位员工对管理人员的评价结果表

第一次评价	3	2	5	1	3	2		3	3	1
	3	1	5	2	3	1	5	1	4	3
	3	1	1	4	3	5	4	5	3	4
第二次评价	6	7	4	5	2	3	3	7	2	3
	3	2	4	6	6	4	3	2	6	2
	7	2	3	6	5	3	3	6	3	3

案例分析： 经检验评价的得分不服从正态分布，达不到配对样本 T 检验的条件，为了保证检验的准确性，采用非参数检验该类型数据是比较合适的。

第一步，打开或新建数据文件后，依次选择【分析】→【非参数检验】→【旧对话框】→【2 个相关样本】命令，进入【双关联样本检验】对话框，将变量"第一次评价"和"第二次评价"依次移入【检验对】框中，在【检验类型】选项组中选中【威尔科克森】复选框，如图 8.38 所示。如果检验的对数超过 1 对，也可以一次性进行检验，这个设置和配对样本T 检验类似。设置好后，单击【确定】按钮，提交系统分析。

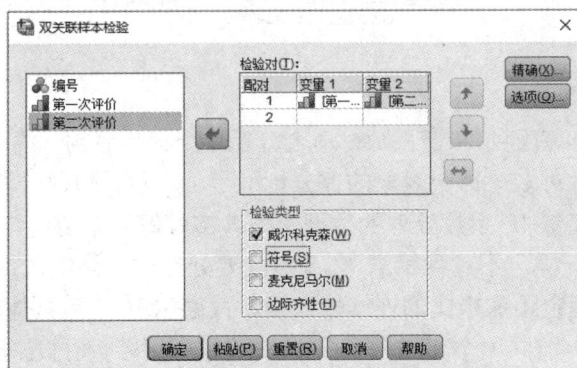

图 8.38　【双关联样本检验】对话框

第二步，结果解释。图 8.39 和图 8.40 是威尔科克森检验结果。其中图 8.39 显示了"第二次评价-第一次评价"后的正秩和负秩的个数、秩平均值与秩的总和。具体来看，正秩有 19个，平均值为 17.24，秩的总和为 327.50，负秩为 9 个，平均值为 8.72，初步看是正秩更大，即第二次评价要比第一次评价的分数高，但是是否达到显著性，需要进一步检验。从图 8.40

可以看出，检验值 $Z = -2.781$，$p = 0.004 < 0.05$，说明第一次和第二次评价的差异是显著的。

秩		个案数	秩平均值	秩的总和
第二次评价 - 第一次评价	负秩	9[a]	8.72	78.50
	正秩	19[b]	17.24	327.50
	绑定值	2[c]		
	总计	30		

a. 第二次评价 < 第一次评价
b. 第二次评价 > 第一次评价
c. 第二次评价 = 第一次评价

图 8.39　描述统计

检验统计[a]	第二次评价 - 第一次评价
Z	-2.871[b]
渐近显著性（双尾）	0.004

a. 威尔科克森符号秩检验
b. 基于负秩。

图 8.40　威尔科克森检验结果

8.3.6　SPSS 实现 K 个相关样本非参数检验

K 个相关样本适用于配对、区组资料，即样本之间存在对应关系的情形。配对样本 T 检验中，样本只有两个，且总体服从正态分布。而为了检验多于两个的配对样本，且不服从正态分布的样本是否来自同一总体，则需要用到 K 个相关样本非参数检验。SPSS 中提供了三种检验方法，即傅莱德曼(Friedman)检验、肯德尔 W(Kendall W)检验和柯克兰 Q(Cochran Q)检验。

1. 傅莱德曼检验

傅莱德曼检验又叫傅莱德曼双向等级方差分析，适合对配对组(随机区组)设计的多个样本进行比较，它的计算也是以秩(等级)为基础的。具体计算过程如下：

(1) 将每一区组的 k 个数据(k 为实验处理数)从小到大排出等级。

(2) 计算出每种实验处理 n 个数据(n 为区组数)的等级和，以 R_i 表示。

(3) 将相关信息代入以下公式计算 χ^2 统计量，并利用 χ^2 分布做统计决策。

$$\chi^2 = \frac{12}{nk(k+1)}\sum_{i=1}^{k}R_i^2 - 3n(k+1) \tag{8-22}$$

2. 肯德尔 W 检验

肯德尔 W 检验也叫肯德尔和谐系数，适合分析 k 个评价者对 n 个对象进行评价的数据，通常是考查不同评分者对多个评定对象的评分标准是否一致，即评分者信度，譬如评委对参赛作品进行评价。肯德尔 W 系数处理的数据类型其实就像傅莱德曼检验说的采用 k 种实验对 n 个被试进行处理一样，不过肯德尔 W 系数主要处理的是等级数据，傅莱德曼既可以处理等级数据也可以处理定距和定比的连续性数据。肯德尔 W 检验具体的计算过程如下：

(1) 将每一个评价者(共 k 个)评定的每一个对象按从小到大排出等级。

(2) 将每一个被试(共 n 个)获得的等级加总，以 R_i 表示。

(3) 将相关符号代入以下公式：

$$W = \frac{12s}{k^2(n^3-n)} \tag{8-23}$$

其中：

$$s = \sum \left(R_i - \frac{\sum R_i}{n} \right) \tag{8-24}$$

如果数据中有相等的等级，另有校正公式计算 W 系数(此处不再赘述)。W 系数的取值范围是 0 到 1，0 表示 k 个评价者的评价标准完全不一致，1 则表示 k 个评价者的评价标准完全一致。

如果被评定对象 $n > 7$，可以将肯德尔和谐系数转化成 χ^2 值进行检验，转化公式如下

$$\chi^2 = k(n-1)W \tag{8-25}$$

【例 8.11】 表 8.15 记录了一家企业 10 个连锁店早、中、晚三个时段的客流量。三个时段的客流量是否有差距？如果有，研究哪两个时段有差异？

表 8.15　一家企业 10 个连锁店三个时段客流量记录表

编号		1	2	3	4	5	6	7	8	9	10
客流量/人	早	110	120	123	154	110	120	130	120	130	123
	中	134	156	129	140	138	169	147	130	200	140
	晚	170	160	160	139	120	160	139	149	167	80

案例分析：本案例有三组测量数据，但是三组测量数据是同一连锁店被测试了三次，因此是相关样本，经检验客流量不是正态分布，所以用傅莱德曼检验。

第一步，打开或新建数据文件后，依次选择【分析】→【非参数检验】→【旧对话框】→【K 个相关样本】命令，进入【针对多个相关样本的检验】对话框，将"早""中""晚"三个变量移入【检验变量】框中，选中"傅莱德曼"方法，如图 8.41 所示。最后单击【确定】按钮，提交系统分析。

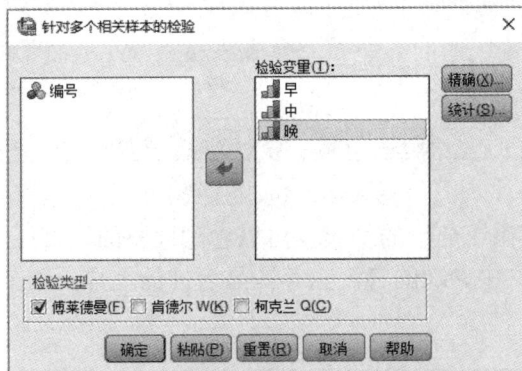

图 8.41　【针对多个相关样本的检验】对话框

第二步，结果解释。图 8.42 是系统给出的傅莱德曼检验分析结果，从图中可以看出，检验的卡方值为 7.800，渐近显著性 $p = 0.020 < 0.05$，说明三者确实存在显著性差异。

检验统计^a

个案数	10
卡方	7.800
自由度	2
渐近显著性	0.020

a. 傅莱德曼检验

图 8.42　傅莱德曼检验结果

当总体上存在显著性差异时，按照惯例，我们需要做两两比较才知道是哪两组间有差异，以下步骤是两两比较的步骤。

第三步，依次选择【分析】→【非参数检验】→【相关样本】命令，进入【非参数检验：两个或两个以上独立样本】对话框，【目标】选项卡中的内容保持默认设置，切换到【字段】选项卡。将"早""中""晚"三个变量移入【检验字段】文本框，在【设置】选项卡中，首先选中【定制检验】单选按钮，激活它的选项，然后选中【傅莱德曼双因素按秩 ANOVA 检验(k 个样本)】复选框，并且默认【多重比较】的方法为【全部成对】，如果读者想要利用相同子集比较组间差异，则可以把【多重比较】方法改为【逐步降低】。所有设置完毕，如图 8.43 所示。单击下方的【运行】按钮，提交系统分析。

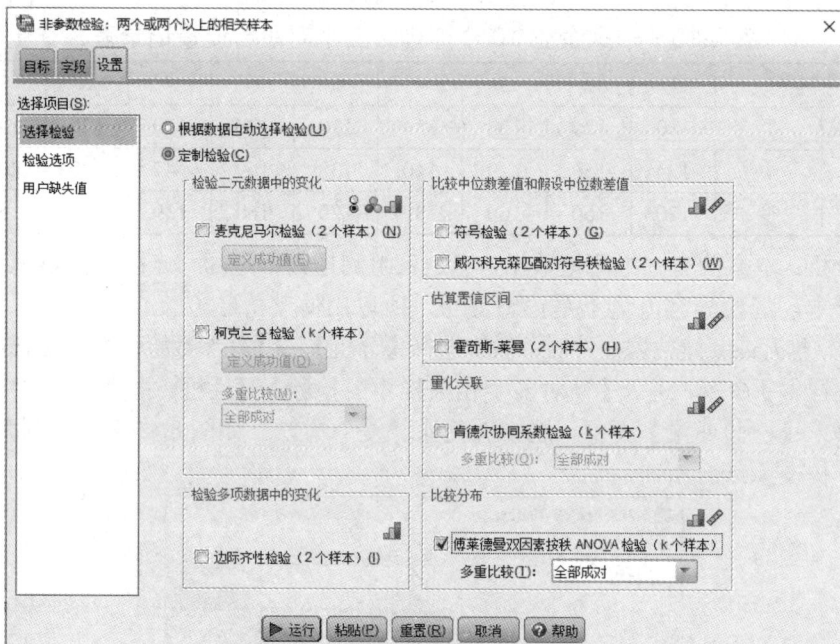

图 8.43 【设置】选项卡

第四步，图 8.44 是系统分析的结果，可以看到检验的显著性 $p = 0.02 < 0.05$，拒绝零假设(原假设 H_0)，即早、中、晚的客流量存在显著性的差异，这个显著性水平值和利用旧对话框的结果是一致的。

假设检验汇总

	零假设	检验	显著性	决策者
1	早, 中 and 晚 的分布相同。	相关样本 Friedman 按秩的双向方差分析	.020	拒绝零假设。

显示渐进显著性。显著性水平为 .05。

图 8.44 傅莱德曼检验结果

第五步，为了查看详细结果，双击图 8.44 所示的结果，进入【模型查看器】窗口，在下方的【查看】下拉列表中选择【成对比较】，可以查看两两比较结果，如图 8.45 所示。从图 8.45 中所示表格的结果中可以看出，早与中之间是有显著性差异的，用邦弗伦尼 (Bonferroni)调整好的 P 值变为 0.022 < 0.05，从统计量为负来看，可以判断早上的客流量比中午的客流量少。其他时段间的比较没有显著性的差异。

样本1-样本2	检验统计	标准错误	标准检验统计	显著性	调整显著性
早-晚	-.900	.447	-2.012	.044	.133
早-中	-1.200	.447	-2.683	.007	.022
晚-中	.300	.447	.671	.502	1.000

每行会检验零假设：样本 1 和样本 2 分布相同。
显示渐进显著性（双侧检验）。显著性水平为 .05。
Bonferroni 校正已针对多个检验调整显著性值。

图 8.45　成对比较结果

思 考 与 练 习

1. 填空题。

(1) 非参数检验又称为_____检验，是一种不依赖于特定的_____、不涉及有关_____的参数，而是对_____所代表的_____进行检验的一种分析方法。

(2) 非参数检验是需要根据数据的_____、_____进行转换分析，所以其检验结果的灵敏性比较低。

(3) 二项式检验是指涉及_____变量，并在每次检验中只出现_____种结果的一种非参数检验分析方法。

(4) 卡方检验是一种_____分布，分布曲线的倾斜程度是随着_____的改变而改变。_____越小，分布曲线的形态越倾斜；反之亦然。

(5) K-S 检验过程中要求使用_____变量，并可以直接使用_____进行检验，具有对数据使用更加完整、检验结果更加精确的优点。

2. 选择题。

(1) 下列选项中，属于单样本二项式检验的分布公式为(　　)。

A. $\chi^2 = \sum_{i=1}^{k} \dfrac{(f_0 - f_e)^2}{f_e}$　　　　　　B. $P(X - K) = C_n^k P^k Q^{n-k}\ (K = 0,\ 1,\ 2,\ \cdots,\ n)$

C. $E(r) = \dfrac{2n_1 n_2}{n_1 + n_2} + 1$　　　　　　D. $Z = \sqrt{\dfrac{n_1 n_2}{n_1 + n_2}}\, D_m$

(2) 独立样本非参数检验包括两独立样本非参数检验与多独立样本非参数检验，下列选项中不属于两独立样本非参数检验的方法为(　　)。

A. Mann-Whitney U 检验　　　　B. K-S 检验

C. Moses 极端反应检验　　　　　D. 中位数检验

(3) 相关样本非参数检验分为两相关与多相关样本非参数检验，下列选项中不属于两相关样本非参数的检验方法为(　　)。

A. MeNemar 检验　　　　　　B. 符号检验

C. Wilcoxon 符号秩检验　　　　D. Cochran Q 检验

(4) 对于二项式单样本非参数检验，下列选项中描述错误的一项为(　　)。

A. 二项式检验是一种用来检验样本是否来自参数为(n, p)的二项分布总体的一种分析方法

B. 二项式检验要求其检验数据必须为数值型的二元变量

C. 二项式分布中只有两种可能的结果

D. 二项式分布是一种正偏态分布

(5) 参数检验对检验总体的要求比较严格，而非参数检验对数据的假设要求比较低，下列对参数与非参数检验描述正确的一项为(　　)。

A. 参数检验结果的灵敏度比较低，而非参数检验结果的灵敏度比较高

B. 参数检验的对象为总体参数，而非参数检验的对象为总体分布和参数

C. 参数检验的总体分布为正态分布，而非参数检验的总体分布为非整体分布数据

D. 参数检验的数据类型为连续数据，而非参数检验的数据类型为连续或离散数据

3. 已知某地区手机平均使用率达 74%，某社区 70 岁以上的老年男性总数为 1278 人，其中使用智能手机的有 748 人，不使用的有 530 人。那么该社区 70 岁以上的男性智能手机使用率与该地区平均使用率 74%是否有显著差异？

4. 某企业为了了解员工对企业薪酬制度是否满意，做了抽样调查，结果如表 8.16 所示，分析性别与态度是否关联，如果有关联，其关联的强度如何？

表 8.16　某企业员工对企业薪酬制度满意度抽样调查结果

	满意	不满意
男	20	15
女	25	4

5. 某公司执行了一项新的规章制度，一段时间过后，为了了解公司员工是否支持该制度继续实施下去，公司组织了随机调查，调查结果如表 8.17 所示。不同类型的员工对该规章制度的态度是否一样？如果不一致，试分析哪两种类型的员工的态度不一样。

表 8.17　某公司员工对新制度的态度调查结果

员工类型	同意	弃权	不同意
管理人员	20	1	6
普通员工	30	5	10

6. 采用两个量表对学生进行心理健康普查，两个量表的普查情况如表 8.18 所示，两个量表测量的结果是否有差异？计算两个量表测试的 Kappa 系数判断两者测评结果的一致性。

表 8.18　两个量表对学生进行心理健康普查情况

	阳性(量表 B)	阴性(量表 B)
阳性(量表 A)	20	15
阴性(量表 A)	25	4

7. 不同年龄人群其新闻的获得途径是不同的。研究表明，不同年龄获得新闻的途径如表 8.19 所示。

表 8.19　不同年龄获得新闻的途径

媒体	36 岁以下	36～50 岁	50 岁以上
地方电视台	107	119	133
国家电视台	73	102	127
无线电广播	75	97	109
报纸	52	79	107
网络	95	83	76

在 0.05 显著性水平下，不同年龄段和获得信息来源是否有很大联系？如果是，请解释原因。

8. 一家医疗器械公司的总经理致力于顾客满意度的六西格玛管理。在上周和上一年的 1000 名病人中随机选择 100 人作样本，结果如表 8.20 所示。

表 8.20　随机选择 100 名顾客的满意度结果

上年满意度	现在满意度		
	是	否	总计
是	67	5	72
否	20	8	28
总计	87	13	100

(1) 在 0.05 显著性水平下，上年的顾客满意度是否低于引入六西格玛管理后的顾客满意度？

(2) 确定(1)的 p 值并说明其含义。

9. 两个党派的代表参加竞选。一个 500 人随机样本在竞选前后进行了民意选举，结果如表 8.21 所示。

表 8.21　两个党派的 500 人随机样本民意选举结果

竞选前	竞选后		
	A	B	总计
A	269	21	290
B	36	174	210
总计	305	195	500

(1) 在 0.01 显著性水平下，支持 A 的比例在竞选前后是否有显著差异？

(2) 确定(1)中的 p 值并说明其含义。

10. 市场主管随机选择了 20 名大学生作管理培训，每 10 人一组。第一组使用传统训练方法(T)，第二组使用实验方法(E)。6 个月培训后，主管对他们的表现打分，从 1(最差)到 20(最好)，结果如表 8.22 所示。

表 8.22　20 名大学生使用两种方法训练得分情况

T	1	2	3	5	9	10	12	13	14	15
E	4	6	7	8	11	16	17	18	19	20

在 0.05 显著性水平下，试分析两种培训方法是否有显著差异。

项目 9 相关与回归分析

在实际生活中，变量之间都存在着错综复杂的联系，只单纯地知道单个变量的变化规律并不能解决所有的问题，所以两个及两个以上变量之间关系的研究变得尤为重要，只有研究清楚变量之间的相互关系，才能更好地认识客观事物的发展规律。比如，高尔顿的实验数据表明，父亲的身高高于平均身高时，他们的儿子身高比他们更高的概率要小于比他们更矮的概率；反之，父亲的身高低于平均身高时，他们的儿子身高比他们更矮的概率要小于比他们更高的概率。这种现象其实很普遍，比如，学生的考试成绩也有这种规律，期中考试成绩比较好的学生期末成绩也好，但平均来看不像期中考试成绩那么好；期中考试成绩比较差的学生期末考试成绩平均要好一些，这种变量之间的关系和变化规律需要利用相关与回归分析的内容，这是我们这个项目要重点解读的内容。

学习目标

(1) 了解相关分析的基本概念；
(2) 掌握 SPSS 软件实现简单相关分析的过程；
(3) 掌握 SPSS 软件实现偏相关分析和距离相关分析的过程；
(4) 掌握 SPSS 软件实现一元线性回归方程的过程；
(5) 掌握 SPSS 软件实现多元线性回归方程的过程；
(6) 了解 SPSS 软件实现二元 Logistic 回归方程的过程；
(7) 了解 SPSS 软件实现曲线回归方程和非线性回归方程的过程。

任务 9.1 实现相关分析

任务描述

相关分析(Correlation Analysis)是研究现象之间是否存在某种依存关系，并对具体有依存关系的现象探讨其相关方向以及相关程度，是研究随机变量之间的相关关系的一种统计方法。相关关系是一种非确定性的关系。例如，以 X 和 Y 分别表示一个人的身高和体重，或分别表示每公顷施肥量与每公顷小麦产量，则 X 与 Y 显然有关系，而又没有确切到可由其中的一个去精确地决定另一个的程度，这就是相关关系。本任务将通过相关关系原理分析，结合大量实例说明如何利用 SPSS 软件对数据文件进行主要的相关分析。

9.1.1　相关分析概述

现象与现象直接的依存关系，从数据联系上看，可以分为两种不同的类型，即函数关系和相关关系。函数关系是从数量上反映现象间严格的依存关系，即与一个或几个变量取一定的值时，另一个变量有确定值与之相对应。相关关系是现象间不严格的依存关系，即各变量之间不存在确定性的关系。在相关关系中，当一个或几个相互联系的变量取一定数值时，与之相对应的另一变量值也发生相应变化，但其关系值不是固定的，往往按照某种规律在一定的范围内变化。

回归方程的确定系数在一定程度上反映了两个变量之间关系的密切程度，并且确定系数的平方根就是相关系数，但确定系数一般是在拟合回归方程之后计算的。如果两个变量间的相关程度不高，拟合回归方程便没有意义，因此相关分析往往在回归分析前进行。

1. 函数关系和相关关系

函数关系是指事物或现象之间存在着严格的依存关系，其主要特征是它的确定性，即对一个变量的每一个值，另一个变量都具有唯一确定的值与之相对应。变量之间的函数关系通常可以用函数式 $Y = f(x)$ 确切地表示出来。例如，圆的周长 C 对于半径 r 的依存关系就是函数关系 $C = 2\pi r$。

相关关系反映出变量之间虽然相互影响，具有依存关系，但彼此之间是不能一一对应的。例如，学生成绩与其智力因素、各科学习成绩之间的关系、教育投资额与经济发展水平的关系、社会环境与人民健康的关系等，都反映出客观现象中存在的相关关系。

2. 相关关系的类型

(1) 按相关关系涉及的变量多少，可分为单相关和复相关。单相关是指研究的变量个数只有 2 个；复相关是指研究的变量个数是多个(≥2)。

(2) 按相关关系的表现形式来分，可分为线性相关和非线性相关。如果将两个变量的取值分别对应坐标系中的横坐标和纵坐标，通过描点发现它们集中分布在某条直线附近，则称这两个变量为线性相关。比如产品的成本与利润之间就是线性相关。如果描点后发现它们分布在一条曲线附近，则是非线性相关。比如一天的气温和时间之间就是非线性相关。

(3) 按相关关系的方向来分，可分为正相关和负相关。若两个变量的值变化方向一致，即同时增大或者减小，称为正相关，比如商品的供给量与价格之间就是正相关，当价格上涨时，供给量就增加，当价格下降时，供给量就减少；若两个变量的值变化方向不一致，则称为负相关，比如商品的需求量与价格之间就是负相关，当价格上涨时，需求量就减少，当价格下降时，需求量就增加。

(4) 按相关程度来分，可分为完全相关、不完全相关和不相关三类。完全相关实际就是变量之间一种确定性的函数关系；不相关是指两个变量之间不存在相关关系，彼此独立，相互之间没有关系；不完全相关就是介于完全相关和不相关之间的相互关系。

3. 相关分析的作用

(1) 判断变量之间有无联系。

(2) 确定选择相关关系的表现形式及相关分析方法。

(3) 把握相关关系的方向与密切程度。

(4) 相关分析不但可以描述变量之间的关系状况，而且用来进行预测。

(5) 相关分析还可以用来评价测量量具的信度、效度以及项目的区分度等。

4. 相关系数

相关系数是在直线相关条件下，说明两个变量之间相关程度以及相关方向的统计分析指标。相关系数一般可以通过计算得到。作为样本相关系数，常用字母 r 表示；作为总体相关系数，常用字母 ρ 表示。

相关系数的数值范围是介于 $-1 \sim +1$ 之间的(即 $-1 \leqslant r \leqslant 1$)，常用小数形式表示，一般要取小数点后两位数字来表示，以便比较精确地描述其相关程度。

两个变量之间的相关程度用相关系数 r 的绝对值表示，其绝对值越接近 1，表明两个变量的相关程度越高；其绝对值越接近于 0，表明两个变量相关程度越低。如果其绝对值等于 1，则表示两个变量完全直线相关。如果其绝对值为 0，则表示两个变量完全不相关(不是直线相关)。

变量相关的方向通过相关系数 r 所具有的符号来表示，"+"表示正相关，即 $0 \leqslant r \leqslant 1$；"-"表示负相关，即 $0 \geqslant r \geqslant -1$。在使用相关系数时应该注意下面几个问题。

(1) 相关系数只是一个比率值，并不具备与相关变量相同的测量单位。

(2) 相关系数 r 受变量取值区间大小及样本数目多少的影响比较大。

(3) 来自不同群体且不同质的事物的相关系数不能进行比较。

(4) 对于不同类型的数据，计算相关系数的方法也不相同。

9.1.2　简单相关分析

简单相关分析是研究两个变量之间关联程度的统计方法。它主要是通过计算简单相关系数来反映变量之间关系的强弱，一般有图示法和相关系数法两种表示方式。

1. 图示法

在统计中制作相关图，可以直观地判断事物现象之间大致上呈现何种关系的形式。相关图是相关分析的重要方法，利用直角坐标系第一象限，把第一个变量置于横轴上，第二个变量置于纵轴上，将两个变量对应的变量值用坐标点的形式描绘出来，用以表明相关点分布状况的图形，这就是相关图。

图示法主要是通过绘制散点图找出变量间的相关情况，计算相关系数则是在散点图的基础上进一步给出具体的量化数据以判断变量间的相关程度。

散点图可以是表示两个变量关系的二维图，也可以是表达多个变量的多维图，如三维散点图。散点图一般以横轴和纵轴分别表示一个变量，将两个变量之间相对应的变量值以坐标点的形式标识在直角坐标系中，从点的分布情况形象地描述两个变量的相关关系。散点图的绘制我们在前面项目中已经讲解过，这里就不再赘述。

2. 相关系数法

虽然相关图能够展现变量之间的数量关系，但这也只是一种直观判断方法。因此，可以计算变量之间的相关系数。对不同类型的变量应当采取不同的相关系数来度量，常用的相关系数主要有以下几种。

1) 皮尔逊(Pearson)相关系数

皮尔逊相关系数常称为积差相关系数，适用于研究连续变量之间的相关程度。例如，收入和储蓄存款、身高和体重等变量间的线性相关关系。注意：Pearson 相关系数适用于线性相关的情形，对于曲线相关等更为复杂的情形，系数的大小并不能代表其相关性的强弱。它的计算式为

$$r = \frac{\sum\limits_{i=1}^{n}(x_i - \overline{x})(y_i - \overline{y})}{\sqrt{\sum\limits_{i=1}^{n}(x_i - \overline{x})^2 \sum\limits_{i=1}^{n}(y_i - \overline{y})^2}} \tag{9-1}$$

式中：x_i 和 y_i 是指两列样本数据的各个观测值；$\overline{x}$ 和 $\overline{y}$ 是指两列样本数据的算术平均数；n 是指样本容量，即两列数据共组成了多少对数据。

利用相关系数 r 的大小可以判断变量间相关关系的密切程度，具体如表 9.1 所示。

表 9.1　相 关 系 数

相关系数的值	直线相关程度
$\lvert r \rvert = 0$	完全不相关
$0 < \lvert r \rvert \leqslant 0.3$	微弱相关
$0.3 < \lvert r \rvert \leqslant 0.5$	低度相关
$0.5 < \lvert r \rvert \leqslant 0.8$	显著相关
$0.8 < \lvert r \rvert \leqslant 1$	高度相关
$\lvert r \rvert = 1$	完全相关

通常情况下，采用 t 分布检验皮尔逊相关系数的显著性，检验统计量为

$$t = \frac{r\sqrt{n-2}}{\sqrt{1-r^2}} \tag{9-2}$$

想要深入了解完整检验过程的读者可以参考相应的统计学教材。SPSS 可以自动计算皮尔逊相关系数并对其进行显著性检验。

2) 斯皮尔曼(Spearman)等级相关系数

在相关分析过程中，会遇到其中一个变量或两个变量具有等级属性的情况，这种情况不适合采用皮尔逊相关系数对这类数据的相关程度进行考量，正确的分析方法是采用等级相关方法。较为常用的等级相关方法有斯皮尔曼等级相关和肯德尔等级相关，这里先介绍斯皮尔曼等级相关。

斯皮尔曼等级相关系数，又称秩相关系数，是利用两变量的秩次大小做线性相关分析所得的相关系数。秩是指数据的等级结构，简单而言，就是将数据按照升序进行排名。斯

皮尔曼等级相关是由英国统计学家斯皮尔曼根据皮尔逊相关公式推导出来的，但它的使用范围更为广泛，因为它并不要求数据呈正态分布，也不要求样本容量大于 30，当两列变量值为等级(定序)数据时就可以使用斯皮尔曼等级相关分析变量的相关性了。另外，当变量为连续性数据时，也可以将数据降为等级结构做斯皮尔曼等级相关分析。当然，如果原来的数据为连续性数据，也符合皮尔逊相关分析的条件，但一般不建议将其降为等级数据进行分析，因为此时斯皮尔曼等级相关不如皮尔逊相关精确。

斯皮尔曼等级相关用来度量顺序水准变量间的线性相关关系。它是利用两变量的秩次大小作线性相关分析，适用条件如下所示。

(1) 两个变量的变量值是以等级次序表示的资料。

(2) 一个变量的变量值是等级数据，另一个变量的变量值是等距或比率数据，且其两总体不要求是正态分布，样本容量 n 不一定大于 30。

从 Spearman 等级相关适用条件中可以看出，等级相关的应用范围要比积差相关广泛，它的突出优点是对数据的总体分布、样本大小都不作要求，但缺点是计算精度不高。Spearman 等级相关系数常用符号 r_R 来表示。其基本公式为

$$r_R = 1 - \frac{6\sum_{i=1}^{n} d^2}{n(n^2 - 1)} \tag{9-3}$$

式中：r_R 为等级两关系；n 为样本容量；$d = y_i - x_i$ 指的是变量 y 第 i 个观察值 y_i 和 x 第 i 个观测值 x_i 的秩的差值。

斯皮尔曼相关系数的检验和皮尔逊相关系数的检验类似，通常情况下，采用 t 分布检验它的显著性，检验统计量为

$$t = \frac{r_R \sqrt{n-2}}{\sqrt{1 - r_R^2}} \tag{9-4}$$

想要深入学习的读者可以参考相应的统计学教材了解完整假设检验过程。SPSS 可以自动计算斯皮尔曼等级相关系数并对其进行显著性检验。

3) 肯德尔(Kendall)等级相关系数

肯德尔等级相关系数是另一种计算定序变量之间或者定序和连续变量之间相关系数的方法，它与斯皮尔曼等级相关系数一样，也是利用两组数据秩次考量两个变量间的相关程度，都属于非参数统计范畴。

肯德尔等级相关系数的计算公式为

$$\tau = \frac{4P}{n(n-1)} - 1 \tag{9-5}$$

式中：n 是项目的个数；P 是一个变量各个秩的贡献值之和。

肯德尔相关系数的取值范围在 $-1 \sim 1$ 之间，当 τ 为 1 时，表示两个随机变量拥有一致的等级相关性；当 τ 为 -1 时，表示两个随机变量拥有完全相反的等级相关性；当 τ 为 0 时，表示两个随机变量是相互独立的。

在小样本下 τ 服从肯德尔分布，在大样本下采用 Z 检验，检验统计量为

$$Z = \tau \sqrt{\frac{9n(n-1)}{2(2n+5)}} \tag{9-6}$$

【例 9.1】 表 9.2 给出了某城市 2022 年市区分月统计的平均温度和日照时数。试据此分析平均温度与日照时数的相关性。

表 9.2　某城市 2022 年市区分月统计的平均温度和日照时数表

月份	1	2	3	4	5	6	7	8	9	10	11	12
平均温度	5.8	6.2	12.5	18.3	21.5	25.9	30.1	30.6	23.3	21.9	15.2	7.7
日照时数	62.1	58.6	137.9	154.8	131.4	119.5	183.8	215.6	96.9	91.1	81.3	89.0

第一步，打开或新建数据文件后，依次选择【分析】→【相关】→【双变量】命令，进入【双变量相关性】对话框，将需要分析的变量放入右侧的【变量】框，这里要分析"平均温度"和"日照时数"的关系，所以将它们放入【变量】框中，如图 9.1 所示。如果要分析多个变量间的两两关系，可以把这些变量一次性放入【变量】框中。系统在【相关系数】选项组中默认选中皮尔逊相关法，因为"平均温度"和"日照时数"两个变量都是连续变量，所以保持该默认状态。如果变量不满足皮尔逊相关法的条件，则选择其他的相关法。对于检验的类型，系统在【显著性检验】选项组中提供了【双尾】和【单尾】两个选择，一般情况下，选择默认状态的【双尾】。最后单击【确定】按钮，提交系统分析。

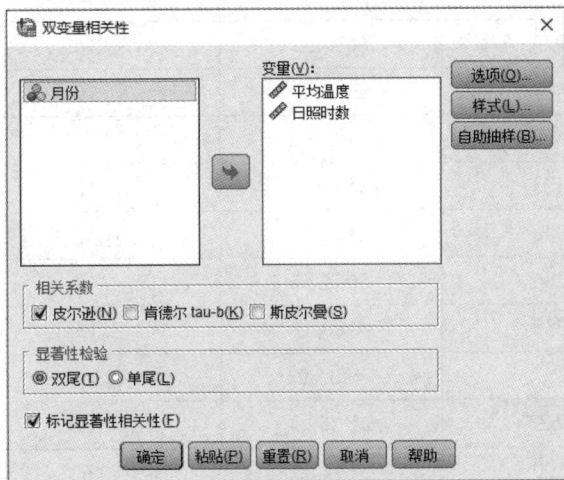

图 9.1　【双变量相关性】对话框

第二步，结果解释。图 9.2 是系统分析的结果，它提供了两变量相关的相关系数、显著性检验情况以及成对数据的数量等信息，从图中我们可以看出，"平均温度"和"日照时数"的皮尔逊相关系数 $r = 0.757$，数值上表明其为正相关，且两者相关程度非常高；相关系数的显著性检验 P 值为 0.004，即 $p < 0.05$，说明"平均温度"和"日照时数"的相关关系达到了统计学上的显著水平，即两者为显著的正相关；表中的个案数为 12，表示有 12 对数据。综上所述，"平均温度"和"日照时数"存在显著的正相关关系。SPSS 的相关分析中相关系数右上角的*表示在 0.05 级别(双尾)相关性显著，**表示在 0.01 级别(双尾)相关性显著，***表示在 0.001 级别(双尾)相关性显著。

	相关性	平均温度	日照时数
平均温度	皮尔逊相关性	1	0.757**
	Sig.（双尾）		0.004
	个案数	12	12
日照时数	皮尔逊相关性	0.757**	1
	Sig.（双尾）	0.004	
	个案数	12	12

**. 在 0.01 级别（双尾），相关性显著。

图 9.2　皮尔逊相关法结果

【例 9.2】　表 9.3 记录了全国某些城市"工人年平均工资"和"年末储蓄额"数据。试计算工人年平均工资的秩和年末储蓄额的秩的相关系数。

表 9.3　全国某些城市"工资"和"储蓄额"数据

城市	工人年平均工资/元	年末储蓄额/亿元	工人年平均工资的秩	年末储蓄额的秩
北京	103 400	24 158.4	20	20
长春	56 977	3380.11	7	6
大连	63 609	4666.71	14	12
福州	58 838	3483.72	9	7
哈尔滨	51 554	3768.82	4	9
杭州	70 823	6694.55	16	17
合肥	59 648	2539.5	10	4
呼和浩特	50 469	1480.88	3	1
济南	62 323	3541.36	12	8
南昌	51 848	2149.33	5	3
南京	77 286	5055.77	18	15
宁波	70 228	4780.31	15	13
青岛	62 097	4435.9	11	11
上海	100 623	21 269.3	19	19
沈阳	56 590	5147.63	6	16
石家庄	48 272	4387.67	1	10
太原	57 771	3325.78	8	5
天津	73 839	7916.9	17	18

案例分析：从案例中我们知道，"工人年平均工资的秩"和"年末储蓄额的秩"都属于等级变量，数据的对数有 20 对。可以看出例子中的数据特征不满足皮尔逊相关法的计算条件，这种情况下，我们就可以用斯皮尔曼相关法计算变量间的关系了，它的要求没有皮尔逊相关法这么苛刻，只要变量是等级数据就满足条件了。需要强调的是，该例子中的"工人年平均工资的秩"和"年末储蓄额的秩"都是从原来的连续性数据降级而来的，如果原

来数据符合皮尔逊相关法的计算条件，是不建议将数据降为等级数据计算等级相关的，因为斯皮尔曼等级相关不如皮尔逊相关法精确，这里主要是为了案例的演示才将数据降级。

　　第一步，打开或新建数据文件后，依次选择【分析】→【相关】→【双变量】命令，进入【双变量相关性】对话框，选择"工人年平均工资的秩"和"年末储蓄额的秩"放入到右侧的【变量】框中；在【相关系数】选项组中选中【肯德尔 tau-b】和【斯皮尔曼】两个复选框，其他选项保持系统默认状态，如图 9.3 所示。最后单击【确定】按钮，提交系统分析。

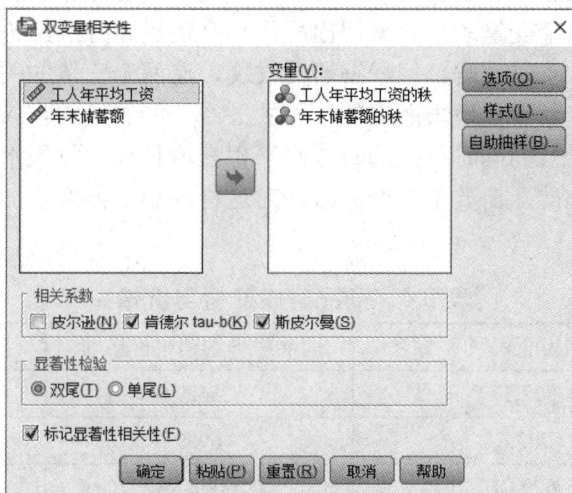

图 9.3　【双变量相关性】对话框

　　第二步，结果解释。图 9.4 是系统提供的分析结果。从图 9.4 中可以看出，两变量中肯德尔的 tau-b 系数为 0.453，和斯皮尔曼等级相关系数 0.576 稍有不同，但是两者都达到了显著性水平。故两变量之间有显著的正相关，即随着工资的上升，储蓄额也会增加，但是这种相关只达到中度相关水平。假设原数据符合皮尔逊相关法的条件，可以计算出"工人年平均工资"和"年末储蓄额"的相关系数 r 为 0.895，P 值为 0.000，即 $p<0.05$，也说明两变量的相关是显著的，且相关程度非常高(该过程读者可以自己尝试完成)。可见，两种方法计算的系数都是显著的，但是系数的大小却有非常大的区别。

相关性

			工人年平均工资的秩	年末储蓄额的秩
肯德尔 tau_b	工人年平均工资的秩	相关系数	1.000	0.453**
		Sig.（双尾）	.	0.005
		N	20	20
	年末储蓄额的秩	相关系数	0.453**	1.000
		Sig.（双尾）	0.005	.
		N	20	20
斯皮尔曼 Rho	工人年平均工资的秩	相关系数	1.000	0.576**
		Sig.（双尾）	.	0.008
		N	20	20
	年末储蓄额的秩	相关系数	0.576**	1.000
		Sig.（双尾）	0.008	.
		N	20	20

**. 在 0.01 级别（双尾），相关性显著.

图 9.4　肯德尔 tau-b 和斯皮尔曼相关法分析结果

9.1.3 偏相关分析

前面介绍的简单相关分析方法都是计算两个变量的相关程度，其前提是假设其他因素对它们的关系不存在影响。但是在实际研究中，两个变量的相互关系常常受到其他因素的制约，在这种情况下，如果单纯地分析两个变量的简单相关关系可能误判两者的实质关系。例如，表 9.4 所示的数据从表面上看该地区房价的提升同时伴随着房子成交量的提升，如果只是简单地分析这两个变量就很容易得出房价越高销量越好的结论，难道价格越高消费者越喜欢吗？这就让人难以理解。但仔细研究发现，这两个变量的关系很有可能受到了第三方变量的影响，致使两者呈现表面上的正相关关系，如居民的收入水平就有可能影响这两者关系，因为房价增长的同时居民的收入水平也在增长，而收入水平的提高使得居民有了更高的消费能力。因此，需要引入新的方法对这样的第三方变量加以控制以研究变量间的真实关系。

表 9.4　商品房成交量与价格

时间	商品房销售面积/万平方米	商品房平均销售价格/元	居民平均工资水平/元
2020 年	802.57	6627	54 330
2019 年	702.6	6959	49 806
2018 年	629.01	6002.89	44 144
2017 年	711.73	5196	40 119
2016 年	669.4	5135	37 040
2015 年	731.74	4557	32 596
2014 年	497.23	3952	29 376
2013 年	628.84	3404	24 791
2012 年	456	2872.42	20 652
2011 年	455.72	2605.03	18 055
2010 年	333.67	2761.11	17 809
2009 年	192.2	2252	16 670
2008 年	110.8	2372	15 060

偏相关分析是在控制第三方可能影响两目标变量关系的情况下，去分析两个目标变量的相关程度如何。第三方变量又称为控制变量，它可以是一个变量，也可以是多个变量。现以一个控制变量为例，其偏相关系数的计算公式为

$$r_{yx_1,x_2} = \frac{r_{y1} - r_{y2}r_{12}}{\sqrt{(1 - r_{y2}^2)(1 - r_{12}^2)}} \tag{9-7}$$

式中：r_{yx_1,x_2} 表示控制因素 x_2 后 y 和 x_1 的偏相关系数；r_{y1}、r_{y2}、r_{12} 分别表示 y 和 x_1 的相关系数、y 和 x_2 的相关系数、x_1 和 x_2 的相关系数。有兴趣的读者可以查阅相关教材了解有多个控制变量时偏相关系数的计算。偏相关系数的取值范围及含义与简单相关系数相同。

通常情况下，采用 t 分布检验偏相关系数的显著性，检验统计量为

$$t = r\sqrt{\frac{n-q-2}{1-r^2}} \qquad (9\text{-}8)$$

式中：r 为偏相关系数；n 为样本量；q 为阶数(控制变量的个数)。t 服从自由度 $df = n-q-2$ 的 t 分布，SPSS 可以自动计算偏相关系数并对其进行显著性检验。

【例 9.3】　以表 9.4 提供的商品房成交量与价格的数据为例，分析商品房销售价格和商品房销售面积的关系是否受居民工资水平的影响。

案例分析：需要研究两变量的关系是否受到第三方变量(即控制变量)的影响，采用偏相关分析。通常情况下，如果两变量的相关是显著的，在加入第三方变量的影响后，这两个变量的关系不再显著，则认为这两个变量的关系受到了第三方变量的影响。第三方变量可以有 1 个或多个，无论有几个，其操作过程是一致的。

第一步，打开或新建数据文件后，依次选择【分析】→【相关】→【偏相关】命令，进入【偏相关性】对话框，将选择"商品房销售面积"和"商品房平均销售价格"作为分析变量，放入【变量】框中，把"居民平均工资水平"作为控制变量，放入【控制】框中，如图 9.5 所示。

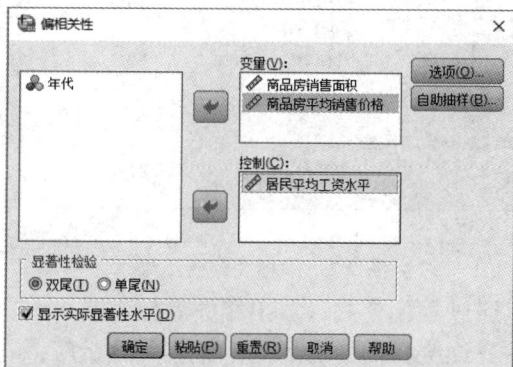

图 9.5　【偏相关性】对话框

第二步，单击【选项】按钮进入【偏相关性：选项】对话框(见图 9.6)，选中【零阶相关性】复选框，即考查没有控制变量下两目标变量的相关情况，相当于前面的简单相关系数。选中【零阶相关性】的目的是比较未控制前和控制变量后两目标变量的相关系数是否有变化。单击【继续】按钮，返回上一层对话框。系统提供了【双尾】和【单尾】两种检验选择，一般情况下，选择默认状态的【双尾】。最后单击【确定】按钮，提交系统分析。

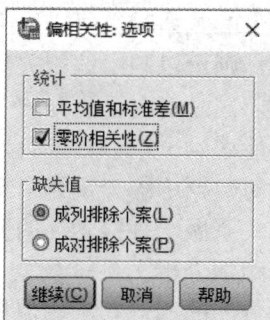

图 9.6　【偏相关性：选项】对话框

第三步，结果解释。图 9.7 是系统提供的偏相关分析结果，从图中我们可以看出，"商品房销售面积"和"商品房平均销售价格"两变量的零阶相关系数 r 为 0.829，其对应的 P 值为 0.000，即 $p<0.05$，说明两变量之间有显著的正相关，然而，当控制了"居民平均工资水平"的时候，却发现两变量的相关系数 r 变为 -0.046，P 变为 0.887，即 $p>0.05$。这时两变量的相关系数不再显著，如何解释这种现象呢？对于这种情况，我们认为"商品房销售面积"和"商品房平均销售价格"两变量的关系受到了"居民平均工资水平"的影响。虽然单纯计算两者的相关系数确实能得出表面上的显著相关关系，但是这种关系不是真实的，从偏相关分析的结果来看，实际上两者关系并不显著。

控制变量			商品房销售面积	商品房平均销售价格	居民平均工资水平
- 无 - [a]	商品房销售面积	相关性	1.000	0.829	0.840
		显著性（双尾）	.	0.000	0.000
		自由度	0	11	11
	商品房平均销售价格	相关性	0.829	1.000	0.991
		显著性（双尾）	0.000	.	0.000
		自由度	11	0	11
	居民平均工资水平	相关性	0.840	0.991	1.000
		显著性（双尾）	0.000	0.000	.
		自由度	11	11	0
居民平均工资水平	商品房销售面积	相关性	1.000	-0.046	
		显著性（双尾）	.	0.887	
		自由度	0	10	
	商品房平均销售价格	相关性	-0.046	1.000	
		显著性（双尾）	0.887	.	
		自由度	10	0	

a. 单元格包含零阶（皮尔逊）相关性。

图 9.7　偏相关分析结果

任何两个变量都可以通过相关公式计算出相关系数，两个没有实质关系的事物也可以计算出统计上的显著相关。这给我们的启示是，做相关分析应该有一定的理论假设和实证观察，不能单纯以数据为出发点对任何两个变量都做相关分析，那样得到的结果经常是一些"数据驱动"的虚假关系。如果两现象在理论或经验上判断都是相关的，但相关分析过程中却发现两者的相关系数有悖常理，这时就应该尝试通过偏相关分析寻找两者关系是不是还受到其他因素的影响，以探究两者的真实关系。

9.1.4　距离相关分析

在研究者确定要研究某两个变量的关系时，可以采用简单相关分析。如果研究者知道某些变量将影响这两个变量的关系，则可以利用偏相关分析，这两种分析都有一个特点，即研究者对研究领域有一定的了解，同时对自己研究的变量也有一定的了解。然而在具体的数据分析过程中，研究者很有可能遇到一些自己没有接触过的领域的数据，研究者没有这方面的具体知识背景，也谈不上对数据中的变量和个案有预先的了解，在这种情况下，研究者可以对变量和个案间的相关关系做一种探索性的分析，即预分析，为进一步有目的的分析做好准备，这时就可以采用距离分析。

距离分析就是估算个案间和变量间的相似和不相似程度的一种方法，用于计算一对个案或一对变量间的广义距离。这种相似性或距离分析可以用于其他更复杂的分析过程，如聚类分析、因子分析、多维尺度分析等。

距离分析可以分为个案间和变量间距离分析两种，分析的方法有相似性和不相似性分析两种，所以距离分析可以有个案的相似与不相似分析和变量的相似与不相似分析四种情况。相似和不相似分析根据不同数据类型也有不同的方法，简单介绍如下所示。

1. 不相似分析

不相似分析可以计算距离作为指标，通俗的理解就是距离越大越不相似。距离的计算方式有很多，根据不同的数据类型需要采用不同的公式。如果数据为定比和定距数据，距离或不相似分析可以采用以下几种方法：欧氏距离、平方欧氏距离、契比雪夫距离、绝对值距离、明可夫斯基距离等；如果是定序数据，可以采用卡方不相似测量和 Phi 不相似测量；如果是二分数据，可以用欧氏距离和平方欧氏距离等方法。对这些公式有兴趣的读者可以查阅相应文献和资料。

2. 相似分析

分析变量和个案间的相似性同样需要根据不同的数据类型选择不同的方法。如果是定距型变量，相似性有皮尔逊相关系数和夹角余弦距离；对于二分变量的相似性，主要包括简单匹配系数、杰卡德相似性指数、哈曼相似性指数等。

【例9.4】　表 9.5 记录了 8 家企业在某季度的营业情况，涉及的指标有销售净利率、销售毛利率、净资产收益率、资产净利率、资产负债率、主营业务利润率、资产报酬率和每股收益 8 个指标。请分析这几家公司的不相似和相似程度。

表 9.5　8 家企业在某季度的营业情况表

企业名称	销售净利率	销售毛利率	净资产收益率	资产净利率	资产负债率	主业务利润率	资产报酬率	每股收益
柳工	4.267	23.1974	1.32	0.0093	58.2113	22.7563	0.5435	0.1114
南宁百货	0.1641	14.0149	0.1	0.0078	45.9191	12.7557	0.0567	0.002
黑芝麻	7.3123	23.9186	3.16	0.0185	39.8438	23.5948	1.8813	0.087
南宁糖业	−9.1997	12.2195	−4.58	−0.0642	77.6465	11.8739	−0.8943	−0.21
桂林旅游	−36.263	31.0891	−1.94	0.0082	45.5311	26.436	−1.0666	−0.075
桂林三金	22.6728	73.4927	3.13	0.1598	17.0181	66.8348	2.5942	0.1205
ST 慧球	−6.8797	29.1186	−98.68	0.0111	98.7791	24.1462	−1.2047	−0.0017
两面针	−18.5789	12.9752	−2.47	−0.0079	39.7025	12.519	−1.6088	−0.0926

案例分析：8 家公司属于个案，这里是要分析个案间的不相似和相似程度。经分析发现，数据属于定比数据(连续性数据)，不相似统计方式可以采用欧氏距离，相似程度可以选用皮尔逊相关。

第一步，打开或新建数据文件后，依次选择【分析】→【相关】→【距离】命令，进入【距离】对话框，把 8 个变量都放进【变量】框中，【个案标注依据】选择"企业名称"，表示用企业的名称标识分析的个案，假如不选，系统会默认依照个案序号标注个案，这样不方便结果的读取。这里要比较的是个案间的不相似性，所以在【计算距离】选项组中选择【个案间】，同时在【测量】选项组中选择【非相似性】。因为是连续数据，采用的方法可以是系统默认的"欧氏距离"，如图 9.8 所示。

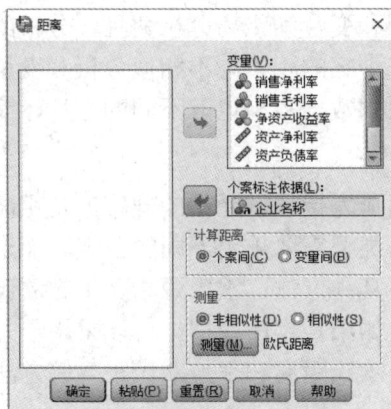

图 9.8　【距离】对话框

当然，除了欧氏距离，也可以选用其他的指标，可以单击【测量】按钮进入【距离：非相似性测量】对话框，选择自己想用的方法，如图 9.9 所示。假如不是连续性数据，而是【计数】或【二元】，可以根据数据类型寻找其对应的方法，选择完后就可以单击【继续】按钮回到上一层对话框。最后单击【确定】按钮，提交系统分析。

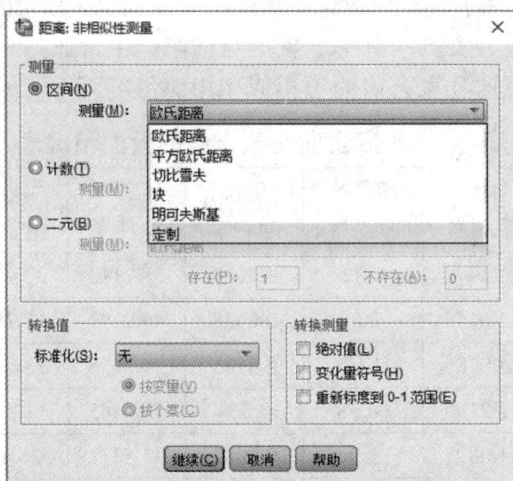

图 9.9　【距离：非相似性测量】对话框

第二步，结果解释。图 9.10 为系统给出的主要结果，其给出的是各个企业间的非相似矩阵，利用的是系统默认的欧氏距离计算，数据越小表示越相似，数据越大表示越不相似。可以看出，因为对角线是个案和自己本身作对比，所以距离为 0；距离最大的是 ST 慧球和桂林三金两个企业，数值为 147.409，表示两者最不相似；距离最小的是黑芝麻和柳工，数据为 18.789，说明相比较而言，这两家企业是最相似的。如果要计算的是个案间的相似性，则可以在【距离】对话框中的【测量】选项组中选中【相似性】单选按钮，利用默认的"皮尔逊相关法"，单击【确定】按钮可以生成相应的结果。对于一个相似矩阵，就是简单相关的结果，数值越接近 1，表示越相似，反之亦然。如果要分析变量间的相似与不相似性，绝大部分的步骤都是相同的，只需要在【计算距离】选项组中选中【变量间】单选按钮就可以了，其解读方式和个案间的距离分析基本相同，在此不再赘述。

近似值矩阵								
欧氏距离								
	1:柳工	2:南宁百货	3:黑芝麻	4:南宁糖业	5:桂林旅游	6:桂林三金	7:ST慧球	8:两面针
1:柳工	0.000	18.815	18.789	28.896	43.503	80.720	108.674	33.058
2:南宁百货	18.815	0.000	17.784	33.484	42.558	88.429	113.845	20.012
3:黑芝麻	18.789	17.784	0.000	45.207	45.004	71.308	118.672	30.931
4:南宁糖业	28.896	33.484	45.207	0.000	48.363	107.418	98.707	39.162
5:桂林旅游	43.503	42.558	45.004	48.363	0.000	88.067	114.309	29.480
6:桂林三金	80.720	88.429	71.308	107.418	88.067	0.000	147.409	94.223
7:ST慧球	108.674	113.845	118.672	98.707	114.309	147.409	0.000	115.236
8:两面针	33.058	20.012	30.931	39.162	29.480	94.223	115.236	0.000

这是非相似性矩阵

图 9.10　非相似性矩阵

9.1.5　SPSS 实现信度分析

信度是指测量结果的一致性程度，即两次测量结果的稳定性程度。例如，第一次测量一个人的体重为 80 kg，间隔一段时间后(假定这段时间内其体重是不变的)，再次测量这个人的体重，结果越靠近 80 kg，就说明测量结果的一致性或稳定性越高，测量工具的信度就越高；结果偏离 80 kg 越多，则说明测量工具的信度就越低。信度是用以评估测量工具好坏的重要指标之一，可以说信度高是测量工具测量准确性的前提，信度低的测量工具是不可能准确测量其对象的。在教育学、心理学、管理学、社会学、市场调查等涉及问卷调查的领域，报告问卷的信度是一种不成文的规定。

根据影响信度的不同因素，可以把信度分为以下几类，信度指标通常用相关系数表示。

1. 重测信度

重测信度，也叫再测信度，是指用同一工具在两次不同的时间对同一群体测量两次后结果的一致性程度。因为两次测量是不同时间，重测信度是考查这两次测量是否一致和稳定，所以重测信度常被称为稳定性系数。重测信度的估算主要采用皮尔逊积差相关法。

2. 复本信度

复本信度，也叫副本信度，是指用两个复本测量同一批被试所得结果的一致性程度。复本是指两个在信度、效度、难度、区分度、题型、题量等各个测量学指标上都等值的测验。假如两次测量是同时进行的，这时比较两次测试结果的一致性实质上考查的是两个复本的内容是否相等，所以这时的信度称为等值性系数；如果两次测量间隔了一定的时间，此时比较两次测试结果的一致性实质上考查了两个复本的内容是否相同，也考查了两次结果在时间跨度上的稳定性，所以这时的信度被称为稳定等值性系数，也可以叫作重测复本信度。和重测信度一样，复本信度的估算主要采用的也是皮尔逊积差相关法。

3. 内部一致性系数

内部一致性系数可以分为两种：分半信度和同质性信度。

分半信度是指将测试的问卷分成两半(例如分成奇数和偶数两半)，然后计算两半结果的皮尔逊积差相关系数。因为分成了两半，所以最后的信度系数需要对所计算的皮尔逊相关系数进行校正。

由于分半信度需要分半，而分半的可能性很多，所以不同的分半计算出来的信度是不同的。利用这个方法计算出来的信度就很多，所以这个做法其实不常用，常用的是同质性信度系数。所谓同质性信度，是指计算一套问卷中所有题目间的一致性程度，简单的理解就是所有的题目间有较高的正相关。我们常称同质性系数为克隆巴赫 α 系数。

克隆巴赫 α 系数是测验报告最为常见的一种信度系数，因为它的通用性非常好，同时，因为它的设计过程较为简便，即只需要测量一次便可，而其他系数会稍微复杂，如重测信度需要测试两次，复本信度需要设计复本，分半信度需要分半。克隆巴赫 α 系数的取值范围为 $0\sim 1$，系数越接近 1，说明测量工具的信度越好。一般而言，克隆巴赫 α 系数在 $0.70\sim 0.98$ 间都可认为是高信度，低于 0.35 则认为是低信度。但克隆巴赫 α 系数的判断并没有绝对的标准，需要结合研究的类型和研究工具做综合考虑。例如，有人认为在基础性研究中，系数为 0.8 以上才可接受，但在探索性研究中，系数为 0.7 以上就可以接受；又如有人认为智力测量系数大于 0.9 时，才说明量表信度很好，但是人格测量系数在 $0.80\sim 0.85$ 之间就算很好了。

4. 评分者信度

评分者信度是指多个评分者给同一批人的答卷进行评分的一致性程度。重测信度、复本信度和内部一致性信度都是针对客观题的，而评分者一致性信度针对的是主观题。当评分者为两人时，评分者信度等于两个评分者给同一批被试的分数的相关系数(相当于积差相关或等级相关)。当评分者人数多于两人时，评分者信度可用肯德尔和谐系数进行估计。

【例 9.5】 某研究者编制了一份主观幸福感问卷，一共 9 个题目，每个题目有 7 个答案，从 "1" 表示 "非常不满意" 到 "7" 表示 "非常满意"。全问卷只有一个因子，因为 9 道题目都是同向的题目，因此 9 道题目分数的加总为主观幸福感总分，分数越高，主观幸福感也越高。为了验证新编制的问卷的信度是否符合测量学要求，于是研究者计划利用多种信度综合研究该问卷的信度系数，经过调查，其搜集了原始数据，包括原始问卷第一次测试数据(从 A1~A9)、复本问卷测试的数据(从 B1~B9)，原始问卷第二次测试的数据(从 A1_1~A9_1)，部分数据如图 9.11 所示。利用本次测量数据，研究该问卷的重测信度和复本信度如何？

	性别	A1	A2	A3	A4	A5	A6	A7	A8	A9	B1	B2	B3
1	1	4	7	7	4	5	5	2	3	3	3	5	4	6
2	1	5	6	6	7	5	4	5	3	4	5	4	6
3	1	5	6	4	6	5	2	3	1	2	5	4	6
4	1	4	6	3	6	4	6	2	4	2	5	4	4
5	1	4	5	4	4	5	4	4	2	2	5	4	4
6	1	3	5	5	7	7	2	4	2	4	4	5	4
7	1	5	4	2	2	6	4	2	4	3	5	4	4
8	1	3	3	4	4	2	2	2	4	4	4	5	4
9	1	6	7	1	1	5	5	2	2	2	5	5	5
10	1	5	3	5	5	4	4	2	2	3	4	4	4

图 9.11　主观幸福感问卷部分数据图

案例分析： 重测信度和复本信度的估算都是将两次测试的结果做相关分析，但是这里首先要做的并不是马上计算相关，因为是原始数据，所以先将问卷的各题分加总得到主观幸福感前测总分、后测总分以及复本总分，然后再计算相应的重测信度和复本信度。如果一个问卷的因子数不止一个，那么也应该先将每个因子的因子分计算出来，再依次计算它们的重测信度，这是非常值得注意的地方。

第一步，先分别计算问卷前测、后测和复本问卷的主观幸福感总分。打开或新建数据文件后，选择【转换】→【计算变量】命令，进入【计算变量】对话框。在左侧【目标变量】文本框中输入欲生成的新变量的变量名"幸福感前测"。单击【类型和标签】按钮，在弹出的对话框中可以对新变量的类型和标签进行设置，这里不做设置。在【数字表达式】文本框中输入新变量的数学表达式，这里输入"A1 + A2 + A3 + A4 + A5 + A6 + A7 + A8 + A9"，如图 9.12 所示。单击【确定】按钮，提交系统分析，则可以看到在数据文件中新生成了一个变量"幸福感前测"。依次类推，生成"幸福感后测"和"幸福感复本 B"两个总分数，分别对应前测、后测和复本的总分。

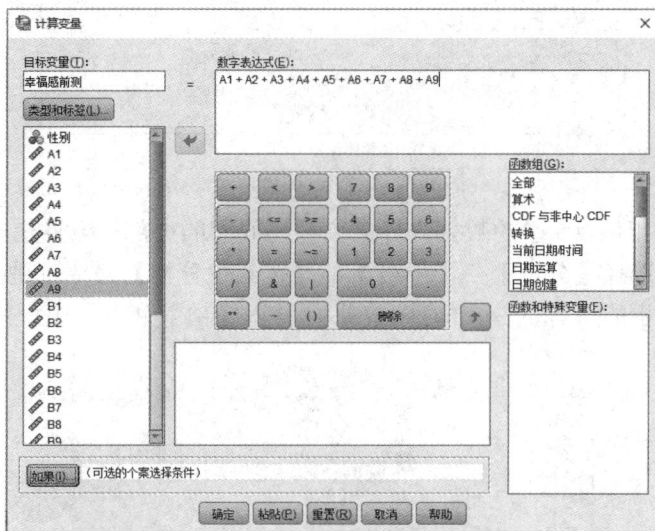

图 9.12　【计算变量】对话框

　　第二步，依次选择【分析】→【相关】→【双变量】命令，进入【双变量相关性】对话框，这个步骤和本章前面的相关分析步骤是一致的，然后将"幸福感前测""幸福感后测"和"幸福感复本 B"三个变量放入【变量】框中。因为"幸福感前测""幸福感后测"和"幸福感复本 B"三个变量在这里被认为是连续性变量，所以相关系数选择皮尔逊，即系统默认的相关方法，如图 9.13 所示。点击【确定】按钮，提交系统分析。

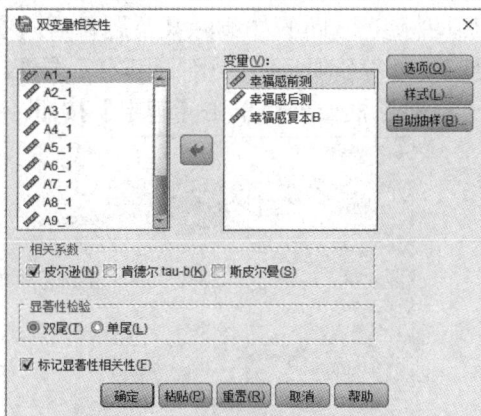

图 9.13　【双变量相关性】对话框

　　第三步，结果解释。从图 9.14 中可以看到"幸福感前测"和"幸福感后测"的皮尔逊相关系数 r 是 0.870，说明问卷两次测试的稳定性不错，即重测信度不错；同时可以看到"幸福感前测"和"幸福感复本 B"的皮尔逊相关系数 r 为 0.674，这便是问卷的复本信度，但是其系数不是很高。

相关性		幸福感前测	幸福感后测	幸福感复本B
幸福感前测	皮尔逊相关性	1	0.870**	0.674**
	Sig.（双尾）		0.000	0.000
	个案数	171	171	171
幸福感后测	皮尔逊相关性	0.870**	1	0.744**
	Sig.（双尾）	0.000		0.000
	个案数	171	171	171
幸福感复本B	皮尔逊相关性	0.674**	0.744**	1
	Sig.（双尾）	0.000	0.000	
	个案数	171	171	172

**. 在 0.01 级别（双尾），相关性显著。

图 9.14　信度分析结果

【例 9.6】　利用例 9.5 中的数据，计算幸福感问卷的内部一致性信度如何？

第一步，依次选择【分析】→【标度】→【可靠性分析】命令，进入【可靠性分析】对话框，选择要分析的所有试题，即 A1～A9，移入【项】列表框中，如图 9.15 所示。

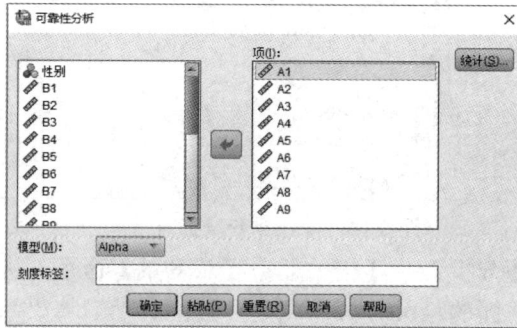

图 9.15　【可靠性分析】对话框

第二步，一般情况下，只需要进行到第一步就可以得到相应的信度系数了，如果要获取更多的信息，可以单击【统计】按钮，进入【可靠性分析：统计】对话框，选择需要的分析，这里选择【删除项后的标度】(即假如删除某个题目后问卷的信度变成多少)和【项之间】选项组中的【相关性】(即各个项目间的相关矩阵)复选框，如图 9.16 所示，然后单击【继续】按钮，返回上一层对话框。最后单击【确定】按钮，提交系统分析。

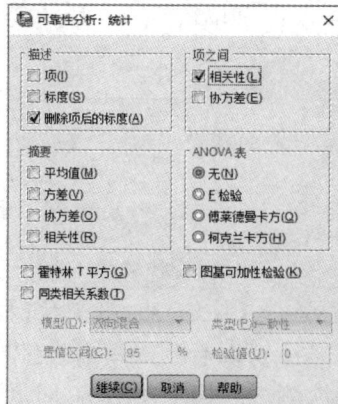

图 9.16　【可靠性分析：统计】对话框

第三步，结果解释。

一般情况下，我们只需要查看图 9.17 中的数据，可以看出其克隆巴赫系数为 0.796，属于可以接受的信度范围。图 9.18 给出的是假如删除某个题目(项目)相应指标的变化情况，假如删除 A1，那么整个问卷的克隆巴赫系数是 0.768，以此类推，便可以知道删除任何一道题目后问卷的信度是多少了，这样方便问卷的编制者对原始题目做取舍。图 9.19 给出的是所有题目间的相关系数，由图可知项目相关最高的是 A6 和 A7，为 0.709，而相关最低的是 A2 和 A8，为 0.010。因为内部一致性系数就是要考查项目之间是否有较高的正相关，只有较高的正相关才有可能让其克隆巴赫系数升高，所以对于低相关的题目，问卷编制者需要做相应的分析与修改，以提高其内部一致性系数。

可靠性统计		
克隆巴赫 Alpha	基于标准化项的克隆巴赫 Alpha	项数
0.796	0.798	9

图 9.17　科隆巴赫系数

项总计统计				
	删除项后的标度平均值	删除项后的标度方差	修正后的项与总计相关性	平方多重相关性	删除项后的克隆巴赫 Alpha
A1	30.46	40.050	0.544	0.458	0.768
A2	30.39	39.910	0.490	0.476	0.775
A3	30.49	39.357	0.476	0.414	0.777
A4	30.43	40.023	0.469	0.316	0.778
A5	30.25	39.186	0.489	0.325	0.775
A6	31.89	39.095	0.576	0.577	0.764
A7	31.74	39.254	0.523	0.595	0.770
A8	31.38	41.943	0.350	0.443	0.794
A9	31.53	42.451	0.472	0.482	0.779

图 9.18　删除项后的各项指标

项间相关性矩阵									
	A1	A2	A3	A4	A5	A6	A7	A8	A9
A1	1.000	0.573	0.483	0.368	0.451	0.342	0.175	0.107	0.140
A2	0.573	1.000	0.548	0.489	0.378	0.179	0.136	0.010	0.086
A3	0.483	0.548	1.000	0.428	0.474	0.183	0.118	0.018	0.093
A4	0.368	0.489	0.428	1.000	0.366	0.240	0.201	0.054	0.183
A5	0.451	0.378	0.474	0.366	1.000	0.243	0.235	0.092	0.182
A6	0.342	0.179	0.183	0.240	0.243	1.000	0.709	0.496	0.498
A7	0.175	0.136	0.118	0.201	0.235	0.709	1.000	0.525	0.589
A8	0.107	0.010	0.018	0.054	0.092	0.496	0.525	1.000	0.611
A9	0.140	0.086	0.093	0.183	0.182	0.498	0.589	0.611	1.000

图 9.19　所有题目间的相关系数

在计算信度的时候，一定要先了解和分析问卷的结构。本案例的问卷结构简单，只有一个因子，但是大部分问卷是比较复杂的，遇到下列情况时，在估算问卷的信度时应该多加注意。

(1) 问卷中的题目有正向和反向两种计分方式。如果遇到这种情况，需要先将所有题目的答题方向统一，然后再计算内部一致性系数，否则反向试题会影响整个问卷的内部一致性。

(2) 问卷含有多个因子。有些问卷有多个因子，所有因子可以加总，那么我们可以算总分，然后按照例题步骤计算总问卷的内部一致性系数；有的问卷因为总分没有实际意义，是不计算总分的，它只有各因子分，此时应该分别计算各个因子的信度，这种类型的问卷其总信度的计算在 SPSS 中还没有对应的指令可以完成，需要另外计算，当然这种类型的问卷其各个因子信度的大小才是关键的，总问卷的信度很多论文都没有报告。

9.1.6　SPSS 实现效度分析

效度是指所要测量的结果和实际测量结果的吻合程度。例如，利用某一心理学量表测量出某个学生是一个非常外向的人，但实际上同学和老师以及家长都评价他是一个很内向的人，即测量的结果和实际的结果出入太大，于是可以判断出这个心理学量表的效度不高。效度其实就是测量工具测量准确性和有效性的指标，一个测量工具的效度要达到一定的测量标准，其测量出的结果才能令人信服，所以在使用到量表或问卷调查的研究领域，都需要对测量工具进行效度的验证。9.1.5 节提到的信度和效度同属测量的关键指标，它们有如下关系：信度低，效度也低；信度高，效度有可能高，也有可能低；效度高，信度一定高。换言之，信度高是效度高的必要非充分条件。

效度可以分为以下几类。

1. 内容效度

内容效度是指测量内容对所要测量事物具有适用性，即测量内容是所要测量事物的有代表的样本。例如，想要测量一个人的几何数学能力，那么问卷的内容就应该是测量几何数学能力的有代表性的题目，而不能随便抽取其他题目作为问卷的内容。

内容效度的主要估算方法是专家判断法，也叫作逻辑分析法，其基本做法是专家首先考查问卷编制者的编题计划，然后考查所编制的试卷的题目是否符合这个编题计划，如果是符合的则内容效度就高，如果是不符合的，则内容效度就低。如果是一个专家对问卷进行评价，只需要记录下专家的评价等级就行，不再需要进行更高级的数据分析。但是如果为了让测验的结果更加客观，往往有人会邀请多个专家对题目进行评价，这个时候就需要考查多个专家对同一套问卷评价的一致性程度，评价越一致，说明内容效度越高。我们可以参考评分者一致性信度的估算公式(即肯德尔和谐系数)来估算内容效度，要强调的是，这里计算的是效度，只是利用评分者一致性信度的估算公式而已，目的是不一样的。

2. 结构效度

结构效度是指问卷内容测量理论结构的有效性程度。通常有一些领域(如心理学中的智力、人格、创造力等测量内容是抽象的概念)无法直接测量，于是研究者从理论的角度为这些概念构思相应的结构，然后利用收集到的数据去验证自己假设的结构。如果实践数据验证了自己的假设，那么就证明问卷的结构效度比较好；如果没有验证，则需要对结构进行必要的修正。验证结构效度的方法有很多，这里介绍两种：一种是相容效度，一种是因子分析。相容效度是指所编制的问卷与已证明的高质量的同性质问卷的相关情况，如果相关程度高则相容效度高，如果相关程度低则相容效度低。例如，某研究者编制了一份创造力问卷，其可以拿以往已经证明的高效度的创造力问卷和该问卷一起施测，假如编制的问卷的所得分数和高效度的问卷存在较高的正相关，则说明其相容效度高。因子分析是在众多的可观测变量中，根据相关性大小将变量进行分组，使同组变量间的相关性较高，不同组变量间的相关性较低，从而使每组变量能够代表一种基本结构，这种基本结构就是我们所说的公共因子。因子分析的目的在于用少量的"因子"概括和解释大量的观测变量，建立起简洁的数据结构。

3. 实证效度

实证效度是指问卷对效标的预测的有效程度。所谓效标是指问卷将要预测的行为或者事物，它可以作为验证问卷好坏的标准。例如，有人编制了一套销售岗位胜任力素质问卷，为了验证其问卷是否有效，他利用该问卷做了一次调查，同时搜集这批被试的销售业绩，然后可以计算问卷的分数与销售业绩的相关性。假设存在高相关，则说明其所编制的问卷不错，可以用作预测未来销售人员的销售业绩，这个案例中，销售业绩就是效标。实证效度的估算常常是计算问卷分数与效标的相关系数，所以，它也被称为效标关联效度。

【例 9.7】大五人格的研究是管理学中研究的重要领域。大五人格分别指的是外向性、宜人性、情绪稳定性、尽责性和开放性，但是现有的大五人格问卷都比较长，于是有研究者编制了一份简版的大五人格问卷 A，为了验证问卷的效度如何，研究者同时找了一份已经被证明效度非常好的大五人格问卷 B，和自己的问卷一起施测，整理后部分数据如图 9.20 所示。请分析这份自编问卷的效度如何。

	性别	年级	年龄	民族	外向性_问卷A	宜人性_问卷A	尽责性_问卷A	情绪稳定性_问卷A	开放性_问卷A	外向性_问卷B	宜人性_问卷B
1	1	1	19	14	7	12	11	7	6	31	27
2	2	1	21	14	10	12	14	4	3	39	53
3	2	1	20	14	4	14	7	8	5	15	53
4	2	1	20	14	8	12	11	7	5	15	53
5	1	1	20	14	8	11	8	13	8	43	43
6	2	1	20	14	8	11	8	13	8	42	43
7	2	1	20	14	7	3	10	6	8	28	18
8	2	1	20	14	7	3	10	6	8	29	18

图 9.20　大五人格问卷 A、B 比较施测后部分数据

案例分析：问卷效度的验证方法有很多，如果将自己编制的问卷与现有的被证明效度不错的问卷做相关分析，相关系数越高，则说明自编量表的效度也不错，这种效度被称为相容效度。要注意的是案例中的问卷是五种人格，不能计算总分，所以需要对每一种人格分量表的效度进行单独检验。

第一步，依次选择【分析】→【相关】→【双变量】命令，进入【双变量相关性】对话框。这里先验证外向性因子的相容效度，其他因子效度的验证是一样的。将"外向性_问卷 A"和"外向性_问卷 B"两个变量同时放入【变量】列表框，如图 9.21 所示。因为两个变量都是连续性变量，这里默认系统选择的"皮尔逊"相关法，单击【确定】按钮，提交系统分析。

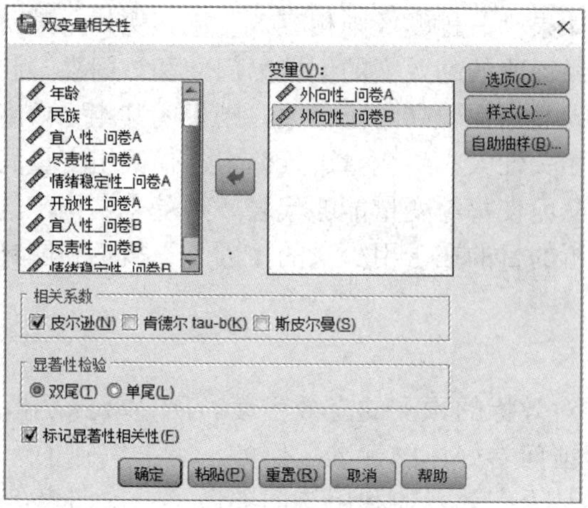

图 9.21　【双变量相关性】对话框

　　第二步，结果解释。图 9.22 为系统分析的主要结果，从图中可知两份问卷的外向性因子的相关系数 $r = 0.543$，其对应的概率 $p = 0.000$，即 $p < 0.05$，达到了统计学上的显著性水平，相关系数取值为[-1，1]。相容效度系数达到什么水平可以认为是效度高，目前还没有确定的标准，相关系数为 0.543，说明相关强度并不是非常高。但是对于一份自编问卷的初次调查来说，应该属于可以接受的范围，通常情况下，效度和问卷的题量有一定的关系，因为编制的问卷非常简短，这会在一定程度上影响问卷的效度。其他各个因子的效度有兴趣的读者可以按照该方法去分析。效度的验证方式有很多，这里介绍的只是其中的一种方式。

相关性

		外向性_问卷A	外向性_问卷B
外向性_问卷A	皮尔逊相关性	1	0.543[**]
	Sig.（双尾）		0.000
	个案数	43	43
外向性_问卷B	皮尔逊相关性	0.543[**]	1
	Sig.（双尾）	0.000	
	个案数	43	43

**. 在 0.01 级别（双尾），相关性显著。

图 9.22　效度分析结果

任务 9.2　SPSS 实现一元线性回归

任务描述

　　回归分析是研究一个变量与一个或多个变量之间的线性或非线性关系的一种统计分析方法。回归分析通过规定因变量和自变量来确定变量之间的因果关系，建立回归模型，并根据实测数据来估计模型的各个参数，然后评价回归模型是否能够很好地拟合实测数据；并可以根据自变量作进一步预测。本任务主要讨论回归分析的基本原理、拟合度检验和使用 SPSS 统计软件实现一元线性回归方程的过程。

9.2.1　回归分析概述

前面我们已经学习了相关分析，相关分析可以利用相关系数研究变量间的关系，但是它只能描述出变量间关系的强弱，如果想要通过一个变量的值去推测另一个变量的值，就需要用到回归分析了。回归分析是指通过构建变量之间的数学表达式来定量描述变量间关系的数学过程。在回归分析中，通常要确定出谁是自变量，谁是因变量，构建回归方程其实就是根据自变量去估计因变量取值的过程。一般而言，如果相关系数显示变量间存在较高的相关性，接下来便会进行回归分析，相关和回归都是研究变量间的关系的，是一个问题的两个方面，可以简单地理解为相关系数倾向于在质上判断变量间的关系强弱，而回归分析偏重在量上构建变量间的数量关系。有人简单地把回归分析当作研究事物的因果关系式，把自变量当成因，把因变量当成果，这是不严谨的。在本质上，回归分析只是研究变量间的相互依存的关系，至于这种依存关系是不是因果关系还需要严格控制其余条件后进行验证。

1. 变量间的两类关系

变量间的关系通常可以分为确定性关系和非确定性关系两大类。

1) 确定性关系

如果一个变量的取值能由另一个或若干个变量的值完全确定，则称这些变量间存在确定性关系或函数关系，此时，变量间的关系可用函数表示为

$$Y = f(X) \text{ 或 } F(X, Y) = 0$$
$$Y = f(X_1, X_2, \cdots, X_n) \text{ 或 } F(X_1, X_2, \cdots, X_n, Y) = 0$$

例如，当某商品的销售价格固定不变时，其销售收入 Y 则由销售量 X 确定，其销售收入与销售量的关系为确定性关系。

2) 非确定性关系

非确定性关系是指变量间虽然存在着密切相关性，但由于涉及的变量过多，关系过于复杂，人们暂时还不了解它们之间的精确函数关系；或者是受许多无法计量和控制的随机因素的影响，使变量间的关系呈现不确定性，即不能由一个或若干个变量的值确定另一个变量的值。在自然界和社会经济领域中，各种现象之间普遍存在着非确定性关系。例如，人的血压通常随年龄而增高，但同龄人的血压并不相同；在社会购买力不变的情况下，商品的销售量与其价格密切相关，但两者之间并不存在确定性关系；在炼钢过程中，钢水的含碳量与冶炼时间之间也存在着非确定性关系。

对于非确定性关系，虽然不能由某个或某组变量的取值完全确定另一个变量的值，但通过大量的观察或试验可以发现，这些变量之间存在着一定的统计规律。变量间的这类统计规律就称为相关关系或回归关系。

有关回归关系的理论、方法及其应用统称为回归分析。回归分析在生产、科研以及经济与管理等领域中有着非常广泛的应用，其中应用最为广泛的是线性回归模型。

2. 线性回归的数学模型

由于线性函数是最容易进行数学处理和分析的一类函数，并且在自然界和社会经济领域中，变量间普遍存在着线性相关关系，再加上许多非线性关系都可转化为线性关系来分

析，因此线性回归是应用最广泛的回归模型。线性回归也是回归分析的基础，所有非线性回归都要转化为线性回归才能分析和求解。

在介绍线性回归的概念之前，我们先来看一个简单的案例。

【例 9.8】 以三口之家为单位，某种食品在各月的家庭月均消费量 Y(千克)与其价格 X(元/千克)间的调查数据如表 9.6 所示(表中数据按价格做了递增排序)。试分析该种食品的家庭月平均消费量与价格间的关系。

表 9.6　某食品价格与家庭月均消费量的关系

价格 x_i	4.0	4.0	5.4	6.0	6.0	7.0	7.2	7.6	8.0	9.0	10
消费量 y_i	3.0	3.8	2.6	2.8	2.0	2.9	1.9	1.9	1.2	1.5	1.6

解　为找出该食品家庭月均消费量与价格间的大致关系，可在直角坐标平面上将所得的观察值 (x_i, y_i) 作一散点图，如图 9.23 所示。

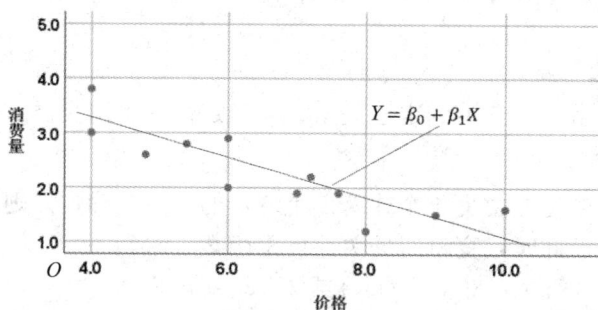

图 9.23　散点图

由图 9.23 可知，这些点都落在了一条直线附近，因此可以假定该食品的家庭月均消费量 Y 与价格 X 之间基本呈线性相关关系(负线性相关关系)。图 9.23 中各点与直线 $Y = \beta_0 + \beta_1 X$ 之间的偏差是由其他一些未加控制或无法控制的因素及观察误差所引起的，故可以建立 Y 与 X 之间相关关系的线性回归模型

$$Y = \beta_0 + \beta_1 X + \varepsilon \tag{9-9}$$

并称 X 为解释变量(自变量)，Y 为被解释变量(因变量成反应变量)；β_0 和 β_1 是模型中的未知参数，其中，β_0 为总体的 Y 截距、β_1 为总体斜率，ε 随机误差项，通常假设 $\varepsilon \sim N(0, \sigma^2)$，且假设 ε 与自变量 x 无关。式(9-9)就称为一元线性回归模型。

随机误差项产生的原因主要有以下几个方面：

(1) 模型中忽略的其他因素对 Y 的影响。

(2) 由于模型不正确所产生的偏差(例如，将某种非线性关系误设为线性关系)。

(3) 模型中包含了对被解释变量无显著影响的解释变量。

(4) 对变量的观察误差。

(5) 其他随机因素的影响(例如，人们的经济行为并不是严格按理性规则行事的，其本身就是一种随机现象)。

当 X 取不完全相同的 N 个值 $x_1, x_2, \cdots, x_N$ 进行试验时，得到被解释变量 Y 的一组观察值 $y_1, y_2, \cdots, y_N$，由式(9-9)，显然每一对观察值 (x_i, y_i) 有如下数据结构：

$$y_i = \beta_0 + \beta_1 x_i + \varepsilon_i \tag{9-10}$$

式中：ε_i 是第 i 次试验中其他因素和试验误差对 y_i 影响的总和。

一般地，若模型中含有 n 个解释变量，则相应的多元线性回归模型为

$$Y = \beta_0 + \beta_1 x_1 + \beta_2 x_2 + \cdots + \beta_n x_n + \varepsilon \tag{9-11}$$

式中：$\beta_j (j = 0, 1, 2, \cdots, n)$ 为模型中的 $n + 1$ 个未知参数。

3. 回归方程的构建步骤

尽管回归方程的种类繁多，但是其构建的步骤却具有一定的共性。

步骤 1：确定回归方程的变量。

在回归方程中，首先要确定方程的自变量(一般用 x 表示)和因变量(一般用 y 表示)，通过建立起 x 和 y 的回归方程可以知道，随着 x 的变化 y 将会有怎样的取值变化。一般情况下，自变量和因变量需要根据研究者的意图和理论假设设定。例如，有两个变量"科研投入"与"利润"，到底该选择谁为自变量和因变量？如果研究者想了解某种程度的科研投入能产生多大的利润，那么这里应该把"科研投入"设为自变量 x，把"利润"设置为因变量 y；但是如果研究者想了解要获得某种程度的利润需要多大的科研投入，就应该把"利润"设置为自变量 x，把"科研投入"设置为因变量 y。

步骤 2：确定回归模型种类。

通过散点图判断回归模型的性质，如果自变量和因变量之间存在的是线性关系，那么应该构建线性回归方程；如果散点图显示自变量和因变量之间的关系是非线性的，则应该进行非线性回归分析，构建非线性回归模型。当然还需要注意自变量的个数问题，如果是一个自变量，则构建一元回归方程；如果是多个自变量，则构建多元回归方程。

步骤 3：构建回归方程。

在一定的统计拟合准则下估算出回归模型中的各个参数，得到一个完整的模型。

步骤 4：对回归方程进行参数检验。

SPSS 会根据样本数据估算出回归模型的参数，同时对估算出的回归模型中的参数进行检验，研究者需要根据检验的结果对参数作出取舍。

步骤 5：利用回归方程进行预测。

有了回归模型后，便可以依照回归模型在某种条件下对因变量的取值进行预测了。

9.2.2　一元线性回归方程拟合度检验

在一元线性回归方程中，只有两个变量，一个为因变量，另一个为自变量，其回归方程可以表示为

$$Y = \beta_0 + \beta_1 X + \varepsilon$$

要构建一元线性回归模型，需要满足下列条件：

(1) 线性关系假设。y 和 x 在总体上具有线性关系，这个是最基本的假设。如果 y 和 x 的真正关系不是线性的，构建线性模型就没有什么意义了。

(2) 正态性假设。正态性假设是指回归分析中的 y 服从正态分布，即与某个 x 对应的系列 y 值可以构成 y 的一个子总体，这些子总体都需要服从正态分布。

(3) 独立性假设。首先一个 x 值对应的一组 y 值与另一个 x 值对应的一组 y 值之间彼此独立；另外，不同 x 所产生的误差之间应相互独立；最后，误差项与自变量 x 相互独立。

(4) 误差等分散性假设。特定 x 水平的误差，除了应呈现随机化的常态分配外，其变异量也应该是相等的。

当研究者建立回归模型后，紧接着要考虑这个模型是否有效？是否真正反映变量间线性关系？因此，建立回归模型后，要对它进行检验和评价。

1. 回归模型的有效性检验

回归模型的有效性检验就是对求得的回归方程进行显著性检验，看其是否真实地反映了变量间的线性关系。线性回归模型的有效性检验通常使用方差分析的思想和方法进行。总平方和 SST 反映了因变量 y 的波动程度或者不确定性，它可以分解成回归平方和 SSR 和误差平方和 SSE，即 SST = SSR + SSE。其中，SSR 是由回归方程确定的，即由自变量 x 可以解释的部分，SSE 是由自变量 x 之外的因素引起的波动。当 SSR 越大，即 SSE 越小时，说明估计的一元线性方程与原始数据的线性关系越吻合；当 SSE 为 0 时，SST = SSR，说明所有原始数据的点都被成功地拟合成了一条直线。所以，考查 SSR 是否显著大于 SSE，可以证明拟合的方程是否真实反映自变量和因变量的线性关系。但 SSR 到底要大 SSE 多少才算是显著的大呢？可以参照方差分析思想构建出 F 统计量进行检验，即

$$F = \frac{\text{SSR}/1}{\text{SSR}/(n-2)} \tag{9-12}$$

式中：SSR 为回归平方和；SSE 为误差平方和；n 为样本数。F 统计量服从第一个自由度为 1、第二个自由度为 $n-2$ 的 F 分布。如果 F 值达到显著水平，意味着自变量造成因变量的变动要远远大于随机因素对因变量造成的影响，亦即因变量与自变量间存在显著的线性关系。SPSS 在回归输出结果的"ANOVA"表中给出 SST、SSR、SSE 的值及其自由度，并且计算出 F 统计量以及 F 值对应的概率 p 值。

2. 回归系数的显著性检验

一元线性回归方程需要检验两个参数 $\hat{\beta}_0$ 和 $\hat{\beta}_1$，常数项 $\hat{\beta}_0$ 的检验一般通过 t 检验来完成，其统计量为

$$t = \frac{\hat{\beta}_0 - \beta_0}{\text{SE}(\hat{\beta}_0)} \tag{9-13}$$

式中：$\text{SE}(\hat{\beta}_0)$ 为 $\hat{\beta}_0$ 的标准误差。

回归系数 $\hat{\beta}_1$ 的检验同样也是通过 t 检验来完成，其统计量为

$$t = \frac{\hat{\beta}_1 - \beta_1}{\text{SE}(\hat{\beta}_1)} \tag{9-14}$$

式中：$\text{SE}(\hat{\beta}_1)$ 为 $\hat{\beta}_1$ 的标准误差。

SPSS 在"系数"输出表中给出 $\hat{\beta}_0$ 和 $\hat{\beta}_1$ 的标准与非标准化估计值，同时给出两个系数检验的统计量 t 以及 t 值的显著性水平 p 值。

3. 决定系数 R^2 的估计

前面提到总平方和 SST 反映了因变量 y 的波动程度或者不确定性，它可以分解成回归

平方和 SSR 与误差平方和 SSE，即 SST = SSR + SSE。SSR 是由自变量 x 造成的，SSE 是由 x 以外的因素造成的。回归直线拟合的好坏取决于 SSR 以及 SSE 的大小，或者说，取决于回归平方和 SSR 占总平方和 SST 的比例大小。因为各观测值越靠近直线，SSR 占 SST 的比例就越大，直线拟合就越好，因此，将回归平方和占总平方和的比例称为判定系数，记为 R^2。判定系数度量了回归直线对观测数据的拟合程度，所以常被称为拟合优度检验，公式为

$$R^2 = \frac{SSR}{SST} = 1 - \frac{SSE}{SST} \tag{9-15}$$

判定系数的取值范围为[0，1]，当 R^2 为 0 时，说明 y 的变化与 x 无关；当 $R^2 = 1$ 时，所有的观测点都落在回归直线上，此时 SSE = 0，直线的拟合度是最好的。可见，R^2 越接近 1，说明回归平方和占总平方和的比例越大，回归直线与各观测点越接近，x 能解释 y 值的变差部分就越多，回归直线的拟合程度就越好；相反，R^2 越接近 0 时，回归直线的拟合程度就越差。在一元线性回归中，判定系数 R^2 是自变量和因变量相关系数 r 的平方。SPSS 可以输出复相关系数 R，判定系数 R^2，以及调整后的 R^2 等数据。

9.2.3　SPSS 实现一元线性回归方程

【例 9.9】表 9.7 记录了 1985—2014 年我国国内生产总值与全社会固定资产投资的数据。试用 SPSS 软件工具为国内生产总值与全社会固定资产投资构建一元线性回归方程。

表 9.7　1985—2014 年我国国内生产总值与全社会固定资产投资数据

年份	国内生产总值/亿元	固定资产投资/亿元	年份	国内生产总值/亿元	固定资产投资/亿元	年份	国内生产总值/亿元	固定资产投资/亿元
1985	9099	2543	1995	61 340	20 019	2005	187 319	88 774
1986	10 376	3121	1996	71 814	22 914	2006	219 439	109 998
1987	12 175	3792	1997	79 715	24 941	2007	270 232	137 324
1988	15 180	4754	1998	85 196	28 406	2008	319 516	172 828
1989	17 180	4410	1999	90 564	29 855	2009	349 081	224 599
1990	18 873	4517	2000	100 280	32 918	2010	413 030	251 684
1991	22 006	5595	2001	110 863	37 213	2011	489 301	311 485
1992	27 195	8080	2002	121 717	43 500	2012	540 367	374 695
1993	35 673	13 072	2003	137 422	55 567	2013	595 244	446 294
1994	48 638	17 042	2004	161 840	70 477	2014	643 974	512 021

第一步，打开或新建数据文件后，依次选择【分析】→【回归】→【线性】命令，进入【线性回归】对话框。在左侧的候选变量列表框中选择"国内生产总值"，将其添加到【因变量】列表框中，选择"全社会固定资产投资"并添加到【自变量】列表框中，如图 9.24 所示。然后单击【确定】按钮，提交系统分析。

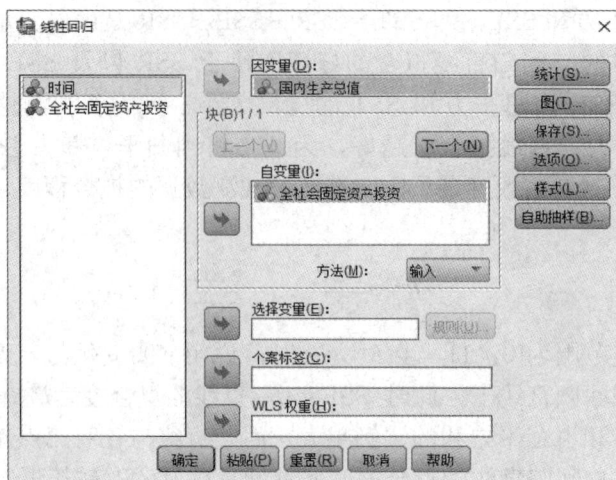

图 9.24　【线性回归】对话框

第二步，结果解释。

(1) 方程拟合度检验。图 9.25 表示的是回归方程的拟合度，从图中所示的结果我们可以看出复相关系数 $R = 0.987$。复相关系数和相关系数类似，反映的是自变量和因变量间的密切程度，其数值在 0～1 之间，越大越好。当只有一个自变量时，其值和自变量与因变量的相关系数一致。决定系数 $R^2 = 0.974$，它是复相关系数的平方，说明该回归模型自变量"全社会固定资产投资"可以解释因变量"国内生产总值"97.4%的变异，提示拟合效果很好。

模型摘要

模型	R	R 方	调整后 R 方	标准估算的错误
1	0.987[a]	0.974	0.973	31343.468

a. 预测变量: (常量), 全社会固定资产投资

图 9.25　模型拟合优度

(2) 模型显著性检验。图 9.26 表示的是模型检验结果，可以看出是一个标准的方差分析表。从"平方和"一栏可以看出总平方和(SST，即表上的总计)、组间平方和(SSR，即表上的回归)和组内平方和的大小(SSE，即表上的残差)；从"自由度"一栏可以知道各个部分的自由度。各自的平方和除以其自由度便得到了"均方"一栏的数据，F 值就是组间(回归)均方除以组内(残差)均方的取值。从结果上看，$F = 1037.144$，其检验的概率水平 $p = 0.000$，小于 0.05 的显著性水平，说明一元线性回归模型在 0.05 的显著水平上有统计意义。

ANOVA[a]

模型		平方和	自由度	均方	F	显著性
1	回归	1.019E+12	1	1.019E+12	1037.144	0.000[b]
	残差	2.751E+10	28	982412997.2		
	总计	1.046E+12	29			

a. 因变量: 国内生产总值

b. 预测变量: (常量), 全社会固定资产投资

图 9.26　模型显著性检验

(3) 回归系数检验及方程构建。图 9.27 为线性回归模型的系数估计，系统给出了未标准化回归系数，同时也给出了标准化的回归系数。t 值为回归系数检验的统计量，显著性为该统计量的显著性水平 P 值。一般情况下，在构建方程时，常数项不管显著与否都保留其数值，该例常数项的显著性检验统计量 $t = 5.750$，其 $p = 0.000$，小于 0.05；自变量的回归系数的显著性水平检验统计量 $t = 32.205$，其 $p = 0.000$，也小于 0.05，因此，两个系数都应该给予保留。

系数^a

模型		未标准化系数		标准化系数		
		B	标准错误	Beta	t	显著性
1	(常量)	40762.310	7088.591		5.750	0.000
	全社会固定资产投资	1.320	0.041	0.987	32.205	0.000

a. 因变量：国内生产总值

图 9.27　回归系数检验

自变量的回归系数一般采用未标准化系数，可以根据上述结果构建起全社会固定资产投资(x)和国内生产总值(y)的方程，即

$$y = 1.32x + 40762.310 \tag{9-16}$$

当然也可以构建标准化的方程，即

$$y = 0.987x \tag{9-17}$$

在标准化方程中，标准化系数等于自变量和因变量的 Pearson 相关系数。

如果想要从数据上了解两变量的关系强度，可以看标准化回归系数，因为 $|\beta| \leqslant 1$，绝对值越靠近 1，说明自变量与因变量关系越紧密，这和 Pearson 相关系数的含义一样。如果打算根据自变量的取值预测因变量的值，需要采用非标准化系数方程，即公式(9-16)。例如，当全社会固定资产投资 x 取值 100 000(亿元)时，则国内生产总值

$$y = 1.32 \times 100\,000 + 40\,762.31 = 172\,762.31$$

任务 9.3　SPSS 实现多元线性回归

任务描述

多元线性回归也称为多重线性回归分析，是最为常用的一种回归分析方法。多重线性回归分析涉及多个变量，它用来处理一个因变量与多个自变量之间的线性关系，建立变量之间的线性模型并根据模型作评价和预测。本任务主要讨论多元线性回归分析的原理、验证方法和使用 SPSS 统计软件工具实现多元线性回归方程的过程。

9.3.1　多元线性回归方程的原理

在多元线性回归方程中，有一个因变量和多个自变量，其回归方程可以表示为

$$Y = \beta_0 + \beta_1 x_1 + \beta_2 x_2 + \cdots + \beta_n x_n + \varepsilon$$

式中：β_0 为常数项或者截距；β_1，β_2，$\cdots$，β_n 为回归系数，也叫作偏回归系数，表示在其他变量固定不变的情况下，x_i 每改变一个单位所引起的因变量 y 的平均改变量；ε 是随机误差，与一元线性回归的假设类似。

如果 β_0，β_1，β_2，$\cdots$，β_n 是已知的，对于给定的任何一组 x_1，x_2，$\cdots$，x_n 值，利用公式就能计算出 y 的估计值。但是总体回归参数 β_0，β_1，β_2，$\cdots$，β_n 是未知的，只能通过样本数据对 β_0，β_1，β_2，$\cdots$，β_n 进行估计，分别用 $\hat{\beta}_0$，$\hat{\beta}_1$，$\hat{\beta}_2$，$\cdots$，$\hat{\beta}_n$ 代替回归方程中的参数 β_0，β_1，β_2，$\cdots$，β_n 这时就得到了估计的回归方程，即根据样本数据求出估计的回归方程，可以表达为

$$Y = \hat{\beta}_0 + \hat{\beta}_1 x_1 + \hat{\beta}_2 x_2 + \cdots + \hat{\beta}_n x_n + \varepsilon \tag{9-18}$$

多元线性回归模型中偏回归系数的估计同样采用最小二乘法，通过使因变量的观察值与估计值之间的残差平方和达到最小，求得 $\hat{\beta}_0$，$\hat{\beta}_1$，$\hat{\beta}_2$，$\cdots$，$\hat{\beta}_n$ 的值。因为计算过程复杂，有兴趣的读者可以参考相关教材了解其中的详细求解过程，而这一过程 SPSS 只需要十分简单的操作便可以估算出来了。

9.3.2　多元线性回归方程拟合度检验

1. 回归模型的有效性检验

与一元线性方程类似，多元线性回归方程的显著性检验利用方差分析的思想和方法通过 F 检验完成，即

$$F = \frac{\mathrm{SSR} / k}{\mathrm{SSE} / (n-k-1)} \tag{9-19}$$

式中：SSR 为回归平方和；SSE 为误差平方和；n 为样本数；k 为自变量个数。F 统计量服从第一个自由度为 k，第二个自由度为 $n-k-1$ 的 F 分布。同样的，如果 F 值到达显著水平，说明构建的回归方程是成立的，即自变量和因变量间存在线性关系。

2. 回归系数的显著性检验

与一元线性回归方程一样，采用 t 检验检验各个系数是否显著大于 0，即

$$t = \frac{\hat{\beta}_i - \beta_i}{\mathrm{SE}(\hat{\beta}_i)} \tag{9-20}$$

式中：$\mathrm{SE}(\hat{\beta}_i)$ 为各个 $\hat{\beta}_i$ 对应的标准误差。SPSS 在回归系数输出表中给出常数项 $\hat{\beta}_0$ 值以及 $\hat{\beta}_i$ 的标准与非标准化估计值，同时给出回归系数检验的统计量 t 以及 t 值的显著性水平 p 值。

在建立多元回归模型时，通常希望以最少的变量构建最简洁的模型，那么这就涉及变量的筛选问题。SPSS 提供了以下几种变量的筛选方法。

(1) 输入法(Enter)，也叫强制进入法。这种方法是系统默认的方法，是将所有变量都引进方程，不管显著性与否都不会剔除任何变量，因此被称为强制进入法。如果研究者在研究前已经依据自己的理论假设强制构建确定自变量数目的方程，那么可以根据自己的理论假设将需要的变量按序放入方程。

(2) 向前法(Forward)。这种方法是不断将变量加入回归方程中。首先，选择与因变量

相关最高的自变量进入方程并做检验，如果检验显著，则在剩下的变量中选择与因变量偏相关系数最高并通过显著性检验的变量进入回归方程，再做检验。这一过程一直持续到没有符合条件的变量进入为止。

(3) 向后法(Backward)。这种方法是不断剔除回归方程中的变量。首先，将所有的变量全部引入回归方程，并对回归方程进行检验；然后，剔除不显著的回归系数中的 t 值最小的自变量并重新做检验。如果新方程里所有变量的回归系数都显著，则方程构建完成，否则就一直持续以上步骤直到没有变量可剔除为止。

(4) 步进法(Stepwise)，也叫逐步法，实际上是向前法和向后法的综合而成的。向前法是变量只进不出，即变量一旦进入就不再被剔除；向后法是变量只出不进，即变量不断地被剔除。而逐步法是在向前法的基础上加上向后法的策略，具体思路是先依据相关性高低依次引进变量，如果检验发现已引进的自变量系数因为某种原因(常见的是多重共线性问题)不再显著，那么，这样的变量仍旧会被剔除。

(5) 删除法(Remove)。SPSS 可以提供多层回归分析模式，即把某一些变量合在一起，称为"组块"，几个变量可以组成若干"组块"，它们以"组块"的整体模式进入方程，这个过程可以通过 SPSS 回归界面的"下一张(层)"完成，有多少个"组块"就有多少层。各个组块可以选用不同的方法筛选变量，如果某个组块采用删除法，则一旦这个组块未能达到统计标准将会被整体删除。

3. 决定系数 R^2 的估计

多元线性回归方程判定系数 R^2 的计算和一元线性回归是类似的，其公式为

$$R^2 = \frac{\text{SSR}}{\text{SST}} = 1 - \frac{\text{SSE}}{\text{SST}} \tag{9-21}$$

与一元线性回归一样，R^2 越接近 1，回归直线拟合程度越高；反之，R^2 越接近 0，拟合程度越小。但是，判定系数 R^2 的大小受到自变量个数的影响，一般随着自变量个数的增多，R^2 就会增大。由于增加自变量个数引起的 R^2 增大与方程的拟合好坏无关，因此，统计学家提出公式对其加以修正，即

$$R_n^2 = 1 - (1 - R^2)\frac{n-1}{n-k-1} \tag{9-22}$$

式中：R_n^2 为多重判定系数；SPSS 输出结果称其为调整的 R^2(Adjusted R^2)；n 为样本数；k 为自变量的个数。R_n^2 度量了回归直线对观测数据的拟合程度，被称为拟合优度检验；而 R_n^2 的平方根被称为多重相关系数 R，也称为复相关系数，它度量的是因变量与 k 个自变量的相关程度。

4. 多重共线性

多元线性回归常常包含两个或两个以上的自变量，而这些自变量有可能因为彼此相关性较高而存在某种线性关系，这个时候，某个自变量往往可以用其他自变量的线性函数来表示，这种现象被称为多重共线性(Multi-Collinearity)。共线性问题是多元线性回归中的一个常见问题，它经常会让我们误判自变量和因变量间的关系。衡量多重线性回归的指标有以下几个：

(1) 容忍度(Tolerance)：容忍度越小，则说明被其他自变量预测的精度越高，多重共线

性越严重；如果容忍度小于 0.1，就存在严重的多重共线性。

(2) 方差膨胀因子(Variance Inflation Factor，VIF)：是容忍度的倒数，数值越大，多重共线性越严重，一般不应该大于 5，大于 10 时，提示有严重的多重共线性。

(3) 特征值(Eigenvalue)：特征值越接近 0，则提示多重共线性越严重。

(4) 条件指标(Condition Index)：当某些维度的条件指数大于 30 时，则提示存在多重共线性。

9.3.3　SPSS 实现多元线性回归方程

【例 9.10】　表 9.8 记录了某公司 30 名员工的信息，包括教育水平(指接受教育年限)、雇佣时间(指进入该公司的工作时间)、行业经验(指从事该行业的时间)。试研究该公司员工的年薪是否受到其教育水平、雇佣时间、行业经验的影响，如果有，是否能够将它们构建起回归模型？如果可以，最终构建的模型是怎样的？

表 9.8　某公司 30 名员工的信息表

编号	年薪/元	教育水平/年	雇佣时间/月	行业经验	编号	年薪/元	教育水平/年	雇佣时间/月	行业经验
1	479 880	21	96	199	16	210 060	19	91	68
2	360 000	20	73	150	17	209 880	17	83	9
3	315 000	21	83	258	18	209 880	18	75	74
4	284 940	19	86	150	19	209 880	19	67	99
5	270 000	19	96	120	20	209 880	19	65	129
6	270 000	18	66	50	21	209 880	17	93	207
7	264 600	16	66	128	22	202 500	19	81	62
8	261 000	19	83	156	23	202 500	12	74	272
9	255 060	19	65	54	24	198 000	19	68	9
10	254 880	19	85	134	25	198 000	19	64	27
11	239 940	19	96	175	26	198 000	19	78	45
12	225 000	18	88	264	27	194 940	18	80	29
13	220 500	19	80	199	28	194 940	16	77	264
14	217 440	18	78	149	29	194 940	18	75	125
15	210 240	19	67	75	30	194 940	19	69	81

案例分析：这里研究的是某个因素受到多个因素影响的问题，即因变量只有 1 个，而自变量有多个，我们可以采用多元回归方程命令来解决此类问题。

解法一　采用逐步法构建回归方程。

第一步，打开数据、依次选择【分析】→【回归】→【线性】命令，进入【线性回归】对话框。因为研究的是年薪的影响因素，所以"年薪"被假设为因变量，而影响因素就被假设为自变量。因此，这里把"年薪"放入【因变量】列表框，把"教育水平""雇佣时间"和"行业经验"放到【块】列表框，在【方法】下拉列表框中选择"步进"法，如图9.28 所示。

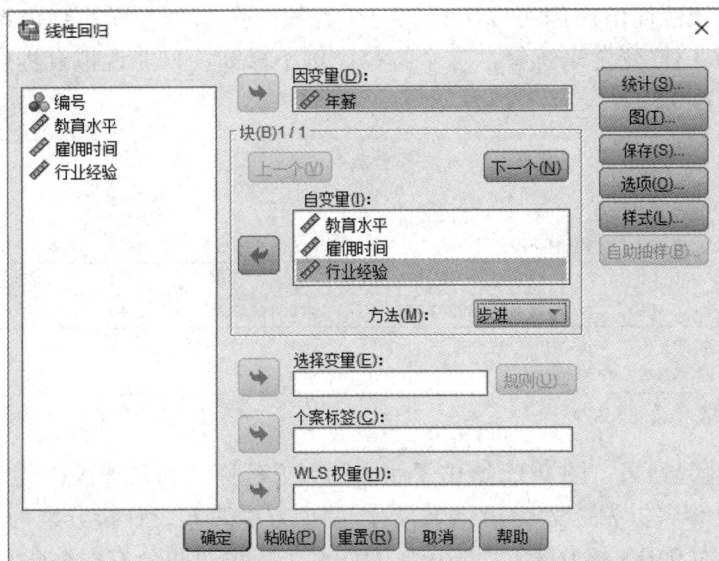

图 9.28 【线性回归】对话框

第二步，单击【统计】按钮进入【线性回归：统计】对话框，逐步法通常会构建多个方程，需要从中选出拟合程度更好的方程，这里选中【R 方变化量】复选框作为方程筛选的一个标准。而多元回归方程中，因为存在多个自变量，需要研究各个自变量间是否存在共线性问题，因此在默认选项的基础上选中【共线性诊断】复选框，如图 9.29 所示。然后单击【继续】按钮，回到上一层对话框。最后单击【确定】按钮，提交系统分析。

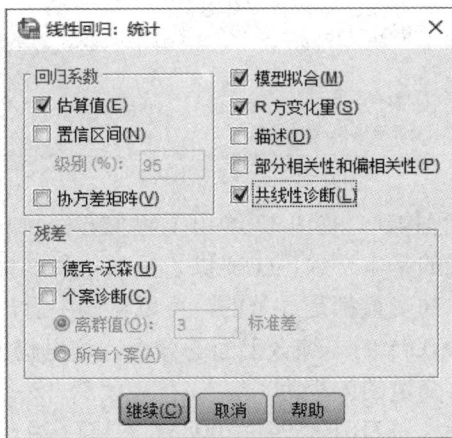

图 9.29 【线性回归：统计】对话框

第三步，结果解释。

(1) 方程拟合度检验。图 9.30 给出了方程模型的汇总信息，从这里可看到系统拟合了两个回归方程，我们需要从这些方程中选择最优的方程模型。从数据上看，第一个方程的

判定系数 R^2 是 0.201，第二个方程的判定系数 R^2 是 0.371，第二个方程的判定系数大于第一个 0.17(R^2 变化量)，该变化量达到了统计学上的显著水平($p=0.012<0.05$)，我们可以初步选定第二个方程。如果第二个方程在增加了自变量后与第一个方程判定系数相比，其 R^2 变化量不显著，依照简洁原则可以选择第一个方程。第二个方程的判定系数说明年薪有 37.1% 的变异可以由自变量来解释，这个解释比例不算高，只能说拟合程度可以接受，调整后的判定系数为 0.325，与 R^2 接近。

模型摘要

模型	R	R 方	调整后 R 方	标准估算的错误	R 方变化量	F 变化量	自由度 1	自由度 2	显著性 F 变化量
					更改统计				
1	0.448[a]	0.201	0.172	55129.966	0.201	7.042	1	28	0.013
2	0.609[b]	0.371	0.325	49802.757	0.170	7.310	1	27	0.012

a. 预测变量：(常量)，教育水平
b. 预测变量：(常量)，教育水平，行业经验

图 9.30　模型拟合度检验

(2) 显著性检验结果。图 9.31 给出了两个回归方程模型的显著性检验结果，其解读和一元回归方程是一样的。从方差分析结果来看，两个方程的 F 统计量分别为 7.042 和 7.970，相应的 P 值分别为 0.013 和 0.002，都小于 0.05 水平，说明两个方程都在 0.05 的显著水平上有统计学意义，即两个方程的线性关系都是显著的。

ANOVA[a]

模型		平方和	自由度	均方	F	显著性
1	回归	2.140E+10	1	2.140E+10	7.042	0.013[b]
	残差	8.510E+10	28	3039313199		
	总计	1.065E+11	29			
2	回归	3.953E+10	2	1.977E+10	7.970	0.002[c]
	残差	6.697E+10	27	2480314622		
	总计	1.065E+11	29			

a. 因变量：年薪
b. 预测变量：(常量)，教育水平
c. 预测变量：(常量)，教育水平，行业经验

图 9.31　模型显著性检验

(3) 回归系数检验及方程构建。图 9.32 给出了两个方程回归系数检验的多项结果，其结果的解答和一元回归方程的基本一致，也提供了标准化和非标准化回归系数及其检验情况。逐步分析法纳入方程中的变量都是显著的，可以从图中看出，纳入两个方程的自变量的显著性水平 P 值都是小于 0.05 的。综合上面的分析，这里仍旧倾向于采纳第二个模型，所以可以构建起因变量和自变量的方程为

$$y = -171817.594 + 20088x_1 + 327.624x_2$$

式中：y 指 "年薪"；x_1 指 "教育水平"；x_2 指 "行业经验"。

如果一个人的教育水平和行业经验已知，就可以通过公式预测出其年薪水平。当然，也可以构建其标准化的回归方程，即

$$y = 0.548x_1 + 0.424x_2$$

系数[a]

模型		未标准化系数		标准化系数	t	显著性	共线性统计	
		B	标准错误	Beta			容差	VIF
1	(常量)	-63580.909	114427.299		-0.556	0.583		
	教育水平	16438.636	6194.769	0.448	2.654	0.013	1.000	1.000
2	(常量)	-171817.594	110850.872		-1.550	0.133		
	教育水平	20088.830	5756.708	0.548	3.490	0.002	0.945	1.058
	行业经验	327.624	121.172	0.424	2.704	0.012	0.945	1.058

a. 因变量：年薪

图 9.32　回归系数检验

如果想要了解哪个因素对因变量的影响更大，可以比较标准化回归方程中自变量的标准化回归系数。例如，该例中教育水平的标准化回归系数 $\beta_1 = 0.548$，行业经验的标准化回归系数 $\beta_2 = 0.424$，可以看出该例子中教育水平对年薪的影响要比行业经验大一些。

(4) 共线性分析。通常情况下，多元线性回归分析需要分析变量之间是否有共线性问题。从图 9.33 可以看出，容忍度(即容差)接近 1，VIF 的值较小，都提示变量之间不存在多重线性问题。而图 9.34 的特征值也不等于 0，条件指标(即条件索引)小于 30，这些条件也说明了变量之间多重线性问题不严重。总之，本例的回归模型共线性的问题不严重。

排除的变量[a]

模型		输入 Beta	t	显著性	偏相关	容差	VIF	最小容差
1	雇佣时间	0.263[b]	1.579	0.126	0.291	0.974	1.027	0.974
	行业经验	0.424[b]	2.704	0.012	0.462	0.945	1.058	0.945
2	雇佣时间	0.094[c]	0.536	0.597	0.104	0.776	1.289	0.753

a. 因变量：年薪
b. 模型中的预测变量：(常量)，教育水平
c. 模型中的预测变量：(常量)，教育水平，行业经验

图 9.33　排出的变量分析

共线性诊断[a]

模型	维	特征值	条件指标	(常量)	教育水平	行业经验
1	1	1.996	1.000	0.00	0.00	
	2	0.004	22.693	1.00	1.00	
2	1	2.792	1.000	0.00	0.00	0.03
	2	0.204	3.695	0.00	0.01	0.88
	3	0.004	28.159	0.99	0.99	0.09

a. 因变量：年薪

图 9.34　共线性诊断

解法二　采用输入法构建回归方程。

输入法的步骤和步进法基本一样，它们的不同主要体现在结果的解答上。现把例 9.7 用输入法进行分析，其他步骤和步进法一样，因此，省略具体的操作步骤，只呈现结果进行解释。

输入法是指无论自变量的回归系数显著还是不显著都强制把自变量留在方程中，所

以，它只建立一个回归模型，从图 9.35 所示。回归方程的判定系数 $R^2 = 37.8$，说明自变量能解释因变量 37.8%的变差，调整的判定系数 $R^2 = 30.6$，和逐步法获得的 R^2 相差不大。从图 9.36 可知，方程显著性检验的统计量 $F = 5.268$，$p = 0.006 < 0.05$，说明方程达到了统计学上的显著水平。

模型摘要

模型	R	R 方	调整后 R 方	标准估算的错误	更改统计				
					R 方变化量	F 变化量	自由度 1	自由度 2	显著性 F 变化量
1	0.615[a]	0.378	0.306	50473.610	0.378	5.268	3	26	0.006

a. 预测变量：(常量)，行业经验，教育水平，雇佣时间

图 9.35　模型拟合度检验

ANOVA[a]

模型		平方和	自由度	均方	F	显著性
1	回归	4.027E+10	3	1.342E+10	5.268	0.006[b]
	残差	6.624E+10	26	2547585278		
	总计	1.065E+11	29			

a. 因变量：年薪

b. 预测变量：(常量)，行业经验，教育水平，雇佣时间

图 9.36　模型显著性检验

回归系数的显著性检验如图 9.37 所示，只有教育水平 ($t = 3.147$，$p = 0.004 < 0.05$) 和行业经验 ($t = 2.140$，$p = 0.042 < 0.05$) 两个变量具有统计学上的显著性。但是因为采用的是输入法，无论是否显著都将自变量保留下来，因此，可以构建其年薪和其他几个自变量的回归方程，即

$$y = -194599.728 + 19158.701x_1 + 562.949x_2 + 294.412x_3$$

式中：y 是"年薪"；x_1，x_2，x_3 分别表示"教育水平""雇佣时间"和"行业经验"。

或者构建标准化回归方程，即

$$y = 0.522x_1 + 0.094x_2 + 0.381x_3$$

式中：各自变量指代与前面相同。

系数[a]

模型		未标准化系数		标准化系数	t	显著性	共线性统计	
		B	标准错误	Beta			容差	VIF
1	(常量)	-194599.728	120122.187		-1.620	0.117		
	教育水平	19158.701	6087.070	0.522	3.147	0.004	0.868	1.152
	雇佣时间	562.949	1050.733	0.094	0.536	0.597	0.776	1.289
	行业经验	294.412	137.563	0.381	2.140	0.042	0.753	1.328

a. 因变量：年薪

图 9.37　回归系数检验

9.3.4　SPSS 实现二元 Logistic 回归方程

前面我们介绍的线性回归方程有一个特征，即因变量是连续性变量。但是有时因变量

可能不是连续的，它可能是二分数据(例如是否患有某种疾病、是否辍学、是否离婚等)，如果我们想用预测变量对其进行预测，就需要用到二元 Logistic 回归。有的因变量数据可能不止一个分类(例如患者在选择医院上，有医院 1、医院 2、医院 3 和医院 4 四种选择)，要用预测变量预测，则需要采用多元 Logistic 回归；还有的是多个分类，同时这些分类还存在明显的等级或顺序之分(例如药物的疗效分为无效、有效、痊愈 3 个水平)，如果我们要用预测变量预测，则需要采用多元有序 Logistic 回归。使用较为频繁的是二元 Logistic 回归，多元 Logistic 回归和多元有序 Logistic 回归也是利用二元 Logistic 回归的思路进行构建的。在这里我们只介绍二元 Logistic 回归。

【例 9.11】　研究者想要研究影响抑郁症的因素，搜集了相应的数据，其中部分数据见表 9.9。数据记录了是否被诊断为抑郁症、性别、家族史(直系亲属是否有人患有抑郁症)和抑郁气质(一种气质类型)四个变量。试构建抑郁症与其他三个变量的回归方程。

表 9.9　研究抑郁症影响因素的部分数据表

抑郁症	性别	家族史	抑郁气质	抑郁症	性别	家族史	抑郁气质
1	男	有	89	0	男	无	34
1	女	无	70	0	女	无	54
1	女	有	50	0	男	无	23
1	女	无	45	0	男	无	76
1	女	有	79	0	男	有	54
1	女	有	83	0	男	无	34
1	女	有	75	0	男	无	20
1	男	无	50	0	女	无	15
1	女	无	30	0	男	无	37
1	女	无	65	0	男	无	27
1	女	有	70	0	男	无	28
1	男	有	69	0	女	有	60
1	男	无	87	0	男	无	20
1	男	有	85	0	女	有	60
1	男	有	90	0	男	无	32

案例分析：抑郁症为二分变量，0 为否，1 为是，欲构建回归方程应该选用二元 Logistic 回归。自变量性别和家族史也是二分变量(离散变量)，但自变量抑郁气质为连续变量，对于自变量，Logistic 回归没有要求，既可以是离散的也可以是连续的。

第一步，打开或新建数据文件后，依次选择【分析】→【回归】–【二元 Logistic】命令，进入【Logistic 回归】对话框，把抑郁症放入【因变量】列表框，把性别、家族史，抑郁气质三个变量放入【协变量】列表框，【方法】默认选择【输入】，如图 9.38 所示。方法的选择类似一般多元线性回归，有兴趣的读者可以参考相应资料，这里不做详细介绍。

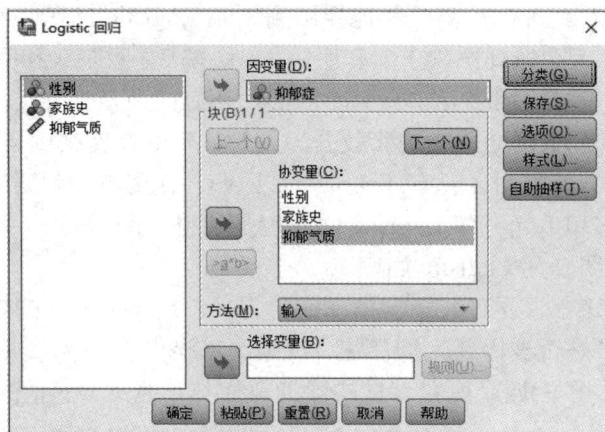

图 9.38　【Logistic 回归】对话框

第二步，因为性别和家族史都是离散变量(分类)，其中性别 0 为女，1 为男，家族史 0 为无，1 为有，它们本身是没有顺序的，要对其进行必要的设置，建立比较的基础，这是 Logistic 回归很重要的一步。单击【分类】按钮进入其对话框，将性别和家族史放进【分类协变量】框，在【更改对比】选项组中选择默认的对比方法【指示符】，【参考类别】默认选择【最后一个】，意思是以最后一个取值作为比较的标准，如图 9.39 所示。因为性别取值最后一个是 1，所以是以男为标准，而家族史的最后一个取值也为 1，意指以有家族史为比较标准。如果要改成"第一个"，则需要选中【第一个】单选按钮并且单击【变化量】按钮，此时自变量后会生成一个英文单词"first"，变量"家族史"后添加了【指示符(first)】。这里选用【最后一个】作为参考类别，单击【继续】按钮，回到上一层对话框。

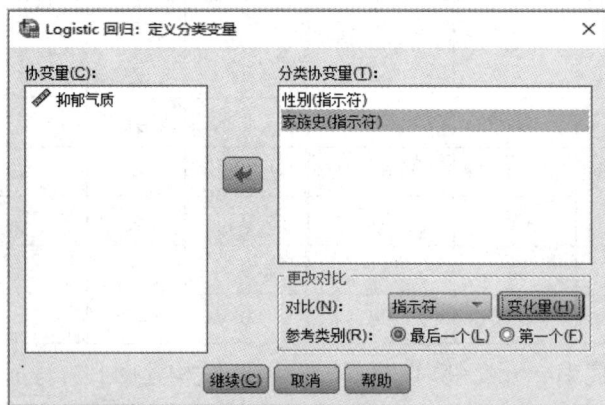

图 9.39　【定义分类变量】对话框

第三步，单击【选项】进入其对话框，选中【霍斯默-莱梅肖拟合优度】和【Exp(B) 的置信区间】复选框，Exp(B)的置信区间默认为 95%，如图 9.40 所示。然后单击【继续】按钮，回到上一层对话框。最后单击【确定】按钮，提交系统分析，系统将会生成一系列的表格，这里只摘取重要的表格加以说明。

图 9.40   【选项】对话框

第四步，结果解释。

(1) 预测比例。图 9.41 表示没有引入自变量时，即仅含有常数项时的正确预测结果。此例中的正确预测结果是 50%，指的是在 60 个观察个体中，判定为抑郁症和未判定为抑郁症的人各有 30 人，假如都判定为抑郁症，则可以得到正确预测百分比率是 50%，图 9.42 是加入了自变量时的正确预测百分比，达到了 81.7%。

分类表[a,b]

			预测		
			抑郁症		
实测			否	是	正确百分比
步骤 0	抑郁症	否	0	30	0.0
		是	0	30	100.0
	总体百分比				50.0

a. 常量包括在模型中。
b. 分界值为 0.500

图 9.41   分类表(1)

分类表[a]

			预测		
			抑郁症		
实测			否	是	正确百分比
步骤 1	抑郁症	否	23	7	76.7
		是	4	26	86.7
	总体百分比				81.7

a. 分界值为 0.500

图 9.42   分类表(2)

(2) 模型拟合优度检验。从图 9.43 可以看出，-2 对数似然值($-2LL_s$)为 47.501，该值越接近 0，说明模型越好。考克斯-斯奈尔 R 方(CoxSnell R^2)为 0.448，内戈尔科 R 方(Nagelkerke R^2)为 0.589，这两个指标类似一般回归方程的 R^2，但是其检验效力并不如 R^2，因此使用也不如它普及，相比较而言，我们更多的是参考霍斯默-莱梅肖(Hosmer-Lemeshow)检验。由图 9.44 可知，霍斯默-莱梅肖拟合优度检验发现卡方值为 12.095，显著性 $p = 0.097 > 0.05$，说明拟合度较好。

模型摘要

步骤	-2 对数似然	考克斯-斯奈尔 R 方	内戈尔科 R 方
1	47.501[a]	0.448	0.598

a. 由于参数估算值的变化不足 0.001，因此估算在第 5 次迭代时终止。

图 9.43   模拟摘要

霍斯默-莱梅肖检验

步骤	卡方	自由度	显著性
1	12.095	7	0.097

图 9.44   霍斯默-莱梅肖检验

(3) 回归系数检验及解释。图 9.45 是最关键的表格,从图中可以看到三个自变量的回归系数、标准误差、瓦尔德(Wald)检验统计量、显著性、EXP(B)值以及其 95%的置信区间。经过检验后,性别和抑郁气质的回归系数是显著的(p 值分别为 0.034 和 0.000,小于显著性水平 0.05),但家族史的回归系数不显著(p 为 0.973)。性别的回归系数为 1.616,即 OR 值为 $e^{1.616}$ = Exp(1.616) =5.033,因为在"分类"设定中以最后一个取值(即 1 = 男)作为对比,则这里的回归系数的意义是指:女(取值为 0)抑郁症的发生比是男(取值为 1)抑郁症发生比的 5.033 倍,简单来说就是女性更容易患有抑郁症。而抑郁气质变量的回归系数是 0.081,因为它是一个连续变量,我们可以理解为,在其他变量不变的情况下,抑郁气质分数每增加 1 个单位,因变量改变 $e^{0.081}$ 个单位,即 OR 值改变 $e^{0.081}$ = Exp(0.081) =1.084 个单位,

		B	标准误差	瓦尔德	自由度	显著性	Exp(B)	EXP(B) 的 95% 置信区间 下限	上限
步骤 1[a]	性别(1)	1.616	0.761	4.507	1	0.034	5.033	1.132	22.375
	家族史(1)	0.029	0.868	0.001	1	0.973	1.030	0.188	5.645
	抑郁气质	0.081	0.022	13.213	1	0.000	1.084	1.038	1.132
	常量	-5.146	1.723	8.921	1	0.003	0.006		

方程中的变量

a. 在步骤 1 输入的变量:性别,家族史,抑郁气质。

图 9.45　方程中的变量

9.3.5　SPSS 实现曲线回归方程

我们经常会遇到变量之间的关系为非线性的情况,这时一般的线性回归分析就无法准确地刻画变量之间的因果关系,需要用其他的回归分析方法来拟合模型。SPSS 的曲线回归分析便是一种简便的处理非线性问题的分析方法,适用于模型只有一个自变量且可以化为线性形式时的情形。其基本过程是先将因变量或者自变量进行变量转换,然后对新变量进行直线回归分析,最后将新变量还原为原变量,得出变量之间的非线性关系。

【例 9.12】 表 9.10 的数据文件给出了某公司销售情况中 10 组广告支出与销售量的数量。试用曲线回归分析方法拟合曲线。

表 9.10　某公司销售情况中 10 组广告支出与销售量的数量(单位:万元)

广告支出	1.3	2.2	3.3	4.1	5.2	6.0	7.2	8.0	9.1	10.0
销售量	57.4	75.6	92.3	94.1	95.3	95.7	96.0	96.2	96.3	96.3

第一步,打开或新建数据文件后,选择菜单栏中的【分析】→【回归】→【曲线估算】命令,进入【曲线估算】对话框。从左边的变量列表框中选择"销售量"进入【因变量】列表框,选择"广告支出"进入【变量】列表框。在【模型】选项组里面,选择【线性】【对数】和【三次】复选框,其他选项使用默认,如图 9.46 所示。单击【确定】按钮,提交系统分析。

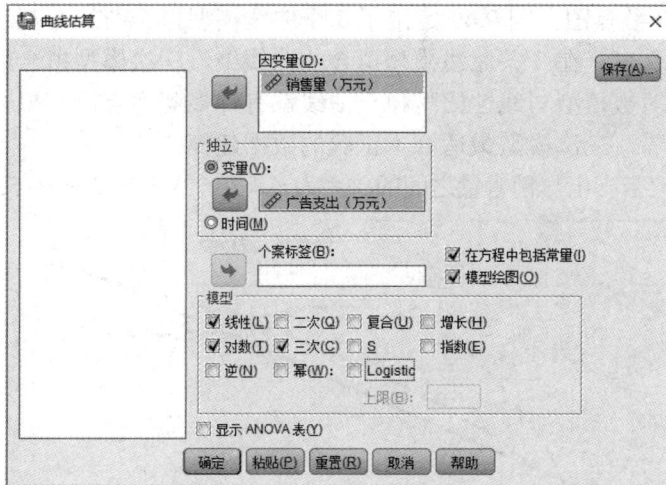

图 9.46 【曲线估算】对话框

第二步，结果解释。

(1) 模型描述。图 9.47 给出了模型基本情况的描述，从图中可以看出模型的因变量和自变量的名称、含有常数项、方差的容差以及 3 个方程的类型。

模型描述

模型名称		MOD_1
因变量	1	销售量（万元）
方程	1	线性
	2	对数
	3	三次
自变量		广告支出（万元）
常量		包括
值用于在图中标注观测值的变量		未指定
有关在方程中输入项的容差		0.0001

图 9.47 模型描述

(2) 模型摘要和参数估算值。图 9.48 给出了模型汇总情况和参数估计值及相应的检验统计量，可以看出，3 个回归曲线模型中，拟合度最好的是三次曲线模型（$R^2 = 0.983$），其次是对数模型。从 F 值来看，三次曲线模型的拟合情况最好，因为三次曲线模型的 F 值最大。3 个模型的概率值都小于 0.05，因此 3 个模型都比较显著。另外，还得到了每个模型中常数和系数的估计结果。

模型摘要和参数估算值

因变量: 销售量（万元）

方程	模型摘要					参数估算值			
	R 方	F	自由度1	自由度2	显著性	常量	b1	b2	b3
线性	0.544	9.534	1	8	0.015	71.235	3.242		
对数	0.792	30.457	1	8	0.001	62.182	17.457		
三次	0.983	116.989	3	6	0.000	20.729	35.269	-5.233	0.248

自变量为 广告支出（万元）。

图 9.48 模型摘要和参数估算值

(3) 拟合曲线及散点图。图 9.49 给出了 3 个曲线模型拟合曲线及观测值的散点图，从图中可以很直观地看出，在 3 条曲线模型拟合的曲线中，三次模型拟合的曲线与原始观测值拟合得最好，而对数模型与线性模型拟合曲线都有许多观察点没有拟合好。因此，由拟合图的直观观察来看，三次模型最适合本试验的数据建模。

所以可以得出广告支出与销售量之间的关系为 $y = 20.729 + 35.269x - 5.233x^2 + 0.248x^3$。

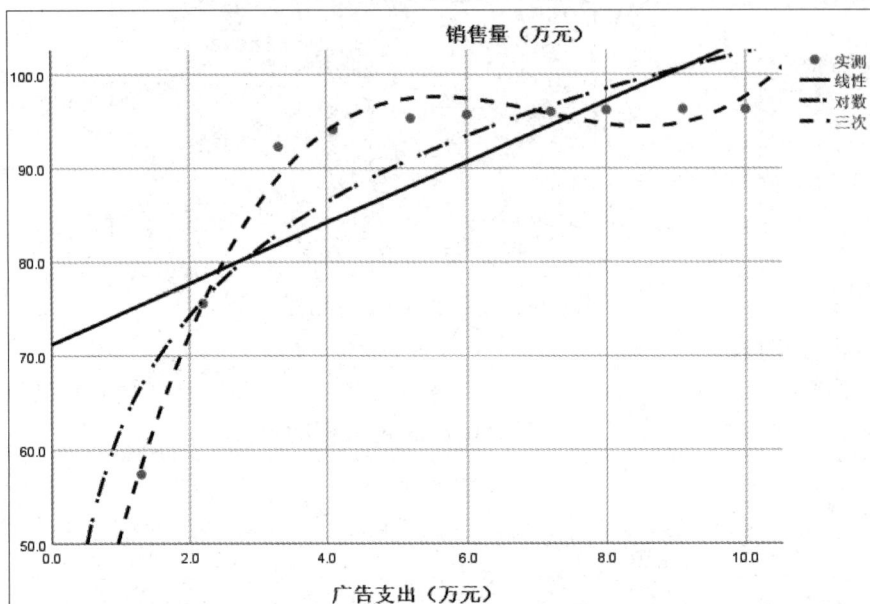

图 9.49　拟合曲线及散点图

9.3.6　SPSS 实现非线性回归方程

非线性回归分析是探讨因变量和一组自变量之间非线性相关模型的统计方法。线性回归模型要求变量之间必须是线性关系，曲线估计只能处理能够通过变量变换化为线性关系的非线性问题，因此这些方法都有一定的局限性。相反地，非线性回归可以估计因变量和自变量之间具有任意关系的模型，用户根据自身需要可随意设定估计方程的具体形式。因此，本方法在实际应用中有很大的实用价值。

非线性回归模型一般可以表示为

$$y_i = \hat{y} + e_i = f(x, \ \theta) + e_i$$

式中：$f(x, \ \theta)$ 为期望函数。

该模型的结构和线性回归模型非常相似，所不同的是期望函数可能为任意形式，甚至在有的情况下没有显式关系式，回归方程中参数的估计是通过迭代方法获得的。

【例 9.13】　某著名总裁培训班的讲师想建立一个回归模型，对参与培训的企业高管毕业后的长期表现情况进行预测。自变量是高管的培训天数，因变量是高管毕业后的长期表现指数 y，指数越大，表现越好，表 9.11 给出了相关数据。试用非线性回归方法拟合模型。

表 9.11　企业高管毕业后的长期表现情况表

编号	1	2	3	4	5	6	7	8
培训天数 x	2	65	52	60	14	53	10	26
表现指数 y	53	6	11	4	34	8	36	19
编号	9	10	11	12	13	14	15	
培训天数 x	19	31	38	45	34	7	5	
表现指数 y	26	16	13	8	19	45	51	

第一步，打开或新建文件以后，选择菜单栏中的【分析】→【回归】→【非线性】命令，进入【非线性回归】对话框。从左侧变量列表框中选择"y"进入【因变量】文本框中，在【模型表达式】文本框中输入"EXP(a + b * x)"，如图 9.50 所示。

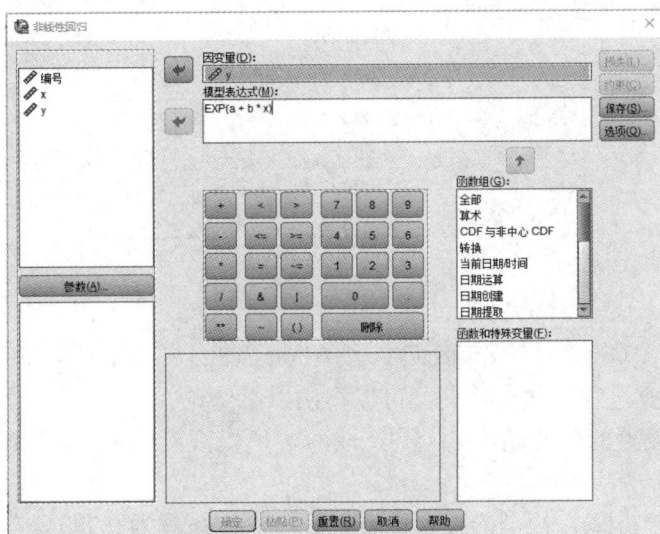

图 9.50　【非线性回归】对话框

第二步，单击对话框内的【参数】按钮，弹出图 9.51 所示的【非线性回归：参数】对话框。在【名称】文本框中输入 a，然后在【开始值】文本框中输入 4，单击【添加】按钮；用同样方法添加 b 的初始值 −0.04。此处的参数初始值 4 与 −0.04 是参考的曲线回归模型的估计值。单击【继续】按钮，返回上一层对话框，其他设置使用系统默认设置。单击【确定】按钮，提交系统分析。

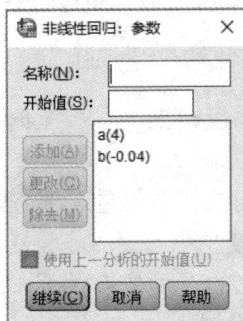

图 9.51　【非线性回归：参数】对话框

第三步，结果解释。

(1) 参数估计值。图 9.52 给出了各个参数的估计值及其标准误美和 95% 的置信区间，容易发现，两者的置信区间都不含 0，所以两个参数值都是有统计学意义的。

参数估算值

参数	估算	标准 错误	95% 置信区间 下限	95% 置信区间 上限
a	4.063	0.029	4.001	4.125
b	-0.039	0.002	-0.044	-0.035

图 9.52　参数估计值

(2) 模型检验结果。图 9.53 给出了非线性回归模型的检验结果，R^2 的值为 0.983，表明回归模型的拟合效果很好。

ANOVA[a]

源	平方和	自由度	均方
回归	11946.433	2	5973.216
残差	64.567	13	4.967
修正前总计	12011.000	15	
修正后总计	3890.933	14	

因变量：y

a. R 方 = 1 - (残差平方和) / (修正平方和) = 0.983。

图 9.53　模型检验结果

通过对以上数据进行非线性回归，可以得出以下结论：

(1) 因为我们设置的公式是 $y = \mathrm{EXP}(a + bx)$，所以观察结果解释(1)，最终模型的表达式为 $y = \mathrm{EXP}(4.063 - 0.039x)$。

(2) 观察结果分析(2)，模型的拟合优度很好，决定系数为 0.983。

(3) 观察结果分析(1)，通过分析发现模型是显著的。

(4) 通过非线性回归分析，可知参与培训的天数与长期表现指数之间存在如最终模型所示的非线性关系，企业可以对参与培训的企业高管毕业后的长期表现情况进行预测。

思 考 与 练 习

1. 填空题。

(1) 当事物之间的这种相互关系反映到_____上时，便可以推断事物之间存在着一定的关系，该关系可以理解为事物的_____。

(2) 相关分析是研究_____之间的相关性的一种统计分析方法，通过该分析方法可以确定_____之间的相互性和密切程度。

(3) 函数关系是_____之间存在的一种依存关系，这种关系中的一个或几个变量在取值时，另一变量会存在_____的确定值。

(4) 相关关系是变量之间存在的一定的相依关系，当一个或几个变量在取值时，另一变量并_____的确定值，此时另一变量可能会出现_____个数值与之相对应。

(5) 在实际分析中，相关关系可以按照不同的形态以及不同的标准进行划分，一般按_____、_____、_____和_____进行划分。

(6) 回归分析是使用_____的方式来表达_____之间的关系，而相关分析则是检验和度量_____之间关系的。

(7) 线性回归是使用数理统计中的回归分析，对_____或_____以上变量相互依赖性_____关系分析的一种统计分析方法。

(8) 在线性回归分析中，只包含_____自变量和_____因变量，而是自变量和因变量之间的关系_____进行表示的分析方法，称为一元线性回归。

(9) 多元线性回归是指_____或_____以上自变量的线性回归模型，可以解释因变量与多个自变量之间的_____。

(10) 非线性回归是对_____的因变量和自变量的数据进行的一种回归分析方法，而在实际分析过程中_____一般是比较复杂的非线性函数。

2. 选择题。

(1) 相关关系可以按照不同的形态，以及不同的标准进行划分，下列选项中不属于按相关程度划分的一项为(　　)。

A. 完全相关　　　　　　　　　　B. 单相关

C. 不完全相关　　　　　　　　　D. 零相关

(2) 相关关系主要从线性的单相关系数出发，也就是在线性条件下研究两个变量之间相关系数密切程度的统计指标。下列选项中对相关关系的特征描述错误的为(　　)。

A. 相关系数的取值范围介于 $-1 \sim 1$ 之间，常用小数形式进行表示

B. 相关系数的正负取值取决于公式中的分子，当分子小于 0 时，说明 x 和 y 为正相关

C. 当 $0 < |r| < 1$ 时，表示 x 和 y 存在一定的线性相关

D. 当 $r = 1$ 时，表示 x 和 y 之间存在完全线性相关

(3) 下列选项中，(　　)分析方法的公式可以表示为两个标准值的乘积之和除以 n。

A. pearson 积差相关　　　　　　　B. Kendall 的 tar-b 等级相关

C. Spearman 等级相关　　　　　　D. 全不是

(4) 偏相关分析所采用的分析工具为偏相关系数，可分为偏相关、一阶偏相关和(　　)偏相关等类别。

A. 二阶　　　　　　B. 三阶　　　　　　C. 零阶　　　　　　D. P 阶

(5) 一元线性回归模型的表现公式为 $y = bx + a$，其中，y 表示(　　)。

A. 自变量　　　　B. 因变量　　　　C. 回归系数　　　　D. 常数项

(6) 一元线性回归方程的拟合优度检验是由 R^2 统计量来判断的，其中(　　)。

A. 当 R^2 的取值越接近 1 时，表明回归方程对样本数据点的拟合优度越高

B. 当 R^2 的取值越接近 0 时，表明回归方程对样本数据点的拟合优度越高

C. 当 R^2 的取值大于 1 时，表明回归方程对样本数据点的拟合优度越高

D. 当 R^2 的取值小于 0 时，表明回归方程对样本数据点的拟合优度越高

(7) 在非线性回归分析过程中，还需要使用一定的非线性回归模型进行相应的计算。

下列选项中，属于对数函数模型公式的为(　　)。

A. $y = \beta_0 + \beta_1 z + \mu$　　　　　　　　B. $y = b_0 b_1 x$

C. $y = \beta_0 + \beta_1 x + \mu$　　　　　　　　D. $y = b_0^{b_1} x$

(8) 在 SPSS 中，系统为用户提供了自动拟合，包括线性模型、对数曲线模型、二次曲线模型和指数曲线模型在内的(　　)种曲线模型。

A. 9　　　　　　　B. 8　　　　　　　C. 11　　　　　　　D. 5

(9) 在进行非线性回归分析时，还需要注意一些分析事项，下列选项中描述错误的一项为(　　)。

A. 因变量和自变量必须是定量的

B. 只有在指定的函数能够准确描述因变量和自变量的关系的情况下，结果才是有效的

C. 很多在一开始呈现为非线性的模型都可以转换为线性模型

D. 需要根据数据类型或分析经验，确定一个一元线性的模型

3. 表 9.12 中记录了 1995—2012 年我国"城镇居民家庭人均可支配收入"与"城镇居民家庭恩格尔系数"的数据，试做散点图判断两者是否为线性关系。

表 9.12　1995—2012 年我国城镇居民家庭人均可支配收入与恩格尔系数数据

时间	城镇居民家庭人均可支配收入/元	城镇居民家庭恩格尔系数	时间	城镇居民家庭人均可支配收入/元	城镇居民家庭恩格尔系数
1995 年	4283	50.1	2004 年	9421.6	37.7
1996 年	4838.9	48.8	2005 年	10 493	36.7
1997 年	5160.3	46.6	2006 年	11 759.5	35.8
1998 年	5425.1	44.7	2007 年	13 785.8	36.3
1999 年	5854	42.1	2008 年	15 780.8	37.9
2000 年	6280	39.4	2009 年	17 174.7	36.5
2001 年	6859.6	38.2	2010 年	19 109.4	35.7
2002 年	7702.8	37.7	2011 年	21 809.8	36.3
2003 年	8472.2	37.1	2012 年	24 564.7	36.2

4. 表 9.13 中数据是银行记录的 15 家公司的信用等级和其营业额等级，信用最高者评分为 5，最低者评分为 1，营业额最高等级为 1，营业额最低等级为 5。请按要求回答下列问题：

(1) 如果要计算"信用等级"和"营业额等级"的相关性，采用哪种方法较好？

(2) 请根据这种方法计算出两者的相关系数，并判断两者关系的强弱。

表 9.13　15 家公司的信用等级和其营业额等级

公司	A	B	C	D	E	F	G	H	I	J	K	L	M	N	O
信用等级	3	3	1	2	3	4	5	2	3	1	4	5	3	2	4
营业额等级	3	1	2	2	2	3	2	3	4	5	4	4	3	5	5

5. 表 9.14 中记录了某公司 30 名员工的相关数据，包括编号、工资、教育年限和工作

时间四个变量，请按要求回答下列问题：

(1) 工资和教育年限之间是什么关系？

(2) 控制"工作时间"这一变量，"工资"和"教育年限"的关系有怎样的变化？说明了什么问题？

表 9.14 某公司 30 名员工的相关数据

工资/元	教育年限/年	工作时间/月	工资/元	教育年限/年	工作时间/月	工资/元	教育年限/年	工作时间/月
78 125	8	332	51 250	12	181	59 375	12	202
72 500	9	332	46 000	12	140	58 750	8	351
68 750	9	217	92 000	12	146	35 250	15	109
54 875	12	205	135 000	9	332	37 800	19	91
110 625	10	214	55 000	15	109	54 900	15	109
73 750	10	214	68 750	12	140	31 950	15	109
70 875	10	214	66 000	12	140	30 750	16	91
103 750	6	360	81 250	9	332	31 200	16	91
60 000	11	214	42 300	15	140	53 125	15	91
60 375	12	208	45 625	19	55	48 000	19	74

6. 表 9.15 中是随机抽取的 16 家商场的同类产品的销售价格和购进价格、请根据要求回答下列问题：

(1) 做销售价格和购进价格两者关系的散点图，判断两者是否存在线性关系，并且计算出两者的相关系数。

(2) 通过以上分析，你认为用购进价格来预测销售价格是否合适？为什么？

表 9.15 16 家商场的同类产品的销售价格和购进价格

企业编号	销售价格/元	购进价格/元	企业编号	销售价格/元	购进价格/元
1	124	95	9	129	76
2	127	88	10	109	50
3	121	43	11	113	49
4	120	65	12	116	84
5	111	78	13	109	64
6	131	84	14	127	48
7	132	79	15	145	68
8	115	89	16	114	69

7. 表 9.16 中记录了某银行 20 家分行的不良贷款数据，请根据要求回答下列问题：

(1) 不良贷款和贷款余额、担保贷款项目数、信用贷款项目数、本年累计应收款是否有关？

(2) 能否将不良贷款与其他几个因素的关系用回归模型表达出来？如果可以，请构建这样的回归模型。

表 9.16　某银行 20 家分行的不良贷款数据

银行编号	不良贷款/亿元	各项贷款额/亿元	担保贷款项目数	信用贷款项目数	本年累计应收贷款/亿元
1	11.22	316.2	9	20	17.33
2	1.21	133.56	8	5	22
3	3.52	96	2	11	8
4	8.58	238.8	11	5	18.33
5	1.76	128.88	9	3	11.89
6	1.1	115.32	2	5	1.89
7	2.86	87.36	6	9	10.11
8	2.97	19.44	5	9	2.44
9	4.4	158.64	15	4	12.44
10	5.28	207.6	9	7	8.56
11	3.52	96	2	11	8
12	3.85	209.52	18	8	14.11
13	3.3	95.16	7	8	9.89
14	13.75	222.48	10	15	30.11
15	7.92	235.44	8	18	17.56
16	3.52	122.64	2	6	13.33
17	1.32	131.52	6	4	11.44
18	7.48	167.28	9	8	8
19	12.76	441.84	10	14	18.67
20	1.76	114.84	2	6	4.22

项目 10　多元统计分析

多元统计分析是从经典统计学中发展起来的一个分支，是一种综合分析方法，它能够在多个对象和多个指标互相关联的情况下分析它们的统计规律。其主要内容包括多元正态分布及其抽样分布、多元正态总体的均值向量和协方差阵的假设检验、多元方差分析、直线回归与相关、多元线性回归(Ⅰ)与相关(Ⅱ)、主成分分析与因子分析、判别分析与聚类分析、Shannon 信息量及其应用，简称多元分析。本项目主要介绍当总体的分布是多维(多元)概率分布时，处理该总体的数理统计理论和方法。

学习目标

(1) 了解因子分析、聚类分析和判别分析的基本原理；

(2) 掌握因子分析方法及其 SPSS 操作过程；

(3) 掌握 K-均值聚类、二阶聚类和系统聚类分析方法的实现过程；

(4) 掌握判别分析方法的实现；

(5) 了解多重响应分析方法的实现。

任务 10.1　实现因子分析

任务描述

因子分析(Factor Analysis)是指研究从变量群中提取共性因子的统计技术，最早由英国心理学家 C.E.斯皮尔曼提出。因子分析可在许多变量中找出隐藏的具有代表性的因子。将相同本质的变量归入一个因子，不仅可减少变量的数目，还可检验变量间关系的假设。本任务简单介绍因子分析的基本原理，重点讨论使用 SPSS 统计软件工具实现因子分析的具体过程。

10.1.1　因子分析概述

因子分析(Factor Analysis)，也叫因素分析，它起源于心理学的研究。学者们首先将它应用于智力的结构研究，当然，随着该研究工具的发展日趋成熟，它也被应用到了心理学的其他研究领域(如人格、态度、兴趣等领域)，以及一些非心理学领域(如医学、社会学、经济学、管理学等)，是一个应用非常广泛的工具。因子分析的主要目的在于简化数据，在实际的科学研究中，我们常常会遇到数据非常庞大的情况，利用这些数据对样本或总体进行描述和研究有时会感觉到无从下手，假如我们能从这些数据中找到一种简化的手段，那么对于它们的解释就会变得很方便。我们可以用几十个乃至成百上千个变量去测量被试的综合素质，如果能从这些变量中提取几个因子描述被试的综合素质，显然要比用几十个变量描述一个被试要好得多，因子分析正是处理这种情况的统计工具。

根据研究目的的不同，因子分析可以分成探索性因子分析(Exploratory Factor Analysis，EFA)和验证性因子分析(Confirmative Factor Analysis，CFA)。探索性因子分析，是指在没有对观察数据做任何假设的情况下，对观察变量间的关系进行研究与探讨，以期发现它们内在的共同结构，也叫公共因子(Common Factor)，然后进一步研究观测变量在该共同因子上的负荷大小，最后通过负荷值大小判断出公共因子包含的主要内容，从而为因子进行合适命名的过程。与探索性因子分析侧重于探索不同，验证性因子分析是为了验证某种数据结构或者理论假设，即在做分析前研究者对于自己数据中的因子结构有较为明确的假设与说明，验证性因子分析是为了验证研究者因子结构假设的合理性。

因子分析的基本原理是：在众多的可观测变量中，根据相关性大小可将变量进行分组，使同组变量间的相关性较高，不同组变量间的相关性较低，从而使每组变量能够代表一种基本结构，这种基本结构就是我们所说的公共因子。如果我们能取到较少的公共因子，那么我们用这些公共因子去解释样本或总体数据就比原来的变量简洁了。因子分析的目的就在于用少量的因子建立起简洁的数据结构，并用于概括和解释大量的观测变量。

由于实际中数据背景、特点均不相同，故采用因子分析步骤上可能略有差异。一个较完整的因子分析，主要包括以下几个过程：

1. 确认待分析的原有变量是否适合作因子分析

因子分析的主要任务是将原有变量的信息重叠部分提取和综合成因子，最终实现减少变量个数的目的。故它要求原始变量之间应存在较强的相关关系，进行因子分析前，通常可以采取计算相关系数矩阵、巴特利特球度检验和 KMO 检验等方法来检验候选数据是否适合采用因子分析。

2. 构造因子变量

将原有变量综合成少数几个因子是因子分析的核心内容。因子分析的关键是根据样本数据求解因子载荷矩阵，因子载荷矩阵的求解方法有基于主成分模型的主成分分析法、基于因子分析模型的主轴因子法、极大似然法等。

3. 利用旋转方法使因子变量更具有可解释性

将原有变量综合为少数几个因子后，如果因子的实际含义不清，则不利于后续分析。为解决这个问题，可通过因子旋转的方式使一个变量只在尽可能少的因子上有比较高的载荷，这样使提取出的因子具有更好的解释性。

4. 计算因子变量得分

在实际应用中，当因子确定以后，便可计算各因子在每个样本上的具体数值，这些数值称为因子得分。于是，在以后的分析中就可以利用因子得分对样本进行分类或评价等研究，进而实现降维和简化问题的目标。

根据上述步骤，可以得到进行因子分析的详细计算过程，如下所述。

(1) 将原始数据标准化，以消除变量间在数量级和量纲上的不同。

(2) 求标准化数据的相关矩阵。

(3) 求相关矩阵的特征值和特征向量。

(4) 计算方差贡献率与累积方差贡献率。

(5) 确定因子。设 F_1, F_2, $\cdots$, F_p 为 p 个因子，其中前 m 个因子包含的数据信息总量(即其累积贡献率)不低于 85%时，可取前 m 个因子来反映原评价指标。

(6) 因子旋转。若所得的 m 个因子无法确定或其实际意义不是很明显，这时需将因子进行旋转以获得较为明显的实际含义。

(7) 用原指标的线性组合来求各因子得分。

(8) 综合得分。通常以各因子的方差贡献率为权，由各因子的线性组合得到综合评价指标函数。

10.1.2　SPSS 实现因子分析

【例 10.1】　为了研究大学生的价值观，某研究人员抽样调查了 20 名大学生关于价值观的 9 项检验结果，包括合作性(x1)、对分配的看法(x2)、行为出发点(x3)、工作投入程度(x4)、对发展机会的看法(x5)、对社会地位的看法(x6)、权力距离(x7)、对职位升迁的态度(x8)、领导风格的偏好(x9)等，分值区间为[1.20]，分别对这些指标定义为 x1～x9，数据如图 10.1 所示。根据这 9 项指标进行因子分析，提取合适的因子数来描述大学生的价值观。

	x1	x2	x3	x4	x5	x6	x7	x8	x9
1	16	16	13	18	16	17	15	16	16
2	18	19	15	16	18	18	18	17	19
3	17	17	17	14	17	18	16	16	16
4	17	17	16	19	18	19	20	17	19
5	16	15	16	16	18	16	15	16	16
6	20	17	16	16	18	16	19	19	18
7	18	16	16	20	15	16	19	14	17
8	20	18	17	18	18	19	18	18	18
9	14	16	15	19	19	19	16	19	14
10	19	19	20	18	20	20	17	16	20
11	19	19	14	16	16	17	16	17	18
12	15	15	18	16	18	16	17	18	18
13	16	17	15	16	15	16	14	13	13
14	17	14	12	14	14	18	15	16	13
15	14	16	14	16	16	17	16	17	17
16	10	11	13	16	17	20	14	19	20
17	16	17	16	18	16	16	14	15	17
18	15	16	16	16	16	16	16	15	16
19	16	19	15	17	12	19	18	18	18
20	16	16	16	16	17	15	16	16	16

图 10.1　调查数据图

案例分析：用 9 项检验结果来描述大学生的价值观确实比较复杂，为了提高效率我们可以用因子分析来提取变量间的关键信息，合并成少数几个维度来体现大学生的价值观。因为我们的分析带有探索的性质，所以在因子数的萃取上，我们交给系统自动分析。

第一步，选择进行因子分析的变量。打开或新建数据文件后，在编辑菜单栏中依次选择【分析】→【降维】→【因子】命令，进入【因子分析】对话框，将对话框左侧变量列表框里面的所有属性变量都添加到【变量】列表框中，如图 10.2 所示。

图 10.2　　【因子分析】对话框

第二步，选择输出系数相关矩阵。单击【描述】按钮，进入【因子分析：描述】对话框，在【统计】选项组中选中【初始解】复选框，在【相关性矩阵】选项组中选中【KMO和巴特利特球形度检验】复选框，如图 10.3 所示。单击【继续】按钮，返回【因子分析】对话框。

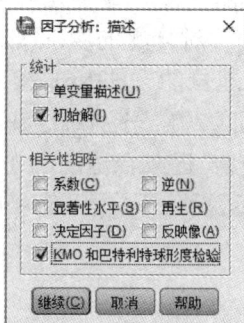

图 10.3　　【因子分析：描述】对话框

第三步，设置对提取公因子的要求及相关输出内容。单击【提取】按钮，进入【因子分析：提出】对话框。系统默认方法即为"主成分"分析法，在【分析】选项组中选中【相关性矩阵】单选按钮，在【输出】选项组中选中【未旋转因子解】和【碎石图】复选框，在【提取】选项组中选中【基于特征值】单选按钮，在文本框内输入 1，其他默认系统设置，如图 10.4 所示。单击【继续】按钮，返回【因子分析】对话框。

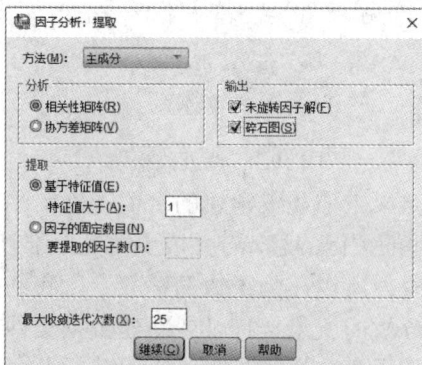

图 10.4　　【因子分析：提出】对话框

　　第四步，设置因子旋转方法。单击【旋转】按钮，进入【因子分析：旋转】对话框。在【方法】选项组中选中【最大方差法】单选按钮，其余保持默认值不变，如图 10.5 所示。单击【继续】按钮，返回【因子分析】对话框。

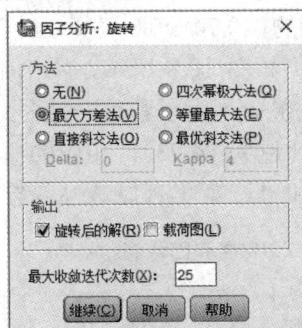

图 10.5　【因子分析：旋转】对话框

　　第五步，设置有关因子得分的选项。单击【得分】按钮，进入【因子分析：因子得分】对话框，选中【保存为变量】复选框，在【方法】选项组中选中【回归】单选按钮，同时选中【显示因子得分系数矩阵】复选框，如图 10.6 所示。然后单击【继续】按钮，返回到上一层对话框。

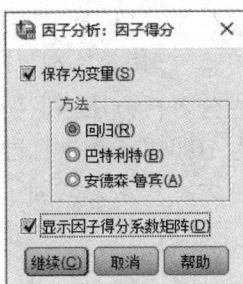

图 10.6　【因子分析：因子得分】对话框

　　第六步，设置筛选结果。单击【选项】按钮，进入【因子分析：选项】对话框，在【系数显示格式】选项组中选中【按大小排序】复选框，这样设置方便系数的阅读，如图 10.7 所示。如果研究者对系数的荷重有一定的限制(例如低于 0.5 的系数不显示)，那么可以在【排除小系数】选项上进行设置。然后单击【继续】按钮，回到上一层对话框。最后单击【确定】按钮，提交系统分析。

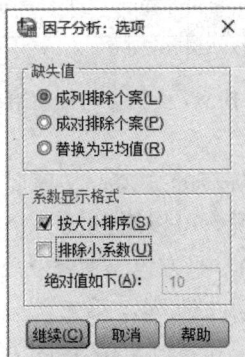

图 10.7　【因子分析：选项】对话框

第七步，结果解释。

(1) KMO 检验和巴特利特球形度检验结果。

KMO 检验是为了看数据是否适合进行因子分析，其取值范围是 0～1。其中，0.9～1 表示极好，0.84～0.9 表示可奖励的，0.74～0.8 表示还好，0.6～0.7 表示中等，0.54～0.6 表示糟糕，0～0.5 表示不可接受。如图 10.8 所示，本例中 KMO 的取值为 0.585，表明可以进行因子分析。巴特利特球形度检验是为了看数据是否来自服从多元正态分布的总体。而本例中巴特利特球形度检验的统计量为 74.733，相应的概率 p 为 0.000，小于 0.05 的显著性水平，可以认为相关系数矩阵和单位矩阵有显著性差异，即适合作因子分析。

KMO 和巴特利特检验		
KMO 取样适切性量数。		0.585
巴特利特球形度检验	近似卡方	74.733
	自由度	36
	显著性	0.000

图 10.8　适合度检验

(2) 变量共同度。

变量共同度表示的是各变量中所含原始信息能被提取的公因子所解释的程度。如图 10.9 所示，本例中所有变量共同度都在 50%以上，且大多数接近或超过 70%，所以提取的这几个公因子对各变量的解释能力很强。"初始"列是因子分析初始解下的变量共同方差，它表示对原有 9 个变量如果采用主成分分析方法提取所有特征值，那么原有变量的所有方差都可被解释，变量的共同方差均为 1(即原有变量标准化后的方差为 1)；"提取"列是变量被公共因子共同提取的方差，值越大，表示公共因子能解释原变量的程度就越大。

公因子方差		
	初始	提取
合作性	1.000	0.722
分配	1.000	0.848
出发点	1.000	0.708
工作投入	1.000	0.504
发展机会	1.000	0.863
社会地位	1.000	0.871
权力距离	1.000	0.799
职位升迁	1.000	0.681
领导风格	1.000	0.486

提取方法：主成分分析法。

图 10.9　变量方差提前情况

(3) 因子提取。

图 10.10 给出了每个因子所能解释的方差，按照特征值由大到小排列。第一部分"初始特征值"描述了因子初始解的情况，可以看到第一个因子的特征值是 3.576，解释原有 9 个变量的总方差的 39.730%(3.576/9)，即方差贡献率为 39.730%，其他因子可类推，累积方差贡献率则是由大到小累加因子的总贡献率。第二部分"提取载荷平方和"描述了因子的抽取情况，可以看出这里只抽取了三个因子，这是因为分析时我们规定了只保留特征值大于 1 的因子(系统默认值)，如果对特征值重新设定，那么提取的因子也将发生改变，从图

中可以看出，这三个因子共同解释了总方差 72.032%的比例，从比例上看是非常好的。第三部分"旋转载荷平方和"描述了旋转后因子的贡献率情况，从上面的数据可以看出，总的方差解释累积比例没有发生变化，只是比例被重新分配到了两个因子上而已。

总方差解释

成分	初始特征值			提取载荷平方和			旋转载荷平方和		
	总计	方差百分比	累积 %	总计	方差百分比	累积 %	总计	方差百分比	累积 %
1	3.576	39.730	39.730	3.576	39.730	39.730	3.196	35.513	35.513
2	1.886	20.952	60.682	1.886	20.952	60.682	2.029	22.540	58.053
3	1.022	11.350	72.032	1.022	11.350	72.032	1.258	13.979	72.032
4	0.845	9.385	81.417						
5	0.638	7.085	88.502						
6	0.518	5.753	94.255						
7	0.250	2.774	97.030						
8	0.186	2.069	99.099						
9	0.081	0.901	100.000						

提取方法：主成分分析法。

图 10.10 总方差解释

(4) 碎石图。

图 10.11 所示的碎石图直观地显示了图 10.10 所示的内容，碎石图的纵轴是特征值，横轴是因子数，从图中可以看出第一个因子的特征值非常高，对解释原有变量的贡献很大，从第三个因子以后，解释的方差成分变得很小，第三个因子可以当作一个拐点，拐点左侧的因子数就是较为理想的因子抽取数。因此，这里保留前面 3 个因子应该较为安当，系统自动选择了 3 个因子。

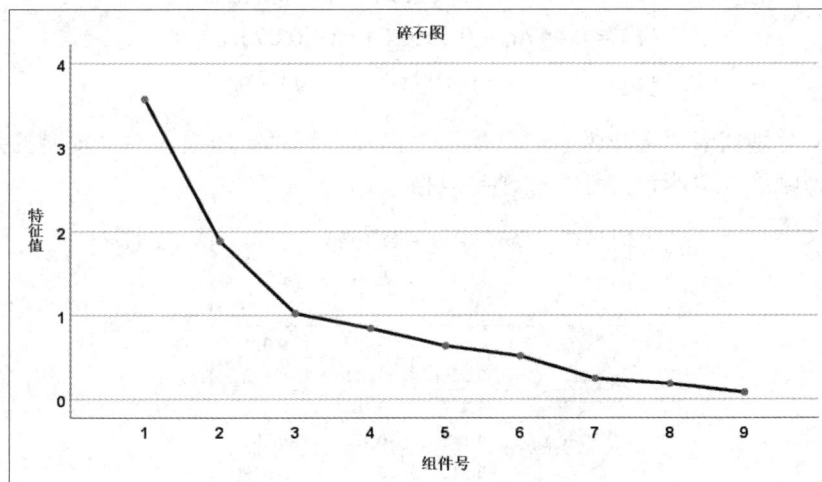

图 10.11 碎石图

(5) 因子荷重与命名。

成分矩阵图 10.12 给出了因子分析初始解的信息，表示每个原始变量主要体现在哪个因子中。例如，变量"出发点"主要对因子 1 有贡献，荷重为 0.823，在因子 2 中的荷重只有 −0.130，在因子 3 中的荷重只有 −0.120；变量"社会地位"主要对因子 3 有贡献，荷重为 0.737，在因子 1 上荷重仅有 0.133。为了能更好地解释因子，必须对负荷矩阵进行旋转，这里选择了"方差极大正交旋转法"旋转后的因子荷重如图 10.13 所示。可以看出，"权力距离""发展机会""职位升迁""出发点"和"领导风格"在因子 1 上的荷重比较大；"合作性"和"分配"在因子 2 上的荷重比较大；"社会地位"在因子 3 上的荷重比较大；而"工作投入"在三个因子上的荷重都比较小。

成分矩阵[a]

	成分		
	1	2	3
出发点	0.823	-0.130	-0.120
发展机会	0.787	0.479	0.122
职位升迁	0.781	0.239	0.117
权力距离	0.763	0.248	-0.394
领导风格	0.650	0.194	-0.162
分配	0.596	-0.701	-0.029
合作性	0.493	-0.626	0.295
工作投入	-0.222	0.537	-0.407
社会地位	0.133	0.558	0.737

提取方法：主成分分析法。

a.提取了 3 个成分。

图 10.12　因子分析初始解

旋转后的成分矩阵[a]

	成分		
	1	2	3
权力距离	0.879	-0.045	-0.154
发展机会	0.834	0.004	0.409
职位升迁	0.752	0.191	0.282
出发点	0.733	0.400	-0.105
领导风格	0.695	0.051	0.010
合作性	0.157	0.835	-0.024
分配	0.314	0.799	-0.333
工作投入	0.090	-0.698	-0.095
社会地位	0.100	-0.071	0.925

提取方法：主成分分析法。
旋转方法：凯撒正态化最大方差法。

a.旋转在 5 次迭代后已收敛。

图 10.13　正交旋转

(6) 因子分数输出。

图 10.14 中的系数是用于计算个案在新萃取的因子上的得分，这是根据回归算法计算出来的因子得分函数的系数，我们可以根据该系数构建三个因子得分的回归函数，即

$$\begin{cases} F_1 = -0.065x_1 + 0.035x_2 + \cdots + 0.242x_9 \\ F_2 = 0.447x_1 + 0.355x_2 + \cdots - 0.073x_9 \\ F_3 = 0.091x_1 - 0.199x_2 + \cdots - 0.07x_9 \end{cases} \tag{10-1}$$

式中：$x_1 \sim x_9$ 分别代表"合作性""分配""出发点""工作投入""发展机会""社会地位""权力距离""职位升迁""领导风格"。

成分得分系数矩阵

	成分		
	1	2	3
合作性	-0.065	0.447	0.091
分配	0.035	0.355	-0.199
出发点	0.217	0.102	-0.118
工作投入	0.148	-0.425	-0.203
发展机会	0.249	-0.058	0.249
社会地位	-0.068	0.091	0.772
权力距离	0.343	-0.181	-0.248
职位升迁	0.207	0.041	0.180
领导风格	0.242	-0.073	-0.070

提取方法：主成分分析法。
旋转方法：凯撒正态化最大方差法。
组件得分。

图 10.14　成分得分矩阵

任务 10.2　实现聚类分析

任务描述

聚类分析(Cluster Analysis)是指将物理或抽象对象的集合分组成为由类似的对象组成的多个类的分析过程，它是一种重要的人类行为。聚类分析的目标就是在相似的基础上对收集的数据进行分类。聚类源于很多领域，包括数学、计算机科学、统计学、生物学和经济学。在不同的应用领域，很多聚类技术都得到了发展，这些技术方法被用作描述数据、衡量不同数据源间的相似性以及把数据源分类到不同的簇中。本任务主要演示 SPSS 软件工具实现 K-均值聚类分析、二阶聚类分析和系统聚类分析的过程和结果解释。

10.2.1　聚类分析的基本原理

聚类分析是一类技术和算法的总称，目的在于根据个案的相似性或差异性将其分类，以形成几个性质不同的类别，达到类内同质、类间异质的目的。所谓个案的相似性或差异性，是针对它们在多变量上的测量取值而言的，因此，聚类分析一般应用于个案数较多的数据库。进行聚类分析时，并无自变量和因变量的区分，也不需要满足正态分布及方差齐性等基本假设，但原则上所有的变量必须是等距变量。聚类分析不属于统计推断，一般不用于从样本推断总体的研究，也不涉及概率分布和显著性检验，而仅仅是对高维数据的一种描述和简化，是根据数据资料本身的性质，展现出其自然的结构。聚类结果可用"冰柱图"和"树状图"直观地表现出来。

聚类方法的核心在于个案之间相似程度的度量，一般常用的测度方法为欧氏距离，即

$$d(p,\ q) = \sqrt{\sum_{i=1}^{n}(p_i - q_i)^2} \tag{10-2}$$

式中：p 和 q 分别代表两个个案各自在所有变量上的取值向量；p_i 和 q_i 分别代表两个个案在第 i 个变量上的取值。在聚类分析之前，还要将欧氏距离标准化，以使所有变量有相同的尺度和方差。其他相似度的测度方法有似然距离、马氏距离和闵可夫斯基距离等。

聚类分析属于日益热门的数据挖掘技术，在各行各业都有其应用价值。在商业领域中，聚类分析被广泛用于研究消费者行为模式、发现不同的客户群、寻找新的潜在市场以及评估不同的经营模式等。早在 1932 年，聚类分析就被人类学家 Driver 和 Kroeber 提出，因卡特尔 1943 年用于心理学中人格的分类而逐渐为人们所关注,它伴随着学科的不同有着不同的名称。按照 SPSS 软件的编排，目前聚类分析技术主要分为二阶聚类、K-均值聚类和系统聚类，它们的区别主要在于划分个案的方法和步骤。

根据分类对象的不同可分为样品聚类和变量聚类。

(1) 样品聚类。

样品聚类在统计学中又称为 Q 型聚类。用 SPSS 的术语来说，就是对事件(Cases)进行聚类，或是说对观测量进行聚类。它是根据被观测对象的各种特征，即反映被观测对象特征的各变量值进行分类。

(2) 变量聚类。

变量聚类在统计学上又称为 R 型聚类。反映同一事物特点的变量有很多，往往根据所研究的问题选择部分变量对事物某一方面进行研究。由于人类对客观事物的认识是有限的，往往难以找出彼此独立的有代表性的变量，而影响对问题的进一步认识和研究。例如，在回归分析中，由于自变量的共线性导致偏回归系数不能真正反映自变量对因变量的影响等。因此，往往先要进行变量聚类，找出彼此独立且有代表性的自变量，而又不丢失大部分信息。

值得提出的是，将聚类分析和其他方法联合起来使用(如判别分析、主成分分析、回归分析等)往往效果更好。

为了将样品(或指标)进行分类，就需要研究样品之间的关系。目前用得最多的方法有两个：一种方法是用相似系数，性质越接近的样品的相似系数的绝对值越接近于 1，而彼此无关的样品的相似系数的绝对值越接近于零，比较相似的样品归为一类，不怎么相似的样品归为不同的类。另一种方法是将一个样品看作 P 维空间的一个点，并在空间定义距离，距离越近的点归为一类，距离较远的点归为不同的类，但相似系数和距离有各种各样的定义，而这些定义与变量的类型关系极大。

10.2.2　SPSS 实现 K-均值聚类分析

K-均值聚类法又叫快速聚类法，可以用于大量数据进行聚类分析的情形，它是一种非分层的聚类方法。这种方法占用内存少、计算量大、处理速度快，特别适合大样本的聚类分析。它的基本操作步骤如下所示。

(1) 指定聚类数目 k，应由用户指定需要聚成多少类，最终也只能输出关于它的唯一解。这点不同于层次聚类。

(2) 确定 k 个初始类的中心有两种方式：一种是用户指定方式；另一种是根据数据本身结构的中心初步确定每个类别的原始中心点。

(3) 根据距离最近原则进行分类，逐一计算每一记录到各个中心点的距离，把各个记录按照距离最近的原则归入各个类别，并计算新形成类别的中心点。

(4) 按照新的中心位置，重新计算每一记录距离新的类别中心点的距离，并重新进行归类。

(5) 重复步骤(4)，直到达到一定的收敛标准。

这种方法也常称为逐步聚类分析，即先把聚类对象进行初始分类，然后逐步调整，得到最终分类。

【例 10.2】图 10.15 记录了某公司 15 名员工的素质测评成绩，素质有"语言表达""文书写作""逻辑分析"等 6 项，每项素质满分 10 分，最低分 0 分。请利用这些变量将员工分为 3 类。

	🔎个案	🖊语言表达	🖊文书写作	🖊逻辑分析	🖊团体协作	🖊应变能力	🖊创新意识
1	A员工	4.00	6.00	4.00	4.00	6.00	5.00
2	B员工	3.00	3.00	4.00	4.00	6.00	4.00
3	C员工	9.00	7.00	8.00	6.00	8.00	5.00
4	D员工	4.00	7.00	3.00	4.00	3.00	4.00
5	E员工	3.00	5.00	4.00	4.00	5.00	4.00
6	F员工	3.00	5.00	5.00	5.00	4.00	3.00
7	G员工	8.00	8.00	7.00	6.00	6.00	3.00
8	H员工	8.00	5.00	4.00	7.00	2.00	5.00
9	I员工	8.00	5.00	5.00	6.00	2.00	4.00
10	J员工	7.00	9.00	7.00	9.00	7.00	8.00
11	K员工	3.00	5.00	4.00	4.00	4.00	4.00
12	L员工	4.00	5.00	4.00	4.00	4.00	3.00
13	M员工	2.00	5.00	3.00	1.00	4.00	7.00
14	N员工	5.00	6.00	3.00	2.00	3.00	5.00
15	O员工	6.00	6.00	5.00	8.00	7.00	5.00

图 10.15　素质测评成绩

第一步，打开或新建数据文件后，依次选择【分析】→【分类】→【K-均值聚类】命令，进入【K 均值聚类分析】对话框，将"语言表达""文书写作""逻辑分析"等 6 个变量移入【变量】列表框中，而将"个案"移入【个案标注依据】文本框中，在【聚类数】文本框中填入"3"，表示将数据分成 3 类，如图 10.16 所示。

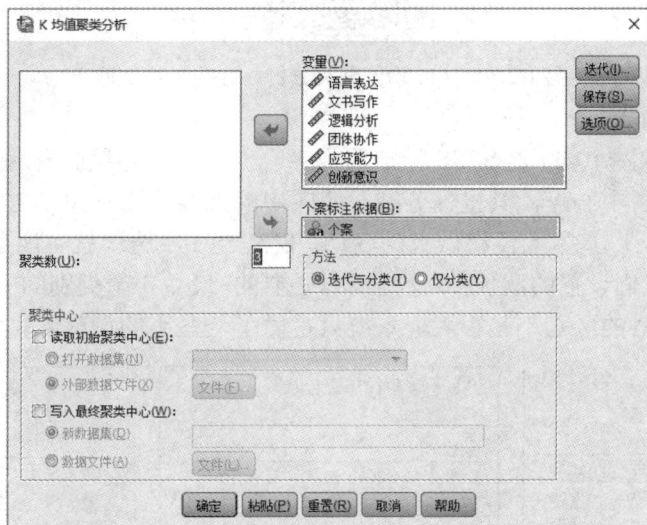

图 10.16　【K 均值聚类分析】对话框

第二步，单击【迭代】按钮，在弹出的【K-均值聚类分析：迭代】对话框中将【最大迭代次数】改成 20，以便算法执行到分类稳定为止，如图 10.17 所示。系统默认是 10 次，如果 10 次能完成迭代，则不需要更改迭代次数。设置完后，单击【继续】按钮，回到上一层对话框。

第三步，单击【保存】按钮进入【K-均值聚类分析：保存新变量】对话框，选择经过运算后存入原数据的变量，选中【聚类成员】和【与聚类中心的距离】复选框，如图 10.18 所示。这样做是方便在原数据上找到相关变量，这些变量可以给出每个个案的聚类结果。然后单击【继续】按钮，回到上一层对话框。

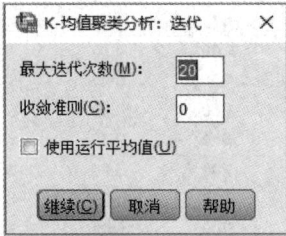

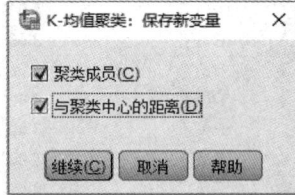

图 10.17　【K-均值聚类分析：迭代】对话框　图 10.18　【K-均值聚类分析：保存新变量】对话框

第四步，单击【选项】按钮进入【K-均值聚类分析：选项】对话框，选中【统计】选项组中的【初始聚类中心】和【ANOVA 表】复选框，如图 10.19 所示。然后单击【继续】按钮，回到上一层对话框。最后单击【确定】按钮，提交系统分析。

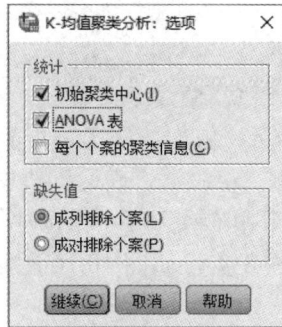

图 10.19　【K-均值聚类分析：选项】对话框

第五步，结果解释。

(1) 聚类过程。图 10.20 是 SPSS 指定的类中心坐标，因为我们设定聚类为 3 个，因此指定了三个初始的类中心点，其坐标分别对应图中的聚类 1、2、3。由于聚类中心不存在变动或变动很小，所以基本上没有做大的变动，仅经过 2 次迭代就实现了聚类，如图 10.21 所示，说明一开始我们设置的迭代 20 次是没有必要的。最后 3 个类别的中心呈现在图 10.22 中，和初始聚类中心的区别不是很大，系统只是做了一些小的调整。

初始聚类中心

	聚类		
	1	2	3
语言表达	8.00	2.00	7.00
文书写作	5.00	5.00	9.00
逻辑分析	4.00	3.00	7.00
团体协作	7.00	1.00	9.00
应变能力	2.00	4.00	7.00
创新意识	5.00	7.00	8.00

迭代历史记录ᵃ

	聚类中心中的变动		
迭代	1	2	3
1	0.866	4.135	3.631
2	0.000	0.000	0.000

a. 由于聚类中心中不存在变动或者仅有小幅变动，因此实现了收敛。任何中心的最大绝对坐标变动为 0.000。当前迭代为 2。初始中心之间的最小距离为 8.000。

最终聚类中心

	聚类		
	1	2	3
语言表达	8.00	3.44	7.50
文书写作	5.00	5.11	7.50
逻辑分析	4.50	4.22	6.75
团体协作	6.50	3.56	7.25
应变能力	2.00	4.67	7.00
创新意识	4.50	4.44	5.25

图 10.20　初始聚类中心　　　图 10.21　迭代历史记录　　　图 10.22　最终聚类中心

(2) 类别差异检验。聚类分析得到的这 3 个类别是否可取？即它们是否满足类别内同质、类别间异质的要求呢？图 10.23 所示的方差分析给出了答案，从显著性水平看，除了最后一项指标"创新意识"没有达到显著性外，其他的检验 P 值都小于显著性水平 0.05，说明分成 3 类总体上还可以，但是还有一项指标(创新意识)不能满足分类要求。(读者也可以尝试其他分类。)

图 10.23　方差分析结果

（3）个案归属。最后我们需要知道所有个案的分类归属。图 10.24 给出了每一类包含的个案总数，个案数分别为 2、9 和 4 人。而在原来的数据中产生了两列变量"QCL_1"和"QCL_2"，分别表示个案所属的类别和与所在类别中心的距离，如图 10.25 所示，每个员工被划分为不同的类别。例如，A 员工为第 2 类，C 员工为第 3 类，H 员工为第 1 类。

图 10.24　每个聚类的个案数

图 10.25　聚类分析结果

10.2.3　SPSS 实现二阶聚类分析

二阶聚类又称两步聚类，算法分为如下两步：

（1）构建聚类特征数。起初把某个案作为树的根节点，根据指定的距离测度方法作为个案间的相似性依据，并确定一个相似性的临界值，把每个后续个案放到最相似的节点中；如果某个案没有找到与它足够相似的节点，即相似度不在临界值内，就使它成为一个新的节点。

（2）确定最优聚类个数。通过比较 Akaike 信息准则(AIC)或 Schwarz-Bayesian 信息准则(BIC)找出最能拟合数据又最简洁的聚类模型。AIC 和 BIC 都是拟合优度和模型选择的重要指标，假如某聚类模型使 AIC 和 BIC 两者的值最小，则说明该聚类模型最优。

在评价所选聚类结构的优劣时，还会使用轮廓指数。该指数描绘的是平均个案与聚类结果中两个类别的相对距离之差，其公式为

$$轮廓指数 = \frac{B - A}{\max(A,\ B)} \tag{10-3}$$

式中：A 为个案到其所在类别中心的距离；B 是个案到距其最近的类别中心的距离。如果

轮廓指数为 1，是指所有个案都处在其所属类别的中心这种极端情况，这代表完美的聚类结果；若轮廓指数为-1，则所有个案都处在不包含自己的类别中心上，这代表聚类分析完全错误的情况。一个聚类结果模型中，个案距离自己所在类别的中心比距离其不属于的类别中心近，就说明所选聚类模型是好的。因此，从轮廓指数可以把模型分为优、中、差三等。两步聚类分析可以同时处理连续变量和名义变量，对数据要求变量间的独立性和连续变量的正态性，但由于两步聚类分析不属于推论统计方法，实际运用中对数据的这些要求并不是非常严格。

【例 10.3】 图 10.26 截图了某一时期部分城市和地区的经济指标。请根据所给的这些经济指标，将这些地区进行分类(注：数据来源于国家统计局)。

地区	税收收入	人均GNP	固定资产投资	财政支出总额	职工工资总额	工业总产值	外贸进出口总额	从业人员数
北 京	10768181	50467	3296.38	12968389	1805.49	8210.00	15803662.77	513.77
天 津	3426480	41163	1820.52	5431219	487.46	8527.70	6446193.98	195.00
河 北	4719993	16962	5470.24	11803590	809.58	13489.80	1853087.73	501.22
山 西	3304565	14123	2255.74	9155698	646.46	5902.84	662709.90	365.54
内蒙古	2606276	20053	3363.21	8121330	446.95	4140.05	596082.01	242.60
辽 宁	6259858	21788	5689.64	14227471	935.88	14167.95	4839024.05	498.02
吉 林	1788192	15720	2594.34	7183588	431.09	4752.72	791403.78	265.91
黑龙江	3013511	16195	2236.00	9685255	753.20	5440.17	1285654.67	496.54
上 海	14798624	57695	3900.04	17955660	1092.40	18573.13	22752419.59	332.52
江 苏	13891286	28814	10069.24	20132502	1520.39	41410.40	28397838.36	679.37

图 10.26　经济指标数据结构

案例分析：聚类分析的意图是利用一些测量指标对个案进行分类，以方便研究者对它们进行描述，这里先采用二阶聚类法做分析。

第一步，打开或新建数据文件后，依次选择【分析】→【分类】→【二阶聚类】命令，进入【二阶聚类分析】对话框，除"地区"这一变量外，把其余各项经济指标移入【连续变量】框中，由于都是连续变量，所以在【距离测量】选项组中选择【欧氏】单选按钮，其他选项使用默认设置，如图 10.27 所示。

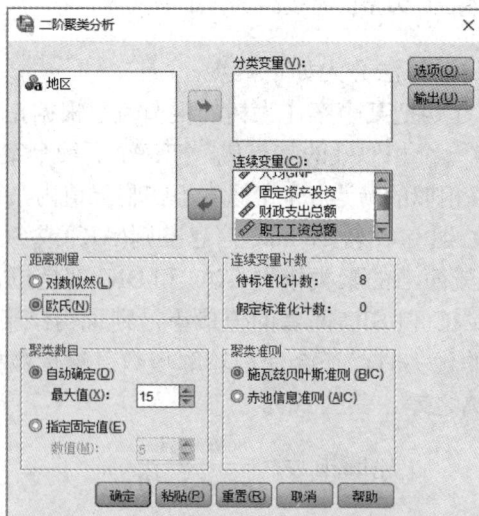

图 10.27　【二阶聚类分析】对话框

第二步，单击【输出】按钮，在弹出的【二阶聚类：输出】对话框中将变量"地区"移入【评估字段】列表框中，并选中【创建聚类成员变量】复选框，以便在原来的数据变量后面显示分类结果，其他选项使用默认设置，如图 10.28 所示。然后单击【继续】按钮，回到上一层对话框。最后单击【确定】按钮，提交系统分析。

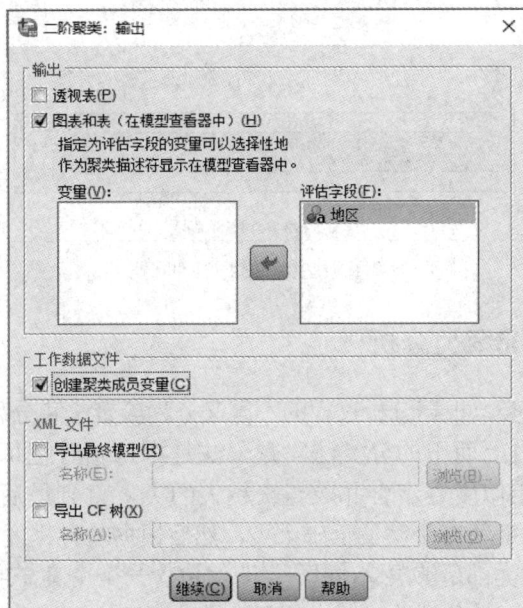

图 10.28 【二阶聚类：输出】对话框

第三步，结果解释。

(1) 聚类结果。一个名为"TSC_6900"的新变量出现在原来的数据结构的最后一列，此变量即为聚类成员变量，如图 10.29 所示(注：只是部分变量)，这是系统自动生成的。该变量的取值有两个，分别是"1"和"2"，即把这些地区分成了两个类别。查看"地区"变量就可以看出，通过两步聚类，北京、上海、江苏、浙江、山东和广东被分到同一类，以"1"表示，而其余的地区则被分到类别"2"。

地区	税收收入	人均GNP	固定资产投资	财政支出总额	职工工资总额	工业总产值	外贸进出口总额	从业人员数	TSC_6900
北 京	10768181	50467	3296.38	12968389	1805.49	8210.00	15803662.77	513.77	1
天 津	3426480	41163	1820.52	5431219	487.46	8527.70	6446193.98	195.00	2
河 北	4719993	16962	5470.24	11803590	809.58	13489.80	1853087.73	501.22	2
山 西	3304565	14123	2255.74	9155698	646.46	5902.84	662709.90	365.54	2
内蒙古	2606276	20053	3363.21	8121330	446.95	4140.05	596082.01	242.60	2
辽 宁	6259858	21788	5689.64	14227471	935.88	14167.96	4839024.05	498.02	2
吉 林	1788192	15720	2594.34	7183588	431.09	4752.72	791403.78	265.91	2
黑龙江	3013511	16195	2236.00	9685255	753.20	5440.17	1285654.67	496.54	2
上 海	14798624	57695	3900.04	17955660	1092.40	18573.13	22752419.59	332.52	1
江 苏	13891286	28814	10069.22	20132502	1520.39	41410.40	28397838.36	679.37	1

图 10.29 聚类变量结果

(2) 聚类效果评估。在输出窗口中，SPSS 给出了聚类模型的评价，如图 10.30 所示，用于聚类的变量为 8 个，最后将个案分为 2 类。"凝聚和分离的轮廓测量"图中显示的便是轮廓指标的数值，由图中可以看出，本次聚类结果得到的值接近 1.0，被评价为"良好"。

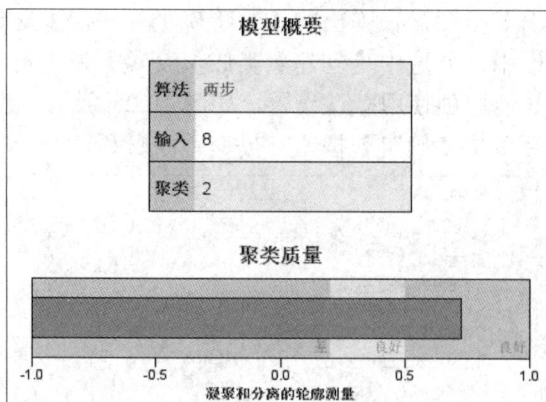

图 10.30　模型评估

10.2.4　SPSS 实现系统聚类分析

系统聚类也称层次聚类，根据分析过程的不同又分为凝聚法和分裂法。凝聚法是自下而上的聚类法，而分裂法是自上而下的分类法。凝聚法是指初始时把每个个案都视为单独的一类，然后根据两类间的相似度逐步合并成越来越大的类，直到最后所有个案成为一个大类为止。分裂法是指初始时把所有个案置于一个类，然后根据差异程度划分成多个较小的子类，以此类推，直到最底层的类都足够凝聚(同质)，即仅包含一个个案，或类内的个案彼此都十分相似为止。无论是凝聚法还是分裂法，用户都可以指定期望的类的个数作为算法的终止条件。

无论是凝聚法还是分裂法，其中两个类别之间的距离是算法的基础。与前面介绍过的个案间相似度的测度方法类似，类别间的距离称为连接度量，常用的连接度量有以下几个。

(1) 最小距离：类别间距离定义为两个类别各自包含的个案间距离的最小值。使用该距离的算法被称为最近邻聚类算法。如果当最近两个类别间的距离超过用户预设的临界值时聚类终止，则又称为单连接算法。

(2) 最大距离：类别间距离定义为两个类别各自包含的个案间距离的最大值。使用该距离的算法被称为最远邻聚类算法。如果当最近两个类别间的距离超过用户预设的临界值时聚类终止，则又称为全连接算法。

(3) 平均距离：类别间距离定义为两个类别各自包含的个案间距离的平均值，即分属两个类别的个案间距离之和除以两个类别中个案数的积。使用该距离的算法被称为组间连接算法。

此外，还有组内连接算法、质心连接算法、中数连接算法和 Ward 算法等。使用哪种连接算法视研究的目的和数据结构而定，当然，得到的聚类结果可能会略有不同，在某些情况下需要尝试多种不同的距离和相似度度量方法来找到最佳聚类模型。

【例 10.4】 参考例 10.2 所记录的员工的语言表达、文书写作、逻辑分析、团体协作、应变能力和创新意识等信息，利用系统聚类法将这些员工进行分类。

第一步，打开或新建数据文件后，依次选择【分析】→【分类】→【系统聚类】命令，进入【系统聚类分析】对话框。我们仍然把数据中所有的经济指标作为分类的根据，将名义变量"个案"移入【个案标注依据】文本框中，其余变量移入【变量】框中，如图 10.31 所示。

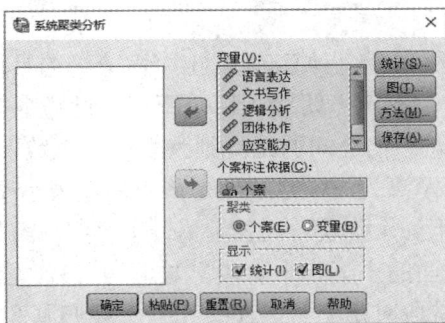

图 10.31　【系统聚类分析】对话框

第二步，单击【统计】按钮，在弹出的【系统聚类分析：统计】对话框中已经默认选中【集中计划】复选框，如图 10.32 所示。然后单击【继续】按钮，回到上一层对话框。

第三步，单击【图】按钮，在弹出的【系统聚类分析：统计】对话框中选中【谱系图】复选框，其余保持系统默认设置，如图 10.33 所示。然后单击【继续】按钮，返回到上一层对话框。

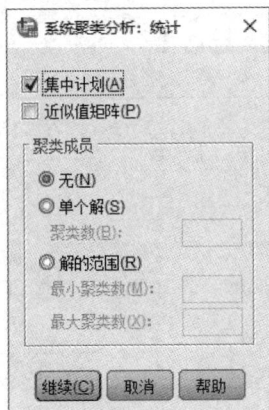

图 10.32　【系统聚类分析：统计】对话框

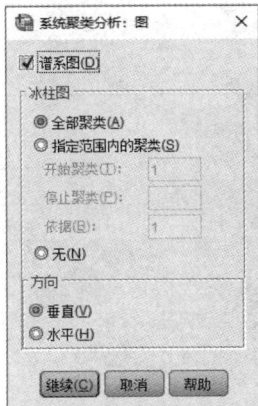

图 10.33　【系统聚类分析：图】对话框

第四步，单击【方法】按钮，在弹出的【系统聚类分析：方法】对话框中有关于聚类方法和距离度量标准的选项，基于本例中变量的性质，我们可以保持系统默认选项，即聚类方法为"组间联接"，度量标准为"平方欧氏距离"，如图 10.34 所示。单击【继续】按钮，回到上一层对话框。最后，单击【确定】按钮，提交系统分析。

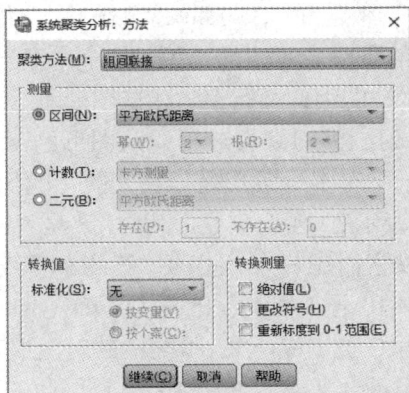

图 10.34　【系统聚类分析：方法】对话框

第五步，结果解释。

(1) 聚类过程。由聚类图 10.35 我们可以看出个案分配的具体过程。其中"阶段"表示每一阶段个案被凝聚的过程，在第 1 阶段，两个距离最近的个案，即 8 号"H 员工"和 9 号"I 员工"被合并成一类，它们之间的距离则为表中"系数"一列的数值，即第 1 阶段被合并的两个个案间的欧氏距离为 3，它的值是最小的，表示 8 号"H 员工"和 9 号"I 员工"的距离是最小的。"下一个阶段"列表示另一个个案与第 1 阶段产生的类再合并的阶段，我们看到"阶段 1"后面的"下一个阶段"数值为 13，意味着这个类别直到阶段 13 时又出现合并，查到第 13 阶段时是 1 号"A 员工"又被归到 8 号"H 员工"所在的类，1 号"A 员工"在第 6 阶段、第 8 阶段、第 10 阶段和第 12 阶段分别与 2 号"B 员工"、4 号"D 员工"、13 号"M 员工"和 11 号"K 员工"合并过，而 9 号"I 员工"没有再出现合并。以此类推，可以得到完整的聚类过程，当然，这个聚类过程看起来稍微复杂了点。我们可以通过冰柱图和树状图来解释这一过程。

集中计划

| 阶段 | 组合聚类 | | 系数 | 首次出现聚类的阶段 | | 下一个阶段 |
	聚类1	聚类2		聚类1	聚类2	
1	8	9	3.000	0	0	13
2	6	12	4.000	0	0	3
3	5	6	4.000	0	2	5
4	4	14	7.000	0	0	8
5	2	5	7.667	0	3	6
6	1	2	9.750	0	5	7
7	3	7	11.000	0	0	9
8	1	4	16.900	6	4	10
9	3	15	22.500	7	0	11
10	1	13	26.143	8	0	12
11	3	10	29.667	9	0	14
12	1	11	32.625	10	0	13
13	1	8	45.944	12	1	14
14	1	3	62.568	13	11	0

图 10.35　系统聚类表

(2) 冰柱图。图 10.36 中的条形表示每个个案，一个个案一个条形。条形自上而下垂直的形状像冬天垂下的冰凌，冰柱图因此而得名。冰柱图展示了从单个个案自成一类(即聚类数等于个案数)到所有个案归为一类的聚类过程，从图形的下部往上观察就能看到这个过程。从下到上，我们可以数一下有多少条形是分离开的，就代表有多少个类别。第一条虚线上共有 14 个分开的条形，表示有 14 个类别，其中，8 号"H 员工"和 9 号"I 员工"两个个案的条形连在一起，所以它们是归为一类的；第四条虚线有 8 个部分的条形是各自分开的，所以有 8 个分类，其中 10 号 J 员工、15 号 O 员工、11 号 K 员工和 13 号 M 员工自成一类，而 7 号 G 员工和 3 号 C 员工成一类，8 号"H 员工"和 9 号"I 员工"成一类，其他的自成一类；第七条虚线表示分 2 类，其中 10 号 J 员工、15 号 O 员工、7 号 G 员工和 3 号 C 员工成一类，其他的成一类。

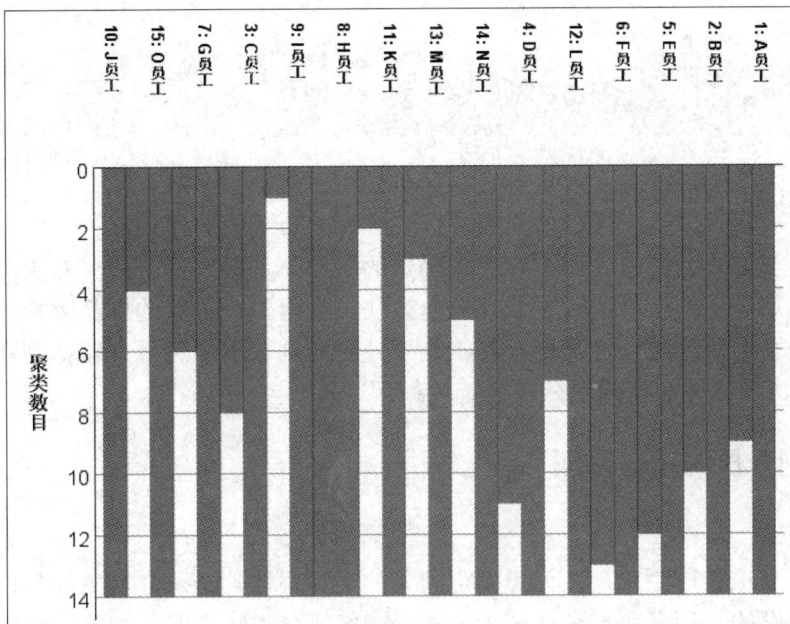

图 10.36　冰柱图

(3) 谱系图。谱系图和冰柱图类似，也是用直观形象的方式表现整个聚类的过程，如图 10.37 所示。我们从左到右观察树状图可以发现，所有的个案被众多的聚类慢慢地聚成了一个大类。最左侧可以看到 8 号和 9 号两者，6 号、12 号和 5 号三者开始聚类，其他的没有聚类。然后 6 号、12 号和 5 号三者的类又和 2 号聚为一类，这四者合并的类又和 1 号聚类。以此类推，所有的个案最终被聚为一大类。

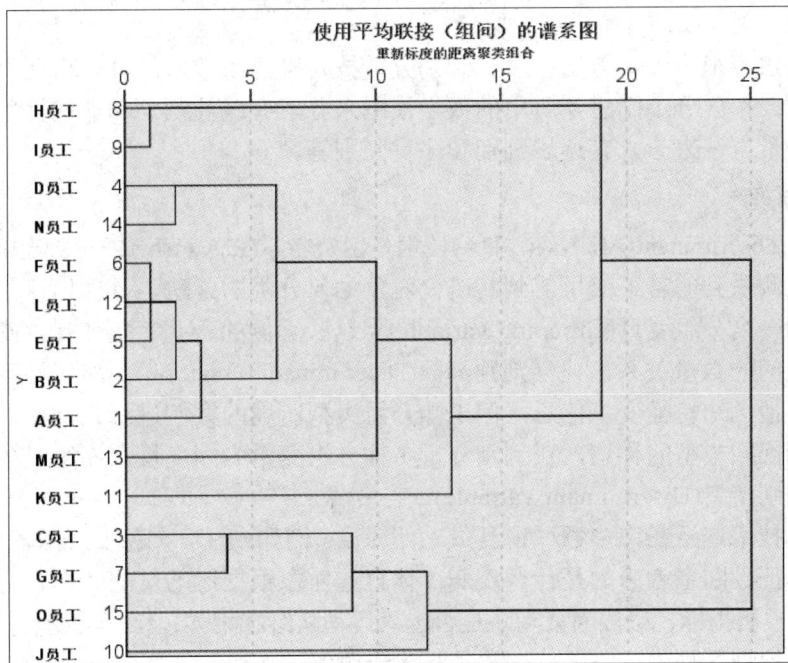

图 10.37　谱系图

任务 10.3　实现判别分析

任务描述

判别分析又称"分辨法"，是在分类确定的条件下，根据某一研究对象的各种特征值判别其类型归属问题的一种多变量统计分析方法。当得到一个新的样品数据，要确定该样品属于已知类型中哪一类，这类问题属于判别分析问题。本任务重点解释判别分析的基本原理，以及 SPSS 软件实现判别分析的基本过程。

10.3.1　判别分析的基本原理

1. 方法概述

判别分析又称分辨法，是在分类确定的条件下，根据某一研究对象的各种特征值判别其类型归属问题的一种多变量统计分析方法。在气候分类、农业区划分、土地类型划分中有着广泛的应用。其基本原理是按照一定的判别准则，建立一个或多个判别函数，用研究对象的大量资料确定判别函数中的待定系数，并计算判别指标，据此即可确定某一样本属于何类。判别分析有二级判别、多级判别、逐步判别等多种方法。

判别分析是判别样品所属类型的一种统计方法，其应用之广泛，可与回归分析媲美。判别分析与聚类分析不同。判别分析是在已知研究对象分成若干类型(或组别)，并已取得各种类型的一批已知样品的观测数据的基础上根据某些准则建立判别式，然后对未知类型的样品进行判别分类。

判别分析内容很丰富、方法很多。判别分析按判别的组数来区分，有两组判别分析和多组判别分析；按区分不同总体所用的数学模型来分，有线性判别和非线性判别；按判别时所处理的变量方法来分，有逐步判别和序贯判别等。

2. 基本原理

判别分析(Discriminant Analysis，DA)技术是由费希尔(R.A.Fisher)于 1936 年提出的，它是根据观察或测量到的若干变量值判断研究对象如何分类的方法。具体地讲，就是已知一定数量案例的一个分组变量(Grouping Variable)和这些案例的一些特征变量，确定分组变量和特征变量之间的数量关系，建立判别函数(Discriminant Function)，然后便可以利用这一数量关系对其他已知特征变量信息，但未知分组类型所属的案例进行判别分组。

沿用多元回归模型的称谓，在判别分析中称分组变量为因变量，而用以分组的其他特征变量称为判别变量(Discriminant Variable)或自变量。

判别分析技术曾经在许多领域得到成功的应用。例如，医学实践中根据各种化验结果、疾病症状、体征判断患者患的是什么疾病；体育选才中根据运动员的体形、运动成绩、生理指标、心理素质指标、遗传因素判断是否选入运动队继续培养；还有动物、植物分类，儿童心理测验，地理区划的经济差异，决策行为预测等。

判别分析的基本条件是：分组变量的水平必须不小于 2，每组案例的规模必须在一个以上；各判别变量的测度水平必须在间距测度等级以上，即各判别变量的数据必须为等距或等比数据；各分组的案例在各判别变量的数值上能够体现差别。

判别分析对判别变量有 3 个基本假设：

其一，是每一个判别变量不能是其他判别变量的线性组合。否则将无法估计判别函数，或者虽然能够求解但参数估计的标准误差很大，以至于参数估计统计性不显著。

其二，是各组案例的协方差矩阵相等。在此条件下，可以使用很简单的公式来计算判别函数和进行显著性检验。

其三，是各判别变量之间具有多元正态分布，即每个变量对于所有其他变量的固定值有正态分布。

3. 判别分析的过程

1) 对已知分组属性案例的处理

此过程为判别分析的第一阶段，也是建立判别分析基本模型的阶段，即分析和解释各组指标特征之间的差异，并建立判别函数。

2) 判别分析的基本模型及其估计过程

判别分析的基本模型就是判别函数，它表示为分组变量与满足假设条件的判别变量的线性函数关系，其数学形式为

$$y = b_0 + b_1 x_1 + b_2 x_2 + \cdots + b_k x_k \tag{10-4}$$

式中：y 是判别函数值，又简称为判别值；x_i 为各判别变量；b_i 为相应的判别系数，表示各判别变量对于判别函数值的影响，其中 b_0 是常数项。

判别模型对应的几何解释是：各判别变量代表了 k 维空间，每个案例按其判别变量值称为这 k 维空间中的一个点。如果各组案例就其判别变量值有明显不同，就意味着每一组将会在这一空间的某一部分形成明显分离的集点群。可以计算此领域的中心以概括这个组的位置，中心的位置可以用这个组别中各案例在每个变量上的组平均值作为其坐标值。因为每个中心代表了所在组的基本位置，可以通过研究它们来取得对于这些分组之间差别的理解。

模型估计的过程可简略描述如下：在 k 维空间中寻找某个角度使各组平均值的差别尽可能大，将其作为判别的第一维度，对应函数为第一判别函数。这一维度可以代表或解释原始变量组间方差中最大的部分。然后依照同样原则建立第二判别函数。建立后续判别函数的条件是，后一个函数必须与前面所有的函数正交，即判别函数之间完全独立。建立判别函数的数目为 $\min(k, g-1)$，每一个函数都反映判别变量组间方差的一部分，比例之和为 100%。

3) 建立判别函数的方法

(1) 全模型法。全模型法是 SPSS 系统的默认方法。它是把用户指定的变量全部放入判别函数中，而不管变量对判别函数是否起作用、作用大小如何。当对反映研究对象特征的变量认识比较全面时，可以选择此种方法。其缺点是不能剔除对判别贡献很小的变量。

(2) 向前选择法。向前选择法是从判别模型中没有变量开始，每一步把一个对判别模型的判断能力贡献最大的变量引入模型。直到没有被引入模型的变量没有一个符合进入模型的条件(判据)时，变量引入过程结束。当希望比较多的变量留在判别函数中时使用此方法。

(3) 向后选择法。向后选择法与向前选择法相反。它从全模型开始，每一步把一个对

模型的判断能力贡献最小的变量剔除出模型，直到模型中的所有变量都符合留在模型中的判据时，剔除变量工作结束。在希望较少的变量留在判别函数中时使用此方法。

(4) 逐步选择法。逐步选择法从模型中没有变量开始，每一步把模型外对模型的判别能力贡献最大的变量加入模型的同时，也考虑已经在模型中但又不符合留在模型中的条件的变量剔除(因为新变量的引入可能使原来已经在模型中的变量对模型的贡献变得不显著了)。直到模型内所有变量都不符合剔除模型的判据，而模型外的变量都不符合进入模型的判据时为止。

4) 对判别函数的检验

一般用回代的方法对判别函数的性能进行验证。也就是说，将预测分类与原始数据中的分类变量值进行比较，得出错判率。错判率越小说明判别函数的判别性能越好。

5) 对未知分组属性案例的处理

此阶段为判别分析的第二阶段。它是以第一阶段的分析结果为依据对未知分组属性的案例进行判别分组。确定一个案例属于哪一类，可以把该观测量的各变量值代入每个线性判别函数，哪个判别函数值大，该案例就属于哪一类。

4. 判别分析模型的各参数指标及统计检验

1) 非标准化判别系数

非标准化判别系数又称为粗系数，是将原始变量值直接输入模型得到的系数估计。非标准化判别系数可以用来计算判别值，也可以用作图表示各案例点在 $\min(k, g-1)$ 维空间中的位置，从而分析具体案例点与组别之间的位置。由于测量单位不同，非标准化判别系数的大小不能反映相应变量在判别作用上的大小。

2) 标准化判别系数

以标准化判别系数表达的判别函数无常数项。函数中的自变量不是原始变量，而是标准化的变量。标准化使每个变量以自己的平均值为数轴原点，以标准差为单位。标准化变量一方面表现为与平均值之间的距离，另一方面以正负号形式表示自己偏离平均值的方向。标准化判别系数具有可比性，可用来比较各变量对判别值的相对作用，绝对值大的对判别值影响大，但这不代表对整个判别力的影响大，还要看结构系数。

3) 结构系数

结构系数又称为判别负载，是判别变量 x_i 与判别值 y 之间的相关系数。结构系数表达了 x_i 与 y 之间的拟合水平，当系数的绝对值很大(接近 +1 或 −1)时，函数表达的信息与变量的信息几乎相同；当系数接近于 0 时，它们之间就没有什么共同之处。

结构系数有两种：一种是总结构系数，用于识别由函数携带的在分组间进行判别的信息；另一种是组内结构系数，又称为合并的组内相关，用于探求一个函数与分组内部的变量的紧密联系程度。

4) 分组的矩心

分组矩心描述在判别空间中每一组案例的中心位置。它通过将所有判别变量的平均值代入基本模型计算得出，可以考察在判别空间中每个案例点与各组的矩心之间的距离，便于分析具体案例分组属性的倾向。

5) 判别力指数

判别力既包括每个判别变量对于判别函数的作用，也包括本判别函数对于所有原始变量总方差的代表性。判别分析通过一个判别函数所能代表的所有原始变量的总方差百分比来表示每个判别函数的判别力，因此判别力指数又称为方差百分比。一个判别函数所代表的方差量用所对应的特征值来相对表示，特征值的合计就相对代表了总方差量，而每个特征值占这一合计的比例就是相应判别函数能够代表的总方差比例，即它的判别力指数。判别力指数越大的判别函数越重要，而那些判别力指数很小的判别函数则可以被精简。

6) 残余判别力

对判别函数统计显著性的检验是在推导一个函数之前，检查在这个判别模型中的残余判别力。残余判别力是在以前计算的函数已经提取过原始信息之后，残余的变量信息对于判别分组的能力。如果残余判别力过小，那么即使在数学上可行，再推导其他函数也没有意义了。残余判别力用 Wilks' lambda 测量，如果 λ 接近 0，表示判别力高，组均值不同；λ 接近 1，表示组均值没有什么不同。

7) Fisher 判别系数

Fisher 判别系数用来直接进行一个案例的判别。只要把案例的原始变量代入，其中最大的一个值所对应的分组便是判别分组。

10.3.2　SPSS 实现判别分析

【例 10.5】　按照地区的发展程度将 41 个地区分为发达 "1"、中等发达 "2" 和不发达 "3" 三个类别，现已知这 41 个地区的部分经济指标，包括工作时间、物价和工资，部分数据见图 10.38。现又搜集了 5 个地区的数据(Tel Aviv、Tokyo、Toronto、Vienna、Zurich)，但未获知其发展程度，如图 10.39 所示。请根据已有 41 个地区的数据对这 5 个城市的发展程度进行判别。

城市	工作时间	平均物价	平均工资	发展程度
Amsterdam	1714.00	65.60	49.00	1
Athens	1792.00	53.80	30.40	1
Bogota	2152.00	37.90	11.50	3
Bombay	2052.00	30.30	5.30	3
Brussels	1708.00	73.80	50.50	1
Buenos Aires	1971.00	56.10	12.50	2
Caracas	2041.00	61.00	10.90	3
Chicago	1924.00	73.90	61.90	1
Copenhagen	1717.00	91.30	62.90	1
Dublin	1759.00	76.00	41.40	1

城市	工作时间	平均物价	平均工资	发展程度
Tel Aviv	2015.00	67.30	27.00	
Tokyo	1880.00	115.00	68.00	
Toronto	1888.00	70.20	58.20	
Vienna	1780.00	78.00	51.30	
Zurich	1868.00	100.00	100.00	

图 10.38　部分城市特征数据　　　　　　图 10.39　五个城市特征数据

案例分析：这是一个典型的判别分析案例，我们首先需要从已有数据中找到不同发展程度的城市的经济特征，进而判断新搜集的城市属于哪个发展水平。

第一步，打开或新建数据文件后，依次选择【分析】→【分类】→【判别式】命令，进入【判别分析】对话框，将"发展程度"移入【分组变量】文本框中，移入【分组变量】框的变量要求为离散变量。把所有用于构建判别函数的自变量移入【自变量】文本框中，如图 10.40 所示。

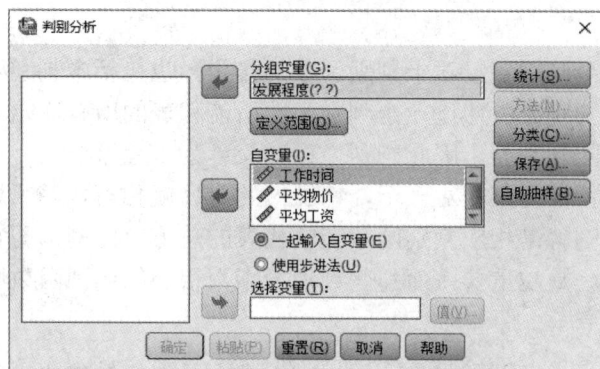

图 10.40　　【判别分析】对话框

第二步，单击【分组变量】文本框下的【定义范围】按钮，在弹出的【判别分析：定义范围】对话框中定义所分类别的范围，该变量分成三个类别，即发达、中等和不发达三种。所以最小值填 1，最大值填 3，如图 10.41 所示。单击【继续】按钮，回到上一层对话框。

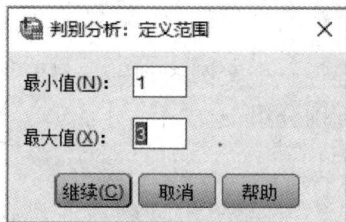

图 10.41　　【判别分析：定义范围】对话框

第三步，单击【统计】按钮，在弹出的【判别分析：统计】对话框中，可选择许多描述判别分析结果的统计量，我们仅选中【函数系数】选项组中的【费希尔】和【未标准化】复选框，它们是指输出判别函数的系数，如图 10.42 所示。然后单击【继续】按钮，回到上一层对话框。

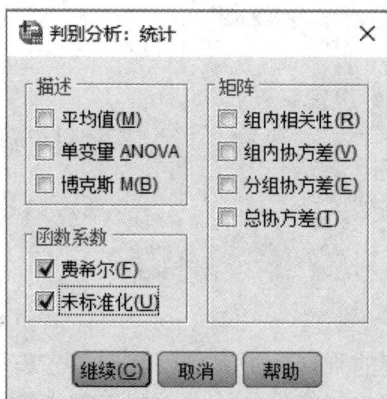

图 10.42　　【判别分析：统计】对话框

第四步，单击【分类】按钮进入【判别分析：分类】对话框，在【图】选项组中选中【合并组】复选框，在【显示】选项组中选中【摘要表】复选框，表示对个案进行判别分析后的数据汇总，其他默认系统选择，如图 10.43 所示。然后单击【继续】按钮，回到上一层对话框。

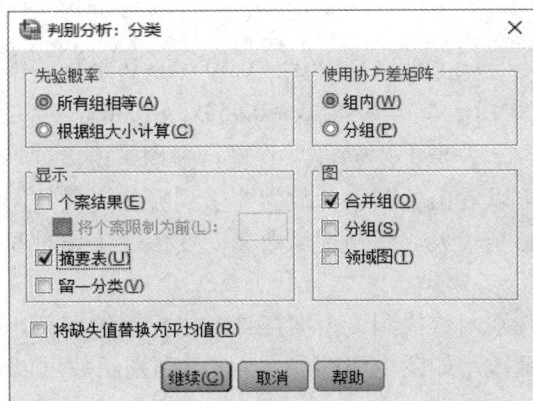

图 10.43　【判别分析：分类】对话框

　　第五步，单击【保存】按钮，在弹出的【判别分析：保存】对话框中选择保存至原数据中的变量，这里选中【预测组成员】和【判别得分】复选框，如图 10.44 所示。前者是指让系统输出对某个个案所属类别的判断，后者是指某个个案在判别函数上的取值。然后单击【继续】按钮，回到上一层对话框。最后单击【确定】按钮，提交系统分析。

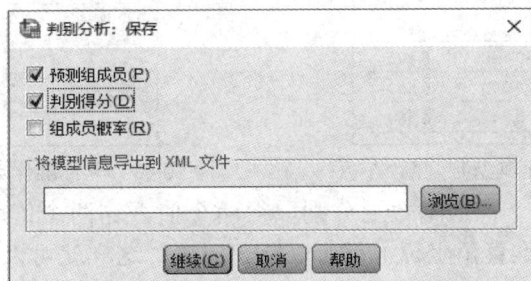

图 10.44　【判别分析：保存】对话框

　　第六步，结果解释。

　　(1) 判别函数检验。本次分析系统构建了两个判别函数，图 10.45 给出了两个典型判别函数的特征值以及方差贡献情况等信息。其中第 1 个特征值为 2.154，能够解释所有变异的99.7%，第 2 个特征值为 0.006，能解释所有变异的 0.3%。而图 10.46 给出了典型判别函数的有效性检验，即利用威尔克的 Lambda 统计量来检验各个判别函数有无统计学意义。第一个判别函数的 p 值为 0.000，小于 0.05，说明在 0.05 水平上显著，而第二个判别函数 p值为 0.895，大于 0.05，说明在 0.05 水平上不显著。这个结果说明第二个函数的效用非常小，即只用第一个函数就可以把个案所属类别判别出来了。

特征值

函数	特征值	方差百分比	累积百分比	典型相关性
1	2.154[a]	99.7	99.7	0.826
2	0.006[a]	0.3	100.0	0.077

a. 在分析中使用了前 2 个典型判别函数。

图 10.45　特征值

威尔克 Lambda

函数检验	威尔克 Lambda	卡方	自由度	显著性
1 直至 2	0.315	42.727	6	0.000
2	0.994	0.223	2	0.895

图 10.46　威克尔的 Lambda

　　(2) 判别函数。图 10.47 中的系数是两个判别函数中各个变量的标准化系数，也就是线性判别函数中各原始变量的权重系数。正如在多元回归中的回归系数一样，判别函数可以

表示为

$$\begin{cases} g_1(x) = -0.196x_1 + 0.303x_2 + 0.747x_3 \\ g_2(x) = 0.985x_1 + 0.453x_2 + 0.06x_3 \end{cases} \tag{10-5}$$

式中：x_1 表示工作时间；x_2 表示平均物价；x_3 表示平均工资。

　　从标准系数方程中可以看出各判别函数主要受到哪些变量的影响。例如，判别函数 1 受变量"平均工资"的影响较大，而判别函数 2 受变量"工作时间"和"平均物价"的影响较大。

　　但是如果需要通过判别函数找到该个案在二维坐标上的取值，就需要用到各变量的非标准化系数构建起判别函数，如图 10.48 所示。这时判别函数可以表达为

$$\begin{cases} g_1(x) = -0.001x_1 + 0.021x_2 + 0.053x_3 - 1.094 \\ g_2(x) = 0.006x_1 + 0.031x_2 + 0.004x_3 - 13.673 \end{cases} \tag{10-6}$$

式中：白变量的含义与公式(10-5)一致。

标准化典型判别函数系数

	函数	
	1	2
工作时间	-0.196	0.985
平均物价	0.303	0.453
平均工资	0.747	0.060

典型判别函数系数

	函数	
	1	2
工作时间	-0.001	0.006
平均物价	0.021	0.031
平均工资	0.053	0.004
(常量)	-1.094	-13.673

未标准化系数

图 10.47　标准化典型判别函数关系　　　　图 10.48　非标准化典型判别函数关系

　　每个个案可以在两个判别函数上分别取得两个值，这两个值就可以当作该个案的坐标，那么每个个案在二维直角坐标上都可以标识出来，这样就可以判断出个案所属的类别了，这里是三个类别，如图 10.49 所示。这三个类别的质心(重心)在两个判别函数的取值(坐标的纵轴和横轴取值)见图 10.50。第一个类别的质心取值为(1.102，0.013)；第二个类别的质心取值为(-1.221，-0.138)；第三个类别的质心取值为(-2.224，0.096)。

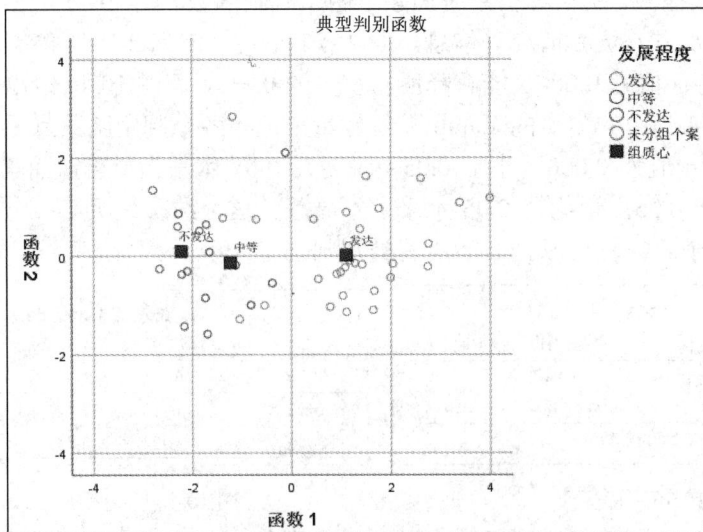

图 10.49　典型判别函数的散点图

组质心处的函数

发展程度	函数 1	函数 2
发达	1.102	0.013
中等	-1.221	-0.138
不发达	-2.224	0.096

按组平均值进行求值的未标准化典型判别函数

图 10.50　组质心处的函数

系统同时提供了一个更为简便的方法判断个案所属类别，如图 10.51 所示。图 10.51 中给出的是贝叶斯(Bayes)的费希尔(Fisher)线性判别函数的系数，利用图中的数据可以直接写出贝叶斯判别函数，判别的类别变量有几类就有几个判别函数。因为发展水平(发展程度)有三个类别，因此这里有三个函数，即

$$\begin{cases} g_1(x) = -0.08x_1 + 0.475x_2 + 0.169x_3 - 97.168 \\ g_2(x) = -0.082x_1 + 0.422x_2 + 0.046x_3 - 92.711 \\ g_3(x) = -0.085x_1 + 0.408x_2 + 0.005x_3 - 96.529 \end{cases} \tag{10-7}$$

式中：$g_1(x)$、$g_2(x)$ 和 $g_3(x)$ 分别对应发达、中等和不发达三个水平；自变量的含义与公式(10-5)一致。

分类函数系数

	发展程度		
	发达	中等	不发达
工作时间	0.080	0.082	0.085
平均物价	0.475	0.422	0.408
平均工资	0.169	0.046	-0.005
(常量)	-97.168	-92.711	-96.529

费希尔线性判别函数

图 10.51　分类函数系数

将每个个案的变量值分别代入费希尔线性判别函数，将会获得三个函数得分，比较三者大小，哪个函数值大，就表示这个个案是属于哪个类别的。

(3) 判别结果输出。图 10.49 表示的是每个个案在两个判别函数上得分的散点图，该图的横坐标为个案在函数 1 上的取值，纵坐标为个案在函数 2 上的取值，从图上我们可以直观地看出判别分析的结果。类别 1(发达)与其他两个类别的差距比较明显，而类别 2(中等发达)和类别 3(不发达)之间的差异则比较模糊。在原数据中，我们还可看到增加了三个新变量，即 "Dis_1" "Dis1_1" 和 "Dis2_1"，数据部分截图如图 10.52 所示。Dis_1 表示预测的个案所属类别，可以与数据中原有的分类进行对比。Dis1_1 和 Dis2_1 表示个案在两个标准化判别函数上的得分，我们可以看到 5 个城市依次被判定为类别 "2" (Tel Aviv)、"1" (Tokyo)、"1" (Toronto)、"1" (Vienna)、"1" (Zurich)。图 10.53 对这 5 个城市的判别情况做了汇总，即 4 个被判定为 "1"，1 个被判定为 "2"。

🌐 城市	🔲 工作时间	🔲 平均物价	🔲 平均工资	🔲 发展程度	🔲 Dis_1	🔲 Dis1_1	🔲 Dis2_1
Sydney	1668.00	70.80	52.10	1	1	1.10725	-1.13467
Taipei	2145.00	84.30	34.50	2	1	-0.11371	2.10343
Tel Aviv	2015.00	67.30	27.00	2	2	-0.70455	0.75581
Tokyo	1880.00	115.00	68.00	.	1	2.60575	1.58914
Toronto	1888.00	70.20	58.20	.	1	1.15081	0.20781
Vienna	1780.00	78.00	51.30	.	1	1.07959	-0.23530
Zurich	1868.00	100.00	100.00	.	1	3.99329	1.18780

图 10.52　判别分析保存变量

分类结果[a]

		发展程度	预测组成员信息			总计
			发达	中等	不发达	
原始	计数	发达	21	3	1	25
		中等	1	6	1	8
		不发达	0	0	8	8
		未分组个案	4	1	0	5
	%	发达	84.0	12.0	4.0	100.0
		中等	12.5	75.0	12.5	100.0
		不发达	0.0	0.0	100.0	100.0
		未分组个案	80.0	20.0	0.0	100.0

a. 正确地对 85.4% 个原始已分组个案进行了分类。

图 10.53　判别分析汇总

经过对比，我们会发现系统的判断不一定完全与原来的分类一致。例如，第 41 个个案"Taipei"被判定为"1"，即发达，而实际上它是"2"，即中等发达。这样判断错误的个案数的具体情况如图 10.53 所示。例如，系统把 3 个原类别为"发达"的个案判定为"中等"，把 1 个原类别为"发达"的个案判定为"不发达"。其他类别的错误判定情况可以此类推。最终，从图注中可以看出此次分类的正确率为 85.4%，即错判率为 14.6%。

任务 10.4　实现多重响应分析

✍️ 任务描述

现实生活中，我们经常要对某一问题进行市场调查，调查问卷往往需要被调查者对一个问题的多个选项进行选择。而如何对这类调查结果进行数据分析，便需要本任务介绍的多重响应分析来完成。

10.4.1　多重响应概述

多重响应(Multiple Response)，又称多选题，是市场调查研究中十分常见的数据形式。多重响应数据本质上属于分类数据，但由于各选项均是对同一个问题的回答，问题之间存在一定的相关性，将各选项单独进行分析并不恰当。对多重响应数据分析最常见的方法是使用 SPSS 中的"多重响应"命令，通过定义变量集的方式，对选项进行简单的频数分析和交叉分析。

统计软件中对多重响应的标准记录方式有以下两种：

1. 多重二分法

对于多项选择题的每一个选项看作一个变量来定义。0 代表没有被选中，1 代表被选中。这样，多项选择题中有几个选项，就会变成有几个单选变量。这些单选变量的选项都只有两个，即 0 或 1。

2. 多重分类法

多项选择题中有几个选项就定义几个单选变量。每个变量的选项都一样，都和多项选择题的选项相同。每个变量代表被调查者的一次选择，即记录的是被选中的选项的代码。在很多情况下，当问卷中不限定被调查者可选择的选项数量时，被调查者可能不会全部选项都选，因此在数据录入时，一般从这些变量的最前面几个变量开始录入，这样最后面几个变量自然就是缺失值。当被调查者对多项选择题中的选项全部选择时，这些变量中都有一个选项代码，此时没有缺失值。

10.4.2 多重响应变量集的定义

多重响应集的定义是将基本变量分组为多重二分类变量集和多重多分类变量集，并转换为能通过 SPSS 软件操作的数据类型。通过定义后的数据类型，可以获得这些集的频率表和交叉制表。SPSS 可以定义 20 个多重响应集，每个集必须有一个唯一的名称。

每个多重响应集必须指定一个名称，名称最多可以有 7 个字符。多重响应变量集的定义过程将在用户指定的名称前加上美元符号"$"。注意：用户定制的多重响应集名中不能使用以下保留名称：casenum、sysmis、jdate、date、time、length 和 width。

多重响应集的名称仅在用于多重响应过程时存在，在其他过程中不能使用多重响应集名称。另外还可以输入多重响应集的描述性变量标签，标签最长可以有 40 个字符。

【例 10.6】图 10.54 截取了部分消费者使用洗发水品牌的调查结果，问卷列举了用户可能使用的洗发水品牌，包括"雨洁""海飞丝""夏士莲""飘柔""清扬""舒蕾""潘婷""沙宣"8 个品牌及"其他"。其中 1 代表是，0 代表否。

	雨洁	海飞丝	夏士莲	飘柔	清扬	舒蕾	潘婷	沙宣	其他
1	0	0	0	0	0	0	1	0	0
2	0	1	1	0	1	1	1	1	0
3	0	0	0	0	1	1	0	1	0
4	0	0	0	0	0	0	0	0	0
5	0	0	0	0	0	0	0	0	0
6	0	0	0	0	0	0	0	0	0
7	1	0	0	1	0	0	0	0	0
8	1	1	1	1	1	0	1	1	1
9	1	0	0	0	0	0	1	1	0
10	1	0	0	0	0	0	0	0	0

图 10.54 部分数据视图文件

下面介绍如何利用"定义变量集"命令定义多重响应变量集"brand"将这些品牌包含进去。

第一步，打开或新建数据文件后，在菜单栏中选择【分析】→【多重响应】→【定义变量集】命令，打开【定义多重响应集】对话框。从【集合定义】选项组里的源变量列表框中选中所有变量，将其选入【集合中的变量】列表框中。在【变量编码方式】选项组中选中【二分法】单选按钮，并在【计数值】文本框中输入"1"，然后在【名称】和【标签】文本框中分别输入"brand"和"品牌"，如图 10.55 所示。单击"添加"按钮，将已定义好的多重响应变量集"$brand"选入【多重响应集】列表框中。然后单击【关闭】按钮。

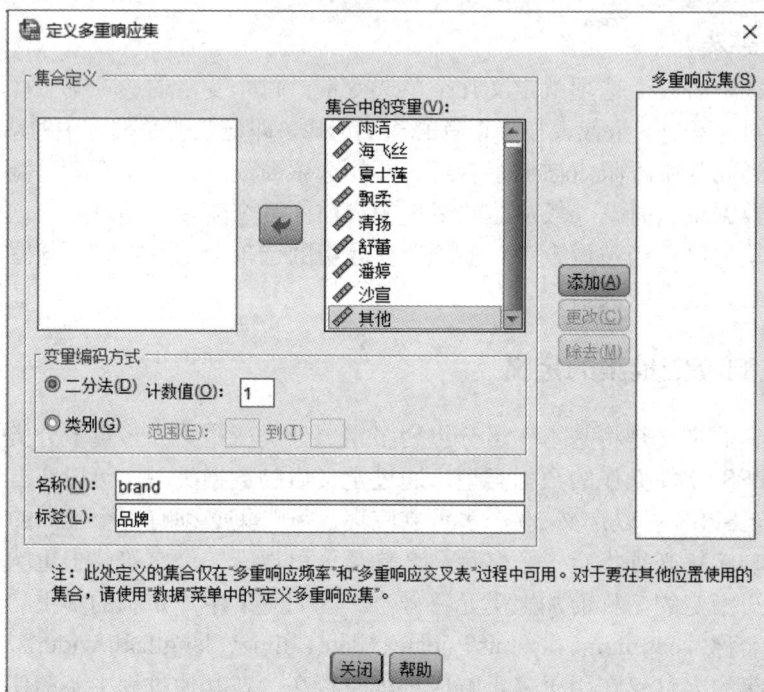

图 10.55　【定义多重响应集】对话框

第二步，多重响应集定义完毕后，菜单栏中【分析】→【多重响应】命令的子菜单即处于激活状态，表示可以通过 SPSS 相关操作获得多重响应集的频率和交叉表分析结果，如图 10.56 所示。

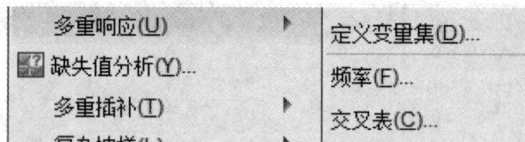

图 10.56　【多重响应】命令子菜单

10.4.3　多重响应变量集的频率分析

多重响应变量集的频数分析，即对已经定义好的多重响应变量集输出其频数及其总频数中的百分比等基本统计量。它与一般的频数分析基本相同，区别为一般频数分析输出的是单个变量的频数分析结果，多重响应变量集的频数分析的对象是定义好的多重响应变量集。

第一步，在菜单栏中选择【分析】→【多重响应】→【频率】命令，打开【多重响应频率】对话框。从【多重响应集】列表框中选中"品牌[$brand]"，将其选入【表】列表框中，其他采用默认设置，如图 10.57 所示。设置完成后即可得到多重响应变量集的频率分析结果。

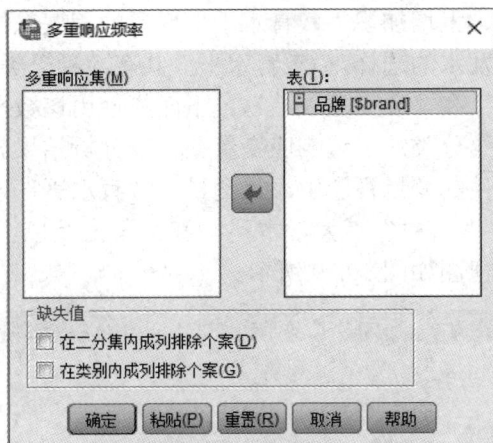

图 10.57　【多重响应频率】对话框

第二步，单击【确定】按钮，查看器窗口中输出频率分析结果，如图 10.58 所示。图 10.58 中给出了多重响应分析的频率。其中个案数表示使用对应品牌洗发水的客户数目；响应百分比表示使用该品牌洗发水的消费者数目占使用总频数的百分比，这在对单个变量的频数分布表中是没有的；个案百分比是指使用该品牌洗发水的客户数占总客户数的百分比。

$brand 频率

		响应		个案百分比
		个案数	百分比	
品牌[a]	雨洁	475	12.7%	53.4%
	海飞丝	304	8.1%	34.2%
	夏士莲	261	7.0%	29.4%
	飘柔	368	9.8%	41.4%
	清扬	481	12.9%	54.1%
	舒蕾	485	13.0%	54.6%
	潘婷	493	13.2%	55.5%
	沙宣	502	13.4%	56.5%
	其他	371	9.9%	41.7%
总计		3740	100.0%	420.7%

a. 使用了值 1 对二分组进行制表。

图 10.58　多重响应变量集的频率分析结果

10.4.4　多重响应变量集的交叉表分析

多重响应变量交叉表分析是对多重响应变量集频率分析的深化，是在频率分析的基础上添加一个分类变量，交叉表分析根据分类变量的不同分类输出多重响应变量集包含的各个响应的频率及百分比。

对多重响应变量集进行交叉表分析的前提是已经定义了一个或多个多重响应变量集。因此我们继续接着前面的例子对$brand 进行交叉表分析。

在原来数据文件的基础上增加了"教育水平"变量的相关数据，用以反映不同受教育水平的用户对不同品牌洗发水的选择，"教育水平"共有 5 种分类，即"小学及以下""初中""高中""大学本科"和"硕士及以上"。下面将使用该数据文件，利用交叉表分析过程，得到按"教育水平"分类的多重响应变量交叉表分析结果。

第一步，在原数据文件的变量视图中添加变量"教育水平"，用数字 1～5 分别表示"小学及以下""初中""高中""大学本科"和"硕士及以上"5 种不同的受教育水平。数据文件的部分数据视图如图 10.59 所示。

	教育水平	雨洁	海飞丝	夏士莲	飘柔	清扬	舒蕾	潘婷	沙宣	其他
1	4	0	0	0	0	0	0	1	0	0
2	5	0	1	1	0	1	1	1	1	0
3	1	0	0	0	0	1	0	1	0
4	1	0	0	0	0	0	0	0	0	0
5	1	0	0	0	1	0	1	1	0
6	2	0	0	0	0	1	0	0	0
7	2	1	0	0	1	0	0	0	1
8	2	1	1	1	1	0	0	0	1
9	4	1	0	0	0	1	0	0	0
10	1	1	0	0	0	0	0	0	0

图 10.59　部分数据视图文件

第二步，在菜单栏中选择【分析】→【多重响应】→【交叉表】命令，打开【多重响应交叉表】对话框。从【多重响应集】列表框中将$brand 变量集选入【行】列表框中。从源变量列表框中把变量"教育水平"选入【列】列表框中，如图 10.60 所示。

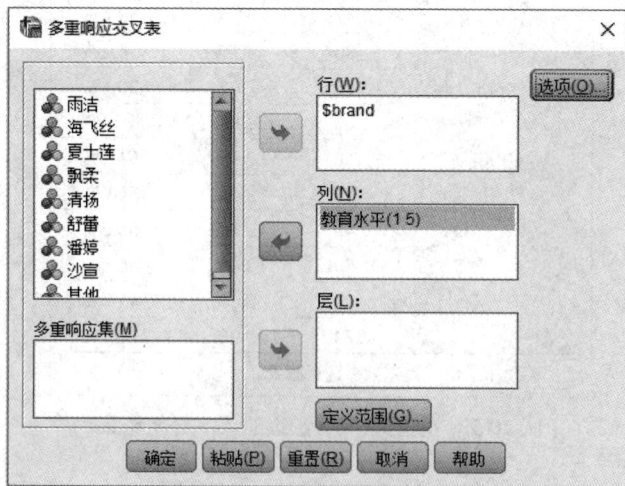

图 10.60　【多重响应交叉表】对话框

第三步，单击【定义范围】按钮，打开【多重响应交叉表：定义变量范围】对话框，在【最小值】文本框中输入"1"，在【最大值】文本框中输入"5"，如图 10.61 所示。设置完毕后，单击【继续】按钮，返回主对话框。

第四步，在【多重响应交叉表】对话框中单击【选项】按钮，打开【多重响应交叉表：选项】对话框。选中【单元格百分比】选项组中的【列】复选框，其他采用默认设置，如图 10.62 所示。单击【继续】按钮，返回到主对话框。

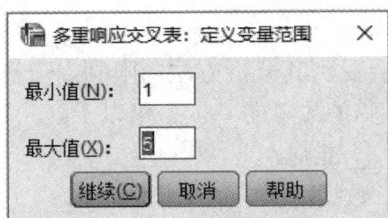

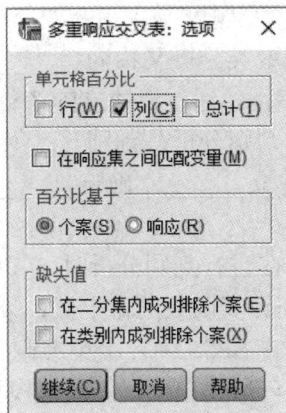

图 10.61　【多重响应交叉表：定义变量范围】对话框　　　图 10.62　【多重响应交叉表：选项】对话框

第五步，单击【确定】按钮，提交系统分析，查看输出结果如图 10.63 所示。

$brand*教育水平 交叉表

			教育水平 1	2	3	4	5	总计
品牌[a]	雨洁	计数	57	121	107	139	51	475
		占 教育水平 的百分比	36.5%	48.2%	55.7%	61.2%	81.0%	
	海飞丝	计数	21	70	68	104	41	304
		占 教育水平 的百分比	13.5%	27.9%	35.4%	45.8%	65.1%	
	夏士莲	计数	14	61	53	101	32	261
		占 教育水平 的百分比	9.0%	24.3%	27.6%	44.5%	50.8%	
	飘柔	计数	14	71	86	145	52	368
		占 教育水平 的百分比	9.0%	28.3%	44.8%	63.9%	82.5%	
	清扬	计数	87	142	103	121	28	481
		占 教育水平 的百分比	55.8%	56.6%	53.6%	53.3%	44.4%	
	舒蕾	计数	92	145	101	116	31	485
		占 教育水平 的百分比	59.0%	57.8%	52.6%	51.1%	49.2%	
	潘婷	计数	94	141	106	119	33	493
		占 教育水平 的百分比	60.3%	56.2%	55.2%	52.4%	52.4%	
	沙宣	计数	98	145	106	120	33	502
		占 教育水平 的百分比	62.8%	57.8%	55.2%	52.9%	52.4%	
	其他	计数	14	84	88	141	44	371
		占 教育水平 的百分比	9.0%	33.5%	45.8%	62.1%	69.8%	
总计		计数	156	251	192	227	63	889

百分比和总计基于响应者。

a. 使用了值 1 对二分组进行制表。

图 10.63　多重响应变量分析交叉制表

思 考 与 练 习

1. 填空题。

(1) 聚类分析又称为_____或_____等分析，是一种重要的分类方法。它是根据事物自身的特征，通过已建立的统计模型对事物进行_____分析方法的一种统计分析。

(2) 判别分析是判别_____所属类别的一种统计分析方法，其基本原理是按照判别准则，先建立_____，确定_____中的系数并及时判别指标，然后根据_____确定样本的所属类别。

(3) 在进行判别分析时，其样本数量的大小也会受到其分析方法的限制。一般情况下，为了保证计算函数的稳定性，须保证样本数量是自变量数量的_____倍以上。

(4) 在 SPSS 中，聚类准则又分为_____和_____准则。

(5) 一般情况下，决策树模型可用于数据分类、数据降维、数据预测、_____、_____等方面。

2. 选择题。

(1) 聚类分析中的距离一般用来测验样本之间的相似性，当分析数据的类型为连续性数据时，下列选项中不适合使用的距离方式为(　　)。

A. 明氏　　　　　　B. 马氏　　　　　　C. 兰氏　　　　　　D. 夹角余弦

(2) 在进行聚类分析时，一般需要使用 R^2 统计量、半偏 R^2 统计量、(　　)和伪 T^2 统计量等统计量计算方法。

A. F 统计量　　　　　　　　　B. 伪 T 统计量

C. 伪 F 统计量　　　　　　　　D. T 统计量

(3) 判别分析是判别变量所属类别的一种统计分析方法。下列描述中，错误的一项为(　　)。

A. 判别分析的方法根据不同的划分方式，可以分为两组判别和多组判别、有线性判别和非线性判别，以及逐步判别和序贯判别等方法

B. 在使用判别方法进行分析时，其自变量服从多元正态分布，而且自变量之间不存在多重共线性

C. 判别分析是根据组成员身份构建基于可提供组间最佳判别的预测变量的线性组合模型

D. 在进行判别分析时，其自变量和因变量之间的关系无须符合线性假设

(4) 聚类分析中的距离计算是进行聚类分析的关键步骤，对于欧氏距离的表现公式，下列选项组相符合的一项为(　　)。

A. $D_{ij}(q=1) = \sum\limits_{k=1}^{p} |x_{ik} - x_{jk}|^{\frac{1}{q}}$　　　　　　B. $D_{ij}(q=2) = \sqrt{\sum\limits_{k=1}^{p} |x_{ik} - x_{jk}|^2}$

C. $D_{ij}(q=\infty) = Max |x_{ik} - x_{jk}|$　　　　D. $D_{ij}(q) = \left(\sum\limits_{k=1}^{p} |x_{ik} - x_{jk}|^q \right)^{\frac{1}{q}}$

(5) 在进行聚类分析时, 还会使用一些统计量公式参与计算公式, 其 R^2 统计量的表现公式为(　　)。

A. $R^2 = \dfrac{D_{jk}}{w}$　　　　　　　　B. $R^2 = 1 - \dfrac{p_j}{w}$

C. $R^2 = \dfrac{D_{jk}}{(w_k + w_L)/(N_k + N_L - 2)}$　　D. $R^2 = \dfrac{p_j}{w}$

3. 图 10.64 中反映的是消费者对 12 种食品的评价的部分数据, 分别在 15 个不同的属性上以 5 级评分标明消费者对这些食品属性的评价, 从 "1" 表示不具备该属性至 "5" 表示该属性非常突出, 试使用因子分析提取合适的因子数来描述食品。

被试编号	品牌编号	v1	v2	v3	v4	v5	v6	v7	v8	v9	v10	v11	v12	v13	v14	v15
1	12	5	5	1	2	1	4	5	5	4	1	3	5	1	5
1	9	2	2	1	5	2	1	5	2	5	1	2	5	2	1	3
3	9	4	5	5	3	5	3	5	5	3	2	5	4	4	5
3	2	5	5	3	4	5	3	5	5	2	2	5	4	5	5
4	4	5	3	4	5	4	5	5	4	3	3	5	4	5	5
4	8	4	4	2	5	2	4	5	5	3	3	5	5	4	5
4	9	4	3	4	5	3	5	5	5	3	3	5	5	5	5
5	9	3	3	2	5	1	4	5	4	1	2	4	2	4	3
5	8	3	3	4	5	2	5	5	4	1	2	4	2	3	3
5	4	3	3	2	5	1	4	5	4	1	2	4	2	3

图 10.64　消费者对 12 种食品的评价

4. 在 "大学生评价教师" 问卷中包含 12 个教学评价问题, 由学生对老师进行评分, 分值是从 "1" (完全不同意)到 "5" (完全同意)的 5 级评分, 部分数据见图 10.65, 试用因子分析该数据。

b1	b2	b3	b4	b5	b6	b7	b8	b9	b10	b11	b12
5	5	5	5	5	5	5	3	5	5	4	3
5	4	4	4	5	3	4	3	4	4	4	3
5	4	5	5	5	5	5	4	4	4	4	4
4	4	4	4	4	2	4	4	4	4	3	3
5	5	5	5	5	5	5	5	4	5	4	4
5	5	4	4	5	4	5	4	5	4	5	5
5	5	5	5	5	4	5	5	5	2	4	4
5	5	4	5	5	5	5	4	4	4	4	4
5	5	5	5	5	4	5	3	4	3	4	4
5	4	4	4	5	4	5	4	4	3	4	4

图 10.65　"大学生评价教师" 问卷的 12 个教学评价数据

5. 利用二阶聚类分析本项目例 10.2 中的关于员工素质的数据。

6. 用 K-均值聚类分析方法, 将本项目例 10.3 中的城市经济指标数据分为 5 类。同时用系统聚类分析该数据。

7. 利用本项目例 10.5 中的 41 个城市的数据，判定表 10.1 所列 9 个城市的发展程度。

表 10.1　41 个地区的部分经济指标

城市	工作时间	平均物价	平均工资
A	1674.00	60.60	40.00
B	1700.00	50.80	30.00
C	2150.00	30.90	10.50
D	2080.00	30.30	58.30
E	1608.00	70.80	50.50
F	1601.00	50.10	10.50
G	2000.00	54.00	10.90
H	1900.00	73.90	50.90
I	1600.00	70.30	50.90

项目 11　时间序列分析与预测

时间序列分析(Time-Series Analysis)是一种动态数据处理的统计方法。该方法基于随机过程理论和数理统计学方法，研究随机数据序列所遵循的统计规律，以解决实际问题。在现实中，许多统计资料都是按照时间进行观测记录的，因此时间序列分析在实际分析中被广泛应用。时间序列是指按随机过程的一次实现，具有随时间而变化、动态性和随机性数字序列等特点。

时间序列模型不同于一般的经济计量模型，其不以经济理论为依据，而是依据变量自身的变化规律，利用外推机制描述时间序列的变化。时间序列模型在处理的过程中必须考虑时间序列的非平稳性。SPSS 提供了多种进行时间序列分析的方法，本项目将介绍这些方法。

学习目标

(1) 理解时间序列的定义、结构与分类；
(2) 掌握时间序列数据的预处理过程；
(3) 掌握时间序列的确定性分析过程；
(4) 掌握时间序列的随机性分析过程。

任务 11.1　时间序列数据预处理

任务描述

SPSS 无法自动识别时间序列数据，并且时间序列数据在处理的过程中必须考虑时间序列的非平稳性，因此在进行时间序列分析前，必须对时间序列进行预处理。本任务主要讲解时间序列基本概述、数据序列数据预处理的基本原理和通过 SPSS 软件具体实现预处理的过程。

11.1.1　时间序列概述

1. 时间序列的概念

在社会经济领域中，我们经常遇到按照时间先后顺序记录的反映某现象数据特征的一组数据，这就是时间序列。其中的时间可以是年份、季度、月份或日期等。时间序列(Time

Series)亦称为动态数列或时间数列，就是把反映某一现象的同一指标在不同时间上的取值，按时间的先后顺序排列所形成的一个数列。也就是说，随时间记录的数据序列称为时间序列。

通常，用数学上数列的符号把时间序列记为

$$x_t : x_0, \ x_1, \ x_2, \ \cdots, \ x_n \tag{11-1}$$

简记为 $\{x_t, \ t = 0, 1, 2, \cdots, n\}$ 或 $\{x_t\}$。其中，t 表示时间点；数据 x_t 表示在 t 时间点的序列取值，反映了现象在各个时间上达到的规模或水平，称为序列 $\{x_t\}$ 在 t 时间(点)上的发展水平。形式上，通常把时间序列安排成表格的行或列。

任何一个时间序列都具有两个基本要素。

(1) 被研究现象所属的时间范围，即序列的下标取值范围。

(2) 反映该现象在一定时间点上的数值，即在不同时间点上的统计数据，也就是序列中各个项的具体取值。

时间范围的间隔可长可短，可以日为时间单位，也可以年为时间单位，甚至更长或更短，常见的有年、月、日、时、分、秒等。

2. 时间序列的分类

在很多情况下，需要对不同种类的时间序列采用不同的分析方法。由于时间序列是刻画某个统计指标随时间改变的规律的，因此时间序列的分类和统计指标的分类具有相似性。时间序列分为总量指标时间序列、相对数时间序列和平均数时间序列。

1) 总量指标时间序列

总量指标时间序列又称为绝对数时间序列，是指由一系列同类的总量指标数值所构成的时间序列。它反映事物在不同时间上的规模、水平等总量特征。总量指标时间序列又分为时期序列和时点序列。

时期序列是指由反映某种社会经济现象，在一段时期内，发展过程累积量的总量指标所构成的总量指标时间序列。时期序列的特点为：① 时期序列中各项指标值反映现象在一段时期内发展过程的累积总量；② 各项指标值随着现象的发展进程进行连续登记，因而各项指标值可以相加，相加后的指标值反映现象在更长时期内发展过程的总量；③ 每项指标值的大小与其所包括的时间长短有直接关系，时期长，指标值大，时期短，指标值小，因此其时期间隔是相等的。

时点序列是指由反映某种现象，在一定时点(瞬间)上的发展状况的总量指标所构成的总量指标时间序列。时点序列的特点为：① 时点序列中各项指标值反映现象在一定时点上的发展状况；② 各项指标值只能按时点所表示的瞬间进行不连续登记，相加无实际经济意义，因而不能直接相加；③ 各项指标值的大小与其时点间隔的长短没有直接关系。

2) 相对数时间序列

相对数时间序列是指由一系列同类的相对指标数值所构成的时间序列。它可以反映社会经济现象数量对比关系的发展过程。它包括：① 由两个时期序列对比所形成的相对数时间序列；② 由两个时点序列对比所形成的相对数时间序列；③ 由一个时期序列和一个时点序列对比所形成的相对数时间序列。

相对数时间序列反映事物数量关系的发展变化动态，由于各期相对数的对比基数不同，故其各项水平数值不能直接相加。

3) 平均数时间序列

平均数时间序列是指由一系列同类的平均数指标数值所构成的时间序列。它可以反映社会经济现象一般水平的发展变化过程。这类动态序列可以揭示研究对象一般水平的发展趋势和发展规律。平均数时间序列中各项水平数值也不能直接相加。

【例 11.1】某公司的产品在 2013—2015 年的按月销售量如表 11.1 的列(1)(2)(3)所示，列(4)是各年份同月销量之和，这些都是总量指标(时点)序列；列(5)是各年份同月销量的平均值序列，是平均数时间序列；列(6)是相对数序列。

表 11.1　2013—2015 年各月销售量资料及季节指数计算表

月份	各年销售量/万件			合计	同月平均	季节比率/%
	2013(1)	2014(2)	2015(3)	(4) = (1) + (2) + (3)	(5) = (4)/3	(6) = (5)/1260.56
1 月	80	120	320	520	173.3	13.8
2 月	120	200	400	720	240	19.0
⋮	⋮	⋮	⋮	⋮	⋮	⋮
12 月	40	80	110	230	76.7	6.1
合计	7600	15 650	22 130	45 380	15 126.7	1200
平均	633.3	1304.2	1844.2	3781.67	1260.56	100

3. 时间序列的编制原则

编制时间序列的目的在于通过序列中各项指标值对比，说明社会经济现象的发展过程和规律性，以便对事物的未来走势进行预测，最终为管理决策提供信息依据。因此，为了保证同一时间序列中指标值的可比性，应遵守以下几个基本编制原则。

(1) 时间间隔的可比性。时期序列数值的大小与时期长短成正比，时期愈长指标值愈大；反之则愈小。因此，时期序列中各项指标值所属的时期长短前后一致才能对比，如果时期长短不同，应进行必要的调整。关于时期间隔，为了便于对比分析，间隔最好相等，也可以编制间隔不等的序列。

对于时点序列来说，则不存在指标值所属时间长短问题，只要求注意时点间隔是否一致。由于时点序列指标值的大小与时点间隔的长短没有直接关系，其时点间隔虽然可以不一致，但是为了更好地反映社会经济现象发展变化的规律性，时点间隔也应力求一致。

(2) 总体范围的可比性。总体范围是指时间序列指标值所包括的地区范围、隶属关系范围等。在进行时间序列分析时，要查明所依据的指标值总体范围是否前后一致。总体范围大小应该一致，只有总体范围一致才能对比，如有变动应进行必要调整。

(3) 指标口径的可比性。指标口径是统计实践中的一种说法，它是指指标所包括的经济内容的多少。一般来说，只有同质的现象才能进行动态对比，才能表明现象发展变化的过程及趋势。在经济分析中，经常存在这样一种情况，即有些指标从指标名称上看，在不同时间上它并没有什么变化，但随着时间的推移，其经济内容却发生了很大的变化(例如工资的含义)。

(4) 方法计量的可比性。指标的计算方法和计量单位也应该具有可比性。指标的计算方法和计量单位应该一致，各个指标的计算方法如果不一致，不便于动态对比。指标数值的计量单位也应该一致，否则也不可比。

4. 时间序列的构成

社会经济现象的发展变化是由许多错综复杂的因素共同作用的结果。这些复杂的因素有些属于基本因素，它对事物的发展起决定性作用，影响事物在一段较长时间内呈现出一定的趋向，沿着一个方向(上升或下降)发展；有些属于偶然的或非基本的因素，它对事物的发展只起局部的非决定性作用，影响时间序列各期发展水平出现短期不规则的波动；还有些属于季节性因素，影响时间序列以一年为周期的季节性波动。所以，应该在概念上了解时间序列的构成。

一个时间序列通常有 4 种构成成分：趋势变动(Trend Fluctuation)、季节变动(Seasonal Fluctuation)、循环变动(Cyclical Fluctuation)和不规则变动(Irregular Variations)。

(1) 趋势变动(T)：是指时间序列在一段时间里呈现出来的持续增长或持续下降的变动倾向。这是客观社会经济现象在一个相当长的时期内，由于受某种基本因素的影响所呈现出来的一种基本走势。尽管在这个时期内，事物的发展仍有波动，但基本趋势不变。例如，股票市场的"牛市"和"熊市"。

(2) 季节变动(S)：是指时间序列因季节性因素影响而产生的变动倾向。它是受自然条件、社会条件，诸如气候条件、生产条件、节假日或人们的风俗习惯等各种因素影响的结果。例如，夏季啤酒销售量会增加、节假日铁路和航空客运会迎来客流高峰；农产品收购、农业生产资料和其他季节性商品的销售以及几大节日的客运量等，就有明显的季节性，而且年复一年地呈规律性变动。

(3) 循环变动(C)：也称为循环波动，是指时间序列呈现出的非固定长度的周期性变动，是指社会经济现象以若干年为周期的涨落起伏相同或基本相同的一种波浪式的变动。例如，股票市场由牛市到熊市的周期再到下一个牛市与熊市的周期；经济发展总是从低谷到高峰，再从高峰到低谷，循环波动，且无固定规律。虽然每一个周期可能长短不同，但盛衰起伏周而复始。循环波动的周期可能会持续一段时间，但与趋势不同，它不是朝着单一方向持续变动，而是涨落相同的交替波动。

(4) 不规则变动(I)：也称为随机波动，是指时间序列中除去趋势变动、季节变动和循环波动后，由随机因素引起的时间序列波动。通常由于天灾、人祸、战乱等突发事件或偶然因素引起的客观社会经济现象是无周期性波动。不规则波动通常表现为波浪形或震荡式变动。

在统计分析中，时间序列的这四个构成部分，可能表现为乘法形式的复合，也可能表现为加法形式的复合。各个组成部分所具有的变动数值是各自独立、彼此相加的，从而整个时间序列数值与各种构成之间的数量关系应该表现为下列公式。加法模型：

$$Y_t = T_t + S_t + C_t + I \tag{11-2}$$

各个组成部分所具有的变动数值是相互依存、彼此相乘的，从而整个时间序列数值与各种构成之间的数量关系应该表现为下列公式。乘法模型：

$$Y_t = T_t \times S_t \times C_t \times I \tag{11-3}$$

在现实中，一个时间序列可能由一种成分组成，也可能同时含有几种成分。有些社会经济现象无循环变动,有的无季节变动。只含有随机波动的序列称为平稳序列(Stationary Series)。相反地,把包含其他成分的时间序列称为非平稳序列(Non-Stationary Series),也可以把包含多个成分的时间序列称为复合型序列(Compound Series)。

11.1.2　SPSS 实现时间序列预处理

SPSS 无法自动识别时间序列数据,并且时间序列数据在处理的过程中必须考虑时间序列的非平稳性,因此在进行时间序列分析前,必须对时间序列进行预处理。

通过预处理,一方面能够使序列随"时间"变化的,"动态"的特征体现得更加明显,有利于模型的选择;另一方面也使得数据满足模型的要求。

【例 11.2】　图 11.1 截取了部分 1960—2008 年某国的工业生产总值,以及该国 10 年期国库券利率与联邦基金利率差额的相应数据,试据此对该组数据进行时间序列的预处理操作。

	工业生产总值	利率差额
1	26.41	0.73
2	26.17	0.52
3	25.94	0.41
4	25.73	0.36
5	25.70	0.50
6	25.38	0.83
7	25.29	0.67
8	25.26	0.82
9	25.00	1.20
10	24.97	1.42

图 11.1　数据文件部分截图

第一步,定义时间变量。新建或打开数据文件后,在菜单栏中选择【数据】→【定义日期和时间】命令,打开【定义日期】对话框并进行相应的时间设置。在【个案是】列表框中选择"年、月"选项,然后在【第一个个案是】选项组中的"年"和"月"文本框中输入具体数据,开始的具体年份为 1960 年 1 月份,如图 11.2 所示。然后单击【确定】按钮,完成时间变量的定义。

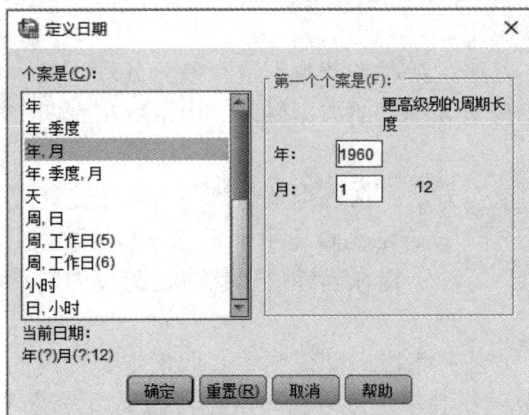

图 11.2　【定义日期】对话框

　　【个案是】列表框中提供了 21 种不同的日期格式，包括年份、季度、月份、日、星期、工作日、小时、分钟等，可自由选择。如果需要分析的时间序列为跨年度的季度时间序列，则选择"年份、季度"即可。

　　【第一个个案是】选项组用于定义时间变量的起始日期。一旦选中【个案是】列表框中的选项，则会在此显示相应的时间格式。

　　第二步，时间序列数据的平稳化处理。在菜单栏中选择【转换】→【创建时间序列】命令，打开【创建时间序列】对话框，将"工业生产总值"变量选入【变量→新名称】列表框中，显示为"新变量名称＝平稳函数(原变量名称顺序)"。在【函数】下拉列表框中选择"季节性差异"选项，如图 11.3 所示。单击【确定】按钮，提交系统分析。

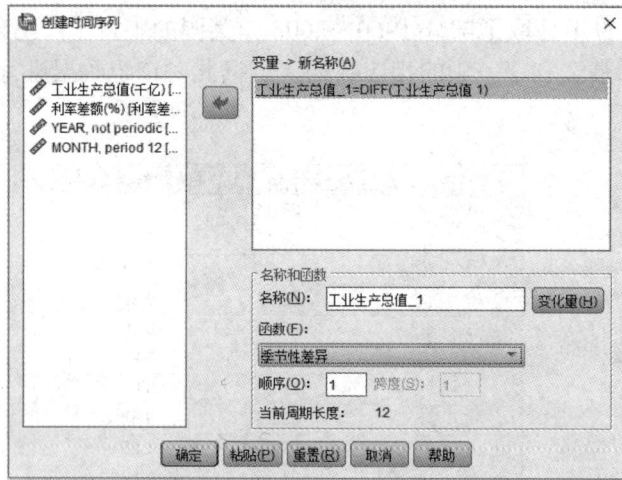

图 11.3　【创建时间序列】对话框

　　【名称和函数】选项组中可以对平稳处理后生成的新变量重命名并选择平稳化处理的方法，设置完毕后，单击"变化量"按钮就完成了新变量的重命名和平稳化处理方法的选择。

　　SPSS 提供了 9 种平稳化处理的方法，各选项及其功能介绍如下：

　　(1) "差异"方法：指对非季度数据进行差分处理。其中，一阶差分即数据前一项减去后一项得到的值，因此一阶差分会损失第一个数据。同理，n 阶差分会损失前 n 个数据。在【顺序】文本框中输入差分的阶数。差分是时间序列非平稳数据平稳处理的最常用的方法，特别是在 ARIMA 模型中。

　　(2) "季节性差异"方法：指对季节数据进行差分处理。其中，一阶差分指该年份的第 n 季度的数据与下一年份第 n 季度的数据做差。由于每年有四个季节，因此 m 阶差分就会损失 m 个数据。

　　(3) "中心移动平均值"方法：指以当期值为中心取指定跨度内的均值，在【跨度】文本框中指定取均值的范围。该方法比较适用于正态分布的数据。

　　(4) "前移动平均值"方法：指取当期值以前指定跨度内的均值，在【跨度】文本框中指定取均值的范围。

　　(5) "运行中位数"方法：指以当期值为中心取指定跨度内的中位数，在【跨度】文本框中指定取中位数的范围。其中，该方法与中心移动平均方法可互为替代。

　　(6) "累积求和"方法：表示以原数据的累计求和值代替当期值。

（7）"延迟"方法：表示以原始数据滞后值代替当期值，在【顺序】文本框中指定滞后阶数。

（8）"提前"方法：表示以原始数据提前值代替当期值，在【顺序】文本框中指定提前阶数。

（9）"平滑"方法：表示对原数据进行 T4253H 方法的平滑处理。该方法首先对原数据依次进行跨度为 4、2、5、3 的中心移动平均处理，然后以 Hanning 为权重再做移动平均处理，得到一个平滑时间序列。

第三步，实验结果及分析。

在 SPSS Statistics 查看器窗口中得到了时间变量定义如图 11.4 所示。图 11.4 中给出了对"工业生产总值"序列进行平稳处理的信息，从图中可以看到平稳处理后的新序列名称为"工业生产总值_1"，该序列含有 1 个缺失值，有效个案为 587 个，平稳处理的方法是 DIFF（季节性差分方法）。

	序列名称	非缺失值的个案编号		有效个案数	创建函数
		第一个	最后一个		
1	工业生产总值_1	2	588	587	DIFF(工业生产总值,1)

图 11.4　创建的序列

平稳处理的结果如图 11.5 所示，图中给出了时间变量定义和对"工业生产总值"季节性差分在 SPSS Statistics 数据视图中的处理结果，从图中可以看到"DATE_"序列即新定义的时间变量序列，"工业生产总值_1"序列就是对"工业生产总值"序列进行季节性差分平稳处理后生成的新序列。由于采用的是一阶季节性差分方法，因此"工业生产总值_1"序列的前 1 个值是缺失的。

	工业生产总值	利率差额	YEAR_	MONTH_	DATE_	工业生产总值_1
1	26.41	0.73	1960	1	JAN 1960	.
2	26.17	0.52	1960	2	FEB 1960	-0.23
3	25.94	0.41	1960	3	MAR 1960	-0.24
4	25.73	0.36	1960	4	APR 1960	-0.21
5	25.70	0.50	1960	5	MAY 1960	-0.03
6	25.38	0.83	1960	6	JUN 1960	-0.32
7	25.29	0.67	1960	7	JUL 1960	-0.09
8	25.26	0.82	1960	8	AUG 1960	-0.03
9	25.00	1.20	1960	9	SEP 1960	-0.26
10	24.97	1.42	1960	10	OCT 1960	-0.03

图 11.5　平稳处理结果

任务 11.2　时间序列的确定性分析

任务描述

确定性时间序列分析，一方面能够使序列的长期趋势变动特征、季节效应、周期变动体现得更加明显；另一方面能确立模型，从而成功捕捉数据随"时间"变化的、"动态"的、"整体"的统计规律。因此，对时间序列进行确定分析从而建立模型是非常必要的。本任务主要介绍通过 SPSS 软件工具实现指数平滑法和季节性分解模型两种确定性分析的过程。

11.2.1　时间序列预测的概念

在现实生活中，由于人们经常关注以后的事情，因此总是不自觉地对未来作出某种预测。例如：明年会涨工资吗？明年房价会下降吗？创业股值得购买吗？我们已经知道，时间序列是指同一变量按事件发生的先后顺序排列起来的一组观察值或记录值，它能够展示研究对象在一定时期内的发展变化趋势与规律，因而可以从时间序列中找出变量变化的特征、趋势以及发展规律，从而对变量的未来变化进行有效的预测。

时间序列预测建立在时间序列发展水平分析的基础上，运用一定的数学运算或数学方法建立预测模型，使时间趋势向外延伸，从而预测序列发展水平的未来值。时间序列预测是一种常用的定量预测方法，其基本理念：① 承认事物发展的延续性，认为运用过去数据可以推测事物的发展趋势；② 考虑到事物发展的随机性，认为事物的发展过程中必然会受到一些随机因素的影响；③ 承认数据的权威代表性，撇开了序列所代表的事物发展的因果关系。

时间序列预测的常用方法有平均数预测法和教学模型法。平均数预测是最简单的定量预测方法，其运算过程简单，常用于近期、短期预测。数学模型法相对较复杂，在更多要求高的情形中运用，可用于中长期的预测。

我们已经知道平稳时间序列就是只含有随机波动的序列。也就是说，平稳序列是指不含有趋势、季节和循环波动的序列，其波动主要由随机成分引起，序列围绕平均值上下波动。在数学上，对于非平稳的时间序列，可以考虑利用差分运算使其变为平稳时间序列。所以，平稳时间序列的预测就具有基础性的意义。

平稳序列的预测方法有简单平均法、移动平均法和简单指数平滑法。

11.2.2　SPSS 实现指数平滑法

指数平滑法又称为指数加权平均法，是加权的移动平均法，它是选取各时期权重数值为递减指数数列的均值方法。指数平滑法有助于预测存在趋势和(或)季节的序列。指数平滑法分为两步来建模，第一步确定模型类型，确定模型是否需要包含趋势、季节性，创建最适当的指数平滑模型；第二步选择最适合选定模型的参数。

指数平滑法一般分为无季节性模型、季节性模型。无季节性模型包括简单指数平滑法、布朗单参数线性指数平滑法等；季节性模型包括温特线性和季节性指数平滑法。

【例 11.3】　以例 11.2 的数据文件为例，利用指数平滑模型法对联邦基金利率差额进行拟合，以消除非正常波动得到联邦基金利率差额的 48 年中稳定长期的走势。

第一步，数据预处理。因为时间序列的分析是需要建立在预处理的基础上，本例沿用例 11.2 的数据文件，故对数据预处理不再赘述。

第二步，指数平滑模型选择。在菜单栏中选择【分析】→【时间序列预测】→【创建传统模型】命令，打开【时间序列建模器】对话框，将"利率差额"变量选入【因变量】列表框中，在【方法】下拉列表框中选择"指数平滑"选项，如图 11.6 所示。

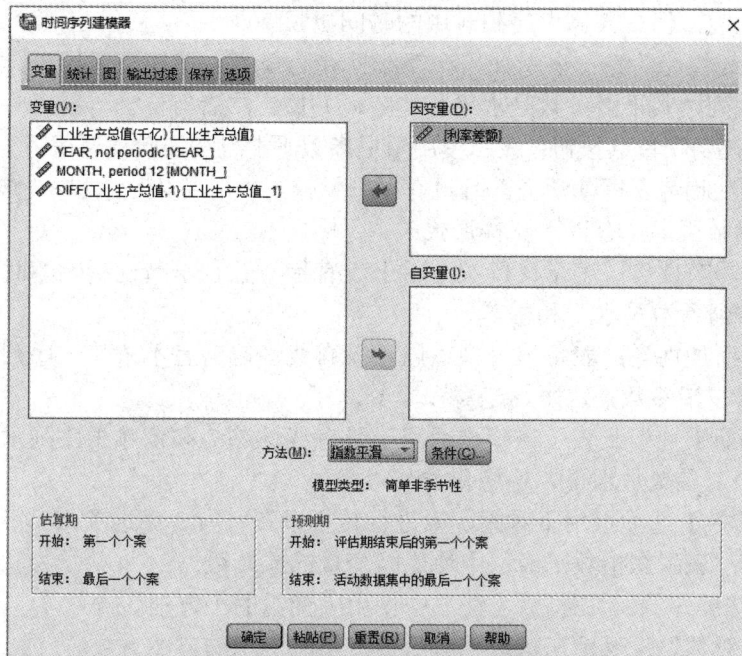

图 11.6　【时间序列建模器】对话框

第三步，单击【条件】按钮，打开【时间序列建模器：指数平滑条件】对话框(见图 11.7)，选中"简单季节性"单选按钮，单击【继续】按钮，保存设置。

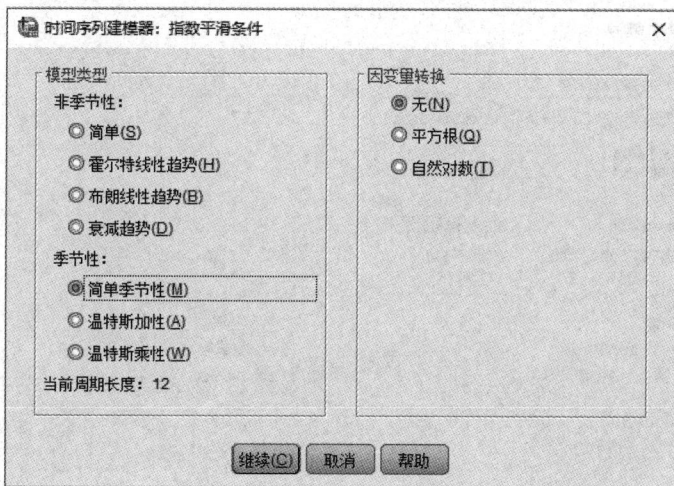

图 11.7　【时间序列建模器：指数平滑条件】对话框

【时间序列建模器：指数平滑条件】对话框用于设置指数平滑法的类型和因变量的形式。

【模型类型】选项组用于设置指数平滑法的类型，包括"非季节性"和"季节性"两大类模型。非季节性的指数平滑法有以下 4 种形式：

(1) "简单"：表示使用简单指数平滑法，该模型适用于没有趋势或季节性的序列，其唯一的平滑参数是水平，且与 ARIMA 模型极为相似。

(2)"霍尔特线性趋势"：表示使用霍尔特线性趋势模型，该模型适用于具有线性趋势且没有季节性的序列，其平滑参数是水平和趋势，不受相互之间值的约束。霍尔特模型比布朗模型更通用，但在计算大序列时用的时间更长。

(3)"布朗线性趋势"：表示使用布朗线性趋势模型，该模型适用于具有线性趋势且没有季节性的序列，其平滑参数是水平和趋势，并假定二者等同。

(4)"衰减趋势"单选按钮：表示使用阻尼指数平滑方法，此模型适用于具有线性趋势的序列，且该线性趋势正逐渐消失并且没有季节性，其平滑参数是水平、趋势和阻尼趋势。

季节性的指数平滑法有以下 3 种形式：

(1)"简单季节性"：表示该模型适用于没有趋势并且季节性影响随时间变动保持恒定的序列，其平滑参数是水平和季节。

(2)"温特斯加性"：表示该模型适用于具有线性趋势且不依赖于序列水平的季节性效应的序列，其平滑参数是水平、趋势和季节。

(3)"温特斯乘性"：表示该模型适用于具有线性趋势和依赖于序列水平的季节性效应的序列，其平滑参数是水平、趋势和季节。

【因变量转换】选项组用于对因变量进行转换设置，有 3 个选项：

(1)"无"：表示在指数平滑法中使用因变量的原始数据。

(2)"平方根"：表示在指数平滑法中使用因变量的平方根。

(3)"自然对数"：表示在指数平滑法中使用因变量的自然对数。

其中，"平方根"和"自然对数"要求原始数据必须为正数。

第四步，统计量的选择。单击【统计】选项卡，选择"参数估算值"和"显示预测值"复选框，其他使用系统默认选项，如图 11.8 所示。然后单击【继续】按钮，保存设置。

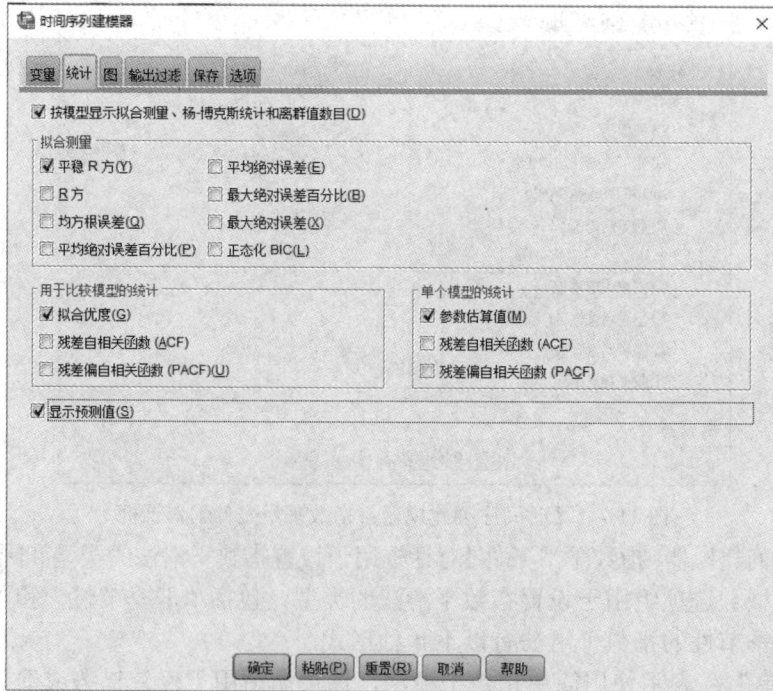

图 11.8　【统计】选项卡

【统计】选项卡主要用于设置输出的统计量，包括以下内容：

(1) 【按模型显示拟合测量、杨-博克斯统计和离群值数目】复选框，表示输出模型的拟合测量、杨-博克斯统计量和离群值的数量，且只有选中该复选框，"拟合测量"选项组才能被激活。

(2) 【拟合测量】选项组用于指定输出拟合测量的统计量表，具体包括 8 种统计量，分别是：

① "平稳 R 方"：表示输出平稳 R 方统计量，该统计量用于比较模型中的固定成分和简单均值模型的差别，取正值时表示模型优于简单均值模型。

② "R 方"：表示输出模型的 R 方统计量，该统计量表示模型所能解释的数据变异占总变异的比例。其中，当时间序列含有趋势或季节成分时，平稳 R 方统计量要优于 R 方统计量。

③ "均方根误差"：表示输出模型的均方根误差统计量，该统计量衡量模型预测值与原始值的差异大小，即残差的标准差，度量单位与原数据一致。

④ "平均绝对误差百分比"：表示输出平均绝对误差百分比统计量，该统计量类似于均方误差统计量，但该统计量无度量单位，可用于比较不同模型的拟合情况。

⑤ "平均绝对误差"：表示输出模型的平均绝对误差统计量。

⑥ "最大绝对误差百分比"：表示输出模型的最大绝对误差百分比统计量，即以比例形式显示最大的预测误差。

⑦ "最大绝对误差"：表示输出模型的最大绝对误差统计量。"最大绝对误差百分比"和"最大绝对误差"主要用于关注模型单个记录预测误差的情况。

⑧ "正态化 BIC"：表示输出标准的 BIC 统计量，该统计量基于均方误差统计量，并考虑模型的参数个数和序列数据个数。

(3) 【用于比较模型的统计】选项组，用于设置输出比较模型的统计量，包含以下 3 个选项：

① "拟合优度"：表示将每个模型拟合优度的统计量显示到一张表格中进行比较。

② "残差自相关函数"：表示输出模型的残差序列的自相关函数及百分位点。

③ "残差偏自相关函数"：表示输出模型的残差序列的偏相关函数及百分位点。

(4) 【单个模型的统计】选项组，用于对个别模型设置输出统计量，包含以下 3 个选项：

① "参数估算值"：表示输出模型的参数估算值表。

② "残差自相关函数"：表示输出模型的残差序列的自相关函数及置信区间。

③ "残差偏自相关函数"：表示输出模型的残差序列的偏相关函数及置信区间。

(5) 【显示预测值】复选框，选中该复选框，表示显示模型的预测值及其置信区间。

第五步，实验结果及分析。其他设置使用系统默认设置，单击【确定】按钮，提交系统分析。

(1) 模型拟合度结果。

从图 11.9 中可以看出模型的 8 个拟合优度指标，包括这些指标的平均值、最小值、最大值及百分位数。其中，平稳 R^2 为 0.571，而 R^2 为 0.898，这是由于因变量数据为季节性数据，因此平稳的 R^2 更具有代表性。从两个 R^2 来看，该指数平滑模型的拟合情况良好。

模型拟合度

| 拟合统计 | 平均值 | 标准误差 | 最小值 | 最大值 | 百分位数 | | | | | | |
					5	10	25	50	75	90	95
平稳 R 方	0.556	.	0.556	0.556	0.556	0.556	0.556	0.556	0.556	0.556	0.556
R 方	0.898	.	0.898	0.898	0.898	0.898	0.898	0.898	0.898	0.898	0.898
RMSE	0.540	.	0.540	0.540	0.540	0.540	0.540	0.540	0.540	0.540	0.540
MAPE	65.733	.	65.733	65.733	65.733	65.733	65.733	65.733	65.733	65.733	65.733
MaxAPE	4035.809	.	4035.809	4035.809	4035.809	4035.809	4035.809	4035.809	4035.809	4035.809	4035.809
MAE	0.316	.	0.316	0.316	0.316	0.316	0.316	0.316	0.316	0.316	0.316
MaxAE	5.291	.	5.291	5.291	5.291	5.291	5.291	5.291	5.291	5.291	5.291
正态化 BIC	-1.211	.	-1.211	-1.211	-1.211	-1.211	-1.211	-1.211	-1.211	-1.211	-1.211

图 11.9　模型拟合度结果

(2) 模型统计量结果。

图 11.10 给出了模型的拟合统计量和杨-博克斯 Q 统计量。平稳的 R^2 为 0.556，与模型拟合图中的平稳的 R^2 一致。杨-博克斯 Q 统计量值为 123.819，显著性水平为 0.000，所以拒绝残差序列为独立序列的原假设，说明模型拟合后的残差序列是存在自相关的。因此建议采用 ARIMA 模型继续拟合。

模型统计

| 模型 | 预测变量数 | 模型拟合度统计 | 杨-博克斯 Q(18) | | | 离群值数 |
		平稳 R 方	统计	DF	显著性	
-模型_1	0	0.556	123.819	16	0.000	0

图 11.10　模型统计量结果

(3) 指数平滑法模型参数表。

图 11.11 给出了指数平滑法模型参数估计值列表。本试验拟合的指数平滑模型的水平 α 为 0.999，p 为 0.001，不仅作用很大且非常显著。利率差额尽管为季节性数据，但该序列几乎没有任何季节性特征。

指数平滑法模型参数

模型			估算	标准误差	t	显著性
-模型_1	不转换	Alpha（水平）	0.999	0.042	24.018	0.000
		Delta（季节）	0.001	12.291	5.429E-5	1.000

图 11.11　指数平滑法模型参数

(4) 指数平滑模型拟合图。

图 11.12 给出了"利率差额"的指数平滑模型的拟合图和观测值。"利率差额"序列

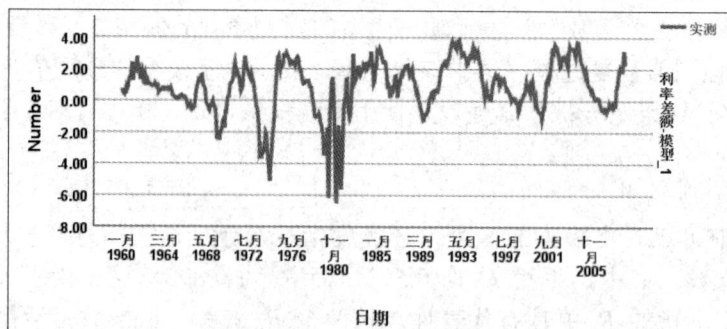

图 11.12　指数平滑模型拟合图

整体上呈波动状态，拟合值和观测值曲线在整个区间中几乎重合，因此可以说明指数平滑模型对"利率差额"的拟合情况非常好。通过指数平滑模型的拟合图可以发现，联邦基金利率差额在 48 年中出现过两次剧烈波动下行，并且总体上前 20 年的波动较为剧烈，而最近 20 年波动相对平缓。

通过指数平滑模型分析可以发现：

(1) 由第五步的实验结果分析(1)可知，从拟合的 R^2 来看，该指数平滑模型的拟合情况良好。

(2) 由第五步的实验结果分析(2)可知，模型拟合后的残差序列是存在自相关的，因此建议采用 ARIMA 模型继续拟合。

(3) 由第五步的实验结果分析(3)可知，"利率差额"序列整体上呈波动状态，拟合值和观测值曲线在整个区间中几乎重合，因此可以说明指数平滑模型对"利率差额"的拟合情况非常好。

11.2.3　SPSS 实现季节性分解模型

季节性变动趋势是时间序列的 4 种主要变动趋势之一，所谓季节性变动，是指由于季节因素导致的时间序列的有规则变动。引起季节变动的因素除自然原因外，还有人为原因(如节假日、风俗习惯等)。季节性分解的主要方法包括按月(季)平均法和移动平均趋势剔除法。

【例 11.4】 表 11.2 记录了 1995—1999 年中国某城市的月度平均气温。本例将利用季节性分解模型对该城市气温进行分析，利用季节分解模型分析气温除去季节因素影响外的内在规律。

表 11.2　中国某城市 1995—1999 年的月度平均气温

月份	气温/℃				
	1995 年	1996 年	1997 年	1998 年	1999 年
1 月	−0.7	−2.2	−3.8	−3.9	−1.6
2 月	2.1	−0.4	1.3	2.4	2.2
3 月	7.7	6.2	8.7	7.6	4.8
4 月	14.7	14.3	14.5	15	14.4
5 月	19.8	21.6	20	19.9	19.5
6 月	24.3	25.4	24.6	23.6	25.4
7 月	25.9	25.5	28.2	26.5	28.1
8 月	25.4	23.9	26.6	25.1	25.6
9 月	19	20.7	18.6	22.2	20.9
10 月	14.5	12.8	14	14.8	13
11 月	7.7	4.2	5.4	4	5.9
12 月	−0.4	0.9	−1.5	0.1	−0.6

第一步，定义时间变量。新建或打开数据文件后，在菜单栏中选择【数据】→【定义日期和时间】命令，打开【定义日期】对话框进行相应的时间设置。在【个案是】列表框中选择"年、月"选项，然后在【第一个个案是】选项组中的"年"和"月"文本框中输入具体数据，开始的具体年份为 1995 年 1 月份，如图 11.13 所示。然后单击【确定】按钮，完成时间变量的定义。

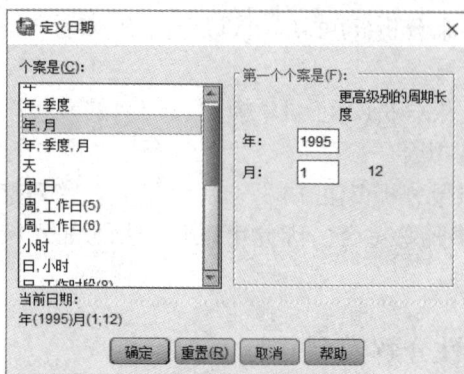

图 11.13　【定义日期】对话框

第二步，在菜单栏中选择【分析】→【时间序列预测】→【季节性分解】命令，打开【季节性分解】对话框，将"气温"变量选入【变量】列表框中，在【模型类型】选项组中选择【加性】单选按钮，在【移动平均值权重】选项组中选择【端点按 0.5 加权】单选按钮，如图 11.14 所示。单击【确定】按钮，提交系统分析。

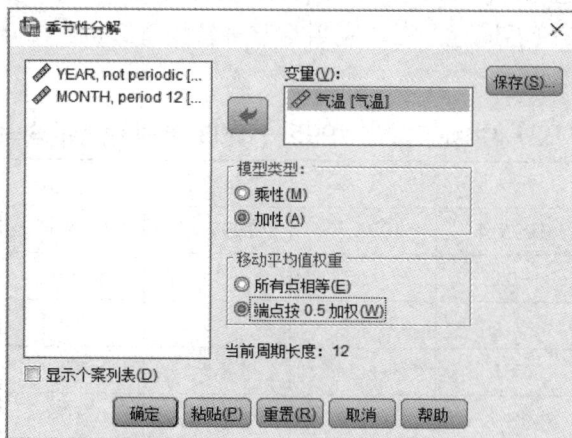

图 11.14　【季节性分解】对话框

【移动平均值权重】选项组用于指定计算移动平均数时的权重。【所有点相等】单选按钮表示使用等于周期的跨度及所有权重相等的点来计算移动平均数，该方法适用于周期为奇数的序列。【端点按 0.5 加权】单选按钮表示使用等于周期加 1 的跨度及以 0.5 加权跨度的端点计算序列的移动平均数，该方法适用于具有偶数周期的序列。

如果单击【保存】按钮，则会进入【季节：保存】对话框，该对话框主要用于设置保存新创建的变量。其中，包含 3 个选项：

(1)"添加到文件"单选按钮：表示将季节性分解产生的新变量保存到当期数据集中，新变量名由字母前缀、下画线和数字组成。

(2) "替换现有项"单选按钮：表示由季节性分解创建的新变量序列在活动数据集中保存为临时变量，同时，将删除由"预测"过程创建的任何现有的临时变量。

(3) "不创建"单选按钮：表示不向活动数据集添加新序列。

第三步，实验结果及分析。

(1) 模型描述。图 11.15 给出了模型的基本描述，从图中可以看出模型的名称为 MOD_1，模型的类型为"加性"，另外，还可以看到移动平均数的计算方法。

模型描述

模型名称	MOD_1	
模型类型	加性	
序列名称　　1	气温	
季节性周期长度		12
移动平均值的计算方法	跨度等于周期长度加 1，且端点按 0.5 加权	

正在应用来自 MOD_1 的模型指定项

图 11.15　模型描述

(2) 季节因子。图 11.16 给出了"气温"序列进行季节性分解的季节因子。因为季节因子的存在使得气温在不同的月份呈现出相似的性质，因此该季节性因素相当于周期内季节性影响的相对数。可见，在每年的 1、2、3、11、12 月份的季节性因素为负值，使得这 5 个月份的气温相对较低。

季节因子

序列名称: 气温

周期	季节因子
1	-15.86007
2	-11.63507
3	-6.20694
4	1.51389
5	7.24826
6	11.76910
7	13.50556
8	12.23889
9	7.14306
10	1.07639
11	-7.61736
12	-13.17569

图 11.16　季节因子

(3) 季节性分解后的数据视图。图 11.17 给出了"气温"序列进行季节性分解后的数据文件的数据视图，从该图可以看到数据文件中增加了 4 个序列：ERR_1、SAS_1、SAF_1 和 STC_1。其中，ERR_1 表示"气温"序列进行季节性分解后的不规则或随机波动序列；SAS_1 表示"气温"序列进行季节性分解除去季节性因素后的序列；SAF_1 表示"气温"序列进行季节性分解产生的季节性因素序列；STC_1 表示"气温"序列进行季节性分解出来的序列趋势和循环成分。

	气温	YEAR_	MONTH_	DATE_	ERR_1	SAS_1	SAF_1	STC_1
1	-0.70	1995	1	JAN 1995	0.60764	15.16007	-15.86007	14.55243
2	2.10	1995	2	FEB 1995	-0.53229	13.73507	-11.63507	14.26736
3	7.70	1995	3	MAR 1995	0.20972	13.90694	-6.20694	13.69722
4	14.70	1995	4	APR 1995	-0.00741	13.18611	1.51389	13.19352
5	19.80	1995	5	MAY 1995	-0.26944	12.55174	7.24826	12.82118
6	24.30	1995	6	JUN 1995	-0.11713	12.53090	11.76910	12.64803
7	25.90	1995	7	JUL 1995	-0.15845	12.39444	13.50556	12.55289
8	25.40	1995	8	AUG 1995	0.50104	13.16111	12.23889	12.66007
9	19.00	1995	9	SEP 1995	-1.08218	11.85694	7.14306	12.93912
10	14.50	1995	10	OCT 1995	0.02847	13.42361	1.07639	13.39514

图 11.17　季节性分解后的部分数据视图

任务 11.3　时间序列的随机性分析

任务描述

虽然长期趋势的分析、季节变动的分析和循环波动的分析控制着时间序列变动的基本样式，但毕竟不是时间序列变动的全貌，而且用随机过程理论和统计理论来考察长期趋势、季节性变动等许多因素的共同作用的时间序列更具有合理性和优越性。本任务主要介绍根据随机过程理论和统计理论，对时间序列进行分析，从而形成了时间序列的随机分析。

11.3.1　随机性分析的原理

通过随机性时间序列分析，一方面，能够建立比较精确地反映序列中所包含的动态依存关系的数学模型，并借以对系统的未来进行预报；另一方面，能够比较精确地揭示系统动态结构和规律的统计方法。随机性时间序列分析大大丰富和发展了时间序列分析的理论和方法，成为时间序列分析的主流。

时间序列的随机分析通常利用 Box-Jenkins 方法建模。利用 Box-Jenkins 方法建模的步骤如下所示。

(1) 计算观测序列的样本相关系数和样本偏相关系数。

(2) 模式识别。检验序列是否为平稳非白噪声序列，如果序列是白噪声序列，建模结束；如果序列为非平稳序列，采用非平稳时间序列的建模方法，建立 ARIMA 模型或 SARIMA 模型；如果序列为平稳序列，建立 ARIMA 模型。

(3) 初步定阶和参数估计。模型识别后，选定所属模型的最高阶数；然后在已识别的类型中，从低阶到高阶对模型进行拟合及检验。

(4) 拟合优度检验。利用定阶方法对不同的模型进行比较，以确定最适宜的模型。

(5) 适应性检验。对选出的模型进行适应性检验和参数检验，进一步从选出的模型出发确定最适宜的模型。

(6) 预测。利用所建立的模型进行预测。

11.3.2　SPSS 实现 ARIMA 模型

ARIMA 模型又称为自回归移动平均模型。它是指将非平稳时间序列转化为平稳时间序列，然后将因变量仅对它的滞后值及随机误差项的现值和滞后值进行回归所建立的模型。ARIMA 模型将预测指标随时间推移而形成的数据序列看作是一个随机序列，这组随机变量所具有的依存关系体现着原始数据在时间上的延续性，它既受外部因素的影响，又有自身的变动规律。

【例 11.5】 以例 11.2 的数据文件为例，利用 ARIMA 模型分析某国 10 年期国库券利率与联邦基金利率差额的走势进行分析与预测。

第一步，定义时间变量。新建或打开数据文件后，在菜单栏中选择【数据】→【定义日期和时间】命令，打开【定义日期】对话框进行相应的时间设置。在【个案是】列表框中选择"年、月"选项，然后在【第一个个案是】选项组中的"年"和"月"文本框中输入具体数据，开始的具体年份为 1960 年 1 月份，如图 11.18 所示。然后单击【确定】按钮，完成时间变量的定义。

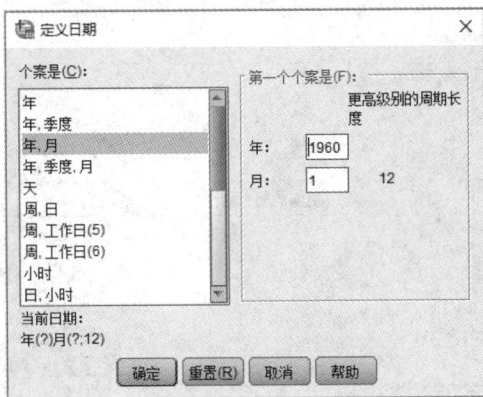

图 11.18　【定义日期】对话框

第二步，选择变量和方法。在菜单栏中选择【分析】→【时间序列预测】→【创建传统模型】命令，打开【时间序列建模器】对话框，将"利率差额"变量选入【因变量】列表框中，在【方法】下拉列表框中选择"ARIMA"，如图 11.19 所示。

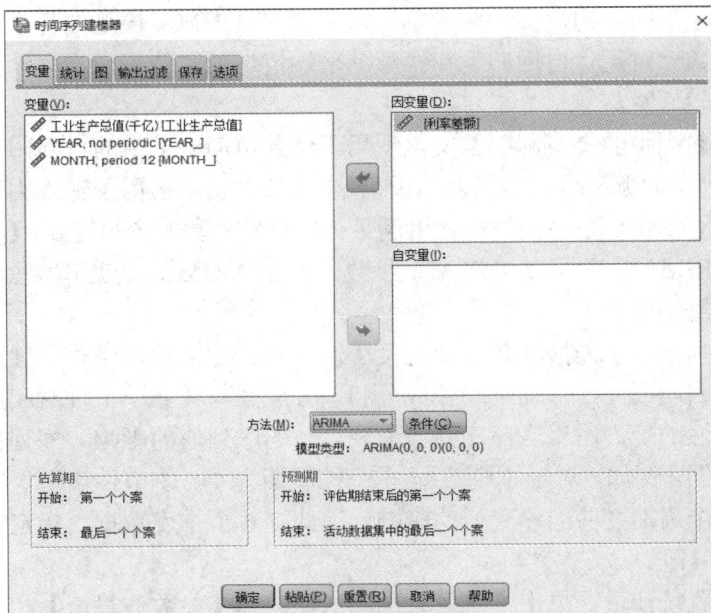

图 11.19　【时间序列建模器】对话框

第三步，设置条件。单击【条件】按钮，打开【时间序列建模器：ARMA 条件】对话框，单击【模型】选项卡，在"自回归"的"季节性"列中输入"4"，在"差值"的"季节性"列中输入"1"，在"移动平均值"的"季节性"列中输入"2"，其他保持默认设置，如图 11.20 所示。单击【继续】按钮，保存设置。

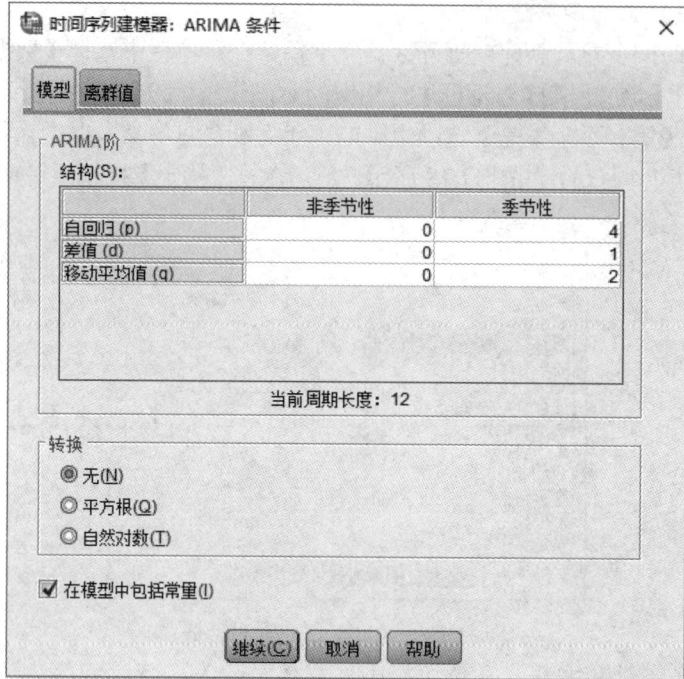

图 11.20　【模型】选项卡

【模型】选项卡用于指定 ARIMA 模型的结构和因变量的转换。其中，【结构】列表用于指定 ARIMA 模型的结构，在相应的单元格中输入 ARIMA 模型的各个成分值，所有值都必须为非负整数。对于"自回归"和"移动平均值"的数值表示最大阶数，同时模型中将包含所有正的较低阶。

【非季节性】列中的【自回归】文本框用于输入 ARIMA 中的自回归 AR 阶数，即在 ARIMA 使用序列中的哪部分值来预测当前值；【差值】文本框用于输入因变量序列差分的阶数，主要是为了使非平稳序列平稳化以满足 ARIMA 模型平稳的需要；【移动平均值】文本框用于输入 ARIMA 中的移动平均 MA 阶数，即在 ARIMA 中使用哪些先前值的序列平均数的偏差来预测当前值。

【季节性】列只有在为活动数据集定义了周期时，才会启用【季节性】列中的各个单元格。季节性自回归成分、移动平均数成分和差分成分与其非季节性对应成分起着相同的作用。对于季节性的阶，由于当前序列值受到以前的序列值的影响，序列值之间间隔一个或多个季节性周期。例如，对于季度数据(季节性周期为 4)，季节性 1 阶表示当前序列值受自当前周期起 4 个周期之前的序列值的影响。因此，对于季度数据，指定季节性 1 阶等同于指定非季节性 4 阶。

第四步，设置统计量。单击【统计】选项卡，选择【参数估算值】和【显示预测值】两个复选框，如图 11.21 所示。然后单击【确定】按钮，保存设置。

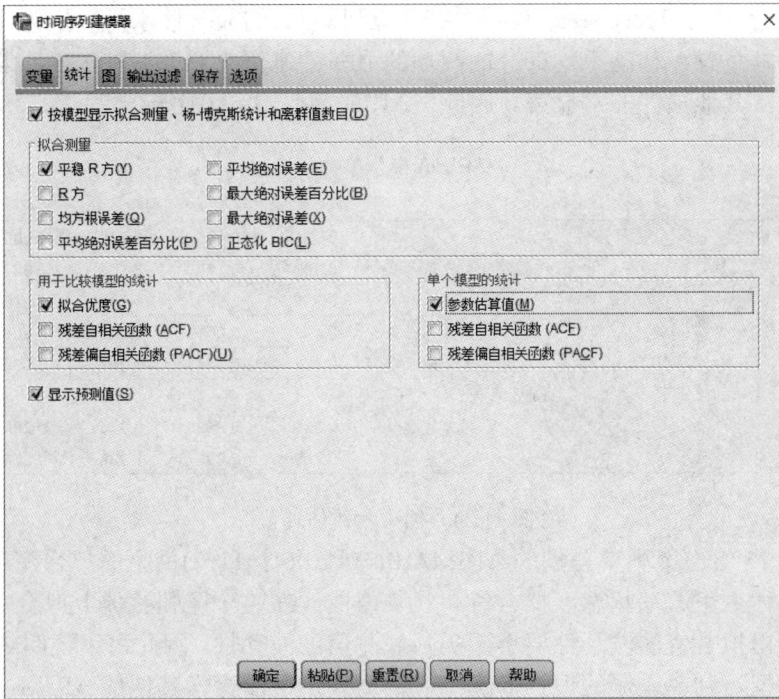

图 11.21　【统计】选项卡

第五步，单击【确定】按钮，提交系统分析，查看运行结果。

(1) 模型描述。图 11.22 给出了模型的基本描述，从图中可以看出所建立的 ARIMA 模型的模型名称为"模型_1"，模型的类型为 ARIMA(0，0，0)(4，1，2)。

模型描述

		模型类型
模型 ID	模型_1	ARIMA(0,0,0)(4,1,2)

图 11.22　模型描述

(2) 模型拟合度。图 11.23 给出了模型的 8 个拟合优度指标的平均值、最小值、最大值及百分位数。从两个 R^2 来看，ARIMA(4，1，2)的拟合情况良好。其中，平稳的 R^2 为 0.376，而 R^2 值为 0.233，这是由于因变量数据为季节性数据，因此平稳的 R^2 方更具有代表性。

模型拟合度

拟合统计	平均值	标准误差	最小值	最大值	5	10	25	50	75	90	95
平稳 R 方	0.376	.	0.376	0.376	0.376	0.376	0.376	0.376	0.376	0.376	0.376
R 方	0.233	.	0.233	0.233	0.233	0.233	0.233	0.233	0.233	0.233	0.233
RMSE	1.498	.	1.498	1.498	1.498	1.498	1.498	1.498	1.498	1.498	1.498
MAPE	220.270	.	220.270	220.270	220.270	220.270	220.270	220.270	220.270	220.270	220.270
MaxAPE	15003.736	.	15003.736	15003.736	15003.736	15003.736	15003.736	15003.736	15003.736	15003.736	15003.736
MAE	1.127	.	1.127	1.127	1.127	1.127	1.127	1.127	1.127	1.127	1.127
MaxAE	6.178	.	6.178	6.178	6.178	6.178	6.178	6.178	6.178	6.178	6.178
正态化 BIC	0.886	.	0.886	0.886	0.886	0.886	0.886	0.886	0.886	0.886	0.886

图 11.23　模型拟合度

(3) 模型参数估计值。图 11.24 给出了 ARIMA(4，1，2)模型参数估计值。ARIMA(4，

1，2)中有两部分，即 AR 和 MA。其中，AR 自回归部分的显著性水平分别为 0.002、0.075、0.000 和 0.000，而 MA 移动平均部分的两项的显著性水平为 0.784 和 0.274。除了 AR(2)不是十分显著外，其他项都非常显著。因此，ARIMA(4，1，2)比较合适。

ARIMA 模型参数

			估算	标准误差	t	显著性
-模型_1	不转换	常量	0.031	0.005	6.770	0.000
		AR，季节性 延迟 1	-0.368	0.118	-3.126	0.002
		延迟 2	0.122	0.068	1.783	0.075
		延迟 3	-0.291	0.051	-5.725	0.000
		延迟 4	-0.271	0.044	-6.207	0.000
		季节性差异	1			
		MA，季节性 延迟 1	0.238	0.868	0.274	0.784
		延迟 2	0.759	0.693	1.096	0.274

图 11.24　模型参数估计值

(4) 图 11.25 给出了利率差额的 ARIMA(0，0，0)(4，1，2)模型的拟合图和观测值。利率差额序列整体上呈波动状态，拟合值和观测值曲线在整个区间整体上拟合情况良好，但是明显可以看出拟合值的波动性要小于实际观测值的波动性。因此可以说明 ARIMA(0，0，0)(4，1，2)模型对利率差额的拟合情况一般，需要进一步探索其他的 ARIMA 模型。

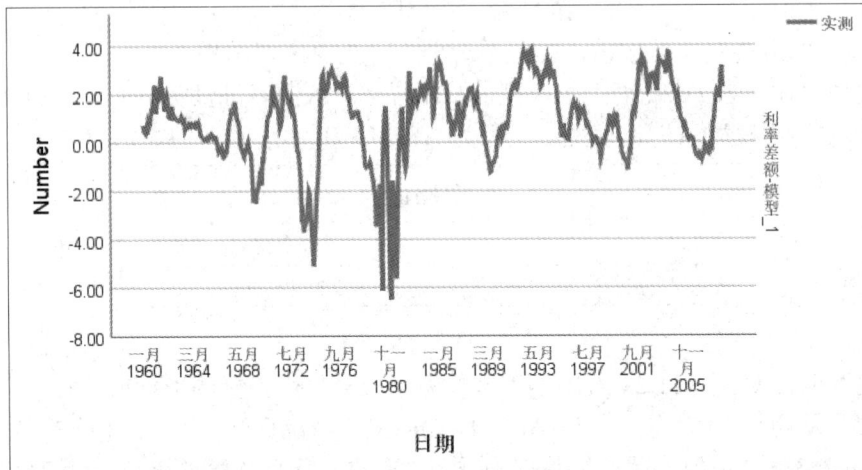

图 11.25　ARIMA 模型的拟合图和观测值

思 考 与 练 习

1. 填空题。

(1) 时间序列又称为_____或_____，主要反映了不同时间内的社会经济现象的统计指标值，并将这些统计指标值按照先后顺序加以排列后形成分析数列。

(2) 指数平滑法是使用特定范围内记录的_____作为预测的一种分析方法，属于_____的一种特殊情况。

(3) 总量指标时间序列反映了社会经济现象的绝对水平情况。根据社会经济现象性质而定，总量指标又分为_____和_____时间序列。

(4) ARIMA 模型又称为_____模型或_____模型，可以分析含有_____成分的时间序列数据。

(5) 在分析过程中，可以根据时间序列 4 种因素的影响方式的不同，来设定_____和_____模型。

2. 选择题。

(1) 时间序列分析主要是通过预测目标本身的时间序列数据，来预测目标本身的未来发展方向。下列选项中，不属于时间序列特点的一项为(　　)。

A. 趋势性　　　　B. 随机性　　　　C. 周期性　　　　D. 线性

(2) 在实际序列分析中，各时期的发展水平会受到长期趋势、(　　)、循环变动、不规则变动等因素的影响。

A. 时间变动　　　B. 季节变动　　　C. 随机变动　　　D. 周期变动

(3) 指数平滑法是统计预测中广泛使用的一种方法，可以直接用于预测，也可以用于(　　)。

A. 分析时间序列　　　　　　B. 估计模型参数

C. 估计观测值　　　　　　　D. 估算残差

(4) 在设置指数平滑条件时，其非季节的模型类型主要包括简单、Holt 线性趋势、Brown 线性趋势和(　　)。

A. 自然对数趋势　　　　　　B. Winters 相乘性

C. Winters 可加性　　　　　D. 阻尼趋势

(5) 在设置 ARIMA 条件时，其非季节的 ARIMA 阶数结构包括自回归、差分和(　　)。

A. 移动平均数　　　　　　　B. 平方根

C. 自然对数　　　　　　　　D. 加权平均

3. 调查者记录了某旅游景点 1999 年 1 月—2002 年 12 月的门票收入数据。部分相关数据如表 11.3 所示。

表 11.3　某旅游景点 1999 年 1 月—2002 年 12 月的门票收入数据

年份	月份	门票收入/万元	年份	月份	门票收入/万元
1999	1	70	1999	6	89
1999	2	93	1999	7	101
1999	3	60	1999	8	112
1999	4	72	1999	9	97
1999	5	125	1999	10	135

(1) 试对该数据定义时间变量，时间频率为月度数据。

(2) 对该数据进行平稳化处理。

(3) 建立季节分解模型，提取该数据的季节性因素。

(4) 建立季节分解模型后，同时提取该数据的随机因素，并保存到原数据文件。

4. 数据文件是某种粒子不同时间的相对位置的数据。试建立 ARIMA 模型对该粒子的位置进行分析与预测。部分相关数据如表 11.4 所示。

表 11.4　某种粒子不同时间的相对位置的数据

观测编号	粒子位置	观测编号	粒子位置
1	−0.874703053557	9	−0.104750836952
2	0.120875517627	10	2.978790677855
3	0.098626037369	11	1.398217367400
4	0.499506645468	12	1.612930009650
5	−1.142634716899	13	1.751180547841
6	1.204957757421	14	1.690387218546
7	−0.553879059446	15	−1.036817448796
8	1.198701786761	16	1.673632272218

(1) 采用 ARIMA 模型分析拟合粒子的相对位置走势。

(2) 绘制 ARIMA 模型的拟合图和观测值图表。

5. 表 11.5 给出了 1978—1998 年我国钢铁产量的数据，数据来源于《中国工业经济统计年鉴》。试用指数平滑法分析拟合钢铁产量的稳定长期的走势。

表 11.5　1978—1998 年我国钢铁产量的数据

年份	1978	1979	1980	1981	1982	1983	1984
钢铁产量/百万吨	676	825	774	716	940	1159	1384
年份	1985	1986	1987	1988	1989	1990	1991
钢铁产量/百万吨	1524	1668	1688	1958	2031	2234	2566
年份	1992	1993	1994	1995	1996	1997	1998
钢铁产量/百万吨	2820	3006	3093	3277	3514	3770	4107

(1) 采用指数平滑法分析拟合钢铁产量的稳定长期的走势。

(2) 绘制指数平滑法的拟合图和观测值图表。

附表A　泊松分布表

$$1-F(x-1)=\sum_{k=x}^{\infty}\frac{\lambda^k}{k!}e^{-\lambda}$$

x	$\lambda=0.2$	$\lambda=0.3$	$\lambda=0.4$	$\lambda=0.5$	$\lambda=0.6$
0	1.000 000 0	1.000 000 0	1.000 000 0	1.000 000 0	1.000 000 0
1	0.181 269 2	0.259 181 8	0.329 680 0	0.323 469	0.451 188
2	0.017 523 1	0.036 936 3	0.061 551 9	0.090 204	0.121 901
3	0.001 148 5	0.003 599 5	0.007 926 3	0.014 388	0.023 115
4	0.000 056 8	0.000 265 8	0.000 776 3	0.001 752	0.003 358
5	0.000 002 3	0.000 015 8	0.000 061 2	0.000 172	0.000 394
6	0.000 000 1	0.000 000 8	0.000 004 0	0.000 014	0.000 039
7			0.000 000 2	0.000 000 1	0.000 000 3

x	$\lambda=0.7$	$\lambda=0.8$	$\lambda=0.9$	$\lambda=1.0$	$\lambda=1.2$
0	1.000 000 0	1.000 000 0	1.000 000 0	1.000 000 0	1.000 000 0
1	0.503 415	0.550 671	0.593 430	0.632 121	0.698 806
2	0.155 805	0.191 208	0.227 518	0.264 241	0.337 373
3	0.034 142	0.047 423	0.062 857	0.080 301	0.120 513
4	0.005 753	0.009 080	0.013 459	0.018 988	0.033 769
5	0.000 786	0.001 411	0.002 344	0.003 660	0.007 746
6	0.000 090	0.000 184	0.000 343	0.000 594	0.001 500
7	0.000 009	0.000 021	0.000 043	0.000 083	0.000 251
8	0.000 001	0.000 002	0.000 005	0.000 010	0.000 037
9				0.000 001	0.000 005
10					0.000 001

x	$\lambda=1.4$	$\lambda=1.6$	$\lambda=1.8$	$\lambda=2.0$	
0	1.000 000	1.000 000	1.000 000	1.000 000	
1	0.753 403	0.798 103	0.834 701	0.864 665	
2	0.408 167	0.475 069	0.537 163	0.593 994	
3	0.166 502	0.216 642	0.269 379	0.323 323	
4	0.053 725	0.078 813	0.108 708	0.142 876	
5	0.014 253	0.023 682	0.036 407	0.052 652	
6	0.003 201	0.006 040	0.010 378	0.016 563	
7	0.000 622	0.001 336	0.002 569	0.004 533	
8	0.000 107	0.000 260	0.000 562	0.001 096	
9	0.000 016	0.000 045	0.000 110	0.000 237	
10	0.000 002	0.000 007	0.000 019	0.000 046	
11		0.000 001	0.000 003	0.000 008	
12				0.000 001	

x	$\lambda=2.5$	$\lambda=3.0$	$\lambda=3.5$	$\lambda=4.0$	$\lambda=4.5$	$\lambda=5.0$
0	1.000 000	1.000 000	1.000 000	1.000 000	1.000 000	1.000 000
1	0.917 915	0.950 213	0.969 803	0.981 684	0.988 891	0.993 262
2	0.712 703	0.800 852	0.864 112	0.908 422	0.938 901	0.959 572
3	0.456 187	0.576 810	0.679 153	0.761 897	0.826 422	0.875 348
4	0.242 424	0.352 768	0.463 367	0.566 530	0.657 704	0.734 974
5	0.108 822	0.184 737	0.274 555	0.371 163	0.467 896	0.559 507
6	0.042 021	0.083 918	0.142 386	0.214 870	0.297 070	0.384 039
7	0.014 187	0.033 509	0.065 288	0.110 674	0.168 949	0.237 817
8	0.004 247	0.011 905	0.026 739	0.051 134	0.086 586	0.133 372
9	0.001 140	0.003 803	0.009 874	0.021 363	0.040 257	0.068 094
10	0.000 277	0.001 102	0.003 315	0.008 132	0.017 093	0.031 828
11	0.000 062	0.000 292	0.001 019	0.002 840	0.006 669	0.013 695
12	0.000 013	0.000 071	0.000 289	0.000 915	0.002 404	0.005 453
13	0.000 002	0.000 016	0.000 076	0.000 274	0.000 805	0.002 019
14		0.000 003	0.000 019	0.000 076	0.000 252	0.000 698
15		0.000 001	0.000 004	0.000 020	0.000 074	0.000 226
16			0.000 001	0.000 005	0.000 020	0.000 069
17				0.000 001	0.000 005	0.000 020
18					0.000 001	0.000 005
19						0.000 001

附表 B　标准正态分布表

$$\varphi(x) = \frac{1}{\sqrt{2\pi}} \int_{-\infty}^{x} e^{-\frac{t^2}{2}} dt$$

x	0.00	0.01	0.02	0.03	0.04	0.05	0.06	0.07	0.08	0.09
0.0	0.5000	0.5040	0.5080	0.5120	0.5160	0.5199	0.5239	0.5279	0.5319	0.5359
0.1	0.5398	0.5438	0.5478	0.5517	0.5557	0.5596	0.5636	0.5675	0.5714	0.5753
0.2	0.5793	0.5832	0.5871	0.5910	0.5948	0.5987	0.6026	0.6064	0.6103	0.6141
0.3	0.6179	0.6217	0.6255	0.6293	0.6331	0.6368	0.6406	0.6443	0.6480	0.6517
0.4	0.6554	0.6591	0.6628	0.6664	0.6700	0.6736	0.6772	0.6808	0.6844	0.6879
0.5	0.6915	0.6950	0.6985	0.7019	0.7054	0.7088	0.7123	0.7157	0.7190	0.7224
0.6	0.7257	0.7291	0.7324	0.7357	0.7389	0.7422	0.7454	0.7486	0.7517	0.7549
0.7	0.7580	0.7611	0.7642	0.7673	0.7704	0.7734	0.7764	0.7794	0.7823	0.7852
0.8	0.7881	0.7910	0.7939	0.7967	0.7995	0.8023	0.8051	0.8078	0.8106	0.8133
0.9	0.8159	0.8186	0.8212	0.8238	0.8264	0.8289	0.8315	0.8340	0.8365	0.8389
1.0	0.8413	0.8438	0.8461	0.8485	0.8508	0.8531	0.8554	0.8577	0.8599	0.8621
1.1	0.8643	0.8665	0.8686	0.8708	0.8729	0.8749	0.8770	0.8790	0.8810	0.8830
1.2	0.8849	0.8869	0.8888	0.8907	0.8925	0.8944	0.8962	0.8980	0.8997	0.9015
1.3	0.9032	0.9049	0.9066	0.9082	0.9099	0.9115	0.9131	0.9147	0.9162	0.9177
1.4	0.9192	0.9207	0.9222	0.9236	0.9251	0.9265	0.9279	0.9292	0.9306	0.9319
1.5	0.9332	0.9345	0.9357	0.9370	0.9382	0.9394	0.9406	0.9418	0.9429	0.9441
1.6	0.9452	0.9463	0.9474	0.9484	0.9495	0.9505	0.9515	0.9525	0.9535	0.9545
1.7	0.9554	0.9564	0.9573	0.9582	0.9591	0.9599	0.9608	0.9616	0.9625	0.9633
1.8	0.9641	0.9649	0.9656	0.9664	0.9671	0.9678	0.9686	0.9693	0.9699	0.9706
1.9	0.9713	0.9719	0.9726	0.9732	0.9738	0.9744	0.9750	0.9756	0.9761	0.9767
2.0	0.9772	0.9778	0.9783	0.9788	0.9793	0.9798	0.9803	0.9808	0.9812	0.9817
2.1	0.9821	0.9826	0.9830	0.9834	0.9838	0.9842	0.9846	0.9850	0.9854	0.9857
2.2	0.9861	0.9864	0.9868	0.9871	0.9875	0.9878	0.9881	0.9884	0.9887	0.9890
2.3	0.9893	0.9896	0.9898	0.9901	0.9904	0.9906	0.9909	0.9911	0.9913	0.9916
2.4	0.9918	0.9920	0.9922	0.9925	0.9927	0.9929	0.9931	0.9932	0.9934	0.9936
2.5	0.9938	0.9940	0.9941	0.9943	0.9945	0.9946	0.9948	0.9949	0.9951	0.9952
2.6	0.9953	0.9955	0.9956	0.9957	0.9959	0.9960	0.9961	0.9962	0.9963	0.9964
2.7	0.9965	0.9966	0.9967	0.9968	0.9969	0.9970	0.9971	0.9972	0.9973	0.9974
2.8	0.9974	0.9975	0.9976	0.9977	0.9977	0.9978	0.9979	0.9979	0.9980	0.9981
2.9	0.9981	0.9982	0.9982	0.9983	0.9984	0.9984	0.9985	0.9985	0.9986	0.9986
3.0	0.9987	0.9987	0.9987	0.9988	0.9988	0.9989	0.9989	0.9989	0.9990	0.9990
3.1	0.9990	0.9991	0.9991	0.9991	0.9992	0.9992	0.9992	0.9992	0.9993	0.9993
3.2	0.9993	0.9993	0.9994	0.9994	0.9994	0.9994	0.9994	0.9995	0.9995	0.9995
3.3	0.9995	0.9995	0.9995	0.9996	0.9996	0.9996	0.9996	0.9996	0.9996	0.9997
3.4	0.9997	0.9997	0.9997	0.9997	0.9997	0.9997	0.9997	0.9997	0.9997	0.9998
3.5	0.9998	0.9998	0.9998	0.9998	0.9998	0.9998	0.9998	0.9998	0.9998	0.9998
3.6	0.9998	0.9998	0.9999	0.9999	0.9999	0.9999	0.9999	0.9999	0.9999	0.9999
3.7	0.9999	0.9999	0.9999	0.9999	0.9999	0.9999	0.9999	0.9999	0.9999	0.9999
3.8	0.9999	0.9999	0.9999	0.9999	0.9999	0.9999	0.9999	0.9999	0.9999	0.9999
3.9	1.0000	1.0000	1.0000	1.0000	1.0000	1.0000	1.0000	1.0000	1.0000	1.0000

附表 C 卡方分布表

$$P\{\chi^2 > \chi_\alpha^2(n)\} = \alpha$$

n	α					
	0.995	0.99	0.975	0.95	0.9	0.75
1	0.0000	0.0002	0.0010	0.0039	0.0158	0.1015
2	0.0100	0.0201	0.0506	0.1026	0.2107	0.5754
3	0.0717	0.1148	0.2158	0.3518	0.5844	1.2125
4	0.2070	0.2971	0.4844	0.7107	1.0636	1.9226
5	0.4117	0.5543	0.8312	1.1455	1.6103	2.6746
6	0.6757	0.8721	1.2373	1.6354	2.2041	3.4546
7	0.9893	1.2390	1.6899	2.1673	2.8331	4.2549
8	1.3444	1.6465	2.1797	2.7326	3.4895	5.0706
9	1.7349	2.0879	2.7004	3.3251	4.1682	5.8988
10	2.1559	2.5582	3.2470	3.9403	4.8652	6.7372
11	2.6032	3.0535	3.8157	4.5748	5.5778	7.5841
12	3.0738	3.5706	4.4038	5.2260	6.3038	8.4384
13	3.5650	4.1069	5.0088	5.8919	7.0415	9.2991
14	4.0747	4.6604	5.6287	6.5706	7.7895	10.1653
15	4.6009	5.2293	6.2621	7.2609	8.5468	11.0365
16	5.1422	5.8122	6.9077	7.9616	9.3122	11.9122
17	5.6972	6.4078	7.5642	8.6718	10.0852	12.7919
18	6.2648	7.0149	8.2307	9.3905	10.8649	13.6753
19	6.8440	7.6327	8.9065	10.1170	11.6509	14.5620
20	7.4338	8.2604	9.5908	10.8508	12.4426	15.4518
21	8.0337	8.8972	10.2829	11.5913	13.2396	16.3444
22	8.6427	9.5425	10.9823	12.3380	14.0415	17.2396
23	9.2604	10.1957	11.6886	13.0905	14.8480	18.1373
24	9.8862	10.8564	12.4012	13.8484	15.6587	19.0373
25	10.5197	11.5240	13.1197	14.6114	16.4734	19.9393
26	11.1602	12.1981	13.8439	15.3792	17.2919	20.8434
27	11.8076	12.8785	14.5734	16.1514	18.1139	21.7494
28	12.4613	13.5647	15.3079	16.9279	18.9392	22.6572
29	13.1211	14.2565	16.0471	17.7084	19.7677	23.5666
30	13.7867	14.9535	16.7908	18.4927	20.5992	24.4776
31	14.4578	15.6555	17.5387	19.2806	21.4336	25.3901
32	15.1340	16.3622	18.2908	20.0719	22.2706	26.3041
33	15.8153	17.0735	19.0467	20.8665	23.1102	27.2194
34	16.5013	17.7891	19.8063	21.6643	23.9523	28.1361
35	17.1918	18.5089	20.5694	22.4650	24.7967	29.0540
36	17.8867	19.2327	21.3359	23.2686	25.6433	29.9730
37	18.5858	19.9602	22.1056	24.0749	26.4921	30.8933
38	19.2889	20.6914	22.8785	24.8839	27.3430	31.8146
39	19.9959	21.4262	23.6543	25.6954	28.1958	32.7369
40	20.7065	22.1643	24.4330	26.5093	29.0505	33.6603
41	21.4208	22.9056	25.2145	27.3256	29.9071	34.5846
42	22.1385	23.6501	25.9987	28.1440	30.7654	35.5099
43	22.8595	24.3976	26.7854	28.9647	31.6255	36.4361
44	23.5837	25.1480	27.5746	29.7875	32.4871	37.3631
45	24.3110	25.9013	28.3662	30.6123	33.3504	38.2910

n	α					
	0.25	0.1	0.05	0.025	0.01	0.005
1	1.3233	2.7055	3.8415	5.0239	6.6349	7.8794
2	2.7726	4.6052	5.9915	7.3778	9.2103	10.5966
3	4.1083	6.2514	7.8147	9.3484	11.3449	12.8382
4	5.3853	7.7794	9.4877	11.1433	13.2767	14.8603
5	6.6257	9.2364	11.0705	12.8325	15.0863	16.7496
6	7.8408	10.6446	12.5916	14.4494	16.8119	18.5476
7	9.0371	12.0170	14.0671	16.0128	18.4753	20.2777
8	10.2189	13.3616	15.5073	17.5345	20.0902	21.9550
9	11.3888	14.6837	16.9190	19.0228	21.6660	23.5894
10	12.5489	15.9872	18.3070	20.4832	23.2093	25.1882
11	13.7007	17.2750	19.6751	21.9200	24.7250	26.7568
12	14.8454	18.5493	21.0261	23.3367	26.2170	28.2995
13	15.9839	19.8119	22.3620	24.7356	27.6882	29.8195
14	17.1169	21.0641	23.6848	26.1189	29.1412	31.3193
15	18.2451	22.3071	24.9958	27.4884	30.5779	32.8013
16	19.3689	23.5418	26.2962	28.8454	31.9999	34.2672
17	20.4887	24.7690	27.5871	30.1910	33.4087	35.7185
18	21.6049	25.9894	28.8693	31.5264	34.8053	37.1565
19	22.7178	27.2036	30.1435	32.8523	36.1909	38.5823
20	23.8277	28.4120	31.4104	34.1696	37.5662	39.9968
21	24.9348	29.6151	32.6706	35.4789	38.9322	41.4011
22	26.0393	30.8133	33.9244	36.7807	40.2894	42.7957
23	27.1413	32.0069	35.1725	38.0756	41.6384	44.1813
24	28.2412	33.1962	36.4150	39.3641	42.9798	45.5585
25	29.3389	34.3816	37.6525	40.6465	44.3141	46.9279
26	30.4346	35.5632	38.8851	41.9232	45.6417	48.2899
27	31.5284	36.7412	40.1133	43.1945	46.9629	49.6449
28	32.6205	37.9159	41.3371	44.4608	48.2782	50.9934
29	33.7109	39.0875	42.5570	45.7223	49.5879	52.3356
30	34.7997	40.2560	43.7730	46.9792	50.8922	53.6720
31	35.8871	41.4217	44.9853	48.2319	52.1914	55.0027
32	36.9730	42.5847	46.1943	49.4804	53.4858	56.3281
33	38.0575	43.7452	47.3999	50.7251	54.7755	57.6484
34	39.1408	44.9032	48.6024	51.9660	56.0609	58.9639
35	40.2228	46.0588	49.8018	53.2033	57.3421	60.2748
36	41.3036	47.2122	50.9985	54.4373	58.6192	61.5812
37	42.3833	48.3634	52.1923	55.6680	59.8925	62.8833
38	43.4619	49.5126	53.3835	56.8955	61.1621	64.1814
39	44.5395	50.6598	54.5722	58.1201	62.4281	65.4756
40	45.6160	51.8051	55.7585	59.3417	63.6907	66.7660
41	46.6916	52.9485	56.9424	60.5606	64.9501	68.0527
42	47.7663	54.0902	58.1240	61.7768	66.2062	69.3360
43	48.8400	55.2302	59.3035	62.9904	67.4593	70.6159
44	49.9129	56.3685	60.4809	64.2015	68.7095	71.8926
45	50.9849	57.5053	61.6562	65.4102	69.9568	73.1661

附表 D *t* 分 布 表

$$P\{t(n) > t_\alpha(n)\} = \alpha$$

n	α					
	0.25	0.1	0.05	0.025	0.01	0.005
1	1.0000	3.0777	6.3138	12.7062	31.8205	63.6567
2	0.8165	1.8856	2.9200	4.3027	6.9646	9.9248
3	0.7649	1.6377	2.3534	3.1824	4.5407	5.8409
4	0.7407	1.5332	2.1318	2.7764	3.7469	4.6041
5	0.7267	1.4759	2.0150	2.5706	3.3649	4.0321
6	0.7176	1.4398	1.9432	2.4469	3.1427	3.7074
7	0.7111	1.4149	1.8946	2.3646	2.9980	3.4995
8	0.7064	1.3968	1.8595	2.3060	2.8965	3.3554
9	0.7027	1.3830	1.8331	2.2622	2.8214	3.2498
10	0.6998	1.3722	1.8125	2.2281	2.7638	3.1693
11	0.6974	1.3634	1.7959	2.2010	2.7181	3.1058
12	0.6955	1.3562	1.7823	2.1788	2.6810	3.0545
13	0.6938	1.3502	1.7709	2.1604	2.6503	3.0123
14	0.6924	1.3450	1.7613	2.1448	2.6245	2.9768
15	0.6912	1.3406	1.7531	2.1314	2.6025	2.9467
16	0.6901	1.3368	1.7459	2.1199	2.5835	2.9208
17	0.6892	1.3334	1.7396	2.1098	2.5669	2.8982
18	0.6884	1.3304	1.7341	2.1009	2.5524	2.8784
19	0.6876	1.3277	1.7291	2.0930	2.5395	2.8609
20	0.6870	1.3253	1.7247	2.0860	2.5280	2.8453
21	0.6864	1.3232	1.7207	2.0796	2.5176	2.8314
22	0.6858	1.3212	1.7171	2.0739	2.5083	2.8188
23	0.6853	1.3195	1.7139	2.0687	2.4999	2.8073
24	0.6848	1.3178	1.7109	2.0639	2.4922	2.7969
25	0.6844	1.3163	1.7081	2.0595	2.4851	2.7874
26	0.6840	1.3150	1.7056	2.0555	2.4786	2.7787
27	0.6837	1.3137	1.7033	2.0518	2.4727	2.7707
28	0.6834	1.3125	1.7011	2.0484	2.4671	2.7633
29	0.6830	1.3114	1.6991	2.0452	2.4620	2.7564
30	0.6828	1.3104	1.6973	2.0423	2.4573	2.7500
31	0.6825	1.3095	1.6955	2.0395	2.4528	2.7440
32	0.6822	1.3086	1.6939	2.0369	2.4487	2.7385
33	0.6820	1.3077	1.6924	2.0345	2.4448	2.7333
34	0.6818	1.3070	1.6909	2.0322	2.4411	2.7284
35	0.6816	1.3062	1.6896	2.0301	2.4377	2.7238
36	0.6814	1.3055	1.6883	2.0281	2.4345	2.7195
37	0.6812	1.3049	1.6871	2.0262	2.4314	2.7154
38	0.6810	1.3042	1.6860	2.0244	2.4286	2.7116
39	0.6808	1.3036	1.6849	2.0227	2.4258	2.7079
40	0.6807	1.3031	1.6839	2.0211	2.4233	2.7045
41	0.6805	1.3025	1.6829	2.0195	2.4208	2.7012
42	0.6804	1.3020	1.6820	2.0181	2.4185	2.6981
43	0.6802	1.3016	1.6811	2.0167	2.4163	2.6951
44	0.6801	1.3011	1.6802	2.0154	2.4141	2.6923
45	0.6800	1.3006	1.6794	2.0141	2.4121	2.6896

附表 E　F 分 布 表

$$P\{F(n_1, n_2) > F_\alpha (n_1, n_2)\} = \alpha$$

当 $\alpha = 0.10$，n_1 取值为 $1\sim9$，n_2 取值为 $1\sim\infty$ 时，F 分布表如下所示。

n_2	n_1								
	1	2	3	4	5	6	7	8	9
1	39.863	49.500	53.593	55.833	57.240	58.204	58.906	59.439	59.858
2	8.526	9.000	9.162	9.243	9.293	9.326	9.349	9.367	9.381
3	5.538	5.462	5.391	5.343	5.309	5.285	5.266	5.252	5.240
4	4.545	4.325	4.191	4.107	4.051	4.010	3.979	3.955	3.936
5	4.060	3.780	3.619	3.520	3.453	3.405	3.368	3.339	3.316
6	3.776	3.463	3.289	3.181	3.108	3.055	3.014	2.983	2.958
7	3.589	3.257	3.074	2.961	2.883	2.827	2.785	2.752	2.725
8	3.458	3.113	2.924	2.806	2.726	2.668	2.624	2.589	2.561
9	3.360	3.006	2.813	2.693	2.611	2.551	2.505	2.469	2.440
10	3.285	2.924	2.728	2.605	2.522	2.461	2.414	2.377	2.347
11	3.225	2.860	2.660	2.536	2.451	2.389	2.342	2.304	2.274
12	3.177	2.807	2.606	2.480	2.394	2.331	2.283	2.245	2.214
13	3.136	2.763	2.560	2.434	2.347	2.283	2.234	2.195	2.164
14	3.102	2.726	2.522	2.395	2.307	2.243	2.193	2.154	2.122
15	3.073	2.695	2.490	2.361	2.273	2.208	2.158	2.119	2.086
16	3.048	2.668	2.462	2.333	2.244	2.178	2.128	2.088	2.055
17	3.026	2.645	2.437	2.308	2.218	2.152	2.102	2.061	2.028
18	3.007	2.624	2.416	2.286	2.196	2.130	2.079	2.038	2.005
19	2.990	2.606	2.397	2.266	2.176	2.109	2.058	2.017	1.984
20	2.975	2.589	2.380	2.249	2.158	2.091	2.040	1.999	1.965
21	2.961	2.575	2.365	2.233	2.142	2.075	2.023	1.982	1.948
22	2.949	2.561	2.351	2.219	2.128	2.060	2.008	1.967	1.933
23	2.937	2.549	2.339	2.207	2.115	2.047	1.995	1.953	1.919
24	2.927	2.538	2.327	2.195	2.103	2.035	1.983	1.941	1.906
25	2.918	2.528	2.317	2.184	2.092	2.024	1.971	1.929	1.895
26	2.909	2.519	2.307	2.174	2.082	2.014	1.961	1.919	1.884
27	2.901	2.511	2.299	2.165	2.073	2.005	1.952	1.909	1.874
28	2.894	2.503	2.291	2.157	2.064	1.996	1.943	1.900	1.865
29	2.887	2.495	2.283	2.149	2.057	1.988	1.935	1.892	1.857
30	2.881	2.489	2.276	2.142	2.049	1.980	1.927	1.884	1.849
40	2.835	2.440	2.226	2.091	1.997	1.927	1.873	1.829	1.793
60	2.791	2.393	2.177	2.041	1.946	1.875	1.819	1.775	1.738
120	2.748	2.347	2.130	1.992	1.896	1.824	1.767	1.722	1.684
∞	2.706	2.303	2.084	1.945	1.847	1.774	1.717	1.670	1.632

当 $\alpha = 0.10$，n_1 取值为 10～∞，n_2 取值为 1～∞时，F 分布表如下所示。

n_2	n_1									
	10	12	15	20	24	30	40	60	120	∞
1	60.195	60.705	61.220	61.740	62.002	62.265	62.529	62.794	63.061	63.328
2	9.392	9.408	9.425	9.441	9.450	9.458	9.466	9.475	9.483	9.491
3	5.230	5.216	5.200	5.184	5.176	5.168	5.160	5.151	5.143	5.134
4	3.920	3.896	3.870	3.844	3.831	3.817	3.804	3.790	3.775	3.761
5	3.297	3.268	3.238	3.207	3.191	3.174	3.157	3.140	3.123	3.105
6	2.937	2.905	2.871	2.836	2.818	2.800	2.781	2.762	2.742	2.722
7	2.703	2.668	2.632	2.595	2.575	2.555	2.535	2.514	2.493	2.471
8	2.538	2.502	2.464	2.425	2.404	2.383	2.361	2.339	2.316	2.293
9	2.416	2.379	2.340	2.298	2.277	2.255	2.232	2.208	2.184	2.159
10	2.323	2.284	2.244	2.201	2.178	2.155	2.132	2.107	2.082	2.055
11	2.248	2.209	2.167	2.123	2.100	2.076	2.052	2.026	2.000	1.972
12	2.188	2.147	2.105	2.060	2.036	2.011	1.986	1.960	1.932	1.904
13	2.138	2.097	2.053	2.007	1.983	1.958	1.931	1.904	1.876	1.846
14	2.095	2.054	2.010	1.962	1.938	1.912	1.885	1.857	1.828	1.797
15	2.059	2.017	1.972	1.924	1.899	1.873	1.845	1.817	1.787	1.755
16	2.028	1.985	1.940	1.891	1.866	1.839	1.811	1.782	1.751	1.718
17	2.001	1.958	1.912	1.862	1.836	1.809	1.781	1.751	1.719	1.686
18	1.977	1.933	1.887	1.837	1.810	1.783	1.754	1.723	1.691	1.657
19	1.956	1.912	1.865	1.814	1.787	1.759	1.730	1.699	1.666	1.631
20	1.937	1.892	1.845	1.794	1.767	1.738	1.708	1.677	1.643	1.607
21	1.920	1.875	1.827	1.776	1.748	1.719	1.689	1.657	1.623	1.586
22	1.904	1.859	1.811	1.759	1.731	1.702	1.671	1.639	1.604	1.567
23	1.890	1.845	1.796	1.744	1.716	1.686	1.655	1.622	1.587	1.549
24	1.877	1.832	1.783	1.730	1.702	1.672	1.641	1.607	1.571	1.533
25	1.866	1.820	1.771	1.718	1.689	1.659	1.627	1.593	1.557	1.518
26	1.855	1.809	1.760	1.706	1.677	1.647	1.615	1.581	1.544	1.504
27	1.845	1.799	1.749	1.695	1.666	1.636	1.603	1.569	1.531	1.491
28	1.836	1.790	1.740	1.685	1.656	1.625	1.592	1.558	1.520	1.478
29	1.827	1.781	1.731	1.676	1.647	1.616	1.583	1.547	1.509	1.467
30	1.819	1.773	1.722	1.667	1.638	1.606	1.573	1.538	1.499	1.456
40	1.763	1.715	1.662	1.605	1.574	1.541	1.506	1.467	1.425	1.377
60	1.707	1.657	1.603	1.543	1.511	1.476	1.437	1.395	1.348	1.292
120	1.652	1.601	1.545	1.482	1.447	1.409	1.368	1.320	1.265	1.193
∞	1.599	1.546	1.487	1.421	1.383	1.342	1.295	1.240	1.169	1.000

当 $\alpha = 0.05$，n_1 取值为 1～9，n_2 取值为 1～∞时，F 分布表如下所示。

n_2	n_1								
	1	2	3	4	5	6	7	8	9
1	161.4	199.5	215.7	224.6	230.2	234.0	236.8	238.9	240.5
2	18.51	19.00	19.16	19.25	19.30	19.33	19.35	19.37	19.38
3	10.128	9.552	9.277	9.117	9.013	8.941	8.887	8.845	8.812
4	7.709	6.944	6.591	6.388	6.256	6.163	6.094	6.041	5.999
5	6.608	5.786	5.409	5.192	5.050	4.950	4.876	4.818	4.772
6	5.987	5.143	4.757	4.534	4.387	4.284	4.207	4.147	4.099
7	5.591	4.737	4.347	4.120	3.972	3.866	3.787	3.726	3.677
8	5.318	4.459	4.066	3.838	3.687	3.581	3.500	3.438	3.388
9	5.117	4.256	3.863	3.633	3.482	3.374	3.293	3.230	3.179
10	4.965	4.103	3.708	3.478	3.326	3.217	3.135	3.072	3.020
11	4.844	3.982	3.587	3.357	3.204	3.095	3.012	2.948	2.896
12	4.747	3.885	3.490	3.259	3.106	2.996	2.913	2.849	2.796
13	4.667	3.806	3.411	3.179	3.025	2.915	2.832	2.767	2.714
14	4.600	3.739	3.344	3.112	2.958	2.848	2.764	2.699	2.646
15	4.543	3.682	3.287	3.056	2.901	2.790	2.707	2.641	2.588
16	4.494	3.634	3.239	3.007	2.852	2.741	2.657	2.591	2.538
17	4.451	3.592	3.197	2.965	2.810	2.699	2.614	2.548	2.494
18	4.414	3.555	3.160	2.928	2.773	2.661	2.577	2.510	2.456
19	4.381	3.522	3.127	2.895	2.740	2.628	2.544	2.477	2.423
20	4.351	3.493	3.098	2.866	2.711	2.599	2.514	2.447	2.393
21	4.325	3.467	3.072	2.840	2.685	2.573	2.488	2.420	2.366
22	4.301	3.443	3.049	2.817	2.661	2.549	2.464	2.397	2.342
23	4.279	3.422	3.028	2.796	2.640	2.528	2.442	2.375	2.320
24	4.260	3.403	3.009	2.776	2.621	2.508	2.423	2.355	2.300
25	4.242	3.385	2.991	2.759	2.603	2.490	2.405	2.337	2.282
26	4.225	3.369	2.975	2.743	2.587	2.474	2.388	2.321	2.265
27	4.210	3.354	2.960	2.728	2.572	2.459	2.373	2.305	2.250
28	4.196	3.340	2.947	2.714	2.558	2.445	2.359	2.291	2.236
29	4.183	3.328	2.934	2.701	2.545	2.432	2.346	2.278	2.223
30	4.171	3.316	2.922	2.690	2.534	2.421	2.334	2.266	2.211
40	4.085	3.232	2.839	2.606	2.449	2.336	2.249	2.180	2.124
60	4.001	3.150	2.758	2.525	2.368	2.254	2.167	2.097	2.040
120	3.920	3.072	2.680	2.447	2.290	2.175	2.087	2.016	1.959
∞	3.842	2.996	2.605	2.372	2.214	2.099	2.010	1.939	1.880

当 $\alpha = 0.05$，n_1 取值为 $10 \sim \infty$，n_2 取值为 $1 \sim \infty$ 时，F 分布表如下所示。

n_2	n_1									
	10	12	15	20	24	30	40	60	120	∞
1	241.9	243.9	245.9	248.0	249.1	250.1	251.1	252.2	253.3	254.3
2	19.40	19.41	19.43	19.45	19.45	19.46	19.47	19.48	19.49	19.50
3	8.786	8.745	8.703	8.660	8.639	8.617	8.594	8.572	8.549	8.526
4	5.964	5.912	5.858	5.803	5.774	5.746	5.717	5.688	5.658	5.628
5	4.735	4.678	4.619	4.558	4.527	4.496	4.464	4.431	4.398	4.365
6	4.060	4.000	3.938	3.874	3.841	3.808	3.774	3.740	3.705	3.669
7	3.637	3.575	3.511	3.445	3.410	3.376	3.340	3.304	3.267	3.230
8	3.347	3.284	3.218	3.150	3.115	3.079	3.043	3.005	2.967	2.928
9	3.137	3.073	3.006	2.936	2.900	2.864	2.826	2.787	2.748	2.707
10	2.978	2.913	2.845	2.774	2.737	2.700	2.661	2.621	2.580	2.538
11	2.854	2.788	2.719	2.646	2.609	2.570	2.531	2.490	2.448	2.405
12	2.753	2.687	2.617	2.544	2.505	2.466	2.426	2.384	2.341	2.296
13	2.671	2.604	2.533	2.459	2.420	2.380	2.339	2.297	2.252	2.206
14	2.602	2.534	2.463	2.388	2.349	2.308	2.266	2.223	2.178	2.131
15	2.544	2.475	2.403	2.328	2.288	2.247	2.204	2.160	2.114	2.066
16	2.494	2.425	2.352	2.276	2.235	2.194	2.151	2.106	2.059	2.010
17	2.450	2.381	2.308	2.230	2.190	2.148	2.104	2.058	2.011	1.960
18	2.412	2.342	2.269	2.191	2.150	2.107	2.063	2.017	1.968	1.917
19	2.378	2.308	2.234	2.155	2.114	2.071	2.026	1.980	1.930	1.878
20	2.348	2.278	2.203	2.124	2.082	2.039	1.994	1.946	1.896	1.843
21	2.321	2.250	2.176	2.096	2.054	2.010	1.965	1.916	1.866	1.812
22	2.297	2.226	2.151	2.071	2.028	1.984	1.938	1.889	1.838	1.783
23	2.275	2.204	2.128	2.048	2.005	1.961	1.914	1.865	1.813	1.757
24	2.255	2.183	2.108	2.027	1.984	1.939	1.892	1.842	1.790	1.733
25	2.236	2.165	2.089	2.007	1.964	1.919	1.872	1.822	1.768	1.711
26	2.220	2.148	2.072	1.990	1.946	1.901	1.853	1.803	1.749	1.691
27	2.204	2.132	2.056	1.974	1.930	1.884	1.836	1.785	1.731	1.672
28	2.190	2.118	2.041	1.959	1.915	1.869	1.820	1.769	1.714	1.654
29	2.177	2.104	2.027	1.945	1.901	1.854	1.806	1.754	1.698	1.638
30	2.165	2.092	2.015	1.932	1.887	1.841	1.792	1.740	1.683	1.622
40	2.077	2.003	1.924	1.839	1.793	1.744	1.693	1.637	1.577	1.509
60	1.993	1.917	1.836	1.748	1.700	1.649	1.594	1.534	1.467	1.389
120	1.910	1.834	1.750	1.659	1.608	1.554	1.495	1.429	1.352	1.254
∞	1.831	1.752	1.666	1.571	1.517	1.459	1.394	1.318	1.222	1.000

当 $\alpha = 0.025$，n_1 取值为 1～9，n_2 取值为 1～∞时，F 分布表如下所示。

n_2	n_1								
	1	2	3	4	5	6	7	8	9
1	647.8	799.5	864.2	899.6	921.8	937.1	948.2	956.7	963.3
2	38.506	39.000	39.165	39.248	39.298	39.331	39.355	39.373	39.387
3	17.443	16.044	15.439	15.101	14.885	14.735	14.624	14.540	14.473
4	12.218	10.649	9.979	9.605	9.364	9.197	9.074	8.980	8.905
5	10.007	8.434	7.764	7.388	7.146	6.978	6.853	6.757	6.681
6	8.813	7.260	6.599	6.227	5.988	5.820	5.695	5.600	5.523
7	8.073	6.542	5.890	5.523	5.285	5.119	4.995	4.899	4.823
8	7.571	6.059	5.416	5.053	4.817	4.652	4.529	4.433	4.357
9	7.209	5.715	5.078	4.718	4.484	4.320	4.197	4.102	4.026
10	6.937	5.456	4.826	4.468	4.236	4.072	3.950	3.855	3.779
11	6.724	5.256	4.630	4.275	4.044	3.881	3.759	3.664	3.588
12	6.554	5.096	4.474	4.121	3.891	3.728	3.607	3.512	3.436
13	6.414	4.965	4.347	3.996	3.767	3.604	3.483	3.388	3.312
14	6.298	4.857	4.242	3.892	3.663	3.501	3.380	3.285	3.209
15	6.200	4.765	4.153	3.804	3.576	3.415	3.293	3.199	3.123
16	6.115	4.687	4.077	3.729	3.502	3.341	3.219	3.125	3.049
17	6.042	4.619	4.011	3.665	3.438	3.277	3.156	3.061	2.985
18	5.978	4.560	3.954	3.608	3.382	3.221	3.100	3.005	2.929
19	5.922	4.508	3.903	3.559	3.333	3.172	3.051	2.956	2.880
20	5.871	4.461	3.859	3.515	3.289	3.128	3.007	2.913	2.837
21	5.827	4.420	3.819	3.475	3.250	3.090	2.969	2.874	2.798
22	5.786	4.383	3.783	3.440	3.215	3.055	2.934	2.839	2.763
23	5.750	4.349	3.750	3.408	3.183	3.023	2.902	2.808	2.731
24	5.717	4.319	3.721	3.379	3.155	2.995	2.874	2.779	2.703
25	5.686	4.291	3.694	3.353	3.129	2.969	2.848	2.753	2.677
26	5.659	4.265	3.670	3.329	3.105	2.945	2.824	2.729	2.653
27	5.633	4.242	3.647	3.307	3.083	2.923	2.802	2.707	2.631
28	5.610	4.221	3.626	3.286	3.063	2.903	2.782	2.687	2.611
29	5.588	4.201	3.607	3.267	3.044	2.884	2.763	2.669	2.592
30	5.568	4.182	3.589	3.250	3.026	2.867	2.746	2.651	2.575
40	5.424	4.051	3.463	3.126	2.904	2.744	2.624	2.529	2.452
60	5.286	3.925	3.343	3.008	2.786	2.627	2.507	2.412	2.334
120	5.152	3.805	3.227	2.894	2.674	2.515	2.395	2.299	2.222
∞	5.024	3.689	3.116	2.786	2.567	2.408	2.288	2.192	2.114

当 $\alpha = 0.025$，n_1 取值为 $10 \sim \infty$，n_2 取值为 $1 \sim \infty$ 时，F 分布表如下所示。

n_2	n_1									
	10	12	15	20	24	30	40	60	120	∞
1	968.6	976.7	984.9	993.1	997.2	1001.4	1005.6	1009.8	1014.0	1018.3
2	39.398	39.415	39.431	39.448	39.456	39.465	39.473	39.481	39.490	39.498
3	14.419	14.337	14.253	14.167	14.124	14.081	14.037	13.992	13.947	13.902
4	8.844	8.751	8.657	8.560	8.511	8.461	8.411	8.360	8.309	8.257
5	6.619	6.525	6.428	6.329	6.278	6.227	6.175	6.123	6.069	6.015
6	5.461	5.366	5.269	5.168	5.117	5.065	5.012	4.959	4.904	4.849
7	4.761	4.666	4.568	4.467	4.415	4.362	4.309	4.254	4.199	4.142
8	4.295	4.200	4.101	3.999	3.947	3.894	3.840	3.784	3.728	3.670
9	3.964	3.868	3.769	3.667	3.614	3.560	3.505	3.449	3.392	3.333
10	3.717	3.621	3.522	3.419	3.365	3.311	3.255	3.198	3.140	3.080
11	3.526	3.430	3.330	3.226	3.173	3.118	3.061	3.004	2.944	2.883
12	3.374	3.277	3.177	3.073	3.019	2.963	2.906	2.848	2.787	2.725
13	3.250	3.153	3.053	2.948	2.893	2.837	2.780	2.720	2.659	2.596
14	3.147	3.050	2.949	2.844	2.789	2.732	2.674	2.614	2.552	2.487
15	3.060	2.963	2.862	2.756	2.701	2.644	2.585	2.524	2.461	2.395
16	2.986	2.889	2.788	2.681	2.625	2.568	2.509	2.447	2.383	2.316
17	2.922	2.825	2.723	2.616	2.560	2.502	2.442	2.380	2.315	2.248
18	2.866	2.769	2.667	2.559	2.503	2.445	2.384	2.321	2.256	2.187
19	2.817	2.720	2.617	2.509	2.452	2.394	2.333	2.270	2.203	2.133
20	2.774	2.676	2.573	2.464	2.408	2.349	2.287	2.223	2.156	2.085
21	2.735	2.637	2.534	2.425	2.368	2.308	2.246	2.182	2.114	2.042
22	2.700	2.602	2.498	2.389	2.331	2.272	2.210	2.145	2.076	2.003
23	2.668	2.570	2.466	2.357	2.299	2.239	2.176	2.111	2.041	1.968
24	2.640	2.541	2.437	2.327	2.269	2.209	2.146	2.080	2.010	1.935
25	2.613	2.515	2.411	2.300	2.242	2.182	2.118	2.052	1.981	1.906
26	2.590	2.491	2.387	2.276	2.217	2.157	2.093	2.026	1.954	1.878
27	2.568	2.469	2.364	2.253	2.195	2.133	2.069	2.002	1.930	1.853
28	2.547	2.448	2.344	2.232	2.174	2.112	2.048	1.980	1.907	1.829
29	2.529	2.430	2.325	2.213	2.154	2.092	2.028	1.959	1.886	1.807
30	2.511	2.412	2.307	2.195	2.136	2.074	2.009	1.940	1.866	1.787
40	2.388	2.288	2.182	2.068	2.007	1.943	1.875	1.803	1.724	1.637
60	2.270	2.169	2.061	1.944	1.882	1.815	1.744	1.667	1.581	1.482
120	2.157	2.055	1.945	1.825	1.760	1.690	1.614	1.530	1.433	1.311
∞	2.048	1.945	1.833	1.709	1.640	1.566	1.484	1.388	1.269	1.000

当 $\alpha = 0.01$，n_1 取值为 1~9，n_2 取值为 1~∞时，F 分布表如下所示。

n_2	n_1								
	1	2	3	4	5	6	7	8	9
1	4052.2	4999.5	5403.4	5624.6	5763.6	5859.0	5928.4	5981.1	6022.5
2	98.503	99.000	99.166	99.249	99.299	99.333	99.356	99.374	99.388
3	34.116	30.817	29.457	28.710	28.237	27.911	27.672	27.489	27.345
4	21.198	18.000	16.694	15.977	15.522	15.207	14.976	14.799	14.659
5	16.258	13.274	12.060	11.392	10.967	10.672	10.456	10.289	10.158
6	13.745	10.925	9.780	9.148	8.746	8.466	8.260	8.102	7.976
7	12.246	9.547	8.451	7.847	7.460	7.191	6.993	6.840	6.719
8	11.259	8.649	7.591	7.006	6.632	6.371	6.178	6.029	5.911
9	10.561	8.022	6.992	6.422	6.057	5.802	5.613	5.467	5.351
10	10.044	7.559	6.552	5.994	5.636	5.386	5.200	5.057	4.942
11	9.646	7.206	6.217	5.668	5.316	5.069	4.886	4.744	4.632
12	9.330	6.927	5.953	5.412	5.064	4.821	4.640	4.499	4.388
13	9.074	6.701	5.739	5.205	4.862	4.620	4.441	4.302	4.191
14	8.862	6.515	5.564	5.035	4.695	4.456	4.278	4.140	4.030
15	8.683	6.359	5.417	4.893	4.556	4.318	4.142	4.004	3.895
16	8.531	6.226	5.292	4.773	4.437	4.202	4.026	3.890	3.780
17	8.400	6.112	5.185	4.669	4.336	4.102	3.927	3.791	3.682
18	8.285	6.013	5.092	4.579	4.248	4.015	3.841	3.705	3.597
19	8.185	5.926	5.010	4.500	4.171	3.939	3.765	3.631	3.523
20	8.096	5.849	4.938	4.431	4.103	3.871	3.699	3.564	3.457
21	8.017	5.780	4.874	4.369	4.042	3.812	3.640	3.506	3.398
22	7.945	5.719	4.817	4.313	3.988	3.758	3.587	3.453	3.346
23	7.881	5.664	4.765	4.264	3.939	3.710	3.539	3.406	3.299
24	7.823	5.614	4.718	4.218	3.895	3.667	3.496	3.363	3.256
25	7.770	5.568	4.675	4.177	3.855	3.627	3.457	3.324	3.217
26	7.721	5.526	4.637	4.140	3.818	3.591	3.421	3.288	3.182
27	7.677	5.488	4.601	4.106	3.785	3.558	3.388	3.256	3.149
28	7.636	5.453	4.568	4.074	3.754	3.528	3.358	3.226	3.120
29	7.598	5.420	4.538	4.045	3.725	3.499	3.330	3.198	3.092
30	7.562	5.390	4.510	4.018	3.699	3.473	3.304	3.173	3.067
40	7.314	5.179	4.313	3.828	3.514	3.291	3.124	2.993	2.888
60	7.077	4.977	4.126	3.649	3.339	3.119	2.953	2.823	2.718
120	6.851	4.787	3.949	3.480	3.174	2.956	2.792	2.663	2.559
∞	6.635	4.605	3.782	3.319	3.017	2.802	2.640	2.511	2.408

当 $\alpha = 0.01$，n_1 取值为 10～∞，n_2 取值为 1～∞时，F 分布表如下所示。

n_2	n_1									
	10	12	15	20	24	30	40	60	120	∞
1	6055.8	6106.3	6157.3	6208.7	6234.6	6260.6	6286.8	6313.0	6339.4	6365.8
2	99.399	99.416	99.433	99.449	99.458	99.466	99.474	99.482	99.491	99.499
3	27.229	27.052	26.872	26.690	26.598	26.505	26.411	26.316	26.221	26.125
4	14.546	14.374	14.198	14.020	13.929	13.838	13.745	13.652	13.558	13.463
5	10.051	9.888	9.722	9.553	9.466	9.379	9.291	9.202	9.112	9.021
6	7.874	7.718	7.559	7.396	7.313	7.229	7.143	7.057	6.969	6.880
7	6.620	6.469	6.314	6.155	6.074	5.992	5.908	5.824	5.737	5.650
8	5.814	5.667	5.515	5.359	5.279	5.198	5.116	5.032	4.946	4.859
9	5.257	5.111	4.962	4.808	4.729	4.649	4.567	4.483	4.398	4.311
10	4.849	4.706	4.558	4.405	4.327	4.247	4.165	4.082	3.996	3.909
11	4.539	4.397	4.251	4.099	4.021	3.941	3.860	3.776	3.690	3.603
12	4.296	4.155	4.010	3.858	3.780	3.701	3.619	3.535	3.449	3.361
13	4.100	3.960	3.815	3.665	3.587	3.507	3.425	3.341	3.255	3.166
14	3.939	3.800	3.656	3.505	3.427	3.348	3.266	3.181	3.094	3.004
15	3.805	3.666	3.522	3.372	3.294	3.214	3.132	3.047	2.959	2.869
16	3.691	3.553	3.409	3.259	3.181	3.101	3.018	2.933	2.845	2.753
17	3.593	3.455	3.312	3.162	3.084	3.003	2.920	2.835	2.746	2.653
18	3.508	3.371	3.227	3.077	2.999	2.919	2.835	2.749	2.660	2.566
19	3.434	3.297	3.153	3.003	2.925	2.844	2.761	2.674	2.584	2.489
20	3.368	3.231	3.088	2.938	2.859	2.778	2.695	2.608	2.517	2.421
21	3.310	3.173	3.030	2.880	2.801	2.720	2.636	2.548	2.457	2.360
22	3.258	3.121	2.978	2.827	2.749	2.667	2.583	2.495	2.403	2.306
23	3.211	3.074	2.931	2.781	2.702	2.620	2.535	2.447	2.354	2.256
24	3.168	3.032	2.889	2.738	2.659	2.577	2.492	2.403	2.310	2.211
25	3.129	2.993	2.850	2.699	2.620	2.538	2.453	2.364	2.270	2.170
26	3.094	2.958	2.815	2.664	2.585	2.503	2.417	2.327	2.233	2.132
27	3.062	2.926	2.783	2.632	2.552	2.470	2.384	2.294	2.198	2.097
28	3.032	2.896	2.753	2.602	2.522	2.440	2.354	2.263	2.167	2.064
29	3.005	2.868	2.726	2.574	2.495	2.412	2.325	2.234	2.138	2.034
30	2.979	2.843	2.700	2.549	2.469	2.386	2.299	2.208	2.111	2.006
40	2.801	2.665	2.522	2.369	2.288	2.203	2.114	2.019	1.917	1.805
60	2.632	2.496	2.352	2.198	2.115	2.028	1.936	1.836	1.726	1.601
120	2.472	2.336	2.192	2.035	1.950	1.860	1.763	1.656	1.533	1.381
∞	2.321	2.185	2.039	1.878	1.791	1.697	1.592	1.473	1.325	1.000

当 $\alpha = 0.005$，n_1 取值为 1～9，n_2 取值为 1～∞时，F 分布表如下所示。

n_2	n_1								
	1	2	3	4	5	6	7	8	9
1	16211	20000	21615	22500	23056	23437	23715	23925	24091
2	198.5	199.0	199.2	199.2	199.3	199.3	199.4	199.4	199.4
3	55.6	49.8	47.5	46.2	45.4	44.8	44.4	44.1	43.9
4	31.33	26.28	24.26	23.15	22.46	21.97	21.62	21.35	21.14
5	22.78	18.31	16.53	15.56	14.94	14.51	14.20	13.96	13.77
6	18.63	14.54	12.92	12.03	11.46	11.07	10.79	10.57	10.39
7	16.236	12.404	10.882	10.050	9.522	9.155	8.885	8.678	8.514
8	14.688	11.042	9.596	8.805	8.302	7.952	7.694	7.496	7.339
9	13.614	10.107	8.717	7.956	7.471	7.134	6.885	6.693	6.541
10	12.826	9.427	8.081	7.343	6.872	6.545	6.302	6.116	5.968
11	12.226	8.912	7.600	6.881	6.422	6.102	5.865	5.682	5.537
12	11.754	8.510	7.226	6.521	6.071	5.757	5.525	5.345	5.202
13	11.374	8.186	6.926	6.233	5.791	5.482	5.253	5.076	4.935
14	11.060	7.922	6.680	5.998	5.562	5.257	5.031	4.857	4.717
15	10.798	7.701	6.476	5.803	5.372	5.071	4.847	4.674	4.536
16	10.575	7.514	6.303	5.638	5.212	4.913	4.692	4.521	4.384
17	10.384	7.354	6.156	5.497	5.075	4.779	4.559	4.389	4.254
18	10.218	7.215	6.028	5.375	4.956	4.663	4.445	4.276	4.141
19	10.073	7.093	5.916	5.268	4.853	4.561	4.345	4.177	4.043
20	9.944	6.986	5.818	5.174	4.762	4.472	4.257	4.090	3.956
21	9.830	6.891	5.730	5.091	4.681	4.393	4.179	4.013	3.880
22	9.727	6.806	5.652	5.017	4.609	4.322	4.109	3.944	3.812
23	9.635	6.730	5.582	4.950	4.544	4.259	4.047	3.882	3.750
24	9.551	6.661	5.519	4.890	4.486	4.202	3.991	3.826	3.695
25	9.475	6.598	5.462	4.835	4.433	4.150	3.939	3.776	3.645
26	9.406	6.541	5.409	4.785	4.384	4.103	3.893	3.730	3.599
27	9.342	6.489	5.361	4.740	4.340	4.059	3.850	3.687	3.557
28	9.284	6.440	5.317	4.698	4.300	4.020	3.811	3.649	3.519
29	9.230	6.396	5.276	4.659	4.262	3.983	3.775	3.613	3.483
30	9.180	6.355	5.239	4.623	4.228	3.949	3.742	3.580	3.450
40	8.828	6.066	4.976	4.374	3.986	3.713	3.509	3.350	3.222
60	8.495	5.795	4.729	4.140	3.760	3.492	3.291	3.134	3.008
120	8.179	5.539	4.497	3.921	3.548	3.285	3.087	2.933	2.808
∞	7.880	5.299	4.280	3.715	3.350	3.091	2.897	2.745	2.621

当 $\alpha = 0.005$，n_1 取值为 $10\sim\infty$，n_2 取值为 $1\sim\infty$ 时，F 分布表如下所示。

n_2	n_1									
	10	12	15	20	24	30	40	60	120	∞
1	24224	24426	24630	24836	24940	25044	25148	25253	25359	25464
2	199.4	199.4	199.4	199.4	199.5	199.5	199.5	199.5	199.5	199.5
3	43.7	43.4	43.1	42.8	42.6	42.5	42.3	42.1	42.0	41.8
4	20.97	20.70	20.44	20.17	20.03	19.89	175	19.61	19.47	19.32
5	13.62	13.38	13.15	12.90	12.78	12.66	12.53	12.40	12.27	12.14
6	10.25	10.03	9.81	9.59	9.47	9.36	9.24	9.12	9.00	8.88
7	8.380	8.176	7.968	7.754	7.645	7.534	7.422	7.309	7.193	7.076
8	7.211	7.015	6.814	6.608	6.503	6.396	6.288	6.177	6.065	5.951
9	6.417	6.227	6.032	5.832	5.729	5.625	5.519	5.410	5.300	5.188
10	5.847	5.661	5.471	5.274	5.173	5.071	4.966	4.859	4.750	4.639
11	5.418	5.236	5.049	4.855	4.756	4.654	4.551	4.445	4.337	4.226
12	5.085	4.906	4.721	4.530	4.431	4.331	4.228	4.123	4.015	3.904
13	4.820	4.643	4.460	4.270	4.173	4.073	3.970	3.866	3.758	3.647
14	4.603	4.428	4.247	4.059	3.961	3.862	3.760	3.655	3.547	3.436
15	4.424	4.250	4.070	3.883	3.786	3.687	3.585	3.480	3.372	3.260
16	4.272	4.099	3.920	3.734	3.638	3.539	3.437	3.332	3.224	3.112
17	4.142	3.971	3.793	3.607	3.511	3.412	3.311	3.206	3.097	2.984
18	4.030	3.860	3.683	3.498	3.402	3.303	3.201	3.096	2.987	2.873
19	3.933	3.763	3.587	3.402	3.306	3.208	3.106	3.000	2.891	2.776
20	3.847	3.678	3.502	3.318	3.222	3.123	3.022	2.916	2.806	2.691
21	3.771	3.602	3.427	3.243	3.147	3.049	2.947	2.841	2.730	2.614
22	3.703	3.535	3.360	3.176	3.081	2.982	2.880	2.774	2.663	2.546
23	3.642	3.475	3.300	3.116	3.021	2.922	2.820	2.713	2.602	2.484
24	3.587	3.420	3.246	3.062	2.967	2.868	2.765	2.658	2.546	2.428
25	3.537	3.370	3.196	3.013	2.918	2.819	2.716	2.609	2.496	2.377
26	3.492	3.325	3.151	2.968	2.873	2.774	2.671	2.563	2.450	2.330
27	3.450	3.284	3.110	2.928	2.832	2.733	2.630	2.522	2.408	2.287
28	3.412	3.246	3.073	2.890	2.794	2.695	2.592	2.483	2.369	2.247
29	3.377	3.211	3.038	2.855	2.759	2.660	2.557	2.448	2.333	2.210
30	3.344	3.179	3.006	2.823	2.727	2.628	2.524	2.415	2.300	2.176
40	3.117	2.953	2.781	2.598	2.502	2.401	2.296	2.184	2.064	1.932
60	2.904	2.742	2.570	2.387	2.290	2.187	2.079	1.962	1.834	1.689
120	2.705	2.544	2.373	2.188	2.089	1.984	1.871	1.747	1.606	1.431
∞	2.519	2.359	2.187	2.000	1.898	1.789	1.669	1.533	1.364	1.000

参 考 文 献

[1] 李金德，秦晶. SPSS 统计分析与应用[M]. 北京：清华大学出版社，2019.

[2] 刘江涛，刘立佳. SPSS 数据统计与分析应用教程[M]. 北京：清华大学出版社，2017.

[3] 张建同，孙昌言. 应用统计学[M]. 3 版. 北京：清华大学出版社，2010.

[4] 申卯兴，令伟锋. 应用统计学：基于 SPSS[M]. 2 版. 天津：天津大学出版社，2020.

[5] 杨维忠，陈胜可. SPSS 统计分析从入门到精通[M]. 5 版. 北京：清华大学出版社，2022.

[6] 张文彤. IBMSPSS 数据分析与挖掘实战案例精粹[M]. 北京：清华大学出版社，2013.

[7] 贾俊平. 统计学：基于 SPSS[M]. 6 版. 北京：中国人民大学出版社，2016.

[8] 中华人民共和国国家统计局[EB/OL]. http://www.stats.gov.cn/.

[9] 郑文瑞，徐向红. 概率论与数理统计. 3 版. 北京：清华大学出版社，2022.